现代
制造企业
管理基础

梁 迪 张天瑞 编著

清華大學出版社
北 京

内容简介

本书从中国制造业和工业工程的现状及发展趋势入手，简明扼要地介绍了工业工程的研究内容、研究方法和基本原理。全书共14章，主要内容包括制造流程规划、设施规划与物流分析、工作研究、人因工程学、产品设计与研发、系统评价、工程经济、成本控制、项目管理、生产计划与控制、质量管理、供应链管理和精益生产等，可使读者对工业工程有深刻和完整的理解与认识，形成现代工业工程的系统思想和思维方式，并能形成系统应用工业工程的理论和方法来分析、解决问题的能力。在每章后面有可供研究的案例分析及丰富的思考题。

本书编写逻辑性强，语言深入浅出，通俗易懂，可供高等院校经济、管理类师生使用，也可作为理工类学生学习管理类知识的教材。

图书在版编目（CIP）数据

现代制造企业管理基础/梁迪，张天瑞编著. —北京：清华大学出版社，2018（2024.8重印）
ISBN 978-7-302-51022-2

Ⅰ. ①现…　Ⅱ. ①梁…　②张…　Ⅲ. ①制造工业－工业企业管理－高等学校－教材
Ⅳ. ①F426.4

中国版本图书馆CIP数据核字（2018）第192727号

责任编辑：冯　昕
封面设计：傅瑞学
责任校对：刘玉霞
责任印制：丛怀宇

出版发行：清华大学出版社
网　　址：https://www.tup.com.cn，https://www.wqxuetang.com
地　　址：北京清华大学学研大厦A座　　**邮　　编**：100084
社 总 机：010-83470000　　**邮　　购**：010-62786544
投稿与读者服务：010-62776969，c-service@tup.tsinghua.edu.cn
质量反馈：010－62772015，zhiliang@tup.tsinghua.edu.cn
印 装 者：三河市龙大印装有限公司
经　　销：全国新华书店
开　　本：185mm×260mm　　**印　　张**：21.5　　**字　　数**：522千字
版　　次：2018年8月第1版　　**印　　次**：2024年8月第3次印刷
定　　价：65.00元

产品编号：050348-03

前 言

随着中国经济的发展，特别是提出“中国制造2025”以后，中国的经济结构正发生着深刻变化，中国正向着“制造强国”与“中国智造”的方向大踏步迈进，自动化及其他高科技的应用正在迅速发展，因此，对自主知识产权的创新设计、先进制造工艺和装备及现代化管理等方面知识的需求越来越多。

对于现代管理技术而言，美国管理大师彼得·德鲁克说：“20世纪工业取得的重大成就，在管理技术上贡献最大的莫过于工业工程技术。这是一个由美国人创造，被世界接受并产生重大影响的思想。不论什么时候它被应用，生产率就会提高，在减少工人工作负荷的同时，他们的收入就会上升，它已经提高工人的劳动生产率超过百倍。”没有一个国家可以在低廉工资的基础上，在全球竞争中建立长期绝对的优势，因此通过工业工程的方法和技术来维持优势是最优选择。

本书主要针对非工业工程专业的工科生介绍工业工程的基础知识，属于“工业工程导论”性质课程的教科书。本书并不对所提到的各项技术进行详细研究，但是，它展示了工业工程在各种类型的组织中所能做的工作，重点描述了各种工具和方法所应用的场景和条件。与传统的“先讲方法，后找问题去应用”的做法不同，本书是先摆出问题，然后再讨论哪些技术适于解决这些问题。

本书从导论、技术基础、工程决策技术、运作管理四个部分入手，以工业工程的视角来解读工程中所遇到的管理问题，不是给出宏观的管理理念，而是从微观管理的层面，对制造流程规划、设施规划与物流分析、工作研究、人因工程学、产品设计与研发、系统评价、工程经济、成本控制、项目管理、生产计划与控制、质量管理、供应链管理和精益生产等方面进行较详细的阐述和说明，为提高制造企业收益和企业市场竞争力等提供理论基础和方法技术，为制造企业制定战略方案提供参考。不同专业的学生在学习时，可根据所学专业的实际情况有所侧重。

美国制造的根本是劳动分工、工作研究及标准化，日本制造的根本是精益生产。所以说，大规模生产模式造就了美国制造，精益生产模式造就了日本制造，那么中国制造需要什么来造就？如果按目前制造业的发展趋势，2020年中国制造的份额将会变得非常大，我们就需要有自己的生产模式，希望读者们能够通过本书的内容，不简单地复制美国和日本的生产方式，更要结合我国制造企业的特点创建更优的管理模式，超越精益，我们才有可能成为真正的世界制造强国。在本书的编写过程中，我们参阅和借鉴了大量的相关书籍和论文，在此谨向这些书籍和论文的作者表示诚挚的感谢。全书结构由梁迪确定，第 1～4 章由潘苏蓉、张天瑞编写，第 5～7 章由王丽莉、张凤荣编写，第 8～14 章由梁迪、苏莹莹、单麟婷编写。

由于时间仓促，书中难免存在不妥和疏漏之处，恳请专家与读者批评指正。

编者
2018 年 5 月

目　录

第1篇　导　论

第2篇　技术基础

第 4 篇 运作管理

第1篇　导　论

第1章 现代制造企业管理导论

1.1 中国制造业现状及发展趋势

中国制造业是新中国成立以来经济空前发展的主要贡献者，没有中国制造业的发展就没有今天中国人民的现代物质文明。作为中国人民衣食住行可享用产品的载体和国家安全所需产品的提供者，中国制造业是任何时候都撇不开的产业。因此，制造业的兴衰不只是制造业的大事，而且是关系到国家的国际竞争力和国家安全的大事。

机械制造业是制造业最主要的组成部分，是为用户创造和提供机械产品的行业，包括机械产品开发、设计、制造、流通和售后服务全过程。在整个制造业中，机械制造业占有特别重要的地位。因为机械制造业是国民经济的装备部，它以各种机器设备供应和装备国民经济的各个部门，并使其不断发展。国民经济的发展速度，在很大程度上取决于机械制造工业技术水平的高低和发展速度。

机械制造业是一个传统的行业，目前已经过了很多年的发展，也积累了丰富的理论和实践经验。我国的机械制造业起步较晚，而且存在底子薄、受其他国家技术封锁等难题。但是，新中国成立后，我国建立了自己独立的、门类齐全的，包括轻工业、重工业等在内的机械制造业，取得了举世瞩目的成就。根据工信部数据显示，截至2015年，我国装备制造业年产值规模突破20万亿元，占全球比重超过1/3，稳居世界首位；年发电设备产量超过1.2亿kW，约占全球总量的60%；造船完工量4534万载重吨，占全球比重41%；汽车产量2211.7万辆，占全球比重25%；机床产量95.9万台，占全球比重38%。如今中国已经迈入制造大国行列，制造业规模在世界上名列前茅，全球制造业竞争力指数排名稳居世界第一。但是，与工业发达国家相比较，还存在很大的差距。主要表现为产品质量和技术水平不高，具有自主知识产权的产品少，而且制造技术及工艺落后，结构不够合理，技术创新能力落后，在先进制造技术和生产管理等方面也存在一定的差距。

1.1.1 中国制造业现状

以下几个方面是机械制造业的重要组成部分，我们通过对其进行分析、比较来了解中国制造业的现状。

(1) 基础设备。在机械制造业中，机床、刀具、夹具、检测仪器等设备很大程度上决定了加工水平。美、日、德等制造业发达国家拥有先进的制造设备，享有垄断的先进技术优势，占领世界市场制高点。我国制造技术和工艺装备较为落后，世界领先技术掌握较少。高档数控机床、大型成套装备技术有待提高。

(2) 制造工艺。产品质量的高低，很大程度上取决于产品的制造工艺。工业发达国家较广泛地采用高精密加工、精细加工、微细加工、微型机械和微米/纳米技术、激光加工技术、电磁加工技术、超高速加工技术以及复合加工技术等新型加工方法。而这些新型的加工方法在我国的普及率并不高，从而使得我们的工艺水平提高受到限制。

(3) 自动化技术。自动化程度的高低，决定了制造企业的生产效率和市场竞争力。工业发达国家普遍采用柔性制造系统、计算机集成制造系统，实现了柔性自动化、智能化、集成化。我国多数企业处于单机自动化、刚性自动化阶段，柔性制造单元和系统仅在少数企业使用，有待进一步发展。

(4) 生产管理。现代化的科学管理体系对于提升企业管理水平、人员素质等具有明显的促进作用。工业发达国家广泛采用准时生产、敏捷制造、精益生产、并行工程等新的管理思想和技术。美国、西欧诸国、日本等国家的机械工业企业管理专业化水平能够达到75%～95%。我国大多数企业中存在重视生产技术、轻视管理技术，重视硬件建设、轻视软件建设，重视信息化、轻视集成化管理等问题。企业专业化管理水平较低，国际市场开拓能力较弱。多数企业管理较为粗放，专业化管理水平仅为15%～30%。

(5) 核心技术。核心技术是一个企业的核心价值所在，具有难以模仿的特点，是企业能够长久立足的关键。美国、日本对外技术依存度为5%左右，一般发达国家这一比率也在30%以下。我国对外技术依存度高达50%，关键技术自给率低，占固定资产投资40%左右的设备投资中，有60%以上要靠进口来满足。但也有企业成功研发出核心技术，如奇瑞汽车的ACTECO发动机等，使得我国企业开始赢取技术利润。

(6) 国家的宏观方针政策。国家的宏观方针政策对提升企业的科技实力和创新能力能够起到促进和引导作用。发达国家为了保持机械工业的市场竞争力，加大了科技投入的力度。一些大企业的科技开发费用占到其销售额的4%～8%，甚至10%以上。我国科技投入占GDP比重较低，虽然经过多年发展，这一比重已经由1998年的0.69%提升至如今的2%以上，但这一比率仅为发达国家的1/4，仍需进一步提高。

(7) 自主创新及人才培养。人才是自主创新的核心，企业的技术创新能力高低直接影响产品的开发周期。欧美等国家的高层次人才在国际一级科学组织中占据了多数席位；美国“三方专利”授权数超过了5万件。虽然我国人才总体规模已达1.5亿，但高层次人才十分短缺；“三方专利”授权数约2万件，全球排名第三，仍不足美国、日本的一半。

(8) 高精尖技术的开发相对薄弱。高精尖技术在未来的国际竞争中具有重大的作用。比如：用于海洋资源开发的水下作业装备，用于高精尖设备制造的超精密加工装备，面向IT等产业的集成电路制造关键装备，微机电系统以及集高技术于一身的仿人形机器人等；由于国外的技术封锁，只能引进一般设备和一般技术，核心技术很难引进，因而，我国制造业只能靠自己的研究才能掌握，只有自力更生才能发展。

1.1.2 中国制造业发展趋势

我国加入WTO已有十几年的时间，制造业迅猛发展。然而，面对全球制造业的产能不断扩大、劳动力成本上升、产品同质化竞争激烈、利润率下降、消费者需求更加苛刻等难题，我国制造业未来的发展趋势如何呢？

▶ 1. 走向智能化

装备制造业为国民经济和国防建设提供技术保障，是制造业的核心组成部分，是国民经济发展特别是工业发展的基础。建立起强大的装备制造业，是提高中国综合国力、实现工业化的根本保证。经过多年发展，我国装备制造业已经形成门类齐全、规模较大、具有一定技术水平的产业体系，成为国民经济的重要支柱产业。

我国已经成为装备制造业大国，但产业大而不强、自主创新能力薄弱、基础制造水平落后、重复建设和产能过剩等问题依然突出。智能制造系统最终要从以人为主要决策核心的人机和谐系统向以机器为主体的自主运行转变。如发展智能化产品；生产过程的自动化、智能化；发展工业自动控制技术和产品（传感元件、自动化仪表、PLC、DCS、FCS、现场总线、数控系统），实现远程监控、检测、诊断等。

▶ 2. 打造自主品牌

近年来，我国钢铁、采矿、水泥、石化等行业的高速发展，不断推动着相关装备制造业自主创新能力的提升，但也存在着很多问题。企业自主创新动力不足，为电力、石化、冶金、铁路等行业提供的主要装备、关键技术仍依赖国外引进。用于新产品、新工艺和新技术研发的投入不足，原创性技术成果少，具有自主知识产权产品少。产、学、研、用结合不紧密，产业共性应用技术研发缺位，公共试验检测平台缺乏，社会科技成果转化率低。基础制造水平滞后，长期以来，为整机和成套设备配套的轴承、液气密元件、模具、齿轮、弹簧、粉末冶金制品、紧固件等基础件，泵、阀、风机等通用件，工业自动化控制系统、仪器仪表等测控部件，质量和可靠性不高，品种规格不全；特种原材料长期依赖进口；铸造、锻造、焊接、热处理、表面处理等基础工艺落后，专业化程度低，部分行业产能过剩矛盾突出。如不及时加以调控，不仅将使企业陷入生产经营困难，还将影响产业自主创新和结构调整的步伐。这些问题已经成为制约制造业打造自主品牌的瓶颈，也促使着我国制造业向着自主创新、不断打造自主品牌的方向发展。

▶ 3. 转向服务型制造

过去十几年，中国装备制造业已经局部达到了世界先进水平，然而在未来十年，如何能从大而不强跻身真正的世界制造业强国，面临系列挑战。正如中国经济学家樊纲所指出的，中国制造的转型升级并非单纯的放弃原有产业，转而去做高科技，在企业转型升级背后，必须要与其关联的要素市场相配合。中国机械科学研究总院原副院长屈贤明提出，未来十年，中国装备制造业需要由生产型制造向服务型制造转变。大力发展包括系统设计、系统成套、工程承包、设备租赁、远程诊断服务、回收再制造等现代的制造服务业。事实证明，中国制造企业重构商业模式、向服务业务转型有两条路可走，一是提供基于产品的增值服务，从总体上提升客户的产品拥有体验；二是提供脱离产品的专业服务，利用企业在研发、供应链、销售等运营能力上的优势，为其他企业提供专业服务。

服务制造是在服务业和制造业不断融合的背景下应运而生的，它包括基于制造的服务和面向服务的制造两个方面。制造与服务的深度结合，一大关键因素是企业本身要具有核心产品或者说核心能力，围绕核心产品或者核心能力进行创新，与服务业相结合，才能取得更好的发展。只有围绕着它的核心产品，客户才认可它的整体解决方案。因此，“服务制造”对于中国制造业由大到强、实现产业结构的转型具有积极的意义。

▶ 4. 制造业的信息化

信息技术与中国制造业的融合朝着深度、广度大力推进。信息化与工业化融合推进的重点包括发展智能工具、构建数字企业、实现节能减排、促进转型升级、做强信息产业、催生新兴产业等六个方面。制造业与信息技术、高新技术融合，亦能够促进传统制造业向现代制造业转型升级。

中国的制造业信息化已经发展到了共性和个性全面共同促进的时候。面向诸多的企业，系统集成商、社会中介机构、服务实施单位把共性的平台去和每一个企业的个性结合起来组织实施，以此良性互动推动我国信息化的发展。未来，集成与协同将是制造业信息化技术发展的主旋律。如何来实现？在空间跨度上，从企业的集成到企业间的集成，走向企业间产业链、企业集团甚至跨国集团这种基于企业业务系统的集成；在时间跨度上，从侧重于产品的设计和制造过程，走向产品全生命周期的集成过程；在集成和协同的重点上，从多年来以信息共享为集成的重点，走到了过程集成的阶段，正在向知识与智能发展的集成阶段迈进。在集成和协同的关键技术方面，现阶段的企业很多都集中在单元技术的应用上，从发展的角度，会由这些单元技术产品通过集成平台，形成企业的信息集成平台系统，并朝着企业综合能力平台发展。

▶ 5. 企业管理创新

管理创新是企业生存发展的动力。中国企业管理受到诸多复杂因素的影响，中国几千年的历史文化积淀、西方管理文化的精髓都以不同的形式不同程度地影响着中国企业管理。中国的企业管理创新，就是要不断地让科学管理的新观念、新方法冲刷企业管理者的小农意识、封建思想，就是要用市场经济的规范取代计划经济的禁锢，就是要在民主、科学、创新的旗帜下调动人的积极性、发挥人的潜能，实施高效、科学、人性化的管理。在知识经济的浪潮中，从理念、决策、战略、组织结构、人本管理等五个方面开展企业管理创新，整合中西管理文化的精华，探索中国特色的现代化管理模式，在实际工作中，根据各自的具体情况找出自己所应抓住的突破口或重点，全面推动企业管理创新的局面。

1.2 现代制造企业的科学管理

如前所述，提升我国制造业的综合实力，必须进行技术创新和管理创新。管理创新能力的提升依赖于科学的管理理论、先进的企业管理模式和现代科学管理技术等。

1.2.1 现代企业管理理论

现代管理理论萌芽于18—19世纪西方产业革命时期，产生于19世纪末20世纪初。此后，随着科学技术的飞速发展，管理理论也不断发展创新。大致经历了古典管理理论、行为科学管理理论和现代企业管理新理论三个阶段。现代管理理论的出现和发展速度之快、影响之大，在人类历史上并不多见。在不到100年的时间里，管理改变了世界上发达国家的社会与经济的组织形式，创造了一种全球经济，并协调、管理着全球经济一体化中各国的国际分工，形成了各种规则。

▶ 1. 科学管理的特征

科学管理是能够最有效地满足企业持续发展、实现企业社会和经济目标最大化的控制体系、系统组织和技术手段。科学管理不仅是一门研究市场、研究如何战胜竞争对手、研究人与物关系的理论，也是一项随着市场变化而不断更新和需要系统学习的理论。其主要特征有：

(1) 科学管理是一套专业化与规范化的实用技术管理，区别于经验式管理。管理专业化的结果，必然要求管理的规范化，否则企业内部职责不清，组织运行效率低下。规范化是一组制度，它规定了每个人在企业中的行为准则，遵守一定的程序来达到既定的质量、数量目标，同时又使每个人能明确地知道其他人的行为反应，保证企业整个活动过程的确定性和有序性。

(2) 科学管理必须能最大限度地满足企业经济与社会发展目标的要求。企业的基本目标是利润的最大化。因此，盈利是衡量企业经营管理是否科学的一个重要标志。不追求盈利，再"科学"的管理也是毫无意义的。与经济目标同样重要的，企业行为的另一个目标是社会发展目标。它的核心思想是促进和实现人的全面发展。科学管理要以人为中心，通过发挥人的积极性，来激发组织的活力，提高企业的效益。因此，经济目标与社会发展目标是科学管理的综合体现。

(3) 科学管理是可以传授的系统性知识。作为一种可以传授的系统性的知识，科学管理产生了两个极为重要的结果：一是确立了科学管理；二是使企业管理成为一种可以继承、发展的技能，从根本上摆脱了过去企业由于主要依靠少数领导人及其经验而在管理者更替时经常出现的经营危机，从而有效地提高了企业的发展能力。

(4) 科学管理应当是适宜的、有效的组织技术手段。科学管理是一个相对的、动态的概念，因而它必须适应企业的发展和实际情况。组织的发展要求管理的创新，如在建立现代企业制度过程中就必须建立相应的治理机构，企业的领导、决策和监督体制等都应进行根本性变革；企业发展多种经营，进行跨行业的投资，也要求企业在组织机构、授权关系、财务控制、生产组织等方面进行相应的变革。

▶ 2. 科学管理主要技术

现代制造业的科学管理技术离不开工业工程体系下的主要管理手段，如价值工程、成组技术、计划评审技术、物料需求计划、管理信息系统、制造资源计划、准时制生产、最优化技术、约束理论、全面质量管理、柔性制造系统、计算机集成制造系统以及业务流程重组、企业资源计划、精益生产、敏捷制造等。

(1) 物料需求计划(material requirement planning，MRP)是由美国著名生产管理和计算机应用专家欧·威特和乔·伯劳士在对多家企业进行研究后提出来的。其基本原理是由产品的交货期展开成零部件的生产进度日程与原材料、外购件的需求数量和需求日期，即将产品出产计划转换成物料需求表，并为编制能力需求计划提供信息。在制造业竞争激烈的大市场中，无论是离散式还是流程式的制造业，无论是单件生产、小批量多品种生产，还是标准产品大量生产的制造业，其内部管理都可能会遇到诸如原材料供应不及时或不足、在制品积压严重或数量不清、生产率下降无法如期交货、市场多变计划调度难以适应等问题，这些问题产生的主要原因是企业对物料需求和计划控制不力。

(2) 制造资源计划(manufacturing resource planning，MRPⅡ)是美国在 20 世纪 70 年代末 80 年代初提出的一种现代企业生产管理模式和组织生产的方式。MRPⅡ由美国著名管理专家、MRP 的鼻祖奥列弗·怀特(Oliver W. Wight)在物料需求计划的基础上继续发展起来。制造资源计划是将企业产品中的各种物料分为独立需求物料和相关需求物料，并按时间段确定不同时期的物料需求，从而解决库存物料订货与组织生产问题；按照基于产品结构的物料需求组织生产，根据产品完工日期和产品结构规定生产计划；根据产品结构的层次从属关系，以产品零件为计划对象，以完工日期为计划基准倒排计划，按各种零件与部件的生产周期反推出它们的生产与投入时间和数量，按提前期长短区别各种物料下达订单的优先级，从而保证在生产需要时所有物料都能配套齐备，不需要时不要过早积压，达到减少库存量和占用资金的目的。MRPⅡ系统分为 5 个计划层次：经营规划、生产规划、主生产计划、物料需求计划和生产/采购计划，如图 1-1 所示。

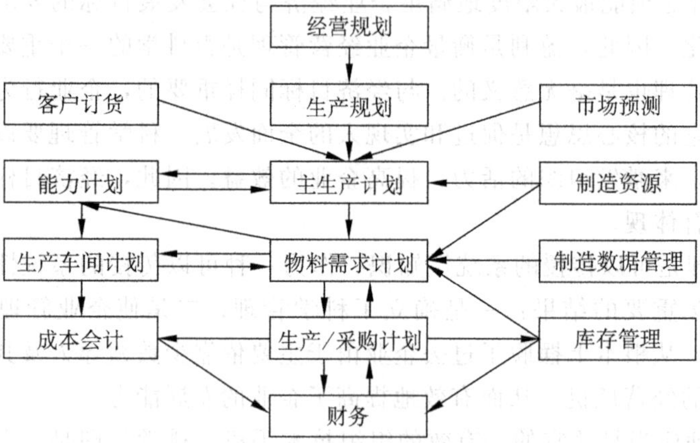

图 1-1　MRPⅡ系统层次模型

MRPⅡ计划层次体现了由宏观到微观、由战略到战术、由粗到细的深化过程。MRPⅡ通过引入能力需求计划和反馈调整功能增强了 MRP 计划的可行性和适应性；通过与财务系统的集成，实现了物流、资金流与信息流的同步；通过与工程技术系统的集成，实现了工程计划与生产作业计划的协调；通过与销售分销系统的集成，使得生产计划更好地体现企业的经营计划，增强了销售部门的市场预见能力。MRPⅡ还将 MRP 对物料资源优化的思想，扩充到包括人员、设备、资金、物资等广义资源，涉及企业的整个生产经营活动。MRPⅡ不再只是一种生产管理的工具，而是整个企业运作的核心体系，是一种以计划驱动"推"式的集中控制。MRPⅡ已为当今世界各类制造企业普遍采用，是进入信息时代的制造业提高竞争力不可缺少的手段。

(3) 企业资源规划(enterprises resource planning，ERP)是由美国计算机技术咨询和评估集团 Gartner Group Inc. 提出的一种供应链的管理思想。它汇合了离散型生产和流程型生产的特点，面向全球市场，包罗了供应链上所有的主导和支持能力，协调企业各管理部门以市场为导向，更加灵活或"柔性"地开展业务活动，实时地响应市场需求。为此，重新定义供应商、分销商和制造商相互之间的业务关系，重新构建企业的业务和信息流程及组织结构，使企业在市场竞争中有更大的能动性。ERP的提出与计算机技术的高度发展是分不开的，用户对系统有更大的主动性，作为计算机辅助管理所涉及的功能已远远超过MRPⅡ的范围。企业资源计划是指建立在信息技术基础上，以系统化的管理思想，为企业决策层及员工提供决策运行手段的管理平台。ERP系统支持离散型、流程型等混合制造环境，应用范围从制造业扩散到了零售业、服务业、银行业、电信业、政府机关和学校等事业部门，通过融合数据库技术、图形用户界面、第四代查询语言、客户服务器结构、计算机辅助开发工具、可移植的开放系统等对企业资源进行了有效的集成。

(4) 准时制生产(just in time，JIT)又称及时生产，20世纪80年代初由日本丰田汽车公司创立，是继泰勒的科学管理和福特的大规模装配线生产系统之后的又一革命性的企业管理模式。JIT，即在正确时间、正确地点干正确的事情，以期达到零库存、无缺陷、低成本的理想生产模式。对某一零件的加工在数量与完成时间上的要求，是由下一道工序状况决定的。若下道工序拥挤阻塞，上道工序就应减慢或停止，这些信息均靠看板来传递。丰田的JIT生产方式通过看板管理，成功地制止了过量生产，实现了“在必要的时刻生产必要数量的必要产品(或零部件)”，从而彻底消除在制品过量的浪费，以及由之衍生出来的种种间接浪费。JIT生产管理模式的最终目标是获取企业的最大利润；JIT最基本的方法是降低成本，排除一切浪费；JIT最主要的手段是适时适量的生产、弹性配置作业人数及质量保证。JIT的基本概念是指在所需要的精确时间内，按所需要的质量和数量，生产所需要的产品。它的理想目标是6个“零”和1个“一”，即零缺陷、零储备、零库存、零搬运、零故障停机、零提前期和批量为一。JIT管理技术体系构成主要包括：适时适量生产、全面质量管理、自动化控制、全员参与管理、人性管理、外部协作关系等。

(5) 约束理论(theory of constraint，TOC)是以色列物理学家高德拉特博士(Eliyahu Moshe Goldratt)在他于20世纪70年代开创的最优生产技术(optimal production technology，OPT)的基础上发展起来的管理理论。TOC是关于进行改进和如何最好地实施这些改进的一套管理理念和管理原则，可以帮助企业识别出在实现目标的过程中存在着哪些“约束”因素，并进一步指出如何实施必要的改进来一一消除这些约束，从而更有效地实现企业目标。约束理论植根于最优生产技术OPT。OPT认为，一个企业的计划与控制的目标就是寻求顾客需求与企业能力的最佳配合，一旦一个被控制的工序(即瓶颈)建立了一个动态的平衡，其余的工序应相继地与这一被控制的工序同步。OPT的计划与控制是通过DBR系统，即“鼓”(drum)“缓冲器”(buffer)和“绳子”(rope)系统实现的。TOC最初被人们理解为对制造业进行管理、解决瓶颈问题的方法，后来几经改进，发展出以“产销率、库存、运行费”为基础的指标体系，逐渐成为一种面向增加产销率而不是传统的面向减少成本的管理理论和工具，并最终覆盖到企业管理的所有职能方面。

(6) 精益生产(lean production，LP)又称精良生产。20世纪80年代末，美国麻省理工学院(MIT)承担了国际汽车计划项目，着重研究日本汽车制造业与欧美大量生产方式的差别是什么，其成功的秘诀何在。MIT的研究小组在作了大量的调查和对比、总结了以丰田汽车生产系统为代表的生产管理与控制模式后，提出了“精益生产”概念，把以丰田公司为代表的日本生产方式称为“精益生产”。精益生产要求：对于人、时间、空间、财力、物资等方面，凡是不能在生产中增值的就要去掉。例如维修工、现场清洁工，当操作工人进行增值的生产活动时，他们不工作，而需要维修时，操作工又不工作，故维修工作不能直接增值，应撤销，而要求操作工成为多面手，能够完成一般性的维修工作。又如库存占用资金但不增值，因此，在厂内，要求厂房布局上前后衔接的车间尽量靠在一起，生产计划上严格同步，不超前不落后，及时供应；在厂外，对协作厂或供应商，则要求按天甚至按小时供应所需零配件，这样就最大限度地缩小了库存量。精益生产工厂追求的目标是：尽善尽美、精益求精，实现无库存、无废品、低成本的生产。所以精益生产方式几乎只用大量生产方式一半的时间、一半的人力、一半的场地，当然也就会用少得多的费用来开发同一个类型的新产品(如一种新型汽车)。

(7) 敏捷制造(agile manufacturing，AM)这一概念是20世纪90年代，美国国防部为解决国防制造能力问题，而委托美国里海(Lehigh)大学亚柯卡(Iacocca)研究所拟定的一个同时体现工业界和国防部共同利益的中长期制造技术规划框架——《21世纪制造企业战略》中提出的。该模式是一种在工业企业界已崭露头角的新的生产模式，是一种直接面向用户不断变化的个性化需求，完全按订单生产的可重新设计、重新组合、连续更换的新的信息密集的制造系统。这种系统对用户需求的变化有敏捷的响应能力，并且在产品的整个生命周期内使用户满意。生产系统的敏捷性是通过技术、管理和人这三种资源集成为一个协调的、相互关联的系统来实现的。

敏捷制造系统的主要特点包括：以强大的信息交换能力为基础的虚拟公司成为经营实体的主要组织形式；模块化、兼容式的组织机构和生产设施使得企业在组织和技术上具有很大的灵活性和应变能力，可以根据需求的变化进行重新组合；以紧密合作为特征的供应者、生产者与买主之间的联合网络；销售信息和用户使用信息可通过信息网络直接反馈到生产决策过程中；并行工程和多功能项目组是产品开发的主要方式与组织形式；把知识、技术和信息作为最重要的财富，发挥人的创造性。

(8) 虚拟企业(virtual enterprise)是按照敏捷制造的思想，采用互联网技术，建立灵活有效、互惠互利的动态企业联盟，有效地实现研究、设计、生产和销售各种资源的重组，从而提高企业的市场快速响应和竞争能力的新模式。虚拟企业能够敏捷响应市场，实现资源共享，通过网络化制造，分散在各地的信息资源、设备资源甚至智力资源可实现共享和优化利用；企业组织模式多样，从封闭性较强的金字塔式递阶结构的传统企业组织模式向着基于网络的扁平化的、透明度高的项目主线式的组织模式发展；客户参与度高，满足不同客户的要求，实现以客户为中心；另外，实现了基于网络的生产设备及生产现场远程监视及故障诊断等功能。

虚拟企业有效地借助网络设施和计算机信息技术，根据各类客户的需求，动态选择组建基于项目的制造联盟组织。在该制造模式下，企业可以充分发挥自身的优势，利用合作伙伴的资源和技术，快速高效地响应市场。网络化制造实施的关键在于企业之间有效的信息交互和资源共享，先进的网络技术和信息传输手段为解决企业的“信息孤岛”问题提供了有效的途径。这些将加快各类信息在供应链上的传递，增强协作能力，最终降低企业的综合成本，实现企业之间既竞争又合作的双赢。

(9) 计算机集成制造系统(computer integrated manufacturing system，CIMS)是1973年由美国哈林顿(Harrington)博士首先提出概念，在20世纪80年代得到发展与成熟的一种制造业先进管理模式。CIMS是通过计算机和自动化技术把企业的经营销售、开发设计、生产管理和过程控制等全过程组合在一起的计算机集成制造系统。

哈林顿博士认为：企业的各个生产环节是不可分割的，需要同时考虑；整个生产过程实际上是对信息的采集、传递和加工处理的过程。CIM要求把过程控制数据同其他业务信息结合于一个集成信息体系之中，从而构成一体化的计算机控制、管理、决策系统。它将企业的全部活动，从产品设计、生产、制造到经营决策和管理，通过计算机有机集成起来，形成一个整体，达到相互协调、总体优化，从而促进企业的技术进步，提高企业管理水平，缩短产品开发和制造周期，提高产品质量和劳动生产率，增强企业的应变能力和竞争力。

1.2.2 现代制造企业管理模式

一般而言，市场对制造企业的要求是高效、低耗、灵活、准时地生产合格产品和提供顾客满意的服务，也就是说产量高、成本低、品种丰富、适应性强、质量高、交货准时是制造企业竞争制胜的要素，也是制造企业管理模式追求的目标。但在不同的时代，对这些要素的要求高低程度是不同的，因而企业管理模式的发展呈现不同的特征。

▶ 1. 现代制造企业管理模式的类型

现代制造企业管理模式大致可以归为三类：一是美国企业模式，二是日本企业模式，三是其他模式。

美国企业模式最初可以追溯到一种被称为订货点法的生产制造管理方法。订货点法是一种库存量不低于安全库存的库存补充方法。依靠计算机技术的发展，订货点法进一步发展成为MRP，在此基础上，考虑到企业外部市场需求和企业内部生产能力、各种资源的变化，增加了能力计划和执行计划的功能，就发展成为闭环的MRP。闭环的MRP就成为一个完整的生产计划与控制系统。进入20世纪80年代，在闭环MRP的基础上产生了制造资源计划(MRP Ⅱ)，MRP Ⅱ不仅涉及物料，而且将生产、财务、销售、技术、采购等各个子系统结合成一个一体化的系统，成为一个广泛的物料协调系统。到了20世纪90年代，市场竞争日益激烈，消费者需求特征发生了巨大的变化，仅仅依靠一个企业的资源已经无法实现快速响应市场需求的目的，随着网络技术的发展，涵盖企业内外所有资源的供应链管理(SCM)、企业资源计划(ERP)、敏捷制造(AM)、大规模定制生产(MC)等管理模式相继产生。

日本企业模式是以1.2.1节中提到的准时生产制(JIT)为代表的。这种模式旨在消除超过生产所需的最少量设备、材料、零件和工作时间。针对准时生产制的特点，美国麻省理工学院研究者柯瑞福赛克(John Krafcik)更广泛地将日本汽车工业生产管理模式命名为精益生产(LP)。精益生产通过系统结构、人员组织、运作方式和市场营销等各方面的改革，使生产系统对市场变化作出快速适应，并消除冗余无用的损耗浪费，以求企业获得更好的效益。进入20世纪90年代以后，日本制造业的大公司在探索制造生产自动化技术的基础上，针对大型自动化生产系统过于复杂、对上下游协作厂商(供货商和销售商)要求高、需要巨额投资等问题，又创新出一种更依存于人、富有灵活性的制造模式——作业单元生产(cell production 或 cellular production)模式或细胞生产方式。

其他模式是指除上述日本、美国企业模式以外的其他在MRP和JIT基础上发展起来的制造企业管理模式和技术，主要包括最优生产技术、约束理论和世界级制造(world class manufacturing，WCM)等。最优生产技术是以色列科学家高德拉特博士在 20 世纪 70 年代发展起来的一种生产组织方式。它吸收 MRP 和 JIT 的长处，以相应的管理原理和软件系统为支柱，以增加产销率、减少库存和运行为目标。约束理论是在最优生产技术基础上进一步发展起来的理论。世界级制造是对现有优秀跨国企业生产管理经验的总结，这些经验被概括为一系列交互作用的原则，这些原则被认为将是下一个 10 年制造业的活动安排程序。

▶ 2. 现代制造企业管理模式的发展趋势

总体上说，当今世界制造业企业管理模式创新和发展的趋势是：在满足高质量、低成本目标的前提下最大限度地提高企业的灵活性和速度。也就是说，新的制造业企业管理模式应该能够在尽可能保持大规模生产管理模式的高质量、高可靠性和低成本优势的同时，最大可能地提高企业生产制造的品种适应性、市场快速响应性，实现成本更低、质量更高、品种更多、适应性更强的目的。这种发展趋势，一方面是适应市场对制造业企业的交货期、适应性提出的更高的要求，另一方面也依赖自动化技术的发展，特别是信息技术、计算机技术、系统技术的进步，具体包括计算机通信、数据管理技术、传感器技术、专家系统及其开发工具、仿真技术等。同时，包括学习型组织理论、作业流程重组理论等组织管理理论的创新，也为制造企业进行制造企业管理模式创新奠定了组织基础。

1.3 工业工程概述

1.2 节所阐述的关于企业科学管理的相关技术，实际上是工业工程学科领域中的主要研究内容。为了更好地了解这个在国外已有百年发展历史、在我国尚属发展阶段的学科知识，本节将对其进行概述性介绍。

任何一门科学能被人们接受并成为人们改造自然和社会强有力的工具，必然存在其赖以生存和发展的基础、环境和动因。概括地说，工业工程发展的动因在于三个方面，即社会生产力发展的需求、科学技术日新月异的成果的支持作用和社会环境，确切地说，是商品经济所提供的社会发展环境。生产力的发展使生产与管理系统的规模越来越大、越来越多样化。这在客观上要求必须存在着分析、设计、改善这些系统和管理的技术体系。因而，在 20 世纪初生产力开始快速发展时，才产生工业工程。而科学技术成果，如运筹学、统计学、系统工程、计算机工程及信息技术都为工业工程技术体系提供了巨大的支持；而市场经济为企业提供了竞争的社会环境。

1.3.1 工业工程的产生

一般认为工业工程(industrial engineering，IE)最早起源于美国。19 世纪末 20 世纪初，美国工业迅速发展，生产方式由家庭小作坊方式向社会化大生产方式转化，导致劳动力严重不足，而劳动效率又很低下。当时的工业生产很少有生产计划和组织，生产一线的管理人员对工人作业只是口头上的指导，作业方法很少得到改进和提高。管理人员的工作方法缺乏科学性和系统性，主要凭经验办事，很少有人注意一个工厂或一种工艺过程的改进和协调，因而效率低、浪费大。以泰勒和吉尔布雷斯为代表的一大批科学管理先驱者，为改变这种状况进行了卓有成效的工作，开创了科学管理，为工业工程的产生奠定了基础。

泰勒(Frederick Window Taylor，1856—1915)是一位工程师、效率专家和发明家，一生中获得过100多项专利。他认为管理没有采用科学方法，工人缺乏训练，没有正确的操作方法和程序，大大影响了工作效率，他相信通过对工作的分析，总可以找到改进的方法，设计出效率更高的工作程序，并致力于工作研究。他系统地研究了工场作业和衡量方法，创立了"时间研究"(time study)，并通过改进操作方法，科学地制定劳动定额，采用标准化，极大地提高了效率，降低了成本。泰勒将他的研究成果应用于管理实践，并提出了一系列科学管理理论和方法。1911年，泰勒出版了《科学管理原理》一书。该书的出版被公认为工业工程的开端。所以，泰勒在美国管理史上被称作"科学管理之父"，也被称作"工业工程之父"。

吉尔布雷斯(Frank Bunker Gilbreth，1868—1924)是和泰勒同一时期的另一位工业工程奠基人，其主要贡献是创立了与时间研究密切相关的"动作研究"(motion study)——对人在从事生产作业过程中的动作进行分解，确定基本的动作要素(称为"动素")，然后进行科学分析，建立起省工、省时、效率最高和最满意的操作顺序，典型例子是"砌墙实验"。通过对建筑工人的砌砖过程进行动作研究，确定砌砖过程中的无效动作、笨拙动作，并通过改进作业地布置和作业工具，使原先砌一块砖需要18个动作简化到5个，使砌砖效率由每小时120块提高到每小时350块。1912年吉尔布雷斯进一步改进动作研究方法，把工人操作时的动作拍成影片，创造了影片分析方法，对动作进行更细微的研究。1921年，他又创造了工序图，为分析和建立良好的作业顺序提供了工具。

甘特(Herry L. Gantt，1861—1919)也是工业工程先驱者之一，他的突出贡献是发明了著名的"甘特图"。这是一种预先计划和安排作业活动、检查进度以及更新计划的系统图表方法，为工作计划、进度控制和检查提供了十分有用的方法和工具。直到今天，甘特图仍然被广泛地应用于生产计划和控制这一工业工程的主要领域。

还有许多科学家和工程师对科学管理和早期工业工程的发展作出过贡献，如1776年英国经济学家亚当·史密斯(Adam Smith)在其《国富论》一书中提出了劳动分工的概念。

1.3.2 工业工程的发展

工业工程形成和发展演变的历史，实际上就是各种用于提高效率、降低成本的知识、原理和方法产生与应用的历史，随着社会和科学技术的发展，工业工程技术也不断充实新的内容。从19世纪开始，IE发展经历了四个相互交叉的阶段，每个阶段都有其各自的特点。

第一阶段(19世纪末—20世纪30年代初)：这是IE萌芽和奠定的时期。这一时期以劳动专业化分工、时间研究、动作研究、标准化等方法的出现为标志，主要是在制造业(尤其是机械制造企业)中应用动作研究和时间研究等科学管理方法，提高工人作业效率。并且，主要是针对操作者和作业现场等较小范围，建立在经验基础上的研究。产业革命促进了大批革新项目，制造业的规模和复杂性大幅度增加。零件互换性和劳动分工是促使大量生产成为可能的两个重要的工业工程观念。在德国兴起的标准化同样也是促进大量生产和工业化的重要IE成就。1832年，英国的查尔斯·巴贝奇(Charles Babbage，1792—1871)出版了《机械制造业经济论》(*On the Economy of Machinery Manufactures*)一书，提出了时间研究的重要概念。

1910年，吉尔布雷斯夫妇从事动作研究和工业心理学研究；1913年，亨利·福特(Henry Ford，1863—1947)发明了流水装配线；1914年，甘特从事作业进度规划研究和按技能高低与工时付酬的计件工资制的研究；1917年，哈里斯(F. W. Harris)研究应用经济批量控制库存量的理论。被誉为工业工程之父的泰勒，通过著名的"铁铲实验""搬运实验"和"切削实验"，总结了称为"科学管理"的一套思想。

第二阶段(20世纪30年代初—20世纪40年代中期)：这是工业工程的成长时期。这一时期，由于吸收了数学和统计学的知识，创立了许多IE的原理和方法，包括人机工程，设施规划与设计，物料搬运，生产计划与控制，质量控制，成本管理以及工程经济分析，组织的设计、分析、评价和改善，群体工作效率分析与人员激励等，形成了现代IE的主体。在这一时期，美国高校成立了更多的IE专业或系，并且出现了专门从事IE的职业。

第三阶段(20世纪40年代中期—20世纪70年代末)：这是工业工程的成熟时期。在这一时期，运筹学和系统工程成为IE的理论基础，计算机为IE提供了有效的技术手段，特别是应用数学规划、优化理论、博弈论、排队论、存储论等理论和方法用于描述、分析和设计各种系统，直至系统的寻优。在这一时期IE得到了重大发展，美国于1948年成立了美国工业工程师学会(American Institute of Industrial Engineer，AIIE)。1955年，这一组织首次给出了IE的正式定义。从20世纪50年代起逐渐建立了较完整的IE学科体系，到1975年美国已有150所大学提供IE教育。另外，在这一时期，工业工程已不仅仅是欧美工业发达国家的"专利"，已被成功引入亚太地区。其中最典型和应用最成功的是日本。日本在第二次世界大战后的经济恢复期，从美国的管理思维和技术手段中成功地将工业工程引入各行各业，并进行日本式消化和改造，开创出丰田生产方式(Toyota production system，TPS)、全面质量管理(total quality management，TQM)等先进的管理理念和方法。而韩国、新加坡、中国台湾和香港地区更是加大了工业工程的开发与应用力度，在工业工程高等教育、培训企业应用等方面都走在国际前列，开创了"亚洲四小龙"的经济飞速发展的奇迹。现代IE的充分应用既使得以美国为代表的西方国家经济发展到鼎盛时期，也使得日本、德国等第二次世界大战的战败国经济得到复苏和迅速崛起。

第四阶段(20世纪70年代末至现在)：这是工业工程的扩展与创新期。由于计算机技术、系统工程、通信技术等的发展，使工业工程所面临的问题更加复杂，同时又为它的发展提供了新的技术和手段。因而，当今是工业工程学科最富有创造力的时代。这一时期，系统工程原理和方法用于IE，完善了IE的理论基础和分析方法，特别是系统分析与设计、信息系统、决策理论、控制理论等成为IE新的技术手段，IE的应用范围从微观系统扩展到宏观系统，从工业和制造部门应用到政府部门和各种组织，IE全面应用于生产、服务、行政、文体、卫生、教育的各种产业之中。

从工业工程发展的四个阶段来看，工业工程技术是从着眼局部改造的工作研究开始，逐步扩展到第二个阶段的设施设计、物料搬运、人机工程、生产计划与控制、质量控制、工程经济及成本控制等，其特点是着眼于生产、管理的全过程和整体系统的效益提高；而第三、第四个阶段在全面性、整体性的基础上，吸收了信息技术的特点，面向企业的柔性化、集成化、全面化服务又产生了诸如 CAD/CAM、MRP、MRPⅡ、准时制生产、敏捷制造、并行工程、企业流程重组等最新的技术方法。

1.3.3 工业工程的定义

工业工程在工业化国家受到了工业界的普遍重视。这主要是因为工业工程直接面向企业的生产运作过程，它与数学、人因学、经济管理、各种工程技术有着密切的关系，它以系统工程为哲理，以运筹学等数学方法为理论基础，以现代信息技术为工具，用工程量化的分析方法对包括制造业、服务业在内的由人、物料、设备、能源、信息等多种因素所组成的各种复杂的企业或组织系统中的实际工程与管理问题进行定量、系统的分析、设计与优化，从而实现系统的最大效率和效益。工业工程是唯一一门以系统效率和效益为目标的工程技术，因此成为其他工程所不能替代，同时又对其他工程有很强互补性的一项综合性边缘学科。

在 IE 发展的不同时期，不同背景、不同国家的学者、学术团体对其所下的定义也不尽相同，但其内涵大体相似。其中最有代表性的当属美国工业工程师学会 1955 年提出后经修改的定义："工业工程是研究由人、物料、设备、能源和信息所组成的综合系统的设计、改善和设置的工程技术，它应用数学、物理学等自然科学和社会科学方面的专门知识和技术，以及工程分析和设计的原理和方法，来确定、预测和评价由该系统可得到的结果。"

该定义已被美国国家标准学会(American National Standard Institute，ANSI)采用，作为标准术语收入美国国家标准 Z94，即《工业工程术语》标准(*Industrial Engineering Terminology*，ANSI Z94，1982)。该定义表明 IE 实际是一门方法学，告诉人们为把人员、物资、设备、设施等组成有效的系统，需要运用哪些知识，采用什么方法去研究问题以及如何解决问题。此定义明确指出了工业工程研究的对象、方法、内容和学科性质，不足之处是没有明确指出 IE 的目标。

在日本，工业工程称为经营工学或经营管理，被认为是一门以工程学专业，如机械工程、电子工程、化学工程、建筑工程等为基础的管理技术。1959 年，日本工业工程师协会(JIIE)成立时对 IE 的定义是在美国工业工程师协会 1955 年定义的基础上略加修改而制定的。随着 IE 长期在日本的广泛应用，其理论和方法都取得了很大发展。日本工业工程师协会深感过去的定义已不适合于现代生产的要求，故对 IE 重新定义如下："IE 是这样一种活动，它以科学的方法，有效地利用人、财、物、信息、时间等经营资源，优质、廉价并及时地提供市场所需要的商品和服务，同时探求各种方法给从事这些工作的人们带来满足和幸福。"该定义简明、通俗、易懂，不仅清楚地说明了 IE 的性质、目的和方法，而且还特别把对人的关怀写入定义中，体现了"以人为本"的思想。这也正是 IE 与其他工程学科的不同之处。

对于 IE 的定义，有人甚至简化成一句话："IE 是质量和生产率的技术和人文状态。"或者可以这样说："IE 是用软科学的方法获得最高的效率和效益。"

上述各定义是随着时间的推移和科学技术与生产力的发展而变化的，但其本质内容是一致的。各种 IE 定义都旨在说明：

(1) 工业工程是一门集自然科学、社会科学、工程学和管理学等的综合、交叉型科学。因而工业工程师是一种复合型人才。

(2) 工业工程的工程属性很强，是一门工程类科学技术。其工作原理是采用工程分析与设计的原理和方法，所以容易强调定量方法的技术手段。

(3) 工业工程研究的对象是由人、物料、设备、能源、信息等生产要素所组成的各种生产及经营管理系统，且不局限于工业生产领域。

(4) 工业工程采用和依托的理论与方法来自于数学、自然科学、社会科学中的专门知识和工程学中的分析、规划、设计等理论和技术，特别是与系统工程的理论与方法以及计算机系统技术具有密切的关系。

(5) 工业工程追求由人、物料、设备、能源、信息等生产要素所组成的综合系统的整体效益，无论系统的大小都反映出很强的降低成本、提高系统管理效益的特征。因而有的学者称之为管理支持技术体系也不为过。

(6) 现代 IE 不仅是一种工程技术，还是一种哲理，特别强调发挥系统中人的作用。这也是 IE 发展到今天的一个非常突出的特征。因而，在研究组织设计与重构、人员评价、激励手段等时常采用工业工程的方法。

1.3.4 工业工程的内容体系

工业工程的基础理论比较广泛，其内容体系也在不断地发展与扩大。本书主要从工业工程内容的三个层次，即策略(strategy)层次、技术(technology)层次和组织(organization)层次来对其进行介绍，如图 1-2 所示。

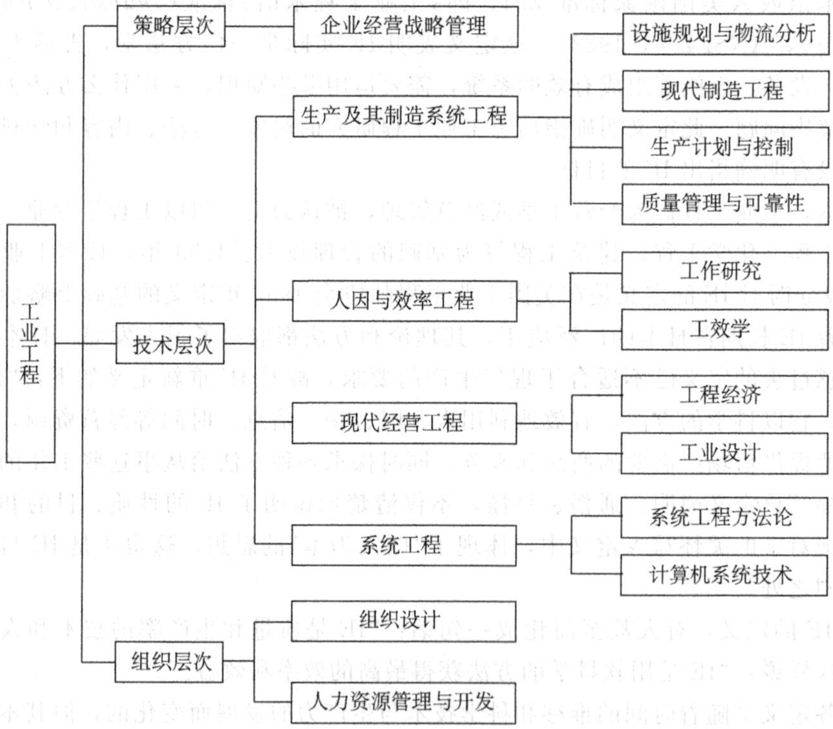

图 1-2 工业工程内容体系图

▶ 1. 策略层次

现代工业工程着眼于企业和社会经济系统运作效率的持续提高和长远发展，立足于系统内部各种要素与外部环境的适应与协调，即注重于企业经营战略管理。经营战略是企业发展中带有长远性、根本性和全局性的谋略，以战略研究和制定为核心的战略管理是现代工业工程的重要内容。企业战略研究的基本方法是系统分析方法，主要包括：对企业现状的综合诊断、企业外部环境及其变化的分析、企业内部条件的分析、企业经营和发展目标的确定、战略课题的形成、战略评价、战略决策及推进等。另外，企业经营战略的制定及管理有层次性的特征，如公司级战略、经营层战略等。由于战略的全局性，企业战略管理会涉及生产系统内外的各种要素和工业工程工作的许多方面。

▶ 2. 技术层次

该层次又分为生产及其制造系统工程、人因与效率工程、现代经营工程、系统工程等几部分。

1) 生产及其制造系统工程

生产及其制造系统工程包含的内容较为广泛，从产品的设计，甚至厂区的规划开始，直至合格产品生产出来，都在其中。

(1) 设施规划与物流分析。设施规划与物流分析是对对象系统的位置选择、平面布置、物流分析、物料搬运方式及运输工具的选择等进行具体的规划与设计，从而使各生产要素和各子系统按照工业工程的要求得到合理的配置和布局，组成高效率的生产集成系统。这是工业工程实现系统整体优化、提高系统整体效益的关键环节，是生产系统规划与设计的主要内容。其中，设施规划与设计主要是应用系统工程的原理与方法，将对象系统的各种设施在给定的区域范围内，进行最优的规划与设计，以求最佳的布置方案，使系统投入运行与使用后能达到最小的消耗和最大的产出；物流系统分析主要是以生产系统物料的流动过程为分析对象，研究生产系统的平面设计、物流流动网络的分布、在制品数量与质量的控制方法及工位器具设计、搬运设备选择、运输路线分析、物流改善与管理等，以求物流系统最佳设计与运行效益。设施规划与物流分析是静态与动态、空间与时间、结构与行为的关系，两者统一于完整而高效的生产系统当中。与现代物流及系统工程的方法论及方法相适应，“物流系统工程”正在形成和完善之中，并将逐步取代“设施规划与物流分析”。

(2) 现代制造工程。制造系统是生产系统中的核心部分。现代工业工程的主要特征和重要内容是，在计算机系统技术的基础上，发展集成生产和相应的现代制造技术。现在制造工程的主要内容包括：计算机辅助设计与制造(CAD/CAM)、计算机辅助工艺设计(CAPP)、计算机过程控制技术、成组技术(GT)、人工智能与机器人技术、数控(NC)技术、柔性制造单元和柔性制造系统(FMC，FMS)以及计算机集成制造系统(CIMS)等。近年来，美、日、德等发达国家又提出了柔性、精益、敏捷及其集成的新的制造理念和生产系统模式，这在一定程度上反映了工业工程的最新发展。

(3) 生产计划与控制。生产计划与控制主要研究生产过程及各种资源的组织、计划、协调和控制，内容包括生产系统的分析与设计、制造过程的计划与控制、库存管理与控制、维修计划与控制、生产能力的测定与管理等。通过对人、财、物和信息的合理组织及调度，保证生产过程均衡、高效地运作，加速物流、信息流的流转，提高资金周转率。常用的方法有：网络计划方法(PERT)和随机网络技术、资源需求计划(MRPⅡ)、准时化生产(JIT)、合理排序与调度(scheduling)等。

(4) 质量管理与可靠性。质量管理是指为保证产品质量或工作质量所进行的质量调查、计划、组织、协调与控制等各项工作，以保证达到规定的质量标准，预防不合格品产生，甚至要求达到零缺陷。

为了健全质量保证体系，美、日等国曾先后推行了统计质量控制、全面质量控制、全面质量管理等科学的质量管理方法，都取得了明显效果，显著增强了竞争实力。

质量管理与可靠性的内容包括：传统的质量控制方法、现代质量管理——质量保证、生产保证、全面质量控制(TQC)和全面质量管理(TQM)。

2) 人因与效率工程

人是生产过程的主体，人因与效率工程就是通过改善人的工作环境和生产环节，来提高人的工作热情和产品的生产效率。

(1) 工效学。工效学是根据人的心理、生理和身体结构等因素，研究人、机械、环境三者之间的合理关系，以保证人们安全、健康、舒适地工作，并取得满意的工作效果的机械工程分支学科，是工业工程的一个重要分支。工效学在人—机—环境系统的研究中，经历了人适应机、机适应人、人机相互适应几个阶段，现在又已深入到人、机、环境三者协调的人—机—环境系统。在系统内，从单纯研究个人生理和心理特点，发展到研究怎样改善人的社会性因素。随着市场竞争的加剧和生产水平的提高，工效学在机械产品的设计和制造中的应用也更加广泛和深入。目前，以提高脑力劳动的效率和准确性为目标、以研究作业人员认知过程模式和判断及决策过程中人与工作对象及环境间相互关系等为基本内容的认知工效学正在形成和发展。

(2) 工作研究。工作研究是工业工程体系中最重要的基础技术和经典内容。它利用动作研究、时间研究、工作测定、方法设计、流程分析与作业分析、学习曲线、工作抽样等技术，分析影响工作效率的各种因素，帮助生产系统挖潜、革新和不断地改善，以消除人力、物力、财力和时间等方面的消费，减轻劳动强度，合理安排作业，用新的工作方法代替原有的工作方法，并制定该项工作所需的标准时间，从而提高劳动生产率和经济效益，因而还被认为是工业工程中的一项专门的诊断技术。系统分析与计算机技术，使工作研究的手段与方法变得先进、科学和现代化。欧美和日本又开发出先进的时间测量方法、模特排时法等先进技术，有效地解决预定时间标准的制定问题，再配以计算机辅助管理、数据库技术等，使现代工作研究的内容不断更新、深化，技术水平不断提高，应用范围越来越广。

3) 现代经营工程

现代经营工程在企业管理、生产过程管理的基础上，还要研究工程经济、工业产品设计、客户满意度等领域，以最大限度地提高企业的效率和效益。

(1) 工程经济。工程经济是研究工程项目、设备、产品投资的可行性，评价其合理性、经济性等，为经营者和决策者提供基本的决策支持。在工业工程中经常用到的经济分析方法有：投资效益分析与评价的原理和方法，投资风险分析、评价与比较，工程项目的评估及可行性研究，技术改造与设备更新的经济分析，多种技术方案的成本、利润计算与方案选择，资金的时间价值分析与计算方法等。

(2) 工业设计。工业设计是在成本综合分析的基础上，对工业产品的功能、结构、形态、色彩、材料、界面等进行分析、设计和创新的实践过程和实践活动。它主要通过产品的审美设计和人与产品的界面设计，来实现工业产品的功能使用性、造型美观性、人机协调性和商业经济性的有机结合，使产品最大可能地满足市场需求。工业设计集技术与艺术于一身，融工程与美学于一体，涉及人因工程、计算机科学、美学、艺术、心理学、生理学、视觉理论、工程学、市场学、经济学、可靠性理论、价值工程等一系列学科和内容，是现代工业工程中一项极具创造性和综合性的实践活动，也是一种集多种学科于一体的人—机—环境综合协调技术。在当今工业设计领域中，美、日、德三国处于领先地位。

4）系统工程

根据总体需要，把科学的思想、理论、策略和方法等联系起来，应用现代技术，对系统的构成要素、组织结构、信息交换和自动控制等功能进行分析研究，借以达到最优化设计、最优控制和最优管理的目标。

（1）系统工程方法论。系统工程方法论是解决系统工程实践中的问题所应遵循的步骤、程序和方法。它是系统工程思考问题和处理问题的一般方法，把分析对象作为整体系统来考虑，进行分析、设计、制造和使用时的基本思想方法和工作方法。系统工程具有自己独特的方法论，其方法论体系的基础就是运用系统思想和各种数学方法、科学管理方法、经济学方法、控制论方法以及电子计算机等技术工具来实现系统的模型化和最优化，进行系统分析和系统设计。这些方法体系也构成了现代工业工程的重要条件、基本内容和显著标志。在生产系统的设计与规划、控制与管理、诊断与改善过程中均有重要作用。

（2）计算机系统技术。计算机系统技术是工业系统分析的基础技术。现代工业工程之所以能够具有综合性、系统化的特点，成为适合系统整体优化的技术，在很大程度上得益于计算机系统的支持。企业产品的生产过程，是物料不断转变、流动和增值的过程，同时也是信息不断产生、变化和处理的过程，并且信息处理的需求日益呈现出全过程、全时段、全方位的特点。由于信息处理技术的发展，给传统的工业工程内容提供了更高效、更科学的研究手段，工厂平面布局和工作地设计、物流系统和人机系统分析、作业计划安排等方面，都可以通过计算机模拟或实时监控实现优化设计和管理。为此，需要根据对象系统的现实状况和未来发展的要求，在制造过程和管理活动中逐步采用计算机辅助开发、计算机过程控制、计算机辅助管理等专门技术和数据库管理、计算机仿真、人工智能与专家系统等基础和通用技术，并努力形成完整的计算机系统支持的工业工程体系，真正提高生产系统的运作水平，从技术上保证现代工业工程目标的实现。

▶ 3. 组织层次

这里主要从组织结构和人力资源的角度分析企业的管理与运行。

1）组织设计

人是生产系统中最活跃的因素，而生产系统首先表现为由许多人组织起来的群体活动过程。因此，工业工程不仅要研究个人的行为和工作效果，还要研究群体的行为以及协调人们行为的组合活动过程，即在现代组织理论的指导下进行有效的组织设计，以协调组织中的人与事、人与人的关系，使组织适应任务的需要，最大限度地发挥人的积极性。一般来说，组织设计是指设计实施管理和生产经营任务的组织结构，给组织活动提供一个框架，规定正规的权威及管理层次，并规划职权和责任的体系。其主要内容有：职能分析和职位设计、部门化和部门设计、管理层次和管理幅度的分析与设计、决策系统的设计、横向协调和联系的设计、工作设计、职业生涯设计与开发、组织行为规范的设计、控制系统(信息、绩效评价、激励机制与分配制度)的设计、组织发展的规划等。

2) 人力资源开发与管理

当今世界，人力资源已成为不可忽视的社会财富。如何将充足的劳动力资源转化为人力资本，以提高企业和整个社会的劳动率，对发展中国家尤为重要，并与组织设计一起成为现代工业工程的重要内容之一。企业人力资源是指企业全体员工个体现有能量、协作能量和潜在个体及协作能量的总和。企业人力资源开发与管理既是一个现实和长远的社会问题，又是一个企业发展中所面临的首要和根本的问题。开发及管理人力资源涉及开发人的创造性、人力资源规划、人员选聘与培训、工作绩效的测定与评价、企业或社会组织中的人际关系的处理和人力资源的有效利用及管理等具体内容。

1.3.5 工业工程在中国的发展与应用

工业工程起源于美国，发展于20世纪初期，在工业化发达国家有着长期的发展历史，但在我国得以推广是在20世纪80年代后期。工业部门首先认识到工业工程的推广和应用将会对其经济发展产生巨大的影响，原机械电子工业部最早提出“加强企业管理，实行整体优化”的要求，并卓有远见地提出要对企业管理整体优化的理论、方法进行研究和探索。有关部门和许多有识之士普遍认为，工业工程技术比较适合中国当时经济发展的需要，在中国工业界推广应用的前景十分广阔。应用工业工程的一些技术，往往不需要或只需要很少的投资，就可以产生很大的效益。

进入20世纪90年代以后，中国企业面临直接介入国际市场竞争的挑战，亟须提高管理水平，降低成本，提高效益。中国机械工程学会经过大量的调查研究和专家论证，为了能在全国范围内更好地推广工业工程，使企业自觉、有意识地应用工业工程，按照国际惯例来管理企业，在中国科协、原机械电子工业部、原国家技术监督局等部门和有关高校、科研院所、大型企业的支持下，率先成立了国内第一个工业工程学术团体——中国机械工程学会工业工程分会。

在高等教育方面，为了满足社会对现代管理人才的需要，许多高等院校相继设立“管理科学与工程系”或“工业工程系”。这些高校绝大多数以培养高级经营管理人才为目标，有的学校明确提出管理工程系的任务是：培养既懂经济、又懂技术，掌握现代科学管理理论、手段和方法，能从事企业管理和其他管理工作的高级应用型管理工程人才。主要开设现代管理科学、技术经济、运筹学、计算机应用、企业管理及相应的工程技术等课程。另一方面，一批学者和大学教师在国外进修了工业工程，还有不少留学生在国外学习IE。

严格地讲，在20世纪60年代到80年代，中国已经有了一定水平的工业工程应用实例，并从80年代开始，随着外资企业的进入使工业工程在一定范围内得到推广。经过30年的发展，目前中国工业工程已取得了较大的成就。但是，由于企业管理水平不同，应用工业工程的动机不同，对工业工程的理解与掌握也有所不同，国内企业应用工业工程提高企业管理水平的过程一直是十分复杂和曲折的。在中国，企业应用工业工程的情况大致可以分为如下两种：

(1) 外资、合资企业的工业工程应用情况。这类企业从20世纪80年代后期就开始应用工业工程，如Otis、Motorola、一汽大众、上海大众等。它们是中国工业工程的推广者，从建厂开始就设有IE部(科)或相关岗位，IE在这些企业中发挥了重要的作用。

(2) 内资企业的工业工程应用情况。内资企业的工业工程应用又可以分为两种类型：一类是东部沿海地区的部分内资企业，如广东科龙、美的电器、康佳集团等。二是其他地区的内资企业，从应用简单的工业工程技术，逐步转变为成立专门的工业工程部门来辅助管理层决策。

与此同时，工业工程应用的范围增大。早期的IE只应用于制造业，随着我国生产力和科学技术的高速发展，现代IE的应用领域已从制造业向第三产业等其他领域拓展，其重点转为对整个生产系统和服务的管理、集成、控制、改善和优化。

虽然不少企业应用IE取得了不错的效果，但大部分国内企业对工业工程的认识还处于萌芽状态，这主要表现在以下两个层面。

一是全然不知，即对工业工程及其内容没有任何概念和需求认识。这样的企业分为两类：一类是产品本身缺乏市场、缺乏竞争力，这类企业首先面对的是生存问题，效率问题根本提不到日程上来，它们不是工业工程研究的对象；另一类企业产品定位比较好，市场空间大，或出于某种垄断优势，因此目前没有迫切的竞争危机，提高效率与效益还没有成为自觉的需求，但这样的企业为数已经不多。

二是似是而非，即对工业工程技术有一定的感性需求，或对工业工程的部分内容有一定的了解甚至应用。但是这些企业中绝大部分对于工业工程缺乏系统的了解，甚至没有一个完整的概念，于是片面得出一些似是而非的认识。这是由于近年来工业工程的一些单项技术或成果被人们出于各种目的推广或炒作，如准时制生产、精益制造、5S管理、丰田生产方式，以及6σ(质量)管理、TPM管理、物流工程、计算机集成制造(CIMS)、ERP等，由于这种形式的推广往往是生搬硬套，头疼医头，脚痛医脚，缺乏工业工程整个理论体系和方法的支持，忽略了应用对象的自身背景，甚至有些根本是出于经济利益驱使，不负责任地炒作，因此造成了人们对工业工程认识上的混淆。有不少企业，甚至把一些失败的经验当成了工业工程的真谛。这种现象严重影响了工业工程在我国的迅速推广。

当前全球竞争的热点已由硬资源(物质资源)转向软资源(科技、信息、资金和人才)，争夺的焦点不仅是占有这些资源，更重要的是资源的优化配置和合理利用。在21世纪，未来工业工程的发展不仅在柔性化、敏捷化的管理理念的应用研究上有长足的进展，而且在研究的理论与方法上将进一步形成多样化的格局，并不断借鉴和吸收计算机、信息科学、运筹学等相关学科的最新成果。在知识经济时代，创新是灵魂。通过持续不断地技术创新、组织创新和管理创新，将进一步激发工业工程的创造活力，使工业工程学科更加充实、更加完善。工业工程作为管理创新的利器将在我国的国民经济建设中发挥越来越重要的作用。

习题与思考题

1. 简述我国制造业的发展现状。
2. 简述什么是现代制造企业的科学管理？主要技术有哪些？
3. 什么是工业工程？简述工业工程的内容体系。
4. 根据自己的理解，分析工业工程的发展现状与应用前景。

参考文献

[1] 薛伟，蒋祖华．工业工程概论[M]．北京：机械工业出版社，2009.
[2] 易树平，郭伏．基础工业工程[M]．北京：机械工业出版社，2014.
[3] http：//wenku. baidu. com/view/bc2047ee172ded630b1cb6e8. html.

第 2 篇　技术基础

第2章 制造流程规划

制造流程是面向离散制造行业的、生产系统为实现其功能目标所发生的一系列活动的运行过程，包含对象、动作、事件三个要素。其中，对象包括人、财、物、信息。“人”指劳动力；“财”指资金；“物”指厂房设备、工艺装备、原材料、零部件、能源等；“信息”指计划、工艺图纸及各种生产信息、物流信息等。动作指针对制造主体(物料)的基本动作，包括加工、搬运、存储。事件是指对制造流程的计划、控制和执行。

在此，只对制造流程中的主要对象(物料)及其动作进行介绍，因此属于相对狭义的制造流程。它是指从毛坯加工、零件加工、零件装配到成品入库活动的运行过程。它起于原材料入厂，终止于产品入库，是离散制造企业内部的生产运行过程。从制造流程定义出发，制造流程规划就是为了企业长远的发展对制造流程中的相关要素进行合理的布置和计划。

2.1 概述

企业制造流程系统是一个开放的、离散的、非线性的、不确定性的动态系统，它具有多层性。不同层面的制造流程，代表不同深度的产出结果。因此，制造流程规划需要与企业中各部门进行多方面的沟通，需要企业管理者具有对于企业流程、制造流程、管理制度及信息系统等各方面集成的能力。

由于在不同的生产形态下，制造系统的特性差异很大，所以本章首先介绍三种常见的生产形态，然后继续以“产品生命周期”及“并行工程”的观念，探讨制造流程规划与企业中各部门的关系。接着介绍“制造系统五大功能模型”与制造流程的关系。在进入制造流程规划的细节时，我们先以“产品的实体结构”及“物料需求清单”分析产品中零件结构；再搭配零件的“自制—外购”决策、产品中个别自制零件的加工特性与零件之间的组合关系，确认每个加工与装配程序的步骤；进而选择所需的制造流程，再运用图表排列所需的制造流程。最后，在制造流程中，安排物料搬运及检验与测试系统，以构建完整的生产系统。在本章，我们将按照上述的结构，以集成的观点介绍制造流程规划。

生产系统的使命在于完成客户需求的产品，故生产形态将因产品的特性及其制造所需的方法与资源而大不相同。所以在讨论制造流程规划之前，本节先介绍三种常见的生产形态。

▶ 1. 单件小批生产

单件小批生产(job shop production)的特征是年生产量低且制造批量小，一般适用于客户特殊的订单，故单件小批生产需要一个具有极大柔性的生产系统来应对订单的多样性。因此，单件小批生产制造设备多为一般性的设备，但须依靠员工高层次的生产技术，以应对不同的工作内容。单件小批生产的代表产业有航空业、模具业等。

▶ 2. 批量生产

批量生产(batch production)可能应对订单只生产 1 组批量为中等大小的产品或零件(有分析指出，大约 75%的零件制造，其批量不超过 50 件)，或者按规律的周期生产以满足顾客持续性的需求。因此后者的制造数量在多数情况下会超过客户的需求量，当库存量接近用完时[所谓的“再补货点”(replenishment point)]，则再进行下一次的生产。批量生产的生产设备较少是高产出率的设计，但常运用夹、卡具来提高产能。其代表产业有机械加工业及塑胶业等。

▶ 3. 大量生产

在大量生产(mass production)的形态中，制造系统甚至整个厂房规划是为其大量生产的产品而设计，庞大的生产数量和高生产速率是它的特征。所以其制造系统多采用专用设备，且整体投资通常较高；但其对员工生产技术的要求相对于单件生产、批量生产会比较低。其代表产业有饮料业及化工业。

2.2 制造流程规划与企业中各部门的关系

为了了解一项产品的制造流程规划与企业中各部门的关系，本节我们首先讨论在一个产品“生命周期”中的各个阶段，制造系统与各部门之间的互动与关联性，再介绍“并行工程”的观念。

2.2.1 产品生命周期

产品生命周期理论是美国哈佛大学教授费农 1966 年在其《产品周期中的国际投资与国际贸易》一文中首次提出的。费农认为：产品生命是指产品在市场上的营销生命，产品和人的生命一样，要经历形成、成长、成熟、衰退这样的周期，而这个周期在不同技术水平的国家，发生的时间和过程是不一样的，其间存在一个较大的差距和时差，正是这一时差，表现为不同国家在技术上的差距，它反映同一产品在不同国家市场上的竞争地位的差异，从而决定了国际贸易和国际投资的变化。为了便于区分，费农把这些国家依次分成创新国家(一般为最发达国家)、一般发达国家、发展中国家。

一般认为，产品生命周期理论对企业生产战略的影响也分为以下三个阶段。

第一阶段：新产品阶段，由于某一或几个企业拥有技术垄断优势和市场寡占地位，竞争者很少，市场激烈程度远不充分，替代品很少且附加值高，企业对产品的成本关注不是很大，技术或产品可以通过出口源源不断地输向全世界各地。

第二阶段：成熟产品阶段，由于创新企业的技术垄断和市场寡占地位被打破，一批国际化的跨国企业开始掌握此技术。于是，竞争者增加，市场竞争越来越激烈，替代产品增加。为了获取更多利润，更多的企业开始考虑降低产品成本，较低的成本开始处于越来越有利的位置。为了提高市场占有率，各跨国公司开始从成本出发，在有较大需求的国家和地区设立工厂，推行国际化生产战略，以满足当地消费者的需要，最大限度地获取利润。

第三阶段：标准化产品阶段，由于产品的生产技术、生产规模及产品本身已经完全成熟，趋于标准化，这时对生产者技能要求不高，越来越多的竞争者加入，原产品的技术垄断优势已经完全消失，成本、价格成为决定性的因素。这时，作为具有技术先导力的跨国公司，对此产品没有任何优势可言。因此，其有可能自己尽量少生产，甚至不生产，把生产直接给那些更具有成本优势的企业。

与此对应，在制造业中，制造系统最重要的任务是配合企业的销售策略，生产客户需求的产品，获取销售收入并赚得利润，以求企业的持续经营。故企业的持续经营需靠具有长期获利能力的产品，产品的生产活动需靠制造系统予以实现，而制造系统是通过制造流程规划形成。产品在其生命周期中的不同阶段，与企业间的各个部门有不同程度的互动关系；而与各个部门间互动的关系，直接或间接地通过制造系统的实体运作，与制造流程规划有密切的关系。以工业工程的角度分析，产品的生命周期可分为以下七个阶段。

▶ 1. 产品设计与开发

产品设计与开发的过程一般是企业根据市场需求，进行原始产品研究与检讨，以确定产品的主要内部模块；对竞争对手进行产品市场调查，与客户商定产品粗略结构排布；进而设计产品草图创意，完成产品平面效果图、产品3D设计图、多角度效果图，设计产品色彩，设计产品结构草图，制作产品结构爆炸图；最后，对结构图进行修改，制作样机模型，进行样机调试、产品调试，完成产品的过程。

从产品设计与开发的流程可以看出，该阶段可能由“营销业务”及“研究开发”两个部门主导，其主要任务是希望通过营销业务部门发掘客户对于产品的需求，通过研究开发部门进行实体的设计与开发。

▶ 2. 制造流程规划

制造流程规划是对产品从毛坯加工、零件加工、零件装配到成品入库等活动运行过程的规划。该阶段通常与“研究开发”及“生产工程”(“制造工程”)部门有关。

▶ 3. 寻求物料供应商与设施规划

寻求物料供应商与设施规划的过程显然与“采购”或“设备”部门有关，因为需要供应体系的评价信息；另外，需要“研究开发”及“生产工程”部门，在供应商是否能够提供合乎质量及功能需求的零件的审核上，提供专业知识的支持；在设施规划方面，需要由“工业工程”部门人员予以配合。

▶ 4. 引入期(上市)

引入期是指产品从设计投产直到投入市场进入测试阶段。新产品投入市场时，品种少，顾客对产品还不了解，除少数追求新奇的顾客外，几乎无人实际购买该产品。生产者为了扩大销路，不得不投入大量的促销费用，对产品进行宣传推广。该阶段由于生产技术方面的限制，产品生产批量小，制造成本高，广告费用大，产品销售价格偏高，销售量极为有限，企业通常不能获利，反而可能亏损。

▶ 5. 成长期(上升)

当产品通过引入期，销售取得成功之后，便进入了成长期。这时产品通过试销效果良好，为购买者逐渐接受，产品在市场上站住脚并且打开了销路。这是需求增长阶段，需求量和销售额迅速上升。生产成本大幅下降，利润迅速增长。与此同时，竞争者看到有利可图，纷纷进入市场参与竞争，使同类产品供给量增加，价格随之下降，企业利润增长速度逐步减慢，最后达到生命周期利润的最高点。

▶ 6. 成熟期(高峰)

经过成长期之后，产品走入大批量生产，随着购买产品人数的增多，市场需求趋于饱和。此时，产品普及并日趋标准化，成本低而产量大。销售增长速度趋缓直至转而下降。由于竞争的加剧，同类产品生产企业间不得不在产品质量、花色、规格、包装服务等方面加大投入，在一定程度上增加了成本。

▶ 7. 衰退期(下市)

随着科技的发展以及消费习惯的改变，产品的销售量和利润持续下降，产品在市场上已经老化，不能适应市场需求，市场上已经有其他性能更好、价格更低的新产品，足以满足消费者的需求。此时成本较高的企业就会由于无利可图而陆续停止生产，该类产品的生命周期也就陆续结束，直至最后完全撤出市场。

可以看出，后四个阶段(即“上市”“上升”“高峰”“下市”)有一个共同的要点，就是关于生产计划及日生产量等问题，明显地与“生产管理”及“营销业务”部门相关，因为生产规划必然由市场需求信息和预测而决定。

2.2.2 并行工程

由产品生命周期的讨论可知，一个产品通过制造系统完成生产到进入市场销售，大致需要四个层面的设计：产品设计、制造流程设计、设施规划与生产计划。为了加速产品顺利进入市场销售，而提早摊销研究开发的成本，获取产品在市场中占有率的优势，可以运用“并行工程”(concurrent engineering)的方法。本小节对并行工程进行简单介绍，进一步介绍将在6.3节中进行。

并行工程是对产品设计及其相关过程(包括研究开发、生产工程和行销业务)进行并行、一体化设计的一种系统化的工作模式。并行工程把计算机辅助设计、制造、管理和质量保证体系等有机地集成在一起，实现信息集成、信息共享、过程集成。这种工作模式力求使产品开发者在设计阶段就考虑到从概念形成到产品报废(甚至销毁)整个产品全生命周期中的质量、成本、开发时间和用户需求等所有因素。并行工程强调加强生命周期中各个部门的沟通与协调，图2-1就说明了这四个“设计”层面之间紧密协调的关系。

以上四个层面设计分别代表不同的意义，“产品设计”涉及“要生产哪些产品以符合市场上客户的需求”及“个别产品的细部设计”两项决策；“制造流程设计”则是由“个别产品的细部设计”展开“决定产品是如何生产”的所有制造作业(包括加工、装配、物料搬运、检测

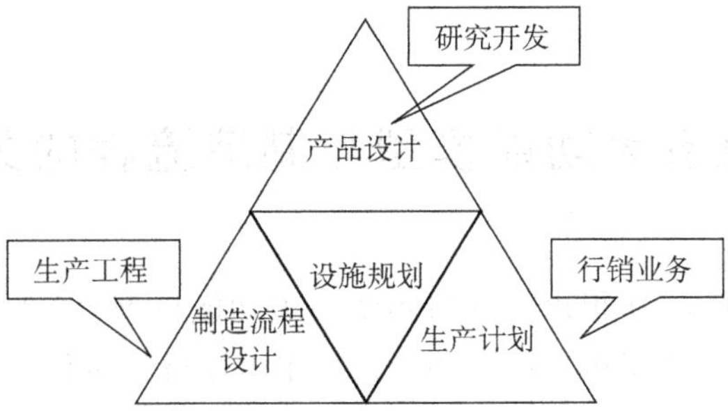

图 2-1 并行工程

与控制等），也就是说决定产品的装配流程与每一个自制零件的制造流程（此部分即是本章关注的重点——制造流程规划）。由“制造流程设计”可再推算需使用何种制造设备及物料搬运系统的配合，来执行规划中的装配与加工的程序，此部分密切相关于“设施规划”，即“生产系统如何配置”。在“设施规划”完成之后，生产管理的负责人方能掌握“生产系统中每个工作站的产能信息”，以计划及控制每项产品“生产多少与何时生产”的“生产计划”决策。

简单说来，并行工程便是由产品设计、制造流程设计、设施规划与生产计划四大功能所构成，利用四大功能之间相互沟通以减少产品研究开发的时间，并改善设计的流程和减少工程的变更。例如，在产品设计的研发过程中，应该同时考虑到生产的部分，而这部分又与设施的规划、搜集市场信息来制定生产计划、制造的方法息息相关、环环相扣。并行工程所关注的底线是加速产品生命周期中的前三个阶段，使产品尽快进入上市及量产的阶段，才能为公司带来资金流动。

并行工程的开发模式以开发周期短（time）、产品质量高（quality）、开发费用低（cost）、用户满意（service）为目标，即我们平常所说的 T、Q、C、S 目标。并行工程具有如下特点。

（1）团队合作精神。为了设计出便于加工、装配、使用、维修、回收的产品，并行工程方法要求在产品设计阶段将涉及产品整个生命周期各个过程的专家，甚至包括潜在的用户集中起来，形成专门的设计工作小组协同工作，集思广益对设计的产品和零件从各方面进行审查，并随时作出修改，从而得到最佳设计。

（2）设计过程中系统性与并行性。在并行工程中，设计、制造和管理等不再被看成彼此相互独立的过程，而要将它们纳入一个整体的系统来考虑。很多工作是并行进行的，例如，在设计过程中通过工作组和专家把关，可以同时考虑产品生命周期的各个方面的因素；又如，在设计阶段就可以同时进行工艺（包括加工工艺、装配工艺、检验工艺等）过程设计，并对工艺设计的结果进行计算机仿真，用快速成型等方法制成样机。

（3）设计过程的快速反馈。在传统的串行设计模式下，产品设计变更都是在产品整个生命周期的后半部分出现问题时才进行的，这使开发周期增长，开发成本费用增高，流程与设计都难以改变；而并行工程强调在设计开始阶段就对设计结果随时进行审查，并及时反馈给设计人员，这样可以大大缩短设计时间，降低产品开发成本，还可以保证将错误消灭在萌芽状态。

2.3 制造系统五大功能模型与制造流程的关系

本节将以学者 Groover 所提出的制造系统五大功能模型(图 2-2)，讨论制造流程中的各种作业及其特性，使读者了解产品在制造系统中由原材料转化为成品的制造流程。

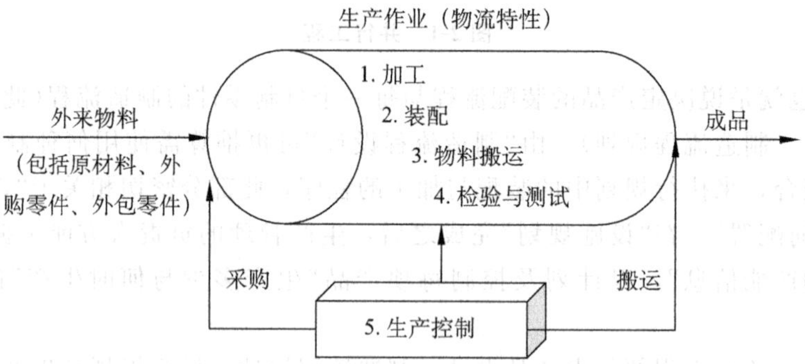

图 2-2 制造系统五大功能模型

1. 加工作业

加工作业的目的是将原材料或各个单一零件经过此步骤的处理后，使其成为(或是更接近)成品所需要的组装零件。在此程序中，并没有外在的物料或者零件附加于加工作业的工件上，而是只是利用一些外部的处理方式达到所需的几何形状、美观及物理特性等。加工作业大致可分成成型作业、热处理和表面加工三大类，分别叙述如下。

1) 成型作业

大部分的成型作业都是利用“热”或“机械力”，结合这些能量方式来改变工件的形状。以下我们以原材料的特性为基准将加工作业中的成型作业进行分类。

(1) 铸造、注塑成型：其原材料为液态或者半液态。在铸造及注塑成型等操作程序中，其原材料能够充分地加热至液态或者可塑性高的状态。其作业过程一般是将多样的材料(例如金属、陶瓷玻璃、塑胶等)加热到高温转变成为液态，再将熔融状态的材料倒进(注入)模具中，使它凝固。

(2) 粉末成型：其原材料为金属或陶瓷的粉末状态。虽然这两种材料不同，但是它们的加工程序极为相似，通常都涉及冲压和烧结等加工作业。首先将粉末塞进模具中，之后再以强力加压使得这些粉末成型；但是这些已成型的粉末初胚，通常不具有足够的强度和硬度以供实际应用，必须再采取烧结作业(即加热至不超过熔点的步骤)，使这些粉末粒子彼此间紧密结合，以增加其强度。

(3) 弯曲加工(拉、弯、锻、辊)：其原材料一般为富延展性的金属。在弯曲加工作业中，工件的成型是由超过材料的屈服强度(yield strength)造成形变所产生。在弯曲加工期间，为了避免外在的机械力强度过大，使原材料发生断裂等问题，故其材料多具有相当程度的高延展性或是韧性。

(4) 去除加工(车、钻、铣、磨)：其原材料一般是固体实心的材料。去除加工步骤主要目的，是将多余的材料去除达到所要的几何形状。在这个加工作业形态中，最常见的方法是车、钻、铣、磨等传统去除加工。为了降低原材料在加工过程中的浪费，通常使用激光、电子光束、化学腐蚀等方式来达到成型的目的。

2）热处理

热处理的主要目的是增加材料的机械特性和物理性质，包括正火(normalizing)、退火(annealing)、淬火(quenching)、回火(tempering)以及各种不同强化工件的方法。这些热处理除非在特别的情况下，通常不会改变工件的形状。

3）表面加工

表面加工包含清洁、表面处理、喷涂镀膜。清洁的目的是去除工件上的尘土、油污和其他附着在工件表面的加工碎屑及污染物质，主要采取洗刷或化学溶剂等方式去除工件表面上残留的杂质。以机械力加工的表面处理包括喷丸(shot peening)及喷沙(sand blasting)两种方式；而以物理加工的表面处理包括半导体制造流程中常见的热扩散(diffusion)和离子注入(ion implantation)。喷涂镀膜方法为把所要覆盖上去的物质，利用电镀(electroplating)或是薄膜沉积(film deposition)的方式覆盖到工件的表面上。

▶ 2. 装配作业

装配是制造功能模型中第二类主要的作业，其明显的特征就是将两个或两个以上各自独立的零件形成一个新的主体。装配作业大致可分为永久接合和机械固定两种。

(1) 永久接合。永久接合常见的装配方式为电焊(welding)、焊接(soldering)和胶接(adhesive bonding)。利用焊接最为广泛的地方是电子零件的装配；在集成电路板上，各种电子元件几乎都是用焊枪将元件焊接在印刷电路板上。

(2) 机械固定。机械固定和永久固定不同的地方在于其方便拆解的特性。机械固定多利用螺栓、螺母等零件来进行装配。

▶ 3. 物料搬运

在衔接两个相邻的工作站，或是将外购的物料供应至制造系统中时，必定会发生物料搬运。相较于加工和装配这两种具有增值(value adding)功能的制造作业，物料搬运不具备增值的功能，而且必须花费人力在处理搬运和储藏物料上。因此必须尽可能地消除不必要的物料搬运，或是在难以避免物料搬运时，必须安全并有效率地处理物料搬运，力求准确、及时地将物料送至目的地，以减少成本及人力的浪费。

▶ 4. 检验与测试

一般而言，检验与测试是为了质量的控制，检验的目的是确定产品是否符合制定的规格和设计；最终产品测试是为了确保产品设计是否合乎操作规格和功能需求。从增值功能的观点来说，检验与测试本身并不具有增值功能，但其可以避免在后续的制造流程操作或是交货给客户之前产生不良而进行再一次的加工动作，减少不必要的浪费产生。

▶ 5. 控制

“控制”事实上是工程管理在制造系统中必须扮演的关键角色。在制造系统中，控制包含了人力的配置及机器设备的运用，使得上述的四种制造作业(加工、装配、物料搬运、检验与测试)在有限资源的前提下，达到最佳的效能。使物料由供应商端进入制造系统后，得以在适当的时间点将适当数量的物料运送至适当的设备，以适当的生产人力完成其加工或装配作业，再将产品适当地配送至客户端，使得制造系统的整个运作成本降至最低。

2.4 产品中零件结构分析

本节将从实体结构和信息系统所运用的数据结构两个方面来探讨产品与零件结构。首先，有关实体结构的部分，将介绍如何利用爆炸图及实体图来分析说明产品的实体结构。至于在信息系统所运用的数据结构方面，则从物料需求清单(bill of material，BOM)来介绍，根据这两种文件可完整分析产品中的零件结构。为了使读者能明确了解本节的讨论，我们以油缸为例来介绍。

2.4.1 产品实体结构分解

由产品的观点来看制造流程，就必须探究如何生产的问题。在讨论这个问题之前，必须回归到产品的实体结构，此时爆炸图即可派上用场。爆炸图就是按照产品的组装方式反向进行拆解，如同它的名称"爆炸"一样。但是爆炸图通常忽略详细的规格和尺寸，而只是表达其外观尺寸的缩放比例而已。因为爆炸图配合零件的实体图片，所以让人很容易、很清楚地了解各个零件在产品制造流程中是哪一部分，相对地可以推算零件进入制造系统的时间与位置，因此在布置与搬运系统的设计上十分有用。

如果针对每一项产品都需要有其对应的一组爆炸图和相关实体图片，按照数据储存量而言，这样的数据结构是不合成本效益的，故通常仅对主要产品建立爆炸图和相关实体图片。图 2-3 即为一个油缸进行实体结构分解所得到的爆炸图。

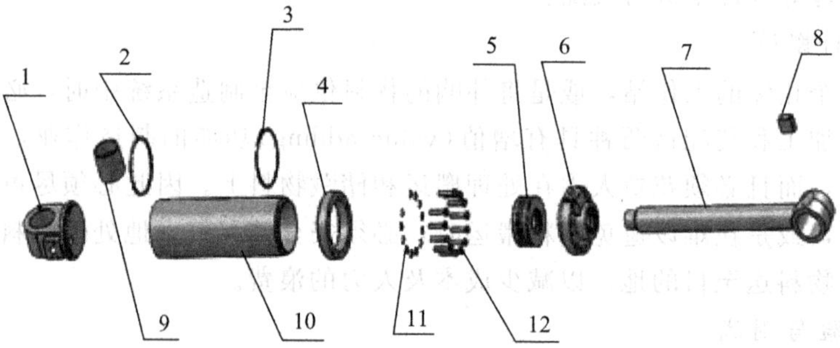

图 2-3　油缸的实体爆炸图

1—缸底；2—缸底焊缝；3—法兰焊缝；4—法兰；5—活塞；6—导向套；
7—活塞杆；8—座体；9—衬套；10—缸筒；11—垫圈；12—螺丝

图 2-3 的数据结构虽然有利于人员以目视的方式对产品与零件结构进行了解，但是却无法在生产的物料规划及日程计划上，协助管理者运用计算机进行运算。针对这一问题，建立了物料需求清单，以求计算机中的数据结构能有效集成。

2.4.2 物料需求清单的建立

在建立物料需求清单(BOM)之前，应该准备零件表作为基本的参考数据。零件表提供了产品、零部件的列表，除了自制或外购的决策之外，一张零件表至少还应该包括部件号、零件名称、每个产品的零件数目、相关的参考图号等。其中，每个零件自制或外购的决策，将在 2.5 节中讨论。表 2-1 是油缸的对应零件表。

表 2-1 油缸的对应零件表

零件表

公司名称 ×××　　　　制表人 ×××

产品名称 油缸　　　　生产日期 ×××

料号	名称	图号	数量	材质	尺寸规格/mm	自制/外购
11110	活塞		1	铁	$\phi40$	外购
11120	导向套		1	铜	50×50×500	外购
11210	活塞杆		1	铁	$\phi40$	外购
11220	座体	1107	1	铁		自制
12100	法兰		1	铁	$\phi40$	外购
12200	垫圈		12	铁	M6	外购
12300	螺丝		12	铁	M6	外购
13100	缸底	1210	1	铁		自制
13200	衬套		1	铜	$\phi40$	外购
14000	缸筒	1211	1	铁		自制

在零件表中为各个零件标上其阶次，则完成物料需求清单。物料需求清单可表示为产品装配顺序的树状结构：阶次 0 通常表示最终产品；阶次 1 代表此产品的次装配及直接进入此最终产品的零部件；阶次 2 代表此为次装配及直接进入阶次 1 的零部件，以此类推。图 2-4 给出了油缸的树状结构物料需求清单。本节所讨论的物料需求清单，常作为工程部门进行研究开发及规划制造流程的基准，故又被称为工程用物料需求清单(engineering bill of materials, E-BOM)。另外，E-BOM 也是采购及物料管理单位进行物料需求计划重要的基准数据。

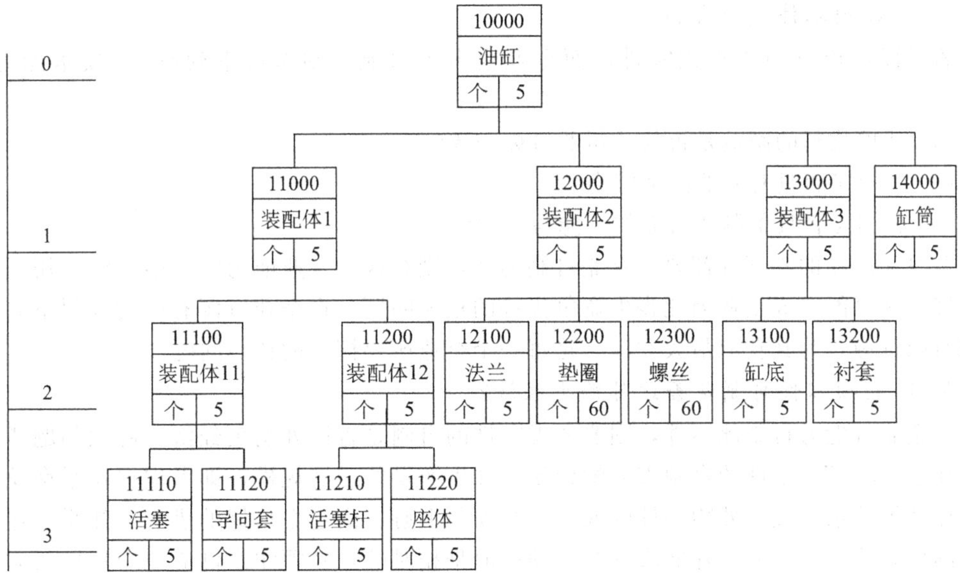

图 2-4 油缸的树状结构物料需求清单

2.5 选择所需的制造流程

在本节中，我们先讨论零件的“自制—外购”决策，因为自制零件与制造系统的关系密切，甚至涉及所需的机器设备与其布置等，所以必须进行确认。在完成每个零件的“自制—外购”决策后，对于自制零件，研发单位可能提出不同的制造方法，应加以比较并选择所需的制造流程。最后，再对该产品所有相关的制造流程步骤进行确认。

2.5.1 零件的“自制—外购”决策

因为自制零件与制造系统的关系密切，会直接牵动所需的机器设备与其布置(包含机器与物料搬运设备等对于空间需求的考虑)，而且会造成资金及制造作业直接人力的需求，以及生产计划与调度中产能的规划，所以需要确认。另外，外来的物料(包含原材料、外购零件及外包零件)则必须注意生产管理、采购与物料管理之间运作的协调性，故零部件的“自制—外购”决策，需要由财务、工业工程、生产管理、制造工程、采购、物料管理或是人力资源等部门共同投入讨论。

零部件的“自制—外购”决策，常需要考虑此项零件是否可以购得、此项零件是否能够自制、此项零件自制是否比外购更经济、是否有足够资本自制此项零件等四个问题。

▶ 1. 此项零件是否可以购得？

在分析产品及其零部件后，我们必须考虑：“零件是否可以购得？”此问题的重点在于零件取得的可能性。如果零件可以购得的可能性低或是无法取得的话，则此时必须自制，或考虑是否可以采用替代零件，若采用替代零件是否会影响质量，影响成本、定价以至市场占有率及利润等一系列问题。

▶ 2. 此项零件是否自制？

若可以在市场中购得该零件，而企业也考虑自制，则考虑下列有关“技术能力”的问题：

(1) 此项物料的制造是否与公司的目标一致？

(2) 公司是否具有专业制造能力？

(3) 公司是否具备制造所需的产能与人力？

若每项产品的零部件都要由企业自制的话，则企业的专业能力将不能专注运用于其长远发展，这可能造成企业因此丧失竞争优势的重大问题。在企业资源有限的前提下，如何运用有限资源，为其获取最大利润，是每一个企业所要探讨的核心问题。

▶ 3. 此项零件自制是否比外购更经济？

若企业有能力自制此零件，则要考虑零件的自制是否比外购更经济，此项问题考虑的重心在于“成本”。零件的自制需要配合该零件生产量的经济规模，即考虑损益平衡及固定成本摊销等关系。关于外购零件的取得，必须与上游厂商建立良好的供应链体系，运用供应商的核心技术及产能，降低成本及波动；但是相对的，必须注意供应商交货期与质量上可能造成的风险。以成本的观点应考虑以下问题：

（1）此零件在未来的需求量是多少？

（2）购买的零件质量是否稳定？

（3）零件的成本与交货期？

（4）零件的成本与质量？

▶ 4. 是否有足够资本自制此项零件？

如果自制较外购在成本上更为经济，则需考虑公司是否有足够资本自制此项零件。有关资本，建议思考下列三个问题：

（1）运用资本的机会成本是多少？

（2）此产品若是自制，将来会有哪些投资？

（3）取得外部资本的成本是多少？

其中，可由投资回报率分析入手，分析运用资本的机会成本。但是须注意，通常获利高的产业其风险相对也随之提高。另外，外部资金无论是向银行借贷或以其他方式取得，都需要付出利息或其他代价，因此在借贷之前必须经过缜密的分析。

2.5.2 选择所需的制造流程

在完成"自制—外购"决策后，针对自制的加工或是装配作业，必须考虑可能的替代生产方案。在设计替代生产方案时，应由下列四个方向进行考虑：制造方法、材料特性、功能需求、成本，同时考虑公司提供制造系统可应用的资源。这类决策须依据：

（1）过去经验。

（2）相关需求：倘若制造部门无法达成客户或是设计所需求的标准，则应考虑运用替代的生产方案。

（3）可供使用的设备及生产率。

（4）产品生命周期(PLC)：每个产品造成对产能的负荷，会随市场需求的数量而变动，所以制造部门可按照各产品现行的生命周期，适时地调整替代生产方案以应对市场。

2.5.3 制造流程确认步骤

本节提供下列六个步骤，作为确认制造流程规划的参考。

（1）定义基本的作业：先进行"自制—外购"分析，确认自行制造的零件，并在"零件表"中予以标记，由研究开发部门提出自行制造零件所需的加工与组装作业。

（2）辨明每项基本作业的替代作业：针对步骤(1)中所提出的加工与组装作业，研究可否运用不同的机器设备、不同的材料或不同的制造方法，以符合自行制造零件所需达成的功能需求。

（3）分析各项替代作业：将执行步骤(2)所提出的各项替代作业，从"制造方法""材料特性""功能需求"及"成本"四个方面进行考虑，并将分析的结果予以规范化。

（4）制造流程标准化：将步骤(2)与步骤(3)中的每项基本作业与替代作业加以整理并进行"标准化"，建议以"工艺程序图"撰写标准作业程序书(standardized operation procedure，SOP)。

（5）评价各项替代制造流程：以"工程经济"(将于第8章中介绍)作为分析的工具，对各项替代制造流程进行经济性评价，使产品发挥所需的功能，也使总成本降到最低。

(6) 选择制造流程：除考虑成本外，还需将机器设备的柔性、可靠性、变通性及安全性等因素一同并入考虑。

“制造流程规划”决定着完成此产品制造作业与流程的相关规划，目前有许多信息系统对制造信息的集成起着强有力的推动作用。例如，CAD/CAM 系统可以作为产品设计和制造间的媒介，可以用于建立零件的图面及物料需求清单；而“计算机辅助工艺设计”(computer aided process planning，CAPP)可将“制造流程规划”的过程，用计算机强大的计算能力与庞大的记忆空间予以自动化。

CAPP 系统可为制造流程的规划带来下列益处。

(1) 规划流程的合理化和标准化：CAPP 比人工规划的流程更具一致性，而且过程由计算机辅助进行计算，储存于数据库之中，以记录确认的制造规划与替代规划，而 CAPP 所产生标准化的制造流程规划可降低制造规划的变异性。

(2) 可与其他信息系统集成：CAPP 系统可以结合 CAD/CAM 系统，提供如制造成本的估算；或与 ERP 系统集成，提供生产计划计算所需的基本数据。

(3) 减少产品开发的时间：因为能够准确掌握整个产品开发流程所有的细节，控制可变得更有效率，进而减少产品开发的时间。

2.6 在制造流程中安排物料搬运及检验与测试系统

在前几节中，我们讨论了制造流程中有关加工与装配两种具增值功能作业的规划。在本节，我们将讨论制造系统五大功能模型(如图 2-2 所示)中另外两种不具增值功能的作业——“物料搬运”及“检验与测试”。

2.6.1 规划制造系统中所需物料搬运的动作

物料搬运系统的设计在制造系统的规划中是一项重要的工作，其主要目的在于将原材料带入加工地点、将外来的(外购的或外包的)带入装配单元及将半成品在装配单元间进行传递，故物料搬运设计功能与“设施规划与制造系统现场的布置”之间有着密不可分的关系。下面我们将针对物料搬运系统的设计、改善方法及计划表的建立进行探讨。

1. 物料搬运系统的设计

在设计物料搬运系统时，下列分析可以提供给决策者作为参考：

(1) 定义物料搬运系统的目标与规划；

(2) 分析物料搬运、储存及控制的条件；

(3) 发展适合物料搬运系统条件的设计方案；

(4) 选定搬运、储存及控制的最佳设计；

(5) 实施此项设计应包含供应商的选取、人员的训练、设备的安装、纠错和启用、系统运作后的定期检查。

在整个设计过程中，决策者应持有审慎的态度，而常想何故(why)、何事(what)、何处(where)、何时(when)、如何(how)、何人(who)及何者(which)等基本问题。另外，分析物料搬运的设计方案时，所要考虑的因素包括物料的形态、物理特性、搬运的数量、每个移动的起始点、移动的频率或速率、设备选择及搬运的方法等。

2. 改善物料搬运的方法

物料搬运是一个不具增值功能的作业，但却是必要的作业。故如何将制造系统中的物料搬运作业进行改善，减少其对企业资源的需求，常是工业工程师可以发挥特长的地方。如果物料搬运方法得到改善，常可获得许多益处，如降低搬运的成本、减少因搬运产生的损失、提高空间及设备使用率、提高生产率并增加生产量及改善工作环境等。

对任一项搬运作业进行改善时，可探讨下列四个问题进行评价：

(1) 这个物料搬运是否可以“删除”?

(2) 这个物料搬运是否可以“合并”?

(3) 这个物料搬运是否可以“简化”?

(4) 这个物料搬运会因顺序改变而更加方便吗?

3. 建立物料搬运计划表

一旦所有的物料搬运作业都被确定，即可“物料搬运计划表”(material handing planning chart，MHPC)进行规范化的动作。

物料搬运计划表为操作程序图的扩大，通常在图中包括了操作、检验、搬运、储存及延迟。在规划物料搬运作业所需要的设施时，因为延迟和储存通常具有相同的特性，所以延迟通常会并入储存进行考虑。物料搬运计划表必须把每项操作、搬运、储存及检验都列入，而且在操作、储存及检验前、后的运送都应该记录，不可遗漏。比如机器操作或储存动作，即使时间非常短暂，也都应该记录在物料搬运计划表上。表 2-2 为一物料搬运计划表的实例，其产品为空气速度控制阀。

表 2-2 空气速度控制阀的物料搬运计划表

物料搬运计划表

公司名称 A公司　　计划者 ×××　　布置方案 1

产品名称 空气速度控制阀　　日期　　第 1 页 共 8 页

步骤	操作	搬运	检验	储存	延迟	内容	作业编号	部门	容器形式	尺寸/(m×m×m)	质量/kg	容器容量/件	频率/(次/天)	距离/m	搬运方法
1				√		库内搬运		仓库							
2		√				仓库到锯床组			搬运箱	2.5×3.5×1.6	75	10	3	16	叉车
3				√		存于锯床组		锯床							
4	√					锯长度	0101	锯床							
5		√				从锯床组至磨床组			搬运盘	25×12×7	300	30	2	10	手推平台车
6				√		存于磨床组		磨床							
7	√					磨长度	0201	磨床							

续表

步骤	操作	搬运	检验	储存	延迟	内容	作业编号	部门	容器形式	尺寸/(m×m×m)	质量/kg	容器容量/件	频率/(次/天)	距离/m	搬运方法
8		√				从磨床组到修边组			搬运盘	15×12×7	300	30	2	13	手推平台车
9				√		存于修边组		修边							
10	√					修毛边	0301	修边							
11		√				从修边组至钻床组			搬运盘	15×12×7	300	30	2	16	手推平台车
12				√		存于钻床组		钻床							
13	√					钻4孔、攻牙、铰孔	0401	钻床							
14		√				从钻床组转运			搬运盘	15×12×7	300	30	2	33	手推平台车

2.6.2 在制造流程中安排检验与测试

“检验与测试”作业虽是不具增值功能的作业，但是在制造流程中安排检验与测试，却有确保具增值功能的作业不再浪费在不需要发生时候的功能。此观念是指产品在制造过程中，若有质量问题发生，造成有些产品在有瑕疵时无法送交客户，则继续的增值功能作业即形成浪费。即使有瑕疵的产品可以返修，但是返修时可能需要拆解该产品，则拆解该产品的作业也形成浪费。故检验与测试的目的，是避免因为质量问题的延迟发现所造成的浪费。

在许多批量生产或是大量生产的制造流程中，因为产品产出的速率快，如果通过人力执行检验与测试，往往会因人员反复检验的疲劳而事倍功半，稳定性及可靠性不够，或是无法及时发现缺点并予以修正。鉴于此，可以引进先进的感应技术与计算机系统结合，甚至辅助用统计的软件，改善因人员疲劳所产生的问题。接下来以三坐标测量仪及机器视觉说明感应技术的运用。

三坐标测量仪相对于人工检验有下列优点：

(1) 检验的生产率较高：检验的程序可以利用计算机程序控制，故速度可以提高。

(2) 柔性高：坐标测量仪为多用途(general purpose)设备，可用于多种不同的零件，而且换件时间(changeover time)不必很长。

(3) 人为错误降低。

(4) 更高的准确度及精确度。

运用机器视觉：在线上检验需要有一组具高解析度镜头的摄影机，这组摄影机会取像，将所得到的影像回传。此时计算机就会以灰阶像素(gray level pixel)的方式将此图像数位化，然后运用统计或是人工智能的算法对灰阶的数据进行运算，将受检零件和正常零件进行分析核对，判断该工件上是否有瑕疵。

另外，在制造流程中与检验和测试相关的重要工作是统计质量控制(statistical quality control，SQC)，它利用由制造流程中所取得的产品、半成品、零件或原材料的样本，进行制造过程总体质量的推论。相关的细节我们将在第12章中讨论。

2.7 案例分析

流程再造成功案例——福特汽车公司采购流程

20世纪80年代初，福特汽车公司跟美国的其他许多公司一样，想方设法紧缩人员，减少行政管理费用。福特汽车公司认为能够减少费用的地方之一是应付账款部门。向福特汽车公司供货的供应厂商提出的账单，由该部门付款。当时，福特汽车公司的北美应付账款部门雇用了500多名人员。该公司的管理层认为通过使用计算机使某些职能自动化，能够使该部门工作人员的人数减少到400名，即减少20%。福特汽车公司的管理层认为减少20%人员的成绩已经很不错，直至他们参观了日本马自达汽车公司。福特汽车公司的管理人员注意到马自达汽车公司的规模虽然较小，但它雇用的办理应付账款事务的人员只有5名，而福特汽车公司却雇用了500名，两者对比，相差过于悬殊，其原因不是能用规模大小、企业精神、提倡唱公司之歌、做早操等说明得了的。福特汽车公司通过自动化使其人员减少20%，但制造汽车的成本显然仍不能同马自达相匹敌。于是，福特汽车公司的主管人员不得不对包括应付账款部门在内的全部工作流程进行反思。

这个决定标志着福特汽车公司的观点发生了重大的变化，因为公司的再造只能从业务流程着手，而不是从与完成这种流程有关的行政组织机构着手。"应付账款"不是一种工作流程，因此，不是再造的问题。它是一个部门，是组织机构上的一种产物，是从某种特定的流程设计所派生出来的。应付账款部门是由一群办事人员组成的。他们坐在办公室内，把有关的凭证传来递去。人员也不是再造的目标，但是，他们所做的工作，是能够再造的，但是，流程再造后，为了完成新的工作流程，人员终将得到调整。至于怎样调整，则要根据再造后的流程本身的需要而定。

福特汽车公司终于再造的流程并不是"应付账款"，而是"采购工作"。采购流程是从提出购货订单开始，也就是说，从根据下属工厂所需要的原材料、零部件而提出购货订单开始，一直到购到货后付款、将货供应给下属工厂(该工厂也就是采购流程的客户)为止。采购流程包括应付账款职能，但它还包括购货和收货。

福特汽车公司原先的原材料、零部件采购流程显然是按常规办事的。流程一开始，由采购部门向供应商发出购货订单，并将一份副本送交应付账款部门。供应商发货，货物运到福特汽车公司的收货点后，点上的办事人员填写一份表格，说明收到货物的情况，并将表格交给应付账款部门。与此同时，供应商向福特汽车公司的应付账款部门送去发票。

现在，福特汽车公司的应付账款部门关于这批货物有三种凭证——购货订单、收货凭证和发票。如果这三种凭证上的数据互相吻合，应付账款部门的办事人员就签字同意付款。

福特汽车公司新的应付账款流程一看便知，跟原先的流程大相径庭，迥然不同。主要是由于新的流程完全取消了发票，办理应付账款的办事人员也就不再需要把购货订单、收货凭证同发票进行核对。现在，福特汽车公司雇用办理向卖方付款等事项的人员不再是500名，而仅仅是125名。

福特汽车公司新的采购流程是：采购部门的一名采购员向供应商发出购货订单，与此同时，将订单上的有关内容输入联机数据库。供应商跟以往一样，将货物发往买方的收货点。货物运到后，收货点的工作人员通过终端机进行核对，看看已经运到的货物同数据库中储存的已经发出的购货订单的内容记录是否相符。如果相符，收货点的工作人员接收这批货物，并按终端机的键，告诉数据库，这批货物已经运到。数据库记下收到这批货物，并且自动地签发一张支票并在适当时候把它发往供应商。另一方面，如果这批货物同数据库中已经发出的购货订单的内容记录不相符，那么，收货点的工作人员拒绝在运货单上签收，将它退还给供应商。

福特汽车公司这次再造的基本概念是简单明了的。审定支付贷款一事，以往由应付账款部门负责，现在改在收货点上办理。这项工作的原有流程有着迷宫般的复杂性，如查找材料、暂缓执行、记入备忘录，等等，足以使500名办事人员或多或少地为此忙忙碌碌。新的流程却不是这样。实际上，新的流程实施后，整个应付账款部门就几乎没有继续存在的必要。在福特汽车公司的某些部门，例如，在发动机部，办理应付账款的人员减少到过去的5%。原有的人员中只有极少数人留下来，继续做应付账款方面的工作，处理出现的特殊情况。

福特汽车公司应付账款部门的一项规定是，只有收到了发票才能付款。尽管这条规定难得明确表达出来，但它已成为一种框架，原先的采购流程就是遵循这种框架形成的。福特汽车公司的管理层在着手调整采购流程时，曾认真地提出问题：是否仍想按照这条规定办事？答案是否定的。破除这项规定的办法就是取消发票。于是，福特汽车公司不再实行“发票收到后才能付款”，改为实行新的规定“货物收到后才能付款”。仅仅改一个词，就为企业的一项重大变革奠定了基础。在福特汽车公司原有的规定中，作这种一词改变的，另外还有几起。它们至今仍在发挥类似的作用。

例如，福特汽车公司在其下属卡车制造厂之一实行了更加新的规定，取代“收到货物后才能付款”而实行“货物使用后才能付款”。该公司对它的一家刹车供应厂商实际上说了这样的话：“本公司喜欢使用贵公司供应的刹车，并将继续用它装配在本公司制造的卡车上。不过，刹车在装配到卡车之前是属于贵公司的，而不是本公司的。刹车只有在我方使用之后，才是属于我方的，我方才能支付刹车的货款。我方制造的每一辆卡车在装配了贵公司供应的刹车，离开装配线以后，我方定会通过支票将刹车的货款付给贵公司。”这一变革使福特汽车公司的采购和收货流程进一步得到简化。（此外，这一变革还使该公司得到其他的好处，即从减少刹车的库存到改善现金支出等。）

采购刹车的新流程还摧毁了福特汽车公司的另一条规定——公司要始终保持货源的多源化。至少就卡车的刹车而言，新的规定是：“我们将拥有单一的货源，同刹车的这位供应商紧密合作。”

习题与思考题

1. 生产系统中有哪三种常见的生产形态？请分别简略说明其特点。
2. 什么是“产品生命周期”？其包括哪些阶段？
3. 请说明“并行工程”的观念与其所涵盖的四个层面。
4. 请说明零部件的“自制—外购”决策的重要性，以及其所需考虑的因素。
5. 请说明可用来确认制造流程规划的步骤。

参考文献

[1] http：//baike. baidu. com/view/9674. htm.

[2] GROOVER. M P Fundamentals of modern manufacturing：materials，processes，and systems[M]. NY：John Wiley & Sons，2002.

[3] 周小非．制造流程规划中多层次分析框架体系应用研究[D]. 天津：天津大学，2006.

[4] http：//wenku. baidu. com/view/ccc18722dd36a32d73758184. html？ re=view.

第3章 设施规划与物流分析

3.1 设施规划概论

▶ 1. 设施规划的意义和作用

设施规划与设计(facility planning and design)是工厂总体设计的一个重要组成部分，其任务是对系统的各类设施、人员、投资进行系统的规划与设计，用以优化人流、物流和信息流，从而有效、经济、安全地实现系统的预期目标。

据资料统计分析，在现有的工厂企业中，产品制造费用的20%～50%是用作物料搬运的，而物料搬运工作量直接与工厂布置情况有关，有效的布置大约能减少搬运费用的30%。工厂布置的优劣不仅直接影响着整个生产系统的运转，而且通过对物料搬运成本的影响，成为决定产品生产成本高低的关键因素之一。也就是说，在满足生产工艺流程的前提下，减少物料搬运工作量是工厂布置设计中最为重要的目标之一。因此，在实现工厂布置之前必须就生产系统各作业单位之间的物流状态作深入的分析。其作用是在已确定的空间场所内，按照从原材料的接受、零件和产品的制造，到产品的包装、配送的全过程，将人员、设备、物料所需的空间作最合适的分配和最有效的组合以获得最大的生产经济效益。

▶ 2. 设施规划的目标

设施规划的目标是使设施能够满足特定的产能要求、成本要求、质量要求以及符合下列辅助目标：

(1) 使产品的单位成本最小化。

(2) 达到最佳的质量。

(3) 提高人员、设备、空间及能源的利用率。

(4) 提供员工便利、安全以及舒适的工作场所。

(5) 控制设施规划成本。

(6) 在规划预定日期完工。

(7) 达到其他相关目标。

3.2 设施选址及评价

3.2.1 设施选址的意义

无论对于制造业还是服务业，设施选址都是企业生产运营战略的重要决策，进行科学的选址非常重要。设施选址影响企业的运营成本，从而影响企业的竞争优势，并且还将影响企业的后续经营策略。不好的选址会导致成本过高、劳动力缺乏、原材料供应不足、丧失竞争优势等后果。

大型设施的选址对一个国家或地区经济全局有着重大的影响，它不仅是政治、经济、文化、科技相互交叉的一个问题，而且一项大型设施的场址选择还会影响到地区甚至国家生产能力的布局、城市建设规划、基建投资、环境保护等问题。

因此，企业在选址时，应具体分析本企业的产品特点、资源需求和市场，运用科学的方法决定设施的地理位置，使之与企业的整体经营运作系统有机结合，以便有效、经济地达到组织的经营目标。

3.2.2 设施选址的内容

设施选址的主要内容总体上包括对国家或地区的选择和对具体地点的选择。具体分三个阶段。

(1) 准备阶段。根据企业经营战略，对选址目标提出要求，并提出选址所需要的技术经济指标，如产品、生产规模、运输条件、需要的物料和人力资源、供电量、运输量、用水量等。

(2) 国家或地区选择阶段。本阶段的工作主要为调查研究收集资料，走访主管部门和地区规划部门，征询选址意见，在可供选择的国家或地区内调查社会、文化、经济、市场、资源、气候、运输、环境等条件，对候选国家或地区作分析比较，提出选择的初步意见。

(3) 具体地点的选择阶段。对国家或地区内若干候选地址进行深入调查和勘测，查阅和研究当地有关气象、地质、地震、水文、供电、通信、给排水、交通运输等资料，研究运输路线以及公用管线的连接问题，收集当地有关建筑施工费用、地方税制、运输费用等各种经济资料，经研究和比较后提出数个候选场址。

各阶段都要提出相应的研究报告，尤其在最后阶段要有详实的调查资料，并采用科学的方法作选址项目可行性论证，以便科学决策。

3.2.3 设施选址的一般程序

1. 一般程序

设施选址的一般程序见图 3-1。

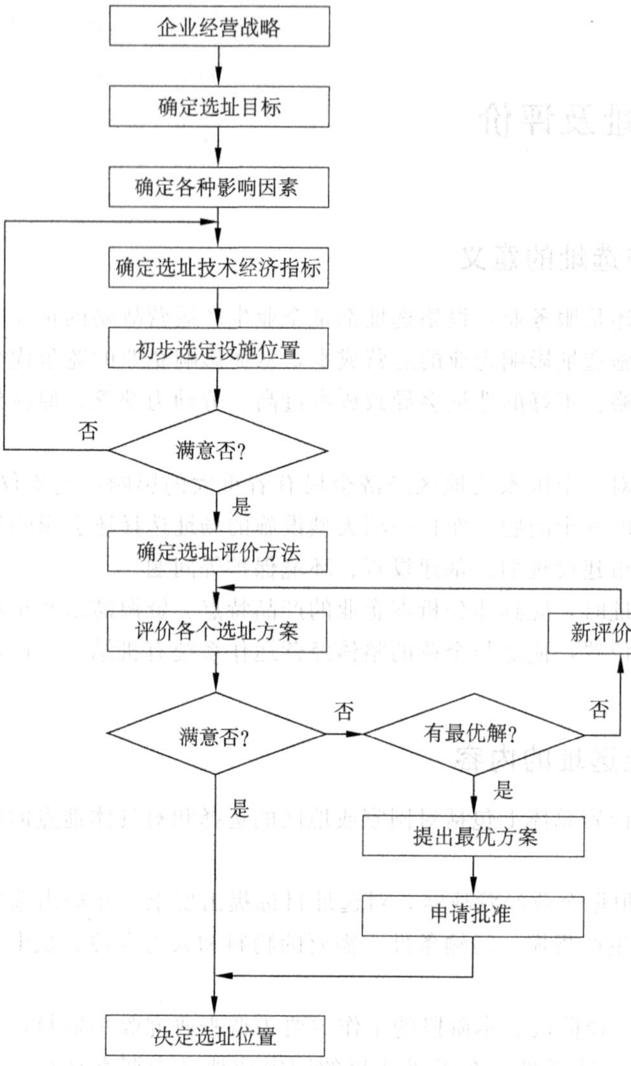

图 3-1　设施选址程序图

设施选址是包括政治、经济和技术的综合性工作，选址时不仅要考虑企业本身的利益，还要考虑所在国家或地区对企业和企业对国家或地区的影响。因此，设施选址还要经过有关方面审批。

▶ 2. 设施选址的基本原则

（1）工业生产力布局原则。工业生产力布局是工业企业在全国各地区的地理分布。国家通过产业政策和生产力布局规划指导项目布局和投资的空间投向。设施选址应符合国家生产力布局和有关政策，才能既满足国民经济发展的总体需要，又有利于企业自身的生存与发展。同时，设施选址也要符合所在地的总体规划布局。生产力合理布局原则包括：最低成本原则、专业化分工协作原则、分散与集中相结合原则、重点开发原则、吸引外资合理投向原则。

（2）费用原则。选址时要考虑项目寿命周期费用最低为原则。

（3）集聚人才原则。人才是企业最宝贵的资源，企业地址选得合适有利于吸引人才。

(4) 接近用户原则。对于服务业，几乎无一例外都需遵循这条原则；对于制造业企业，为了降低物流成本，提高快速反应能力，也将配送中心或仓库建在消费地附近。

另外，选址时还要考虑便于利用当地自然条件、资源条件、运输条件及公共设施；有利于保护环境与景观，不污染水源，符合环境保护的规定；节约用地，符合土地管理、水土保持等法规的规定等原则。

3.2.4 设施选址的评价方法

进行初步设施选址后，为了从数个候选地址中决定最优方案，进行科学决策，其关键问题就是确定评价指标，选择评价方法。目前常用的评价方法可分为成本因素评价和综合因素评价两大类。

▶ 1. 成本因素评价方法

1) 盈亏点平衡法

(1) 问题描述

在确定特定产量规模下，比较各个设施选址方案的成本，选择成本为最低的方案为最优方案，如图 3-2 所示。

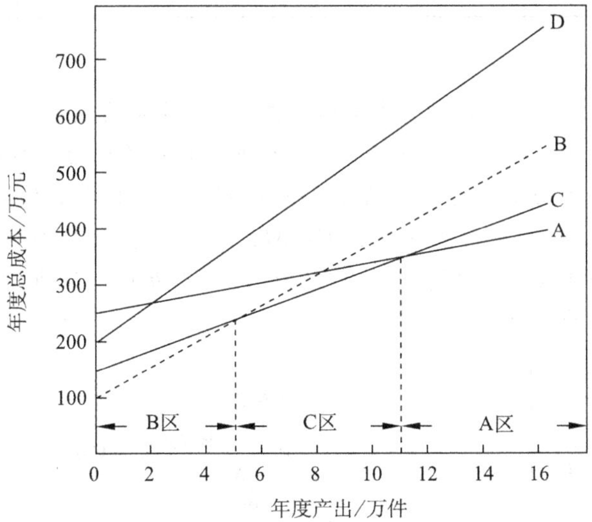

图 3-2 方案的年度成本和产出关系曲线

(2) 模型建立

用盈亏平衡模型对两个或多个方案进行分析和评价时，使对比方案的总成本费用相等，求得临界点产量。

$$C_1 = Q_0 V_1 + B_1, \quad C_2 = Q_0 V_2 + B_2$$

令 $C_1 = C_2$，则得到临界点产量 Q_0：

$$Q_0 = \frac{B_2 - B_1}{V_1 - V_2}$$

式中：C_1——方案 1 的总成本费用；

C_2——方案 2 的总成本费用；

V_1——方案 1 的单位变动成本；

V_2——方案 2 的单位变动成本；

B_1——方案 1 的固定成本；

B_2——方案 2 的固定成本；

Q_0——方案 1 和方案 2 的总成本相等时的临界点产量。

(3) 评价标准

在实际产量 Q 大于或小于 Q_0 时均选总成本最低的方案为最优方案。

(4) 求解方法

求解方案的最低成本可用图解法和计算法。

【例 3-1】某公司有三个不同建厂方案，三个选址的固定费用和单位变动费用见表 3-1，试决定不同生产规模下的最优选址方案。

表 3-1　某公司三个选址的固定费用和单位变动费用

	方案 A	方案 B	方案 C
固定费用/元	600000	1200000	2400000
可变费用/(元/件)	48	25	12

解法一：图解法

(1) 画平面直角坐标：以产量为横坐标，成本费用金额为纵坐标；

(2) 根据已知条件，画出方案 A、方案 B 和方案 C 的总费用曲线，如图 3-3 所示；

(3) 得到方案 A 和方案 B 总费用曲线的交点 M，方案 B 和方案 C 总费用曲线的交点 N，方案 A 和方案 C 总费用曲线的交点 P，M、N 和 P 点对应的产量就是临界点产量，具体数值可以从图中求得。即 M 点对应的产量为 2.61 万件，N 点对应的产量为 9.23 万件，P 点对应的产量为 5 万件。

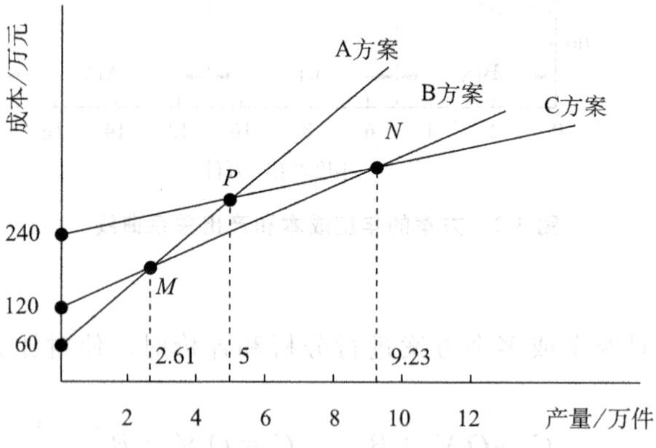

图 3-3　方案 A、方案 B、方案 C 的总费用曲线

(4) 根据评价标准判断：当产量低于 2.61 万件时，选 A 方案地址；当产量在 2.61 万件和 9.23 万件之间时，选 B 方案地址；当产量大于 9.23 万件时，选 C 方案地址。

解法二：计算法

设：方案 A、B、C 的单位变动费用分别为 V_A、V_B、V_C；固定费用分别为 B_A、B_B、

B_C，方案 A 和方案 B 的临界点产量为 Q_{01}，方案 B 和方案 C 的临界点产量为 Q_{02}，则：

$$Q_{01} = \frac{B_B - B_A}{V_A - V_B} = \frac{(1200000 - 600000)\text{元}}{(48 - 25)\text{元/件}} = 2.61\text{万件}$$

$$Q_{02} = \frac{B_C - B_B}{V_B - V_C} = \frac{(2400000 - 1200000)\text{元}}{(25 - 12)\text{元/件}} = 9.23\text{万件}$$

根据评价标准判断：当产量低于 2.61 万件时，选 A 方案地址；当产量在 2.61 万件和 9.23 万件之间时，选 B 方案地址；当产量大于 9.23 万件时，选 C 方案地址。

2）重心法

当产品成本中运输费用所占比重较大，企业的原材料由多个供应地提供或其产品运往多个销售点，可以考虑重心法选择运输总费用最低的场址。重心法选址坐标图如图 3-4 所示。一般适用于工厂、车站、仓库或零售/服务设施选址。

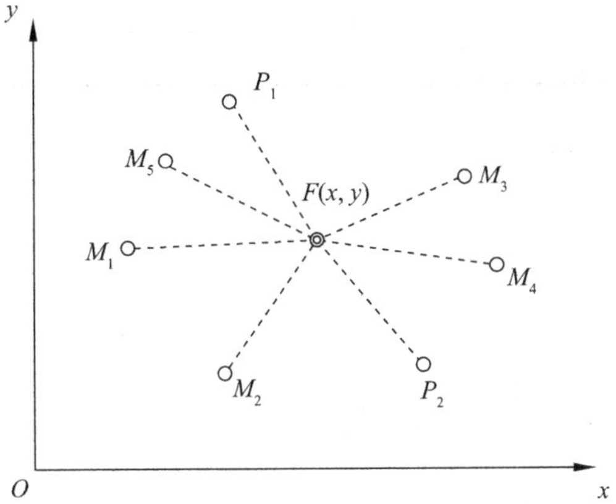

图 3-4 重心法选址坐标图

运输总费用＝各作业单位之间“货物运输量×运输距离×运输费率”之和

模型建立：目标使运输总成本最小。

$$\min Z = \sum_{i=1}^{n} r_i q_i d_i \quad (i=1, 2, \cdots, n)$$

式中：Z——待选址设施点到 n 个节点的运输总成本；

r_i——待选址设施到节点 i 的运输费率；

q_i——待选址设施点到节点 i 的运输总量；

d_i——待选址设施到节点 i 的距离。

设：(x_i, y_i)为已知的供给点和需求点坐标，点(x, y)为待选址设施的坐标，则

$$d_i = \sqrt{(x - x_i)^2 + (y - y_i)^2}$$

工厂到各处总运输费用设为

$$Z = \sum_{i=1}^{n} r_i q_i d_i = \sum_{i=1}^{n} r_i q_i \sqrt{(x - x_i)^2 + (y - y_i)^2}$$

则新建厂址的最佳地点为

$$x^* = \frac{\sum_{i=1}^{n} r_i q_i x_i}{\sum_{i=1}^{n} r_i q_i} \qquad y^* = \frac{\sum_{i=1}^{n} r_i q_i y_i}{\sum_{i=1}^{n} r_i q_i}$$

【例 3-2】设某企业的两个工厂(P_1、P_2)分别生产 A、B 两种产品，供应五个市场(M_1、M_2、M_3、M_4、M_5)，已知条件见表 3-2。现需设置一个中转仓库，A、B 两种产品通过该仓库间接向五个市场供货。请使用重心法求出仓库的最优选址。

表 3-2 某企业中转仓库选址的已知条件

节点(i)	产品	运输总量/t	运输费率/(t/元)	坐标(x_i)	坐标(y_i)
P_1	A	10	5	4	14
P_2	B	5	5	3	9
M_1	A、B	15	5	7	11
M_2	A、B	20	5	7	6
M_3	A、B	10	5	11	4
M_4	A、B	5	5	13	8
M_5	A、B	15	5	3	4

解：根据重心公式可得：

$$x^* = \frac{\sum_{i=1}^{n} r_i q_i x_i}{\sum_{i=1}^{n} r_i q_i}$$

$$= \frac{10\times5\times4+5\times5\times3+15\times5\times7+20\times5\times7+10\times5\times11+5\times5\times13+15\times5\times3}{10\times5+5\times5+15\times5+20\times5+10\times5+5\times5+15\times5}$$

$$= 6.5$$

$$y^* = \frac{\sum_{i=1}^{n} r_i q_i y_i}{\sum_{i=1}^{n} r_i q_i}$$

$$= \frac{10\times5\times14+5\times5\times9+15\times5\times11+20\times5\times6+10\times5\times4+5\times5\times8+15\times5\times4}{10\times5+5\times5+15\times5+20\times5+10\times5+5\times5+15\times5}$$

$$= 7.625$$

即最佳仓库位置坐标为(6.5，7.625)。

3) 线性规划法

线性规划法适用于多设施布置，目标是使所有设施的生产运输成本最低。

(1) 问题描述

有多个供应点供应多个工厂或多个工厂(仓库等)供应多个需求点等，问题是需要设立哪些供应点较合适。可采用线性规划中的运输问题求解方法，计算选择不同供应点时的最低总成本。

(2) 模型建立

设某物资有 m 个产地，产量分别是 a_i($i=1, 2, \cdots, m$)，有 n 个销售地，销量分别是 b_j($j=1, 2, \cdots, n$)，且产销平衡，即

$$\sum_{i=1}^{m} a_i = \sum_{j=1}^{n} b_j$$

若从产地 i 运到销售地 j 的单位产品生产运输成本为 c_{ij}（$i=1$，2，…，m；$j=1$，2，…，n），应如何安排产地 i 运到销售地 j 的运输量 x_{ij} 可使总费用最少？

运输问题的模型示意图如图 3-5 所示。

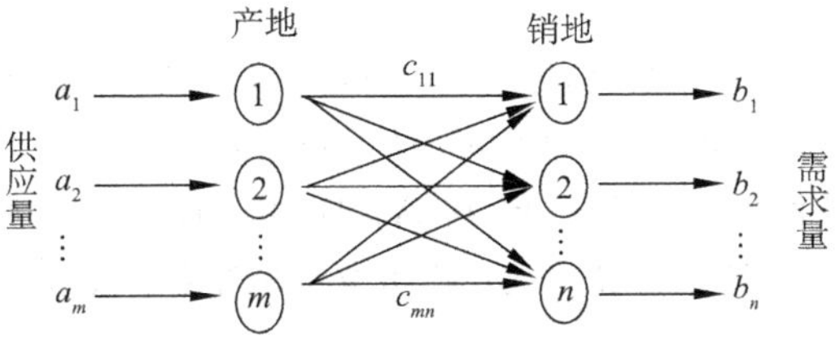

图 3-5 运输问题的模型示意图

目标函数：

$$\min Z = \sum_{i=1}^{m}\sum_{j=1}^{n} c_{ij} x_{ij}$$

$$\text{s.t.}\begin{cases}\sum_{j=1}^{n} x_{ij} = a_i, i = 1,2,\cdots,m \\ \sum_{i=1}^{m} x_{ij} = b_j, j = 1,2,\cdots,n \\ x_{ij} \geqslant 0, \quad i = 1,2,\cdots,m; j = 1,2,\cdots,n \\ \sum_{i=1}^{m} a_i = \sum_{j=1}^{n} b_j \end{cases}$$

（3）评价标准

生产运输总成本最低的为最优选择方案。

（4）模型求解

具体方法有单纯型法、最小元素法、Excel 电子表格法、MATLAB 软件等。下面举例介绍用最小元素法对模型求解。

【例 3-3】某公司由两家工厂向三个销售点配货，单位运价及产需量如表 3-3 所示，求最佳配货方案。

表 3-3 单位运价及产需量

	销售点 A(6)	销售点 B(8)	销售点 C(6)
工厂 1(13)	31(5)	28(8)	50(0)
工厂 2(7)	39(1)	45(0)	29(6)

解：最小元素法的基本思想是将产品优先分配给运输费用最少的销售点。

(1) 选择最小运价 28(工厂 1 至售货点 B)，将工厂 1 的 13 个产品分配 8 个到售货点 B，还剩 5 个，B 的需求量已得到满足，不需要工厂 2 提供，则同列对应于工厂 2 的位置补 0 将售货点 B 划去，不需要再讨论了。

(2) 选择剩下的运价中最小的 29(工厂 2 至售货点 C)。将工厂 2 的 7 个产品分配 6 个到售货点C，同列对应于工厂1的位置补0。工厂2还剩1个产品。将C列划去，不再讨论。

(3) 在剩下的运价中选最小的31(工厂1至售货点A)。将工厂1剩下的5个产品分给售货点A，A需6个产品，还缺1个。

(4) 将工厂2剩下的一个产品分给售货点A，至此所有产品分配完毕。则最小运费为

$$Z=5\times31+8\times28+0\times50+1\times39+0\times45+6\times29=592$$

【例3-4】某企业通过两家工厂F_1、F_2向A、B、C、D四个售货点供货。现欲设另一工厂，可供选择的地点为F_3、F_4，产品的生产成本与运输费用如表3-4所示，试确定最佳厂址。

表3-4　生产成本与运输费用表

工厂	运输费用/万元				年产量/箱	生产成本/万元
	A	B	C	D		
F_1	0.48	0.29	0.41	0.33	6000	7.7
F_2	0.39	0.44	0.39	0.19	6500	7.2
F_3	0.22	0.65	0.25	0.62	10500	7.4
F_4	0.56	0.37	0.80	0.77	10500	7.5
年需求量/箱	3000	7000	8000	5000		

解：总费用＝生产费用＋运输费用，如表3-5所示。

表3-5　总费用表

工厂	生产与运输费用/万元				年产量/箱
	A	B	C	D	
F_1	8.18	7.99	8.11	8.03	6000
F_2	7.59	7.64	7.59	7.39	6500
F_3	7.62	8.05	7.65	8.02	10500
F_4	8.06	7.87	8.30	8.27	10500
年需求量/箱	3000	7000	8000	5000	

将表3-5分成两个表：表3-6和表3-7。

表3-6　F_1、F_2、F_3生产与运输总费用表

工厂	生产与运输费用/万元				年产量/箱
	A	B	C	D	
F_1	8.18	7.99	8.11	8.03	6000
F_2	7.59	7.64	7.59	7.39	6500
F_3	7.62	8.05	7.65	8.02	10500
年需求量/箱	3000	7000	8000	5000	

表 3-7 F_1、F_2、F_4 生产与运输总费用表

工厂	生产与运输费用/万元				年产量/箱
	A	B	C	D	
F_1	8.18	7.99	8.11	8.03	6000
F_2	7.59	7.64	7.59	7.39	6500
F_4	8.06	7.87	8.30	8.27	10500
年需求量/箱	3000	7000	8000	5000	

分别用表上作业法求解 $F_1+F_2+F_3$、$F_1+F_2+F_4$ 生产的总费用，少者为佳。

▶ 2. 综合因素评价方法

1）加权因素法

此方法适合于比较非成本因素，由于各种因素的重要程度不同，需要采取加权方法，并按以下步骤进行：

（1）针对场址选择的基本要求和特点，列出要考虑的各种因素。

（2）按照各因素相对重要程度，分别规定各因素相应的权重。

（3）对各因素分级定分，即将每个因素分等级，如 A、E、I、O、U，各个等级分别对应不同的分数，如 A 为 4 分、E 为 3 分、I 为 2 分、O 为 1 分、U 为 0 分。

（4）将每个因素的评分值与其权重相乘，计算出每个因素的加权分值。

（5）累计每个备选地址的所有因素的加权分值，计算出每个备选地址的总得分，选择总得分最高的备选地址作为最优决策方案。

此方法的关键是确定合理的权重和等级评定，可以采用专家或决策者打分，求平均值的办法。

【例 3-5】对某设施的选址有 A、B、C、D 四种方案，影响选址的主要因素有位置、面积、运输条件等八项，并设每个因素在方案中的排队等级为 A、E、I、O、U 五个等级，现规定 A 为 4 分，E 为 3 分，I 为 2 分，O 为 1 分，U 为 0 分。各原始数据及评分结果如表 3-8 所示。试确定选址方案。

表 3-8 加权因素法选址举例

序号	考虑因素	权重	各方案的各因素等级及得分			
			A	B	C	D
1	位置	7	E/21	A/28	I/14	I/14
2	面积	6	A/24	E/18	U/0	A/24
3	地形	3	E/9	E/9	I/6	E/9
4	地质条件	2	A/8	E/6	I/4	U/0
5	运输条件	9	E/27	A/36	I/18	A/36
6	原材料供应	10	I/20	A/40	A/40	O/10
7	公用设施条件	5	E/15	E/15	E/15	E/15
8	扩展可能性	8	I/16	A/32	I/16	E/24
9	合计		140	184	113	132

由以上评价结果可知，选址的优先顺序为B—A—D—C方案，其中B方案为最优选址方案。

2）因次分析法

因次分析法是将经济因素（成本因素）和非经济因素（非成本因素）按照相对重要程度统一起来。设经济因素和非经济因素重要程度之比为 $m:n$，经济因素的相对重要性为 M，则 $M=m/(m+n)$，相应非经济因素的相对重要性为 N，则 $N=n/(m+n)$，且有 $M+N=1$。

（1）确定经济因素的重要性因子 T_j

$$T_j = \frac{\frac{1}{C_i}}{\sum_{i=1}^{k} \frac{1}{C_i}}$$

（2）非经济因素的重要性因子 T_f 的计算

① 确定单一非经济因素对于不同候选场址的重要性。将各方案的比重除以所有方案所得比重之和，得到单一因素相对于不同场址的重要性因子 T_d，用公式表示为

$$T_d = \frac{W_j}{\sum_{j=1}^{k} W_j}$$

② 确定各个因素的权重比率。对于不同的因素，确定其权重比率 G_i。G_i 的确定可以用各因素两两相比的方法，也可以由专家根据经验确定，所有因素的权重比率之和为1。

③ 将单一因素的重要性因子乘以其权重比率，将各种因素的乘积相加，得到非经济因素对各个候选场址的重要性因子 T_f。公式为

$$T_f = \sum_{i=1}^{k} (G_i \times T_{di})$$

（3）将经济因素的重要性因子和非经济因素的重要性因子按重要程度叠加，得到该场址的重要性指标 C_t，即

$$C_t = MT_j + NT_f$$

【例3-6】某公司拟建一木材加工厂，待选的三个场址为A、B、C，其经济成本如表3-9所示，非经济因素主要考虑政策法规、气候条件和安全因素。就政策而言，A好于B，B好于C；就气候而言，A、B相平，C地次之；就安全而言，C地最好，A地最差。据专家评估，三种非经济因素比重为0.5，0.4和0.1。假如经济因素和非经济因素同等重要，试用因次分析法确定最佳场址。

表3-9 不同经济因素的生产成本

经济因素	生产成本/万元		
	A	B	C
原材料	300	260	200
劳动力	60	40	30
运输费	25	22	15
其他费用	15	11	5
总成本	400	333	250

解：

(1) 首先确定经济性因素的重要性因子 T_j

$$\frac{1}{C_1}=\frac{1}{400}=2.5\times10^{-3},\ \frac{1}{C_2}=\frac{1}{333}=3\times10^{-3},\ \frac{1}{C_3}=\frac{1}{250}=4\times10^{-3},$$

$$\sum_{i=1}^{3}\frac{1}{C_i}=(2.5+3+4)\times10^{-3}=9.5\times10^{-3}$$

$$T_{jA}=\frac{2.5\times10^{-3}}{9.5\times10^{-3}}=0.263,\ T_{jB}=\frac{3\times10^{-3}}{9.5\times10^{-3}}=0.316,\ T_{jC}=\frac{4\times10^{-3}}{9.5\times10^{-3}}=0.421$$

(2) 确定非经济因素重要程度因子 T_{fj}，见表 3-10～表 3-13。

表 3-10 各方案在政策法规方面的比较表

场址	政策因素两两相比			比重和	T_d
	A—B	A—C	B—C		
A	1	1		2	2/3
B	0		1	1	1/3
C		0	0	0	0

表 3-11 各方案在气候方面的比较表

场址	气候因素两两相比			比重和	T_d
	A—B	A—C	B—C		
A	1	1		2	2/4
B	1		1	2	2/4
C		0	0	0	0

表 3-12 各方案在安全方面的比较表

场址	安全因素两两相比			比重和	T_d
	A—B	A—C	B—C		
A	0	0		0	0
B	1		0	1	1/3
C		1	1	2	2/3

表 3-13 各方案影响因素汇总比较表

影响因素	A	B	C	权重
政策法规	2/3	1/3	0	0.5
气候	2/4	2/4	0	0.4
安全	0	1/3	2/3	0.1

由此可得，非经济因素重要程度因子：

$$T_{fA} = \frac{2}{3} \times 0.5 + \frac{2}{4} \times 0.4 = 0.533$$

$$T_{fB} = \frac{1}{3} \times 0.5 + \frac{2}{4} \times 0.4 + \frac{1}{3} \times 0.1 = 0.4$$

$$T_{fC} = \frac{2}{3} \times 0.1 = 0.067$$

(3) 求综合重要程度因子：

$$C_t = 0.5T_{jA} + 0.5T_{fA}$$

$$C_{tA} = 0.5T_{jA} + 0.5T_{fA} = 0.5 \times 0.263 + 0.5 \times 0.533 = 0.398$$

$$C_{tB} = 0.5T_{jB} + 0.5T_{fB} = 0.5 \times 0.316 + 0.5 \times 0.4 = 0.358$$

$$C_{tC} = 0.5T_{jC} + 0.5T_{fC} = 0.5 \times 0.421 + 0.5 \times 0.067 = 0.244$$

因为 $C_{tA} < C_{tB} < C_{tC}$，所以 A 场址最佳。

3）优缺点比较法

可用优缺点比较法对布置方案进行初步评价，舍弃那些存在明显缺陷的布置方案，如表 3-14 所示。

表 3-14　方案的优缺点举例表

序号	因素	点检记号	重要性
1	投资		
2	年经营费		
3	投资收益率		
4	投资回收期		
5	对生产被动的适应性		
6	调整生产柔性		
7	发展的可能性		
8	工艺过程的合理性		
9	物料搬运的合理性		
10	机械化自动化水平		
11	控制检查的便利程度		
12	辅助服务的适应性		
13	维修方便程度		
14	空间利用程度		
15	需要存储的物料数量		

3.3 工业设施布置的方法

3.3.1 工业设施布置的内容

工业设施布置主要包括工厂总平面布置和车间布置两个方面。

工厂总平面布置要对工厂的生产车间、物料储运部门、管理部门和生产服务部门的建筑物、场地和道路等，按照各部门之间相互关系的密切程度作出合理的安排。车间布置主要是考虑工艺过程、物流量等因素，对机器设备、运输通道等作出合理的布局。

3.3.2 系统化设施布置方法

系统布置设计(SLP)是由美国 R. Muther 提出的，它提供了一整套具有清晰条理性和严密逻辑性的分析方法。SLP 法采用作业单位间关系密级与相互关系表、图来研究各种因素对布置设计的影响，使布置设计由定性阶段发展到了定量阶段，受到广大设计人员的欢迎，在许多领域都得到了广泛应用。

▶ 1. 系统布置设计基本要素

工厂布置设计就是在根据社会需要确定出某些待生产的产品及其产量以及确定厂址的前提下，完成工厂总平面布置和车间布置，提供布置方案。

产品及产量由决策部门在设计纲领中作出规定；厂址的确定主要由经营决策人员根据某些社会因素、经济因素及自然条件作出决策；建厂工作则主要由土建施工人员来完成，与设施布置设计人员直接相关的任务是总平面布置和车间布置。

为了完成工厂总平面布置和车间布置，需要从产品 P 及产量 Q 出发，首先对产品组成进行分析，确定各零部件生产类型，制定出各个零部件的加工、装配工艺流程；根据工艺流程各阶段的特点划分出生产车间，并根据生产需要设置必要的职能管理部门及附属生产与生活服务部门。整个工厂就是由生产车间、职能管理部门、附属生产及生活服务部门以及为使生产连续进行而设置的仓储部门这几类作业单位所构成。然后，由工厂布置设计人员来完成工厂总平面布置及车间布置，如图 3-6 所示。

在 R. Muther 提出的系统布置设计(SLP)中，把产品 P、产量 Q、生产路线 R、辅助服务部门 S 及生产时间安排 T 作为给定的基本要素(原始资料)，成为布置设计工作的基本出发点。

1) 产品 P

产品 P 是指待布置工厂所生产的商品、原材料、加工的零件和成品等。这些资料由生产纲领和产品设计提供，包括项目的品种、类型，材料、产品特性等。产品这一要素影响着生产系统的组成及其各作业单位间的相互关系、生产设备的类型、物料搬运方式等。

2) 产量 Q

产量指所生产的产品的数量，也由生产纲领和产品设计提供，可用件数、重量、体积等来表示。产量 Q 这一要素影响着生产系统的规模、设备的数量、运输量、建筑物面积的

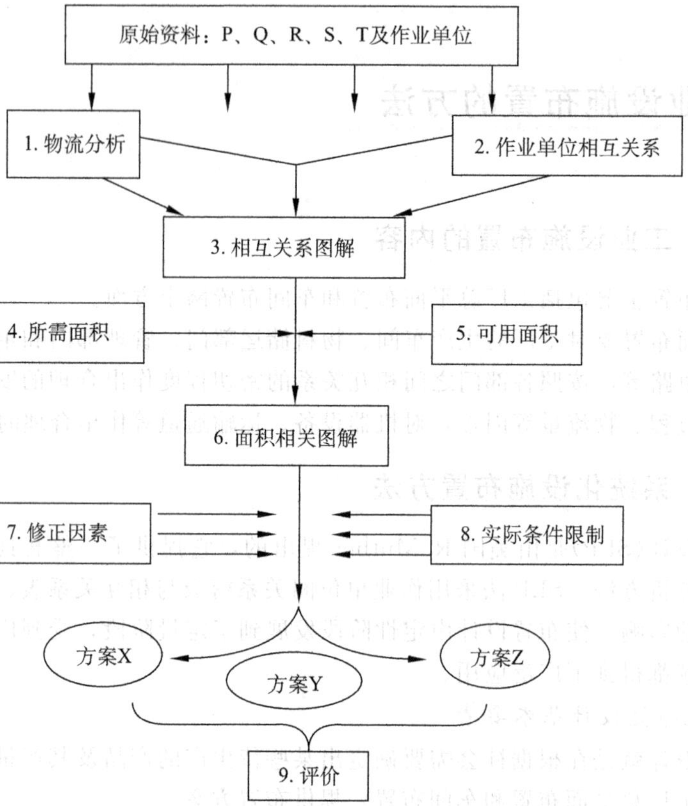

图 3-6 设施布置设计程序图

大小等。

3）生产路线 R

为了完成产品的加工，必须制定加工工艺流程，形成生产路线，可用工艺过程表（卡）、工艺过程图、设备表等表示，它影响着各作业单位之间的关系、物料搬运路线、仓库及堆放地的位置等。

4）辅助服务部门 S

在实施系统布置工作以前，必须对生产系统的组成情况有一个总体的规划。生产系统大体上分为生产车间、职能管理部门、辅助生产部门、生活服务部门及仓储部门等。可以把除生产车间以外的所有作业单位统称为辅助服务部门 S，包括工具、维修、动力、收货、发运、铁路专用路线、办公室、食堂等，这些作业单位构成生产系统的生产支持系统部分，在某种意义上提高了生产能力。有时，辅助服务部门的占地总面积接近甚至大于生产车间所占面积，所以布置设计时应给予足够的重视。

5）时间 T

时间要素是指在什么时候、用多少时间生产出产品，包括各工序的操作时间及更换批量的次数。在工艺过程设计中，根据时间因素确定生产所需各类设备的数量、占地面积的大小和操作人员数量来平衡各工序的生产时间。

▶ 2. 设施布置类型

设施布置有三种基本类型：产品原则布置、工艺原则布置和固定工位布置。

1）产品原则布置

产品原则布置，又称流水线布置或对象原则布置，当生产产品品种少、批量大时，应当按照产品的加工工艺过程顺序来配置设备，形成流水生产线或装配线布置。产品原则布置示意图如图3-7所示。

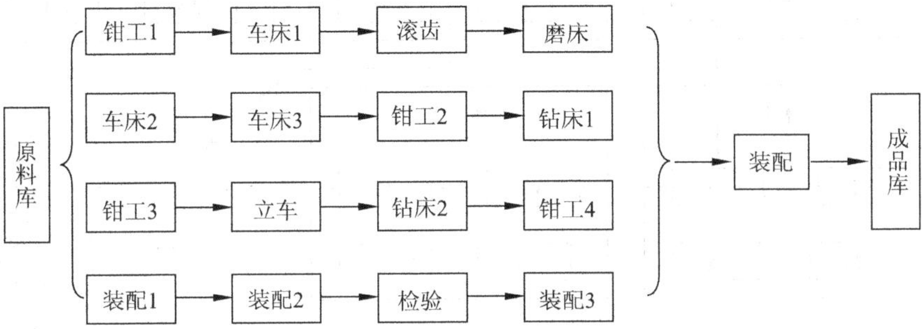

图 3-7 产品原则布置

产品原则布置的基础是标准化及作业分工。整个产品被分解成一系列标准化的作业，由专门的人员及加工设备来完成。

以汽车装配线为例，对于一条装配线而言，其车型基本不变或变化不大，整个装配顺序固定不变，这样，通过作业分工将汽车装配分解为若干标准化的装配作业，各个工作站配备有专用的装配设备来完成固定的装配作业，不同工作站间的运输采用专用的、路径固定的运送设备。

产品原则布置的优点如下：

(1) 产品产出率高，单位产品成本低。

(2) 每一产品都按自己的工艺流程布置设备，因此加工件经过的路程最直接、最短，无用的停滞时间也最少。

(3) 操作人员只做一种产品的一个工序，效率高且所需培训少。

(4) 管理和采购、库存控制等工作因变化少而相对简单。

产品原则布置的缺点包括：

(1) 要求较多的设备，而设备的利用率相对较低。

(2) 对产品种类及产量变化、设备故障等情况的响应较差。

(3) 工作重复单调乏味，缺乏提升机会，可能会导致工人的心理问题或职业伤害。

(4) 为了避免停产，设备备用件的库存可能比较大。

2）工艺原则布置

工艺原则布置，又称功能布置。适合生产产品品种多、批量小的情况，将功能相同或相似的一组设施排布在一起。

例如，在机械加工车间中，数台车床被排列在一起组成车床组，钻床排列在一起组成钻床组，铣床组成铣床组、磨床组成磨床组等，因此，工艺原则布置在机加工车间中还被称作机群式布置。加工工艺需要这些设备的工件按工艺路线成批进入这些班组。不同的产品需要不同的工艺路线。为了适应多种加工对象及工艺路线，需要采用可变运输路线的物料搬运设备，如叉车、手推车等。工艺原则布置示意图如图3-8所示。

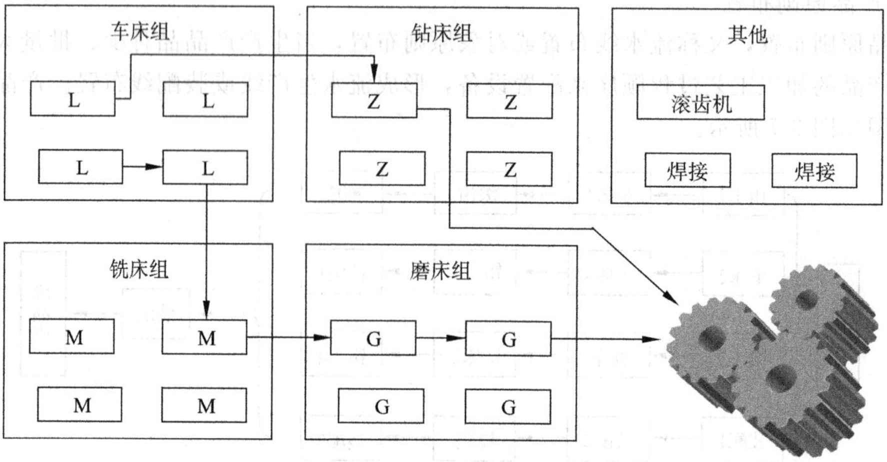

图 3-8　工艺原则布置示意图

工艺原则布置的优点有：

(1) 具有较高的柔性，对产品品种、数量的变化和加工设备的故障响应快。

(2) 由于批量加工及闲置设备的存在，个别设备的故障或人员的缺勤不会对生产系统造成大的影响。

工艺原则布置的缺点是：

(1) 机器及工人的利用率较低、在制品的数量较多。

(2) 运输效率低下，单位运输费用较高，单位产品的成本较高，整个生产时间必然较长，且整个车间的物流比较混乱。

(3) 对操作人员的技术水平要求较高，组织和管理工作也较困难。

3) 固定工位布置

固定式布置也称项目布置，它主要是工程项目和大型产品生产所采用的一种布置形式。

它的加工对象位置固定，生产工人和设备都随加工产品所在的某一位置而转移。之所以要固定，是因为加工对象大而重，不易移动，如工程建设、飞机厂、造船厂、重型机器厂等。固定工位布置示意图如图 3-9 所示。

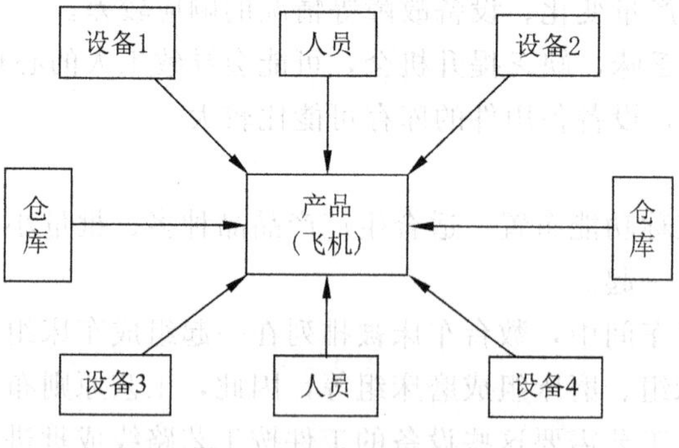

图 3-9　固定工位布置

固定式布置存在的问题是场地空间有限；不同的工作时期，物料和人员需求不一样，这给生产组织和管理带来较大困难；物料需求量是动态的。

因此，一般不采用固定式布置，即使采用，也尽量将大的加工对象先期分割，零部件标准化，尽可能分散在其他位置和车间批量生产，以降低生产组织管理难度。如工程建设的预制件生产和大型机器设备的部件生产。

▶ 3. 系统布置设计(SLP)的设计步骤

(1) 准备原始资料。

(2) 工艺过程分析。

(3) 物流分析与作业单位相互关系分析。

(4) 绘制作业单位位置相关图。

(5) 作业单位占地面积计算。

(6) 绘制作业单位面积相关图。

(7) 修正。

(8) 方案评价与择优。

【例 3-7】某工厂有六个主要组成部分 A_1—A_6，其中 A_1 为进料，A_2 为毛坯零件库，A_3 为制造与装配，A_4 为维修、检验，A_5 为成品库，A_6 为试车车间。各单位面积、各单位之间的搬运工作量从至表、非物流相关图如表 3-15、表 3-16、图 3-10 所示。试进行工厂布置设计。

表 3-15 各作业单位面积

单位	A_1	A_2	A_3	A_4	A_5	A_6
面积/m^2	1000	1000	2000	3000	2000	1000

表 3-16 各单位之间搬运工作量从至表 （单位：托盘）

从＼至	A_1	A_2	A_3	A_4	A_5	A_6	合计
A_1		6		2	2	4	14
A_2			6	4	3		13
A_3		6		6	4	4	20
A_4			6		2	4	12
A_5				1			1
A_6		3	4				7
合计		15	16	13	11	12	67

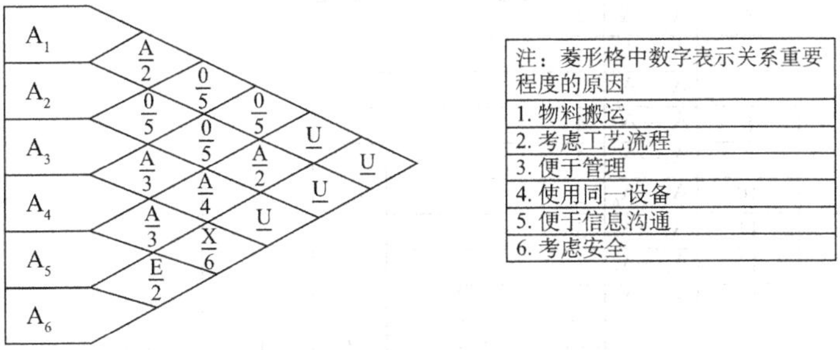

A1
A2
A3
A4
A5
A6
注：菱形格中数字表示关系重要程度的原因
1. 物料搬运
2. 考虑工艺流程
3. 便于管理
4. 使用同一设备
5. 便于信息沟通
6. 考虑安全

图 3-10 各作业单位之间的非物流相关图

解：(1)绘制出对流物流量表，如表 3-17 所示。

表 3-17　作业单位对流物流量表

从＼至	A_1	A_2	A_3	A_4	A_5	A_6	合计
A_1		6		2	2	4	14
A_2			12	4	3	3	22
A_3				12	4	8	24
A_4					3	4	7
A_5							
A_6							
合计	7	6	12	18	12	19	67

从表 3-17 中可以看到有物流量的单位对数是 13 对。

(2) 进行物流强度等级划分。

本例中，物流强度等级 A 占 10%，即 13×10%＝1.3 对，取 2 对作业单位；物流强度等级 E 占 20%，即 13×20%＝2.6 对，取 2 对作业单位；物流强度等级 I 占 30%，即 13×30%＝3.9 对，取 4 对作业单位；物流强度等级 O 占 40%，即 13×40%＝5.2 对，取 5 对作业单位。物流强度等级分配表如表 3-18 所示。

表 3-18　物流强度等级分配表

物流强度等级	符号	物流路线比例/%	承担的物流量比例/%
超高物流强度	A	10	40
特高物流强度	E	20	30
较大物流强度	I	30	20
一般物流强度	O	40	10
可忽略搬运	U		

本例中物流强度等级划分如图 3-11 所示。

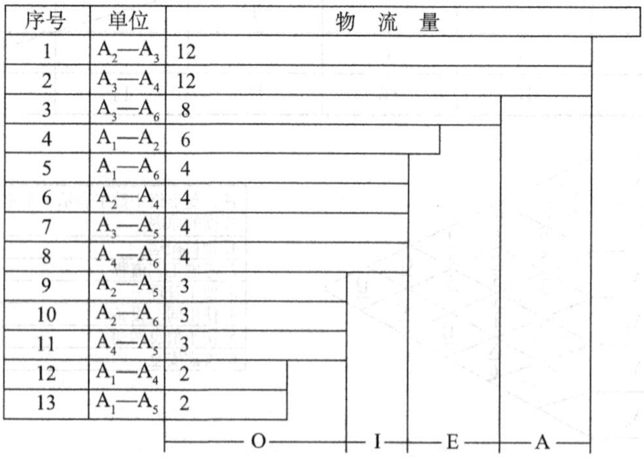

图 3-11　物流强度等级划分图

(3) 根据物流强度作物流相关图，如图 3-12 所示。

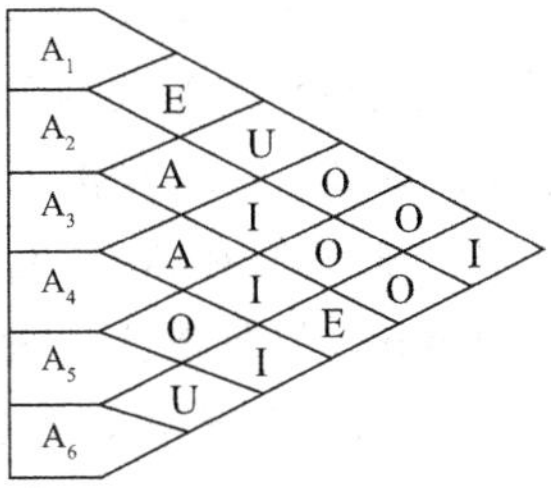

图 3-12 物流相关图

(4) 结合物流相关图与已知的非物流相关图，作出作业单位综合相关图。

如果认为非物流因素与物流因素同等重要，则可将物流相关图与已知的非物流相关图的对应项合成分数相加，再将数字转化成重要程度等级，最后作出作业单位综合相关图。(注：A 为 4 分，E 为 3 分，I 为 2 分，O 为 1 分，U 为 0 分，X 为−1 分。)

作业单位综合相关图如图 3-13 所示。

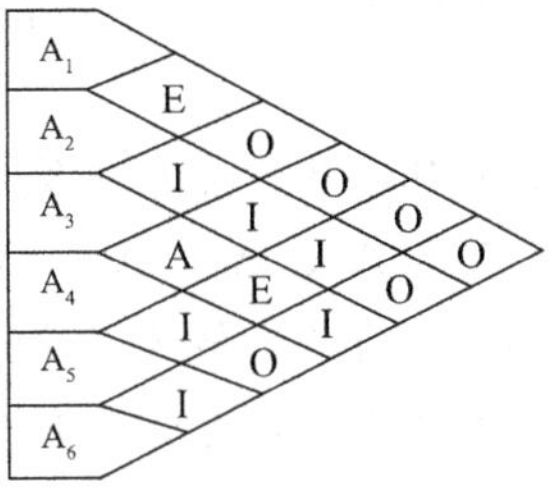

图 3-13 作业单位综合相关图

(5) 绘制作业单位位置相关图。

① 做出综合接近程度排序表，如表 3-19 所示。

表 3-19 综合接近程度排序表

作业单位	A_1	A_2	A_3	A_4	A_5	A_6
A_1		E	O	O	O	O
A_2	E		I	I	I	O
A_3	O	I		A	E	I
A_4	O	I	A		I	O
A_5	O	I	E	I		I
A_6	O	O	I	O	I	
综合接近程度	7	10	12	10	10	7
排序	5	4	1	2	3	6

② 按图幅大小，选择单位距离长度，并规定关系密级为A级的作业单位之间的距离为一个单位距离长度，E级为两个单位距离长度，以此类推。

③ 从作业单位综合相关图取出关系密级为A级的作业单位对，有A_3—A_4，共涉及2个单位，按综合接近程度排序为第1、第2。将综合接近程度分数最高的作业单位A_3布置在位置相关图的中心位置。随后处理作业单位对A_3—A_4，将作业单位A_4布置到图中与作业单位A_3距离为单位距离长度(如10mm)的位置上，随后再布置综合接近程度分数次高的作业单位A_4，将A_3、A_4两个单位用四条线连接，如图3-14(a)所示。

④ 处理相互关系为E的作业单位对，用三条线连接。从作业单位综合相关图取出关系密级为E级的作业单位对，有A_1—A_2、A_3—A_5，共涉及4个单位，按综合接近程度排序为第5、第4、第1、第2。首先处理与作业单位A_3有关的作业单位A_5，作业单位A_5与图中作业单位A_3、A_4的关系密级分别为E、I级，重点处理较高级的关系，将作业单位A_5布置到图中。随后处理作业单位A_2，作业单位A_2与图中已有的作业单位A_3、A_5、A_4的关系密级为I、I、I，将作业单位A_2布置到图中。随后处理与作业单位A_2有关的作业单位A_1—A_2，作业单位A_1与图中已存在的作业单位A_3、A_5、A_4、A_2的关系为O、O、O、E，重点处理较高级的关系，将作业单位A_1布置到图中。如图3-14(b)所示。

⑤ 处理相互关系为I的作业单位对，从作业单位综合相关图取出关系密级为I级的作业单位对，有A_2—A_3、A_2—A_4、A_2—A_5、A_3—A_6、A_4—A_5、A_5—A_6，共涉及5个单位，按综合接近程度排序为第4、第1、第2、第3、第6，首先处理与作业单位A_3有关的作业单位A_2、A_6，由于A_2的位置已经确定，考虑处理作业单位A_6。作业单位A_6与图中已有的作业单位A_3、A_5、A_4、A_2、A_1的关系密级为I、I、O、O、O，将作业单位A_6布置到图中。随后处理图中仍未出现的O级作业对，如图3-14(c)所示。

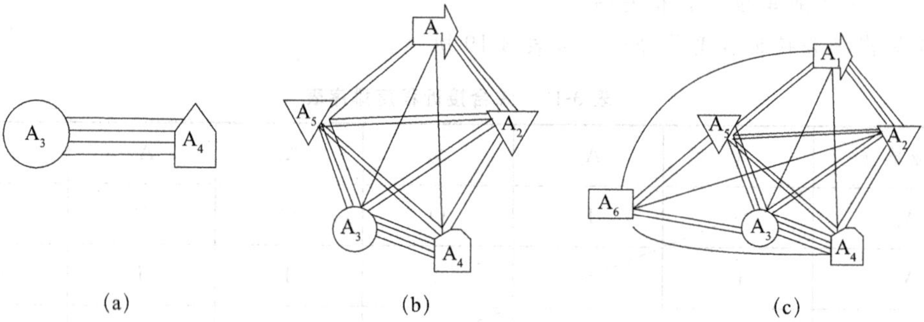

图3-14　作业单位相关图的绘制

⑥ 做出块状区划布置方案，如图3-15所示。

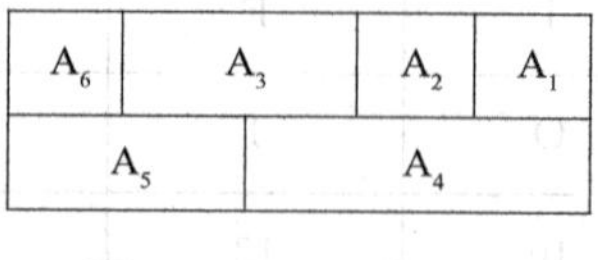

图3-15　工厂布置图

3.4 案例分析

某机械厂应用 SLP 方法的布局设计优化

1. 案例背景

某机械厂成立于 1996 年，主要从事小型建筑机械、路面施工机械设备的生产。公司自创建以来，始终坚持"诚信第一，用户至上"的原则，全心全意为广大客户服务。经过多年坚持不懈的努力，赢得了广大商家和用户的信任和良好的口碑，使企业不断地发展壮大。如今，该厂的销售网点已遍及全省，部分产品出口东南亚市场。

该机械厂主要生产 18 型路面切缝机，其年产量达 100 多台。每台 18 型路面切缝机由 22 种零部件构成，包括自制零部件 14 种，外购零部件 8 种。从自制零部件与外购零部件的数量比例可看出，该厂生产的 18 型路面切缝机的零部件主要以自制为主。自制零部件的物流量达 20819.6kg，其中，单件质量为 7.8kg 到 0.7kg 不等，所需数量也不尽相同，从而导致该厂出现了物料搬运问题。该机械厂原工厂平面布置如图 3-16 所示。

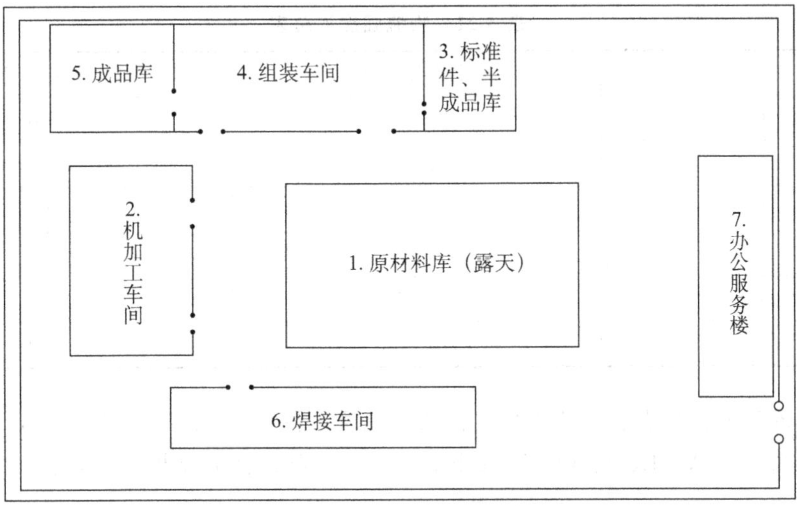

图 3-16 原工厂平面布置图

从该厂的平面布置图能够看出：机加工车间、半成品库、组装车间之间存在着许多隐性的成本和物料搬运问题。例如，半成品库与组装车间之间的物料搬运，其流程为购入外构件→入库→搬运至组装车间，由于各部门的布置不合理，导致其中的搬运路线拉长，从而加大了搬运成本。还有就是自制件，在机加工车间里，堆满了原材料、半成品、废品等物料，占用了大部分车间面积，致使机加工车间的工作环境受到了严重的影响。上述的种种不合理，加之从原材料的投入到最终产品的形成，中间的物料搬运几乎全部是靠人力来完成，不仅大大加大了工人的工作强度，而且容易使人疲劳，降低工作效率。为此，需要对该机械厂的物流进行科学合理的分析，最终达到各部门的合理布置。

2. 应用系统分析方法(SLP)改善的相关过程

1) 作业单位物流关系分析

该机械厂生产过程的物流强度从至表如表 3-20 所示。

表 3-20 物流强度从至表

从＼至	1. 原材料库	2. 机加工车间	3. 标准件、半成品库	4. 组装车间	5. 成品库	6. 焊接车间
1. 原材料库		6000				
2. 机加工车间			4100			860
3. 标准件、半成品库				4960		
4. 组装车间					4960	
5. 成品库						
6. 焊接车间			860			
总计		6000	4960	4960	4960	890

该机械厂物流强度汇总表如表 3-21 所示。

表 3-21 物流强度汇总表

序号	作业单位对路线	物流强度
1	1—2	6000
2	2—3	4100
3	2—6	860
4	3—4	4960
5	4—5	4960
6	6—3	860

根据物流强度汇总表各作业单位之间的物流量，按物流路线所占的比例，把物流量从大到小依次划分为 A、E、I、O、U 五个等级，列出物流强度分析表，如表 3-22 所示。

表 3-22 物流强度分析表

序号	作业单位对(路线)	物流强度 1000 2000 3000 4000 5000 6000	物流强度等级
1	1—2	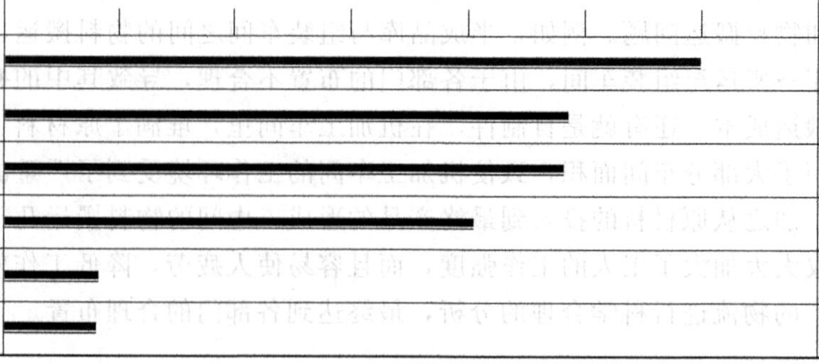	A
2	3—4		E
3	4—5		E
4	2—3		I
5	2—6		O
6	6—3		O

根据物流强度从至表和分析表，将表中没有列出的作业单位对设为 U 级，构造物流相关表，见表 3-23。

表 3-23 物流相关表

	1. 原材料库	2. 机加工车间	3. 标准件、半成品库	4. 组装车间	5. 成品库	6. 焊接车间	7. 办公服务楼
1. 原材料库		A	U	U	U	U	U
2. 机加工车间	A		I	U	U	O	U
3. 标准件、半成品库	U	I		E	U	O	U
4. 组装车间	U	U	E		E	U	U
5. 成品库	U	U	U	E		U	U
6. 焊接车间	U	O	O	U	U		U
7. 办公服务楼	U	U	U	U	U	U	

根据表 3-23 绘制该厂的作业单位物流关系图，如图 3-17 所示。

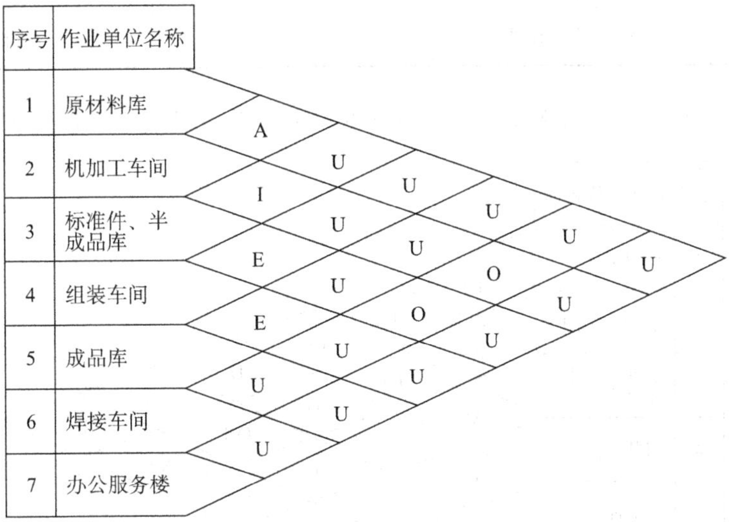

图 3-17 作业单位物流关系图

作业单位物流关系分析对该厂的影响很重要，该厂要考虑的因素见表 3-24，作业单位相互等级表见表 3-25。

表 3-24 作业单位物流关系影响因素表

序号	影响因素
1	工作流程的连续性
2	生产服务

续表

序号	影响因素
3	物料搬运
4	使用相同文件
5	联系频繁程度
6	噪声、振动
7	监督与管理

表 3-25 作业单位相互等级表

符号	含义	说明	比例/%
A	绝对重要		3～5
E	特别重要		3～10
I	重要		5～15
O	一般密切程度		10～35
U	不重要		45～80
X	负的密切程度	不希望接近	酌情而定

根据表 3-24 和表 3-25 绘制该厂的作业单位非物流关系图，如图 3-18 所示。

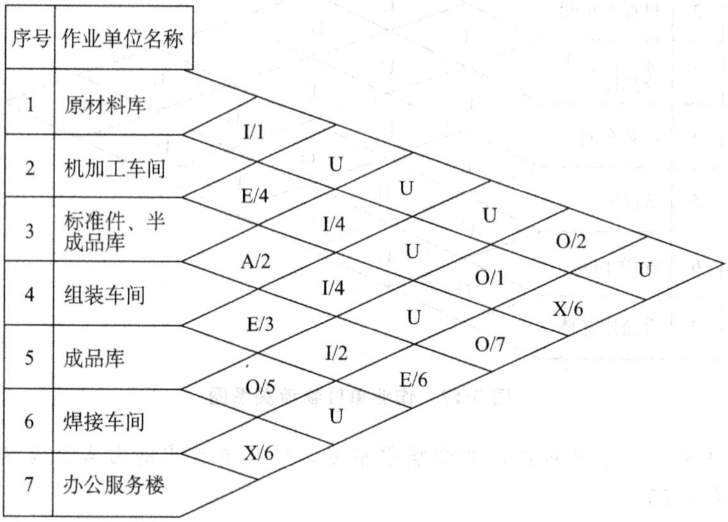

图 3-18 作业单位非物流关系图

2）作业单位之间综合相互关系计算表

把作业单位物流关系表和非物流关系表加权合并。假定物流与非物流同等重要，则可以取加权值为 1∶1，由此可得作业单位之间综合相互关系计算表，如表 3-26 所示。

表 3-26 作业单位之间综合相互关系计算表

序号	作业单位对	物流关系		非物流关系		综合关系	
		等级	分数	等级	分数	等级	分数
1	1—2	A	4	I	2	E	3
2	1—3	U	0	U	0	U	0
3	1—4	U	0	U	0	U	0
4	1—5	U	0	U	0	U	0
5	1—6	U	0	O	1	O	1
6	1—7	U	0	U	0	U	0
7	2—3	I	2	E	3	E	3
8	2—4	U	0	I	2	O	1
9	2—5	U	0	U	0	U	0
10	2—6	O	1	O	1	O	1
11	2—7	U	0	X	−1	X	−1
12	3—4	E	3	A	4	A	4
13	3—5	U	0	I	2	I	2
14	3—6	O	1	U	0	O	1
15	3—7	U	0	O	1	O	1
16	4—5	E	3	E	3	E	3
17	4—6	U	0	I	2	I	2
18	4—7	U	0	X	−1	X	−1
19	5—6	U	0	O	1	O	1
20	5—7	U	0	U	0	U	0
22	6—7	U	0	X	−1	X	−1

其作业单位对综合关系等级如表 3-27 所示。

表 3-27 综合关系等级表

总分	关系等级	作业单位对数	比例/%
7	A(绝对重要靠近)	1	4.8
5～6	E(特别重要靠近)	3	14.3
2～4	I(重要)	4	19.0
1	O(一般)	4	19.0
0	U(不重要)	6	28.6
−1	X(不希望靠近)	3	14.3
合计		21	100

该机械厂的作业单位综合相互关系图如图 3-19 所示。

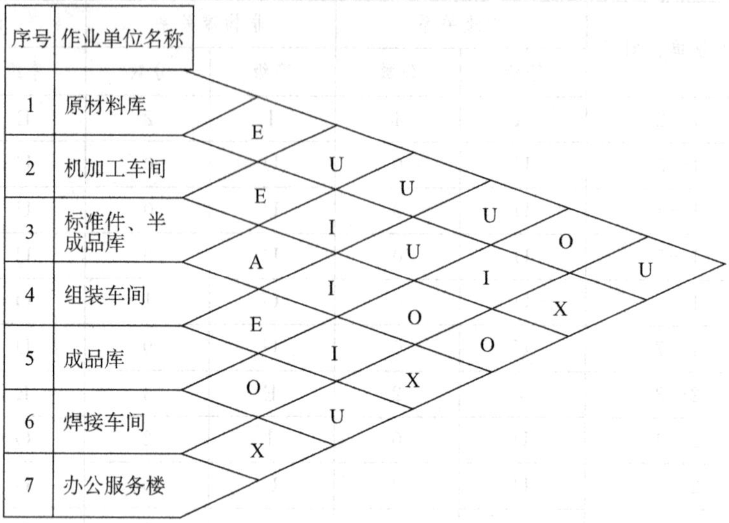

图 3-19 作业单位综合相互关系图

根据作业单位综合相关表可以绘制该机械厂各作业单位综合接近程度排序表，如表 3-28所示。

表 3-28 各作业单位综合接近程度排序表

代号	1	2	3	4	5	6	7
1		E/3	U/0	U/0	U/0	O/1	U/0
2	E/3		E/3	O/1	U/0	O/1	X/−1
3	U/0	E/3		A/4	O/1	O/1	O/1
4	U/0	O/1	A/4		E/3	O/1	I/2
5	U/0	U/0	O/1	E/3		O/1	U/0
6	O/1	O/1	O/1	O/1	O/1		X/−1
7	U/0	X/−1	O/1	I/2	U/0	X/−1	
程度	4	4	10	11	5	4	1
排序	4	5	2	1	3	6	7

3）作业单位面积相关图

（1）根据综合接近程度排序表，做出作业单位位置相关线性图，如图 3-20 所示。

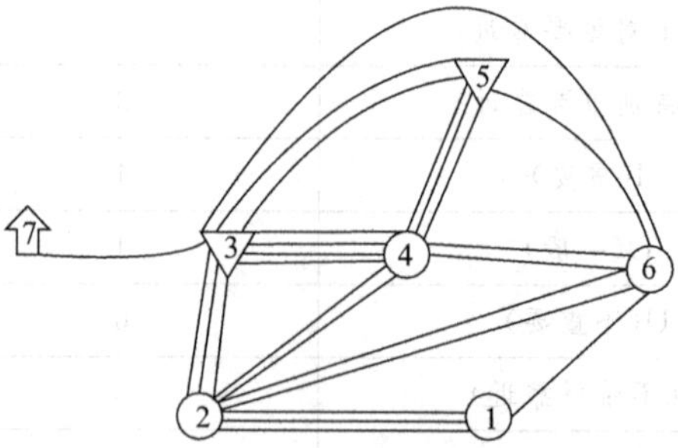

图 3-20 作业单位位置相关线性图

(2) 对每一个作业单位做一个同样大小的方块，称为无面积拼块。在拼块上，将作业单位代号写在正中央，名称写在代号上面，“X=”写在代号的下面。做成拼块，并进行横布置摆放。

摆放规则是：A 级关系要边靠边放，E 级关系至少角靠角，X 级关系不能靠边也不能靠角。图 3-21 示出了两种布置方案。

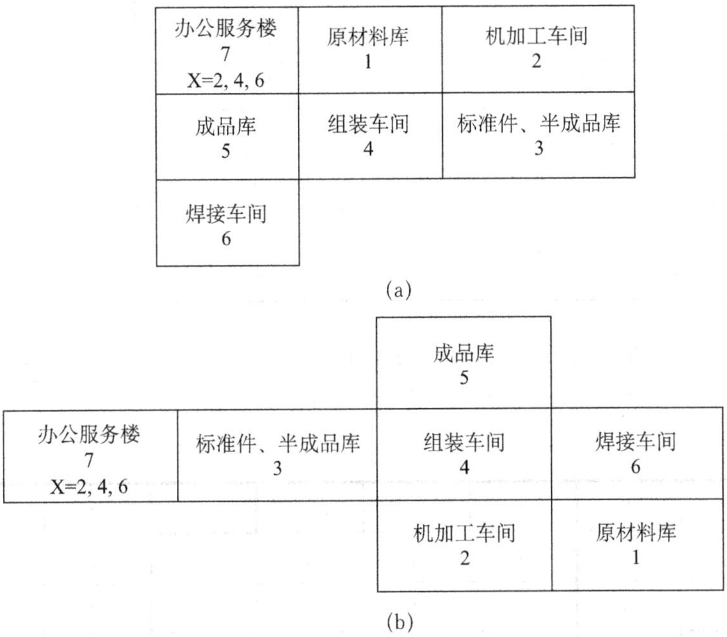

图 3-21 拼块图

(3) 对两个方案作好坏评价，方法是：如果 A 级的没有靠近，则罚 2 分；X 级的边靠边也罚 2 分；A 级的只角靠角，罚 1 分；X 级角靠角，E 级没有角靠角也罚 1 分。因为方案(a)的 4 与 7 靠角，罚 1 分，而方案(b)没有出现需要罚分的情况，所以方案(b)比方案(a)好。

(4) 面积图。作业单位的面积需求如表 3-29 所示。

表 3-29 作业单位建筑汇总表

序号	作业单位名称	用途	建筑面积/(m×m)	结构形式	备注
1	原材料库	储存钢材、铸锭	25×15		露天
2	机加工车间	车、铣、钻、削	25×15		
3	标准件、半成品库	储存外购件、半成品	16×15		
4	组装车间	组装	25×10		
5	成品库	储存成品	25×10		
6	焊接车间	焊接构件	25×10		
7	办公服务楼	办公室、食堂等	25×10		

可以计算出总需求位 1990m^2，圆整为 2000m^2，按照长宽比为 5∶4，得厂房尺寸为

50m×40m。以 5m×5m=25m² 为基本单元格，则总共有 80 个单元格，各作业单位圆整后的单元格数见表 3-30 中“单元格数”列。

表 3-30　各作业单位的面积需求表

序号	作业单位名称	单元格数	建筑面积/(m×m)
1	原材料库	15	25×15
2	机加工车间	15	25×15
3	标准件、半成品库	10	16×15
4	组装车间	10	25×10
5	成品库	10	25×10
6	焊接车间	10	25×10
7	办公服务楼	10	25×10

这样，面积块状布置就是在此 80 个格子上分配各作业单位。以图 3-21(b)的拼块图为基础，可以得到不同的格子布置图，如图 3-22 所示。这里尽量保持各单位的完整性和物流系统的通畅。

7	7	7	1	1	1	2	2	2	2
7	7	7	1	1	1	1	2	2	2
7	7	7	1	1	1	1	2	2	2
3	3	7	1	1	1	1	2	2	2
3	3	4	4	4	4	4	2	2	6
3	3	4	4	4	4	4	6	6	6
3	3	5	5	5	5	5	6	6	6
3	3	5	5	5	5	5	6	6	6

图 3-22　格子状的布置图

习题与思考题

1. 设施规划的目标是什么？

2. 设施选址的基本原则是什么？

3. 设施布置类型有哪些？

4. 某市要为废品处理总站选择一个最合适的地点，现有废品处理分站坐落在下列坐标(x, y)上：一分站(40，120)，二分站(65，40)，三分站(110，90)，四分站(10，130)。每月从各分站运往总站的废品数量为：一分站 300 车，二分站 200 车，三分站 350 车，四分站 400 车。试用重心法找出总站最好的坐落地点。

5. 某鞋业公司有两个工厂 F_1 及 F_2 生产运动鞋供应四个销售点 S_1、S_2、S_3、S_4，相关数据见表3-31。由于需求量不断增加，必须另设一个工厂，可供选择的地点是F_3、F_4，试在其中选择一个最佳厂址。

表3-31 生产费用与运输费用表

至 / 从	运输费用/万元				年产量/万箱	生产成本/万元
	S_1	S_2	S_3	S_4		
F_1	5	3	2	3	0.7	75
F_2	6.5	5	3.5	1.5	0.55	70
F_3	1.5	0.5	1.8	6.5	1.25	70
F_4	3.8	5	8	7.5	1.25	67
年需求量/万箱	0.4	0.8	0.7	0.6		

参考文献

[1] 董海．设施规划与物流分析[M]. 北京：机械工业出版社，2005.

第4章 工作研究

4.1 工作研究概论

▶ 1. 工作研究的含义

工作研究(work study)原称工时学，是动作与时间研究(motion and time study)的简称，是以科学的方法，研究分析其工作方法与程序，评定其工作量，借以找出最经济、最有效率且使人感到胜任愉快的工作方法与工作时间，以期降低工作人员的疲劳且激励工作人员从事生产，进而增进其工作效率、提高生产率的方法。

工作研究的显著特点是，在需要很少投资或不需要投资的情况下，可以使企业的生产率显著提高，从而提高和增强企业的经济效益和增强竞争力。因此世界各国的企业都把工作研究作为提高生产率的首选技术。

工作研究包括方法研究和作业测定两大技术。

方法研究是寻求完成任何工作的最经济、有效、合理的方法，以达到减少人员、机器、无效作业和物料消耗的目的，并使该方法标准化。

作业测定是测定方法标准化后的作业时间，并制定出工序的标准时间，以达到减少人员、机器和设备的空闲时间的目的。

方法标准、时间标准最终使人、机、物达到最优组合，产生最佳效能，为企业应用其他 IE 技术奠定基础。

▶ 2. 工作研究的意义与目的

工作研究是工业工程或工厂管理领域中最早也是最基本的技术，其主要目的是增加作业人员的工作效率。对企业本身而言，可通过人员工作效率的增加，提高生产率以及降低成本；对作业人员而言，更可因为其作业效率的提升及产量的增加而提高其收入。此外，经过工作研究，作业人员的工作方式及工作环境都可获得改善。因此，工作研究直至今日仍是工厂管理方法中不可或缺的一项技术，其影响层面包括下列各项企业经营的重要指标：生产率(productivity)、质量(quality)、成本(cost)、交货期(delivery)、安全(safety)、士气(morale)。

长久以来，生产率的提高一直是工厂为增加利润、降低成本而积极努力的目标之一。生产率是一种表示生产效率的指标，换句话说，生产率是衡量一个生产系统将输入的资源转换成为输出产品的能力，其表达式为

$$生产率=\frac{产出(output)}{投入(input)}$$

生产率衡量可分为总要素生产率和单要素生产率(如劳动生产率、原材料生产率、资本生产率和能源生产率等)。一般而言，生产率指标可由下列两种方式表示。

(1) 总要素生产率(total factor productivity)：此种表示方法是考虑输出与输入资源(包括人工、物料、资金与能源等)的比例。

(2) 单要素生产率(partial factor productivity)：此种表示方法只衡量输出与某种特定输入资源的关系。

▶ 3. 工作研究的范畴

方法研究和作业测定这两种技术是相辅相成的。方法研究是应用程序分析、操作分析与动作分析等一些特定技术进行分析、设计、改善工作方法的工程式活动，其实施效果要运用作业测定来衡量。作业测定则是在方法研究的基础上，通过时间研究、工作抽样、预定时间标准资料法等特定的程序与方法，侧重调查、研究、减少以及最后消除无效时间，最终设定出生产作业的标准时间。工作研究的范畴如图 4-1 所示。

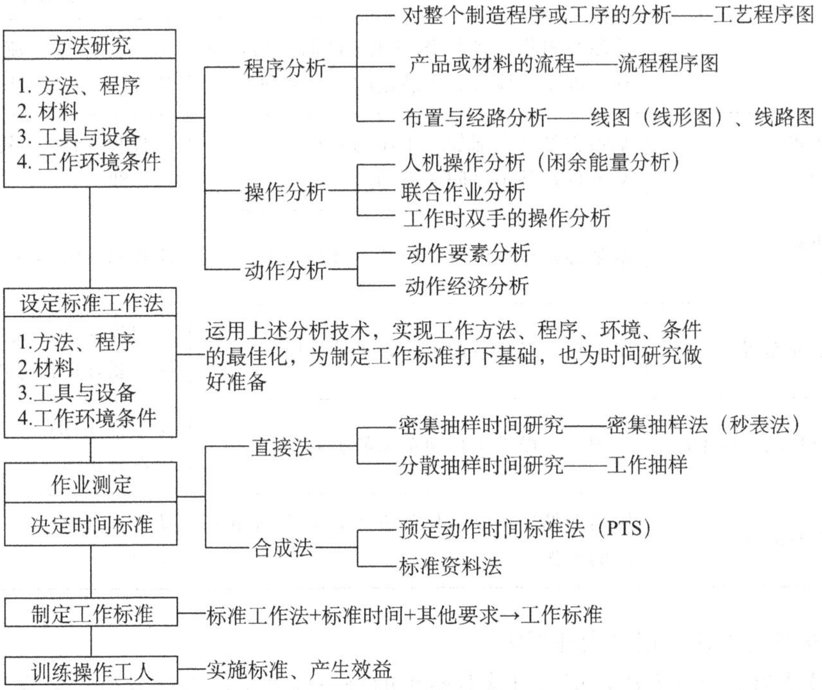

图 4-1 工作研究的范畴

▶ 4. 工作研究的实施程序

工作研究建立在将复杂的问题逐步地加以剖析，以寻求解决的方法上。实施工作研究共有如下 8 个基本步骤。

1）选择所研究的工作或工艺

在选择某项作业进行工作研究时，必须考虑以下因素。

（1）经济因素。考虑该项作业在经济上有无价值，或首先选择有经济价值的作业进行研究。例如，阻碍其他生产工序的“瓶颈”，长距离的物料搬运，或需大量人力和反复搬运物料的操作等。

（2）技术因素。必须查明是否有足够的技术手段来从事这项研究。例如，某车间由于某台机床的切削速度低于生产线上高速切削机床有效切削速度，从而造成“瓶颈”，要提高其速度，该台机床的强度能否承受较快的切削，必须请教机床专家。

（3）人的因素。当确定了进行工作研究的对象后，必须让企业的有关成员都了解进行该项工作研究对企业和对他们个人的意义。要说明工作研究不但提高企业的生产率，而且也会提高他们个人的经济利益，不是让他们干得更辛苦，而是让他们干得更轻松利落，干得更有成效。要取得他们的支持，激发他们的生产热情，从而使工作研究更深入地进行。在工作研究的推进中，要特别注意由工人们提出的改进意见。

可利用工作研究的作业范畴是十分广泛的，它可以从工厂全部作业的调查研究，到个别工人的动作研究，表 4-1 给出了一般的选择范围。

表 4-1　工作研究的一般范围

作业类型	举　例	记录技术
整个过程	从原材料投产到任务完成，产品产出，包括：准备、检查、产品接收、包装和发运	工艺程序图、流程程序图、流程图解（线路图、线图）
工厂平面布置 物料的移动	某零件经过全部加工工序的移动 某零件在某工序间的移动	流程程序图（物料型）、线路图、线图
工厂平面布置 工人的移动	给某种机械或设备供应某零件的工人	流程程序图（人型）
工作场所平面布置	钳工台上轻便装配工作，手工排序	流程程序图、双手操作程序图、联合操作分析图
集体作业或自动机械工序	装配线，操纵半自动车床的工人	流程程序图（设备型）、联合操作分析图
工人在工作时的动作	短周期循环重复工作的女工，要求高超手艺的操作	动作分析图、人机操作程序图

2）观察现行方法，记录全部事实

利用最适当的记录方法，记录直接观察到的每一件事实，以便分析。最常用的记录技术是图表法和图解法，主要有如下几类。

（1）表示工艺过程的图表：如工艺程序图、流程程序图（包括人型、物料型和设备型）、双手操作图。

（2）利用时间坐标的图表：如人机操作程序图、联合操作程序图等。

（3）表示活动的图解：如线路图（径路图）、线图等。

3）严格分析所记录的事实

对记录的每一件事逐项进行考查的内容包括：事情的目的、发生的地点、完成的顺序、当事人、采用的方法等。严格考查所用的方法是采用“5W1H”提问技术，如表4-2所示，这种系统的提问技术是方法研究分析成功的基础，然后按照ECRS(取消、合并、重排、简化)原则来建立最经济的新方法。

表4-2 “5W1H”提问技术

序 号	项 目	问 题
1	对象	做什么(what)?
2	实施人员	谁来做(who)?
3	目的	为什么这样做(why)?
4	时间	什么时候做(when)?
5	地点	在哪里做(where)?
6	方法	如何做(how)?

4）制定最经济的方法

明确解决问题的关键所在之后，即着手设计一种新方法，科学合理地解决问题。一般设计若干个方案，然后进行分析比较、可行性论证，从中选出最佳方案。在方案设计过程中，要注意发挥集体的智慧，促使职工提出各种改进生产的方案。

5）评选新方案

选择最佳方案的原则是适用性。具体选择应考虑以下几种因素。

(1) 经济性。在评选各方案时，必须对每个方案作成本预测，进行比较，选择节省费用最多的方案。

(2) 安全与管理。设计出的工艺路线中所涉及的机器设备和工具的安全性和维护保养方式，以及产品质量及其管理问题都应考虑。

(3) 有关单位的协作配合。任何改进方案的实施均应在所实施方案部门的领导支持下进行，还需各有关单位的协作配合。

6）计算标准作业时间

明确所选方法的工作量及有关的作业时间，并通过作业测定制定该项工作的标准作业时间。

7）建立新方法

(1) 写报告书。应对现行的和改进的方法作详细的叙述，讲述提出改进的理由。报告书包括下列内容：① 两种方法(现行的和改进的)生产过程的比较；② 两种方法费用上的比较(包括材料成本、工作时间、设备、工作场所的布置等)；③ 全体工作人员对新方案所持的态度(如劳动强度有无减轻、操作方法有无改善、管理是否容易)；④ 新方案的工作标准以及工作的时间标准。

(2) 确定工作标准。具体包括：①制品的标准；②原材料的标准化；③机器设备和工具的标准化；④工作环境的标准化(照明、温度、湿度、音响等)；⑤动作标准化；⑥作业指导书。

(3) 确定工作的时间标准。具体包括：①人员或机器的每日工作量；②单位零件或产品的标准时间；③生产量一定时，完成生产任务所需要的人数。

8）实施与维持新方案

按新方案进行工作。在实施中观察新方案的各种效果，检查新方案是否达到预定目标；所定标准与实际情况是否有差异、有无调整的必要等。如发现有不适当之处，应加以修正；如适用，则应以适当的管理步骤来维持。

5. 工作研究的用途与方法

1）工作研究的用途

“工作研究”除了找出最佳的工作方法与制定标准工作时间以提高生产率之外，其成果尚可被应用在许多地方。

（1）寻找最经济的工作方法：由工作的程序、原材料、设备及工作环境，分析设计出最有效率的方法，并建立标准工作程序，将该工作分为数个作业加以说明，并注明所用的材料、工具、设备等，方便工作的进行。

（2）设立标准工作时间(简称标准工时)：工作标准化之后，参考工作人员的体能及技术熟练度，给予适当的休息时间，再设定标准工时。标准工作时间的功用为辅助生产进度、成本控制、工作评价、奖勤制度及产能等建立。

（3）制定薪水支付标准：根据标准工时及工作评价来制定薪水支付标准，以此激励工作人员的工作意愿，以求生产率的提升。

（4）拟定生产计划：由工作研究的结果可得知生产一件产品需花费的标准时间是多少，因此可推算每日的生产量，进而制定更为切合实际的生产计划。

（5）员工培训：标准工作程序、时间建立后，还要有人实施才行，因此员工培训为一项很重要的工作。通常员工培训都由现场领班来执行。此外借此制定工作手册，对新员工的学习也有很大的帮助。

（6）决定产品成本：产品的成本主要由物料、人工及间接制造费用等三项所构成，而其中人工成本一项则可由工作研究制定的标准时间来决定。

2）工作研究的方法

“工作研究”承袭泰勒科学管理的理念，以科学方法来分析与改善工作内容与方法。而此科学方法一般又称为“工程程序”(engineering process)，它是指解决问题的一连串系统化的步骤。几乎所有的问题都需要用科学方法来解决，因为唯有采取系统化的步骤才能有效地解决问题。因此，工作研究主要采取以下的系统化步骤。

（1）寻找问题：任何工作都可加以改善，我们要随时随地注意周围的环境，运用创造性的思维，不拘泥原有的方法，设法找出问题的根本，发掘问题的所在。

（2）收集数据：找出问题之后，应收集问题的相关资料及数据，了解限制条件及目前使用的方法，以提供改善工作的依据。

（3）设计方案：根据所提供的资料、数据及相关的限制条件，以改善目前现况为前提，尽可能找出可能的方案。

（4）评价可能方案：从数个可能的方案中找出较佳的方案，取舍的标准如下：

① 成本分析：用此方式后生产成本是否会降低。

② 生产率分析：用此方式后生产率是否会提高。

③ 质量分析：用此方式后产品质量是否稳定。

④ 推行的难易程度：包括现场员工接受意愿如何，相关条件能否配合，该项是此方案是否能成功的最主要要素。

⑤ 执行：要现场的员工了解新的工作方法，并给予适当的训练，还要制定新的工作程序及标准工时以利执行。

⑥ 回馈：新方案执行后，还要注意如标准工时是否恰当等问题。

⑦ 制定标准时间："工作研究"最后的工作便是制定标准时间，在人员已经熟悉新的工作方法之后，即可开始进行时间研究以确定进行新工作方法所需的标准时间。

4.2 方法研究

4.2.1 方法研究概述

▶ 1. 方法研究的定义

方法是人们进行工作和生活所运用手段的一部分，不论在任何场所，人们都要使用方法来完成自己所要做的任何事情。好的工作方法可以帮助人们减少物质、能源、时间及资金的消耗和浪费，从而降低成本；减少人的精力的消耗，减少遭受损伤和工伤的概率；帮助人们利用有限的资源求得最高的产出，以提高生产率。

方法研究的定义是：对现有的或拟订的工作(加工、制造、装配、操作等)方法进行系统的记录和严格的考查。并以此作为开发和应用更容易、更有效的工作方法，以及降低成本的一种手段的研究性工作。

方法研究的对象可分为两类：一类是以物为研究对象的研究(包括管理信息在内)，主要是指对产品生产过程、零件工艺过程及对管理业务流程进行研究；另一类是以人为对象进行的研究，主要包括对操作者活动的研究。

▶ 2. 方法研究的目的

(1) 改进工艺和程序。

(2) 改进工厂、车间和工作场所的平面布置。

(3) 改进整个工厂和设备的设计。

(4) 经济地使用人力，减少不必要的疲劳。

(5) 改进物料、机器和人力的利用，提高生产率。

(6) 改善实际工作环境，实现文明生产。

(7) 降低劳动强度。

▶ 3. 方法研究的特点

1) 方法研究的意识——不断求新

永不满足于现状，永无止境的求新意识是方法研究的一个显著特点。方法研究不以现行的工作方法为满足，力图改进，不断创新。

2) 方法研究的指导思想——挖掘企业内部潜力

方法研究力求在不投资(不增人、机物)或少投资的情况下，获得好的经济效益，着重于企业内部的挖潜。

3）方法研究的着眼点——系统整体优化

方法研究首先着眼于整个工作系统、生产系统的整体优化（程序分析），然后再深入地解决关键的局部问题（操作分析），再进而解决微观问题（动作分析），从而达到系统整体优化的目的。

▶4. 方法研究的内容

表 4-3 为日本规格协会所介绍的方法研究的分析层次及分析技术。

表 4-3 方法研究的分析层次及分析技术

	工序流程	作业单位	作业要素	动作单位	基本动素
作业规划	以组、部件制造过程中的加工、检验为基础的作业划分	以零件工艺流程中的操作（加工）、检验、搬运、等待等作业单位为基础的作业划分	以工序作业单位中所包含的一系列作业要素为基础的作业划分	以一个作业要素中所包含的一系列动作单位为基础的动作划分	以单位动作中所包含的一系列动作要素为基础的动作划分
工艺分解	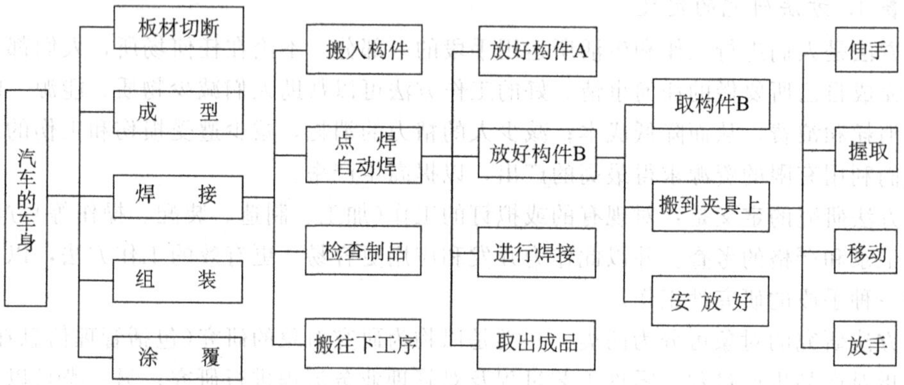				
分析技术	程序分析	操作分析（作业分析）		动作分析	

1）程序分析（流程分析）

完成任何工作所需要经过的路线和手续即为程序。任何人或任何一个机构办任何一件事都需要经过一定的程序。

在产品的制造方面，原材料进厂、入库、领料、加工、装配、检验、成品入库、发货，都有一定的程序。

这些程序手续越繁、路线越长，则所消耗的人力和时间越多，结果成本就越高。如果我们认真观察和分析任何一项工作，都或多或少地存在无效的时间浪费和无效的动作浪费。

程序分析主要以整个生产过程为研究对象。研究分析一个完整的工艺程序，从头到尾全面研究、分析是否有多余的或重复的作业。程序是否合理、搬运次数是否太多、等待时间是否太长等，并进行工作程序和工作方法的改进。其目的是：

(1) 取消不必要的程序(工艺、操作、动作)。

(2) 合并一些过于细分或重复的工序。

(3) 改变部分操作程序，以避免重复。

(4) 调整布局，以节省搬运。

(5) 重排和简化必要的程序，重新组织效率更高的完整程序。

2) 作业分析(操作分析)

主要研究以人为主体的程序，使操作者(人)、操作对象(物)、操作工具(机)三者科学地组织、合理地布局与安排，以减少作业时间的消耗，减轻操作者的劳动强度，保证工作质量。

3) 动作分析

研究、分析人在进行各种操作时的身体动作，以消除多余的动作，减轻劳动强度，使操作更简便更有效，从而制定出最佳的动作程序。

4.2.2 程序分析

程序分析是对整个工作过程作一全面性的分析。程序分析图有两种形式，即产品流程程序图(记录所有有关产品或材料所发生的详细事件)和人员流程程序图(详细记录操作人员如何执行操作的顺序)。换句话说，它是分析从工作开始至工作完成过程间的不合理与浪费现象，将其改善以使工作程序更顺畅、更有效率的过程。

由于整个工作的过程可能相当复杂，为了让分析者容易了解整个程序并加以改善，通常需使用简单的符号来描述整个过程并将其绘制成所谓的程序图(process chart)。程序分析记录符号如表 4-4 所示。

表 4-4 程序分析记录符号

序号	符号名称		符号	符号含义
1	加工(操作)		○	表示对生产对象进行加工、装配、合成、分解、包装、处理等
2	搬运		⇨	表示对生产对象进行搬运、运输、输送等；或作业人员作业位置的变化
3	检验	数量检验	□	表示对生产对象进行数量检验
		质量检验	◇	表示对生产对象进行质量检验
4	停放(等待)		D	表示生产对象在工作地附近的临时停放
5	储存		▽	表示生产对象在保管地有计划的存放

续表

序号	符号名称	符号	符号含义
6	流程线	│	表示在工艺流程图表中工序间的顺序连接
7	分区	/\/\/\/\	表示在工艺流程图中对管理区域的划分
8	省略	═	表示对工艺流程图作部分省略

▶1. 工艺程序图

1）工艺程序图的概念

工艺程序图(又称梗概程序图或操作程序图)是通过对研究对象作一个简略、全面、一般性的了解，以便首先从客观上发现问题，并为后面的详细分析(流程程序图、线路图)准备资料。工艺程序图以产品、物料或某种服务行为为核心，通过详细的工艺分析和严格细致的现场考察，寻找一个最经济合理、最优化的工艺方案。采用“操作”和“检验”两种主要的工序符号，绘制出简化、方便的工艺程序图。

2）工艺程序图的绘制

一般工艺程序图由表头和图形两部分组成，表头的格式和内容根据程序分析的任务而定，通常有：原材料、半成品编号、图号、程序说明、现行作业方法、日期、制表人、部门等。

整个生产过程的工序流程用垂线表示，原材料、零件(自制件、外购件)的进入用水平线表示，与垂线中途不能相交，必要时用半圆形线(—⌒—)表示避开。

作图前先选择作业线上操作次数最多的零部件作为基准件，将该件的流程程序绘于图的最右侧，作为基准线，然后在顶端向左绘一条水平线表示材料、零件进入作业线，以后按顺序绘制操作、检验符号。

引入作业线的零件，原材料还可根据需要记载名称、单位、图号、规格等。最好使标记方法规范化。

根据需要可在操作、检验符号的右边记录该项工作的内容(如车外圆、检验外径等)，还可注明所用工具(如车床型号、游标卡尺量程、精度等)；在符号左边记录工时定额时间。

操作和检验，可按出现的顺序分别编号。遇到水平线时则转到水平线上的作业线，继续按流程从上至下编号。

全部工作记录齐全之后，还可编汇总表，汇总操作、检验的次数和时间，供详细分析用。

综上所述，工艺程序图的绘制原理如图 4-2 所示。

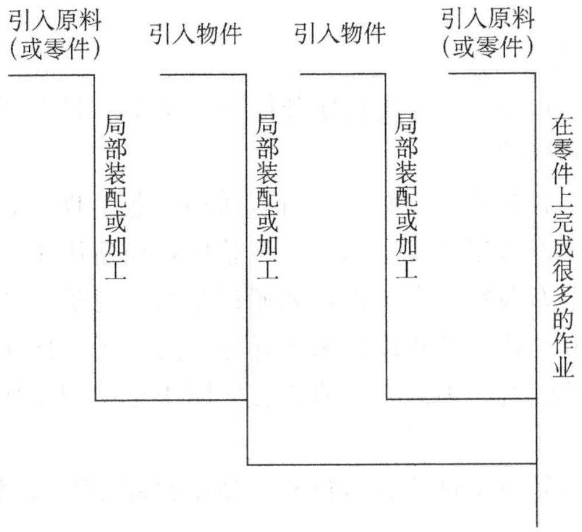

图 4-2 工艺程序图绘制原理

【例 4-1】条形恒温器是由外壳 A-116、调解螺丝 A-253、杆 A-176、挡片 W-133 构成。根据机械加工工艺规格制定原则，相应编制了每个零件加工工艺过程。外壳 A-116：下料→冲压成型→镀镍→检验。调解螺钉 A-253：车外形→攻螺纹→镀镍→检验。杆件A-176：下料→车外形→镀镍→检验。挡片 W-133 构成：下料→电镀→检验。将上述四个零件加工后，装配形成条形恒温产品。其工艺程序图如图 4-3 所示。

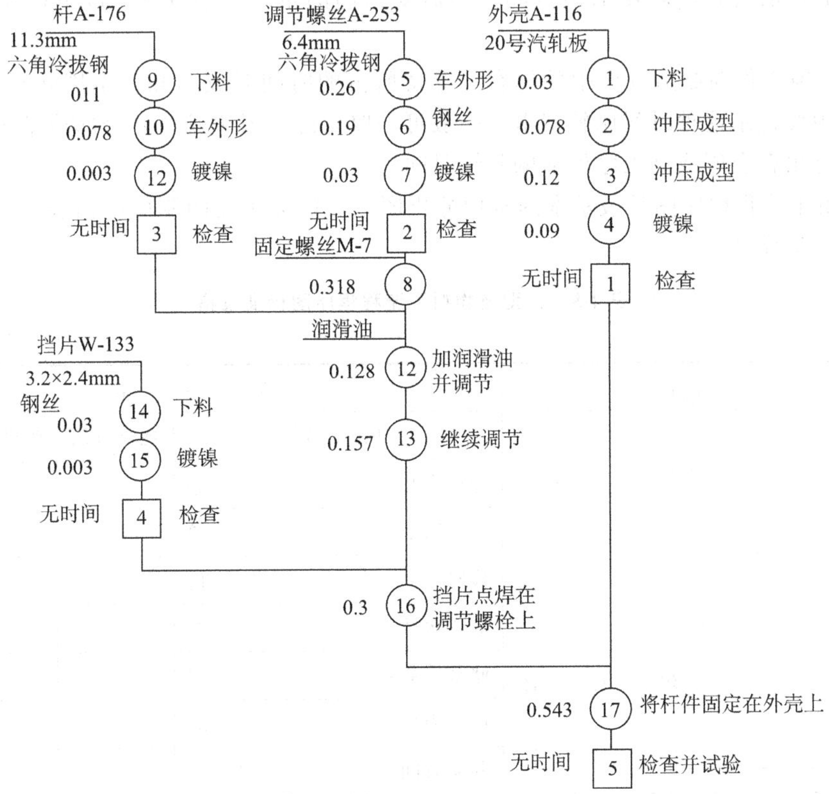

图 4-3 条形恒温器工艺程序图

2. 流程程序图

1）流程程序图的概念

流程程序图(flow process chart)是程序分析中最基本、最重要的分析技术，它是进行流程程序分析过程中最基本的工具。

流程程序图用以描述制造或工作程序中所有活动，包括操作、搬运、检验、延迟与储存等。基本上流程程序图不适用于复杂的装配线整体，而适用于在装配线或系统内的某项零件，且在记录隐藏成本方面特别有价值，如搬运距离、迟延及暂时性的储存。流程程序图描述整个程序中的情形要较工艺程序图来得详尽，这是为了便于分析者了解并消除程序中搬运、延迟与储存等的浪费。因此，在流程程序图中也应记录搬运距离、搬运及延迟时间等。

流程程序图依其研究的对象可分为材料或产品流程程序图(物料型)和人员流程程序图(人型)。

流程程序图(物料型)：记录产品或零件在加工或搬运过程中被处理的步骤。

流程程序图(人型)：记载操作人员在生产过程中的一连串活动。

2）流程程序图绘制

流程程序图与工艺程序图极为相似，其差别仅是增加了“搬运、储存、等待”三种符号，及在图中符号左边标注时间处，加上了搬运距离。因此，在绘制流程程序图时，应按照以下几点要求绘制。

(1) 记载距离时，只要求用目测，不需要精确测量。一般在 1m 以下的距离可忽略不计。

(2) 一般工件在制造过程中的储存、等待所占的时间对成本和资金周转有重要影响。但在流程中要记录这种时间比较费事，一般可采取只记录到达或离开仓库或某工作位的时间，即可算出在仓库或某工序停滞的延续时间。

(3) 由于流程程序图是最基本的常用分析图，一般会预先印制好空白表——流程程序表，如表 4-5 所示。

表 4-5　人型及物料型流程程序图标准表格

编号：　　　　　　　　　　　　　　　　　　　　　　　　　共　页　第　页

	统计表			
工作部门：______　图号：______	项　别	现行方法	改良方法	节省
工作名称：______　编号：______	操作次数：○			
开　　始：__________	运送次数：⇨			
结　　束：__________	检验次数：□			
研 究 者：______年___月___日	等待次数：D			
审 阅 者：______年___月___日	储藏次数：▽			
	运输距离：(m)			
	共需时间：(min)			

续表

现行方法													改良方法								
步骤	情况					工作说明	距离/m	需时/min	改善要点				步骤	情况					工作说明	距离/m	需时/min
	操作	运送	检验	等待	储存				剔除	合并	排列	简化		操作	运送	检验	等待	储存			
	○	⇨	□	D	▽									○	⇨	□	D	▽			
	○	⇨	□	D	▽									○	⇨	□	D	▽			
	○	⇨	□	D	▽									○	⇨	□	D	▽			
	○	⇨	□	D	▽									○	⇨	□	D	▽			
	○	⇨	□	D	▽									○	⇨	□	D	▽			
	○	⇨	□	D	▽									○	⇨	□	D	▽			
	○	⇨	□	D	▽									○	⇨	□	D	▽			
	○	⇨	□	D	▽									○	⇨	□	D	▽			
	○	⇨	□	D	▽									○	⇨	□	D	▽			
	○	⇨	□	D	▽									○	⇨	□	D	▽			
	○	⇨	□	D	▽									○	⇨	□	D	▽			
	○	⇨	□	D	▽									○	⇨	□	D	▽			
	○	⇨	□	D	▽									○	⇨	□	D	▽			
	○	⇨	□	D	▽									○	⇨	□	D	▽			
	○	⇨	□	D	▽									○	⇨	□	D	▽			
	○	⇨	□	D	▽									○	⇨	□	D	▽			
	○	⇨	□	D	▽									○	⇨	□	D	▽			
	○	⇨	□	D	▽									○	⇨	□	D	▽			
	○	⇨	□	D	▽									○	⇨	□	D	▽			
	○	⇨	□	D	▽									○	⇨	□	D	▽			
	○	⇨	□	D	▽									○	⇨	□	D	▽			
	○	⇨	□	D	▽									○	⇨	□	D	▽			
	○	⇨	□	D	▽									○	⇨	□	D	▽			
	○	⇨	□	D	▽									○	⇨	□	D	▽			
	○	⇨	□	D	▽									○	⇨	□	D	▽			
	○	⇨	□	D	▽									○	⇨	□	D	▽			
	○	⇨	□	D	▽									○	⇨	□	D	▽			

【例 4-2】箱体件铣削加工

工作任务：记录箱体件铣削加工流程。

开始：箱体件已铣削加工，放于半成品储存处，绘制的物料型流程程序图如图 4-4 所示。

【例 4-3】箱体件铣削加工

工作任务：记录箱体件铣削加工流程。

开始：箱体件(毛坯)存于仓库，去仓库毛坯堆放处。

结束：铣工站在铣床前，已加工的箱体放到工序间的储存处，绘制的人型流程程序图如图 4-5 所示。

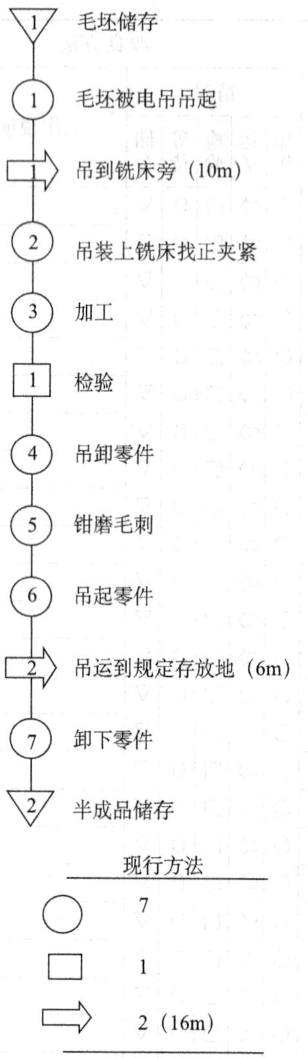

图 4-4　箱体件铣削加工(物料型)

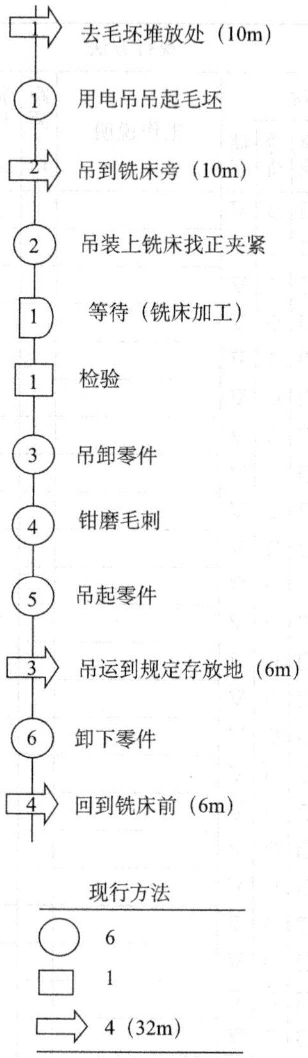

图 4-5　箱体件铣削加工(人型)

在实际工作中，一般都使用事先设计好的流程程序标准图表。分析记录时，只需将各项工作按照发生的顺序，采用五种图示符号用直线将其连接起来。表头部分则有产品材料和设备的名称及编号，活动的起点和终点，采用的方法是现行的或建议的，工作的部门或场所，流程图编号、页数和页码，记录者姓名、操作者姓名、审批者姓名，调查的日期，使用的符号说明。

采用流程程序标准图表，可以直接在表上对现行方法进行提问、考察、分析，并把改进点(取消、合并、排列、简化)直接注出，最后把改良方法也列于同一表的右侧以进行两种方法的比较。应注意的是图表上记述的内容是直接观察所得，且通过说明应尽量提供完善、连续的信息，使一般人都能看懂流程程序图的全过程。某车间轴加工流程程序图如图 4-6所示。

零件名称：车轴	零件号 700—216	分析者：	分析日期： 年 月 日			
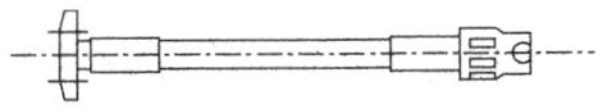	加工要素	加工	搬运	储存	停顿	数量检查
	次数	9	18	2	5	4
	占总次数的百分比/%	23.7	47.4	5.3	13.2	10.5
	需要时间/min	770	4.30	—	405.00	1.53
	占总时间的百分比/%	1.8	1.0	—	96.8	0.4
	距离/m	—	68	—	—	—

工序内容说明	距离/m	时间/min	工序系列				
			加工	搬运	储存	停顿	数量检查
储在材料库			○	⇨	▽	D	□
用电瓶叉车送往生产车间	15	0.85	○	⇨	▽	D	□
放在托盘上		125.00	○	⇨	▽	D	□
人工搬上机床	1	0.05	○	⇨	▽	D	□
用铣床加工端面		1.00	○	⇨	▽	D	□
传送带运送	3	0.20	○	⇨	▽	D	□
用车床粗加工轴部		1.00	○	⇨	▽	D	□
传送带运送	3	0.20	○	⇨	▽	D	□
用车床精加工轴部		1.50	○	⇨	▽	D	□
传送带运送	3	0.20	○	⇨	▽	D	□
轴颈自动检查		0.58	○	⇨	▽	D	□
人工放于定置区	3	0.20	○	⇨	▽	D	□
在托盘上		62.50	○	⇨	▽	D	□
人工搬往机床	1	0.05	○	⇨	▽	D	□
轴端铣齿		0.25	○	⇨	▽	D	□
传送带运送	5	0.35	○	⇨	▽	D	□
清洗干净		0.25	○	⇨	▽	D	□
传送带运送	5	0.35	○	⇨	▽	D	□
端部淬火		0.70	○	⇨	▽	D	□
人工放于定置区	2	0.10	○	⇨	▽	D	□
在托盘上		62.50	○	⇨	▽	D	□
人工搬往机床	2	0.10	○	⇨	▽	D	□
磨削轴部		1.50	○	⇨	▽	D	□
人工搬往检查台	3	0.15	○	⇨	▽	D	□
轴颈检查		0.35	○	⇨	▽	D	□
人工搬往定置区	3	0.15	○	⇨	▽	D	□
在托盘上		30.00	○	⇨	▽	D	□
人工搬往检查机	3	0.15	○	⇨	▽	D	□
轴部表面检查		0.50	○	⇨	▽	D	□
人工搬往机床	3	0.15	○	⇨	▽	D	□
用自动机床加工法兰盘		1.00	○	⇨	▽	D	□
人工搬往机床	3	0.15	○	⇨	▽	D	□
用钻床钻孔		0.50	○	⇨	▽	D	□
人工放于定置区	3	0.15	○	⇨	▽	D	□
在托盘上		125.00	○	⇨	▽	D	□
数量检查		0.10	○	⇨	▽	D	□
用电瓶叉车运往定置区	7	0.75	○	⇨	▽	D	□
在成品放置区			○	⇨	▽	D	□
合计	68	数量	9	18	2	5	4
		时间	7.70	4.30	—	405.00	1.53

图 4-6 轴加工流程程序图

3. 线路图

1) 线路图的概念

线路图(flow diagram)是将流程程序图绘制在工厂的平面布置图上，通常按比例缩尺绘制。将机器设备、工作地点等，按其正确相关位置，一一绘于其上，并以流程线指出各活动间物料的移动和人员的流经路线。线路图的目的是使分析者清楚地看出人员与物料在工厂内移动的实际过程，以研究是否需要改变工厂布局来减少搬运的距离以及使流程更顺畅。

线路图主要用于"搬运"和"移动"路线的分析，研究从工作地或设备的布置上缩短搬运距离。因此，在图上可以不标记等待，只标记操作、检验、储存三项的位置，对于搬运则直接用箭头或箭线画在流程线路上。

2) 线路图的绘制

(1) 将流程程序图上的各项工作标记在流程线路图上时，要在平面图的该项工作发生位置上绘制相应的符号，然后再用线条将其连接。

(2) 若在同一平面图上表示加工、装配等程序时，则所有在制品的流程均应画出。如在制品种类甚多，可分别采用实线、虚线、点画线以及不同颜色表示，而其移动方向，则以短箭头重叠于各线上。

(3) 若许多流程由同一条路径通过，可将流程数及其重量表示在线路上，并可用不同颜色的线表示不同的流程。

(4) 对于不同搬运方法或方向(顺、逆向)，也可用不同线型、不同颜色或不同箭头表示。

(5) 线与线交叉处，应以半圆形线(—⌒—)表示避开。

(6) 流程遇有立体移动时，则宜利用三维空间图表示，如图 4-7 所示。

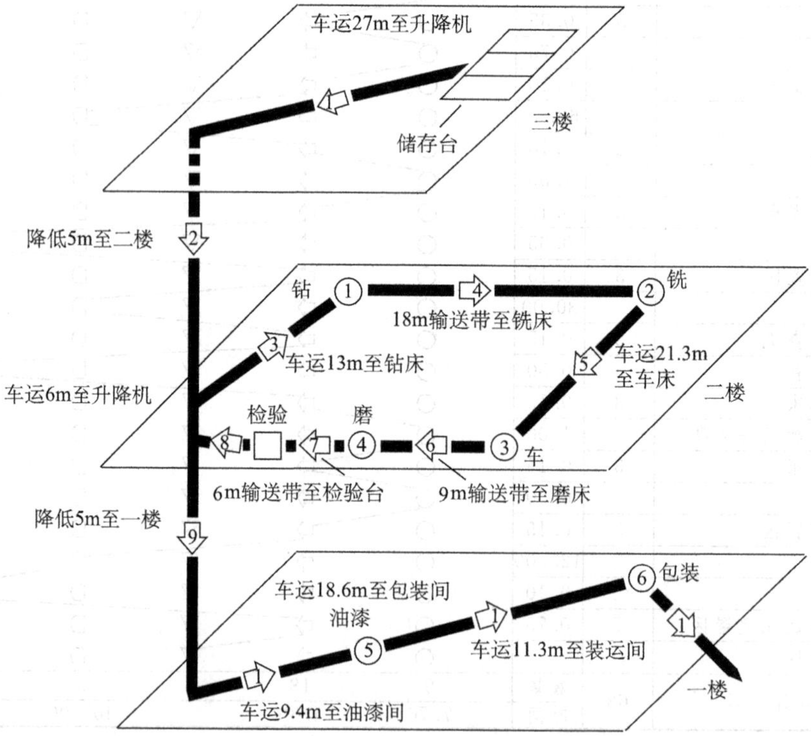

图 4-7 立体线路图

▶ 4. 线图

线图是按比例绘制的平面布置图模型。用线条表示并度量工人或物料在一系列活动中所移动的路线。线图是线路图的一种特殊形式，是完全按比例绘制的线路图。

绘制线图时，首先找到一个画有方格的软质木板或图样，将与研究对象相关的机器、工作台、库房、各工作点以及可能影响移动线路的门、柱、隔墙等均按一定的比例剪成硬纸片；然后用图钉按照实际位置钉于软质木板或图样上；再用一段长线，从图钉钉子起点开始，即从第一道工序开始，按照实际加工顺序，依次绕过各点，直至完成最后一道工序为止；最后，将这些线段取下来，测量其长度，并按一定的比例扩大，这样就较准确地测量出该产品或该零件的实际移动距离。如果同一工作区域内有两个以上的产品或零件在移动，则可用不同颜色的线条来区别表示。包含线条越多的区域，表示活动越频繁，如图 4-8、图 4-9 所示。

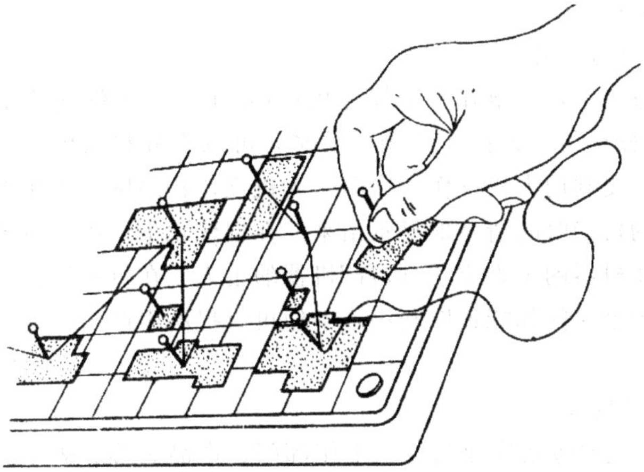

图 4-8 绕成线图的情形

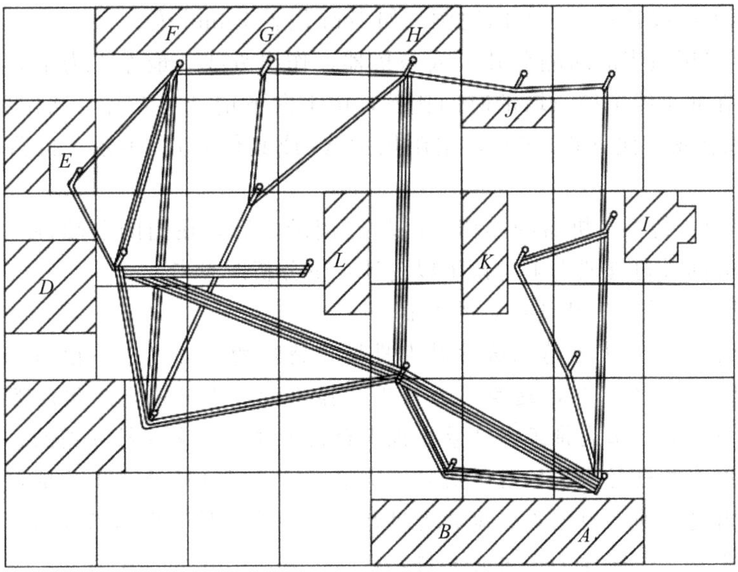

图 4-9 线图举例

4.2.3 操作分析

▶ 1. 操作分析的定义和类型

操作分析是方法研究中第二个层次的分析技术，它是在整个生产流程进行了程序分析之后，又对各道工序的作业进行详细研究，对影响作业质量和效率的全部因素(作业目的、作业方法、作业环境以及材料、运输、工装和检查等)进行分析，使每个工序的作业者、作业对象和作业工具三者达到最佳组合。作业分析改进的重点是改进作业方法，取消多余的笨拙的作业操作，以达到减轻工人劳动强度、提高产品质量和作业效率的目的。操作分析也称作业分析。

根据不同的工序作业对象和调查目的，操作分析可分为：人机操作分析，联合操作分析，双手操作分析。

▶ 2. 人机操作分析

1）人机操作分析的意义

在机器的工作过程中，了解在一个操作周期(加工一个零件的整个过程称为一个操作周期或周程)内机器操作与工人操作的相互关系，可以充分利用机器与工人的能量平衡操作。人机操作分析时要利用人机操作程序图。人机操作程序图可将生产过程中，工人操作的手动时间和机器的机动时间清楚地显示出来。在现代化生产中，机器设备几乎都是全自动或半自动的，操作机器的工人成了“监督”机器的工人，在每一操作周期中，总有大部分的闲余时间，这些闲余时间如能加以利用，不但可以提高生产力，而且能降低成本及提高工人的收入。

2）人机操作图的构成

(1) 表头部分：主要包括作业名称、工作部门、产品名称、表号、作业者、编号、日期、开始动作、结束动作等。

(2) 图表部分：

① 以适当的线段长短代表时间比例。如 1cm 代表 10min 等。

② 在纸上采用适当的间隔分开工人与机器，作出垂线。最左方为工人操作时的动作单元及垂线，在此垂线上按所取的时间比例，由上向下记录工人每一动作单元所需时间。工人操作用实线(或其他方式)表示，空闲用虚线(或其他方式)表示，机器的表示方法也同样。

③ 统计部分：待人与机器的操作时间均已记录之后，在图的下端将工人与机器的操作时间、空闲时间及每周期人工时数予以统计，供分析时参考。

【例 4-4】在立式铣床上精铣铸件的平面。

图 4-10 为在立式铣床上精铣铸件时人机操作情况的详细记录。由图可见，在工作中铣床有 60%的时间没有工作，这是因为当工人操作时，机床停止工作；而机床自动切削时，工人则无事可做。工人将工件夹紧在机床台面上和加工完后松开夹具、取下零件是必须在机床停止时才能进行的，但用压缩空气清洁零件，用样板检验工件的深度等是可以在机床开动中同时进行的。因此要缩短其周程时间，应尽量利用机器工作的时间进行手工操作。如检查工作物、去除加工表面的毛刺，将加工完的工件放入成品盒，取出铸件做好加工前的准备，在放回工件的同时取出待加工件，用压缩空气吹洗已加工的铸件等。

工作部门		表号	
产品名称	B239 铸件		
作业名称	精铣第二面		
机器名称	速度 v	进给量 f	铣削深度 a_p
操作者	年龄	技术等级	文化程度
制表者		审定者	

统计项目		现行的	改进的	节省效果
人	周程时间/min	2.0	1.36	0.64
	工作时间/min	1.2	1.12	0.08
	空闲时间/min	0.8	0.24	0.56
	时间利用率/%	60	83	23
机	周程时间/min	2.0	1.36	0.64
	工作时间/min	0.8	0.8	—
	空闲时间/min	1.2	0.56	0.64
	时间利用率/%	40	59	19

现行方法 操作者	现行方法 机器	时间/min	改进方法 机器	改进方法 操作者
移开铣成件以压缩空气清洗之		0.2		移开铣成件
量面板深度		0.4		用压缩空气吹净夹具装毛坯
锉锐边，压缩空气清洗之		0.6		开动铣削
放入箱内，取新铸件		0.8		锉去毛刺，吹净
压缩空气清洗机器		1.0		在铣床台上用样板量深度
将铸件夹上夹头开机床进刀		1.2		成品入箱，取毛坯至台面
		1.4		
		1.6		
		1.8		
		2.0		

图 4-10 精铣铸件时人机操作图

▶ 3. 联合操作分析

1）联合操作分析的意义与目的

在实际生产中，常有两个或两个以上操作人员同时对一台设备（或一项工作）进行操作，则称为联合操作作业。联合操作作业分析常采用“联合操作分析图”，此图是使用普通的时间单位，记录一个以上的工作者、工作物及机器设备的动作，以显示其相互关系的图形。因此，当需要了解某一工作程序内，各个对象的各种不同动作的相互关系时，最好的方法就是画联合操作分析图。联合操作分析可用于以下目的：

（1）发掘空闲时间与等待时间。

（2）便于分析研究，使几名作业者的工作趋于平衡。

（3）减少周期时间，使机器获得最大利用率。

（4）易发掘最佳的工作方法及选配合适的作业者和机器，使人、机作业达到最佳组合。

2）联合操作分析图的画法

联合操作分析图的绘制方法基本与人机程序图相同。在图的顶端也应有表头，写明作业名称、研究人姓名、时间线所代表的单位、现行方法、改良方法等。

画图时首先要确定工作循环的起、终点作为图形的起点与终点。将每位工作人员或机器设备名称填入各纵栏的顶端。然后根据时间线，将各动作所需时间分别填入各纵栏内，并用不同形式(如空白、涂黑、斜线、点画线)来表示"工作""空闲""等待"等。

在填入资料时，应一次填入一个研究对象的动作，填写完毕时，再填写第二对象的动作，余类推。

【例 4-5】某工厂的成品用小木箱包装后，堆放在工厂的库内，每天由老张、老王两人用两小时将小木箱放在搬运板上，再由堆高机运送到储运库(待运出厂)。堆高机每次搬运一块板，回程则将空板运回，再继续搬运另一块板，其场地布置如图 4-11 所示。

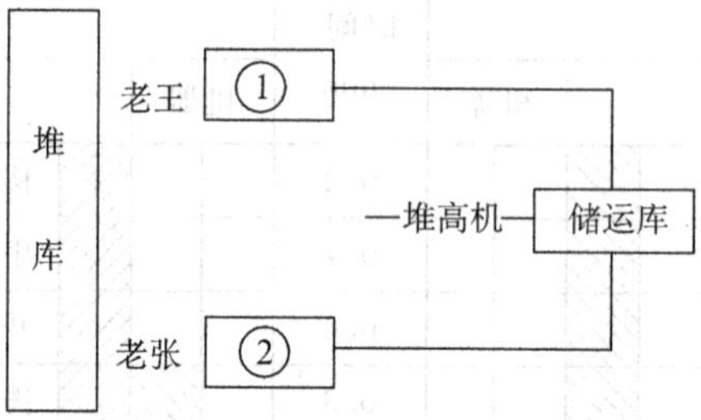

图 4-11　成品箱搬运布置图

此例中，每装满一块运板需 6min；堆高机来回一次需 3min。因此可以选择 3min 为一时间单位，作一直线(见图 4-12 中间线)。左边为现行方法的记录；右边为改良方法的记录。先分析左边所记录的现行方法：

第一个 3min：堆高机正在运送运板 2；
老王将运板 1 装了一半；
老张在等待堆高机送回运板 2。

第二个 3min：老王装满了运板 1；
老张装满运板 2 的一半；
堆高机在等待。

第三个 3min：堆高机运送运板 1；
老王在等待；
老张继续装满运板 2。

注意，此处装满一运板和堆高机来回的时间，是指标准时间，即已包括了各种宽放时间。

在堆库中多备运板仍不能避免两人在工作中的等待，因为堆高机一次只能搬运一块板。所以增加运板，装在运板上等待和在堆库中等待并无差别，反而要增加购买运板的费用。方法研究的目的在于要求增加任务资源之前，应先设法尽量利用现有资源。如可以动用程序分析中的"5W1H"技术进行提问，先就第一次的 3min 提问：

问：老张完成了什么？

答：什么也没做，正在等待。

问：是否必要？

答：依照现行方法，老张必须等待运板回来，所以此等待是必要的。

问；为什么？

答：因为现行方法中老张、老王各自装一块运板，故当老张装满的运板由堆高机运走后，必须等待运板回来。

问：有无更好的办法，避免老张在第一个 3min 内空闲？

答：老张可与老王合装一块运板，省去等待运板回来的时间。

图 4-12 的右边就是按照上述意见改进的。可见，改良后，老张、老王均不用等待，9min 即可搬运 3 箱。

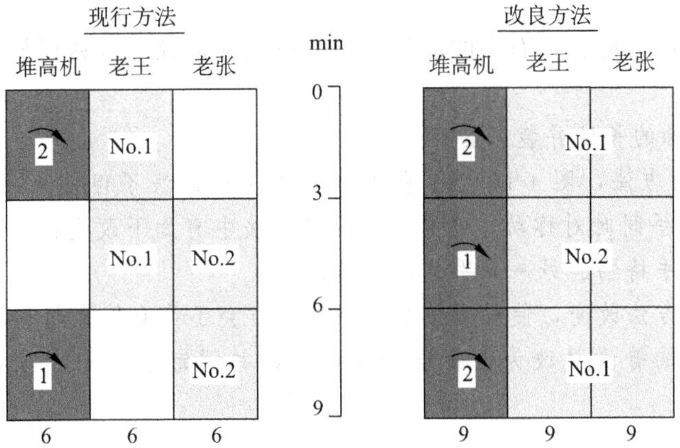

现行方法：堆高机	老王	老张		改良方法：堆高机	老王	老张
6	6	6	工作/min	9	9	9
3	3	3	等待/min	0	0	0
2			搬运/箱	3		

图 4-12 搬运成品箱的联合操作分析图

▶ 4. 双手操作分析

1）双手操作分析的意义与作用

生产中工序的作业主要是靠工人的双手来完成。记录、分析如何用双手进行实际操作，以提高作业效率，则称为双手操作分析。分析时常采用双手操作程序图。

双手操作程序图以双手为对象，记录其动作，表示其关系，并可指导操作者如何有效地动用双手，从事生产性的工作，提供一种新的动作观念，找出一种新的改善途径。

双手操作分析的作用有：

(1) 研究双手的动作及其平衡。不但使每一只手的动作经济有效，而且讲究双手的协调配合。

(2) 发现伸手、找寻以及笨拙而无效的动作。

(3) 发现工具、物料、设备等不合适的放置位置。

(4) 使双手动作规范化。

2）双手操作程序图的画法

(1) 必须深入生产现场，观察全部操作，了解情况，并决定操作中的循环周期及起点与终点。

(2) 作图时，先在左上角记录有关资料，如现行方法、改良方法、工作名称、研究日期与编号、操作人、研究人、核准人的姓名及起点(开始)、终点(结束)、工具、材料、工件的规格、精度等。

(3) 右上角画工作场所的平面布置图(如工作台上的布置),表示操作对象、操作工具的名称。

(4) 图的中间分别记录左右手的动作。一边观察一边记录,一次观察一只手的动作。通常先记录右手,将其动作记录于纸的中间靠右边,并反复补充、核对、改正,切勿遗漏。再以同样的程序及要求记录左手的动作于纸的中间靠左边。必须注意,左右手的同时动作应画在同一水平位置,并且要多次核对左右手动作的关系,使记录准确无误。

(5) 记录完成后,应将左右手的动作分别进行统计,统计资料可放在左右手动作的右方或右下方。

【例 4-6】检查轴的长度并装入套筒。

图 4-13 为现行方法,图 4-14 为改良方法。此改良方法不但使双手动作数目均减少,而且完全达到了双手同时对称动作的原则。改良方法中有如下改进:

(1) 取消了一手持物、另一只手的往复动作。

(2) 将套入的方法改变,使轴直接套入套筒,省去了将套筒拿起与放下的无效动作。

(3) 将原来用的普通尺改为两标准长度的尺,并固定于台上,省去每次将尺重复拿起、放下的动作。

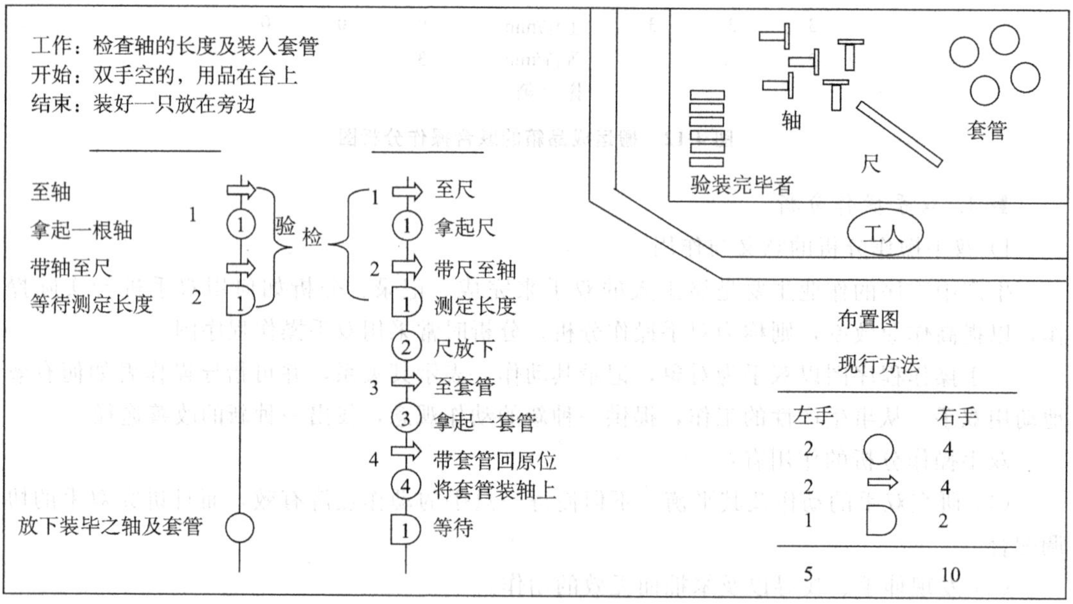

图 4-13 检查轴的长度及装入套管的现行方法

名称：检查轴的长度及装入套管

开始：双手空的，用品在台上

结果：装好一只

工具：两只标准长的尺固定在台上

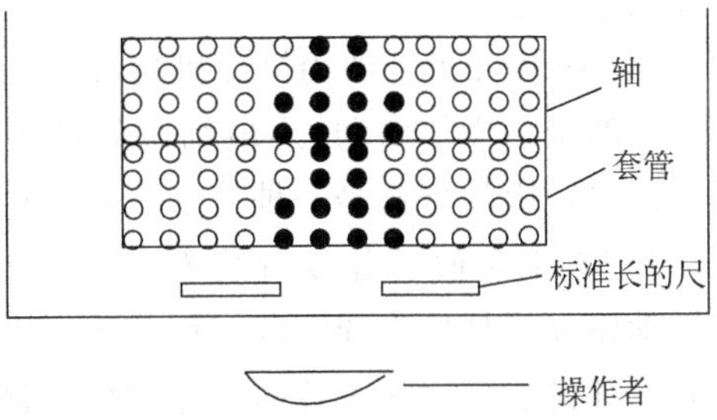

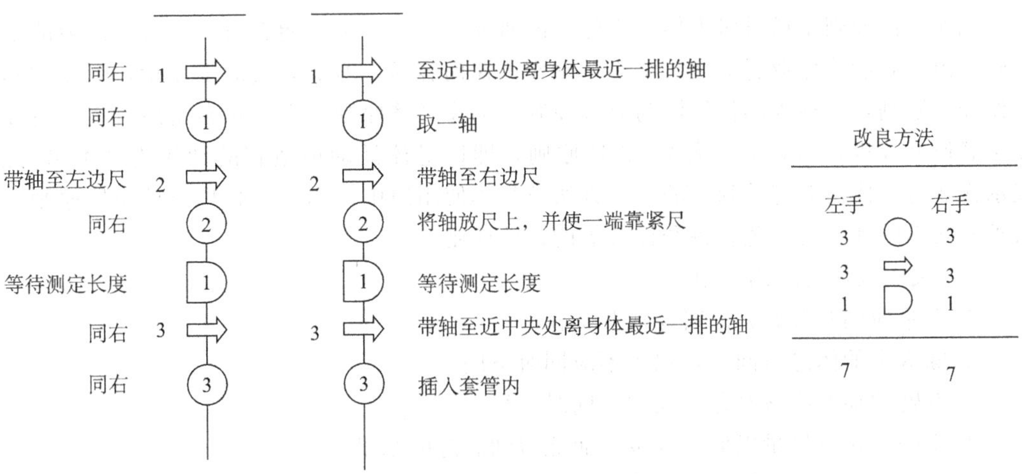

图 4-14 检查轴的长度及装入套管的改良方法

4.2.4 动作分析

▶ 1. 动作分析的概念

动作分析是对人的作业动作进行细微分析，省去各种不科学的、笨拙的和无效的浪费，制定出轻松、省时、安全、高效率的动作序列，以形成最经济有效的作业动作的一种分析技术。

动作分析的实质是研究分析人在进行各种操作时的细微动作，删除无效动作，使操作简便有效，以提高工作效率。

动作分析的目的是发现操作人员的无效动作或浪费现象，简化操作方法，减少工作疲劳，降低工人劳动强度。在此基础上制定出标准的操作方法，为制定动作时间标准作技术准备。

▶ 2. 动作分析的方法

动作分析是吉尔布雷斯夫妇首创的，其分析的方法按精确程度不同有下列三种。

(1) 目视分析。即以目视观测的方法寻求改进动作的方法。例如详细观测各个操作单元，以双手程序分析方法及动作经济原则为分析工具。

(2) 动素分析。完成的操作虽然千变万化，但人完成工作的动作，可由 17 个基本动作构成，这 17 个基本动作又称为 17 个动素。动素分析是将工作中所用的各个动素逐项分析以谋求改进。

(3) 影片分析。即用摄影机将各个操作动作拍摄成影片放映并加以分析。它不仅可以记录人的全部操作活动(连最细微处都不会放过)，而且事后可以根据分析的需要反复再现。因此，影片分析是一种非常有效的研究方法。

▶ 3. 常用的动作分析技术

动作分析是最为细密的工作分析。动作分析是针对操作者工作时的细微人体动作进行研究，其目的是剔除无效的人体动作、设计有效的工作方法以减少疲劳与闲置时间。以下是三种常用的动作分析技术。

1) 动作经济原则

动作经济原则是通过对人体动作能力的研究，创立一系列能有效发挥人的能力的动作原则。由于它能使作业者的疲劳最少，动作迅速而容易，增加有效的工作量，因而被称为动作经济原则，又称为动作经济与有效原则。动作经济原则是由吉尔布雷斯首创，后经许多学者研究改进，确立了三大类 22 项原则，即以身体活动最适宜的动作为基本出发点，表示作业时人体功能有效利用的动作方法及身体使用原则；作业区合理设计布置原则；从人类工效学的观点对工艺装备和设备等的设计原则。

(1) 关于人体的运用原则：

① 双手应同时开始并同时完成其动作。

② 除规定的休息时间外，双手不应同时空闲。

③ 双臂的动作应该对称、反向并同时进行。

④ 手的动作应尽量以低的等级，而能得到满意的结果。

⑤ 尽量利用物体的惯性、重力等，如需用体力加以阻止时，应将其减至最小程度。

⑥ 连续的曲线运动，比方向突变的直线运动为佳。

⑦ 弹道式的运动，比受限制或受控制的运动轻快自如。

⑧ 建立轻松自然的动作节奏(或节拍)，可使动作流利、自然。

(2) 关于工作地布置原则：

① 工具物料应放在固定位置，使作业者形成习惯，可用较短时间取到。

② 工具物料及装置应布置在作业者前面附近。

③ 运用各种方法使物料自动到达作业者身边。

④ 工具物料应按最佳工作顺序排列。

⑤ 应尽量利用“坠送”方法。

⑥ 应有适当的照明设备，使视觉舒适。

⑦ 工作台和坐椅的高度，应保证工作者坐立适宜。

⑧ 工作椅的式样和高度应使作业者保持良好的姿势。

(3) 关于工具、设备的设计原则：

① 尽量解除手的工作，用夹具或脚踏工具代替。

② 可能时，应将两种工具合并成一种多功能的工具。

③ 工具、物料应尽可能预先放在工作位置上。

④ 手指分别工作时，其各指负荷应按照其本能予以分配。

⑤ 设计手柄时，应尽可能增大与手的接触面。

⑥ 机器上的杠杆、手轮及其他操作件的位置，应能使工作者极少变动姿势，且能最大地利用机械力。

任何工作中的动作，凡合乎这些原则的，皆为经济有效的动作；否则，就应改进。动作经济原则有两大功用：帮助发掘问题，以及提供建立新方法的方向。

动作经济原则是根据长期的实际工作经验，将最为合乎省力有效的动作方法和安排，予以分析归纳而得。因此，但凡一项操作，越是能合乎这些原则，必属经济有效；反之即为需 要改善的地方。

2）动素分析

吉尔布雷斯夫妇于1912年发表了《细微动作研究》，首先使用电影摄影机来记录及分析细微的人体动作单元，并且把手部的操作分解为17个基本动作，称为“动素”(therblig)(即为Gilbreth的字母倒序)。动素分析是将一项工作细分成若干动素，再逐项分析，尽量消除无效的动素项目，或合并、重排有效的动素项目来加以改善。表4-6所列为17种动素名称与符号，其中伸手、移物、握取、放手、使用、装配、拆卸7项动素为有效动素，其余为无效动素。由于将一般工作细分为动素往往需耗费非常大的功夫，因此该方法只适用于重复性高而且操作周期短的工作。

(1) 伸手(transport empty，TE)：空手移动，伸向目标，又称运空。

(2) 移物(transport loaded，TL)：手持物从一处移至另一处的动作，又称运实。

(3) 握取(grasp，G)：利用手指充分控制物体。

(4) 装配(assemble，A)：为了两个以上的物件的组合而做的动作。

(5) 使用(use，U)：利用器具或装置所做的动作，又称应用。

(6) 拆卸(disassemble，DA)：对两个以上组合的物体，作分解动作。

(7) 放手(release load，RL)：从手中放掉东西，又称放开。

(8) 检查(inspect，I)：将产品和所制定的标准作比较的动作，又称检验。

(9) 寻找(search，Sh)：确定目的物的位置的动作。

(10) 选择(select，St)：在同类物件中，选取其中一个。

(11) 计划(plan，Pn)：在操作进行中，为决定下一步骤所作的考虑。

(12) 定位(position，P)：将物体放置于所需的正确位置为目的而进行的动作，又称对准。

(13) 预定位(pre-position，PP)：物体定位前，先将物体安置到预定位置。

(14) 持住(hold，H)：手握物并保持静止状态，又称拿住。

(15) 休息(rest，R)：因疲劳而停止工作。

(16) 迟延(unavoidable delay，UD)：不可避免的停顿。

(17) 故延(avoidable delay，AD)：可以避免的停顿。

表4-6 动素名称与符号

符号	名称	缩写	颜色	符号	名称	缩写	颜色
	伸手	TE	草绿	→	选择	St	浅灰
	握取	G	红		计划	Pn	棕
	移物	TL	绿		定位	P	蓝

续表

符号	名称	缩写	颜色	符号	名称	缩写	颜色
#	装配	A	紫		预定位	PP	淡蓝
∪	使用	U	紫红		持住	H	金赭
	拆卸	DA	淡红		休息	R	洁黄
	放手	RL	洋红	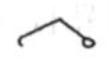	迟延	UD	黄
	检查	I	深褐		故延	AD	柠檬黄
	寻找	Sh	黑				

3）细微动作研究

由于使用动素分析时需将每个动作细分，而有些动作相当细微，很难以肉眼观察得到，因此吉尔布雷斯夫妇便利用摄影机将操作者的动作全程拍摄下来，然后再逐项进行分析研究，此种方法便称为细微动作研究。但是，这个方法的缺点是成本过高，所以通常也只限于重复性高、操作周期短的作业。

4.3 作业测定

4.3.1 作业测定的概念

作业测定是指把作业分成适当的作业单位(作业要素)，以时间为尺度进行测定、评价、设计及改善。

作业测定是科学管理的创始人泰勒(F. W. Taylor)为了设定“一日公正的工作量”而最早提出来的，起初用秒表测时，对作业活动进行研究。由于使用秒表测定作业有一定的局限性，所以后来又开发了以时间为单位对作业进行测定、评价的各种方法。

国际劳工组织的工作研究专家为作业测定所下的定义是：“作业测定(工作衡量)是运用各种技术来确定合格工人按现定的作业标准，完成某项工作所需的时间。”它是采用时间研究(秒表时间研究)、工作抽样、预定时间标准法、标准资料法等特定的程序和方法，来研究完成一定的作业所需标准时间的一种方法。

合格的工人的定义为：“一个合格工人必须具备必要的身体素质、智力水平和教育程度，并且具备必要的技能和知识，使他所从事的工作在安全、质量和数量方面都能达到令人满意的水平。”

规定的作业标准是指经过方法研究后制定的标准和工作方法，及其有关的设备、材料、负荷、动作等一切规定的标准的状况。

在进行作业测定时，选择合格工人是很重要的。工人的工作速度各不相同，如果根据动作速度较慢的人或不熟练的工人来制定标准时间，势必造成时间过宽，从而不经济；而根据动作较快的工人制定时间标准，则势必造成时间过紧，这样制定的标准对工人是不公平的。

4.3.2 作业测定的作用

当试图对一次工作进行管理以提高其效率和效能时，需要明确有关该项工作的工时定额，只有制定了定额，才可能衡量和评价工作的效率和效能，找出差距，采取改进措施。而要制定定额，就要进行作业测定。

传统的制定定额的方法有经验法和历史记录法，都是以生产实践经验或记工单、打工卡为依据来估算出工时消耗从而制定定额，其方法简单易行但误差较大。

作业测定是在方法研究的基础上，对生产时间、辅助时间加以研究，以求减少或避免制造业中的无效时间及制定标准时间而进行的测定工作。

作业测定是一种科学、客观、令人信服的决定时间标准的方法，目前世界上各工业发达国家均采用作业测定来制定劳动定额。

作业测定的目的也正是寻求完成一项作业的时间消耗量与影响规律之间的变化规律，确定经济合理的标准，并设法减少和消除无效时间，以求制定最佳的作业系统。

作业测定是企业工业工程活动中一项重要的基础工作，其主要作用体现在以下两方面。

第一，作业测定是正确设计和合理改善作业系统的依据。如某项作业有两种以上的作业方法，可以通过作业测定来判断作业方法的优劣，从而选择一种较好的作业方法。此外，通过对某项作业及其各组成要素所需要的时间及存在的问题等进行分析，可以排除或减少无效时间，进一步降低工时消耗和提高劳动生产率。

第二，作业测定是计算产品成本和计件工资等的重要依据。作业测定用于管理工作，可以正确核算企业生产工作量，作为编制计划、合理安排生产进程、计算操作人员的需求量、调整劳动组织等的依据；可以正确计算劳动消耗，作为计算产品成本和计件工资等的重要依据。

总之，作业测定是用科学方法制定的先进合理的时间定额，对加强企业经营管理，提高劳动生产率，提高经济效益具有不容忽视的作用。

4.3.3 作业测定的方法

作业测定的方法较多，各种方法适用于不同的场合和条件。作业测定技术不只限于用来制定时间定额，而且可用于企业诊断，分析企业生产能力，调整生产、劳动组织等许多方面。

作业测定的主要方法有以下几种。

▶ 1. 秒表时间研究

秒表时间研究是利用秒表或电子计时器，在一段时间内，首先对作业的执行情况作直接的连续观测，把工作时间以及与标准概念(如正常速度概念)相比较的对执行情况的估价等数据一起记录下来。然后给予一个评比系数，再加上遵照组织机构所制定的政策允许的非工作时间作为宽放值，最后确定出该项作业的时间标准。

秒表时间研究最早由泰勒所创，是目前最为广泛使用的时间研究技术，其基本步骤如下。

(1) 收集相关数据：所选择的工作必须要存在而且具有既定的工作标准。此外，需选择合格的员工来观测。

(2) 确定工作周期：确定组成一个工作周期的动作单元及需观测的工作周期数。

(3) 确定评比系数(rating)：根据所确定的观测周期数来测量每个工作周期所费的时间，最后给予评比系数来调整当员工的工作速度比正常速度快或慢的情形。例如，评比系数为85%即表示比正常速度慢15%；反之，评比系数为115%则表示比正常速度快15%。

(4) 计算正常时间：正常时间是操作者以其速度稳定工作且无停顿或休息所需的时间。

根据平均周期时间及评比系数来计算，即：

$$正常时间=观测时间\times评比系数$$

(5) 确定宽放时间(allowance)：宽放是指员工于正常时间外，因私人需要、疲劳需休息及不可避免的延迟所需要的多余时间。

(6) 计算标准时间：标准时间是在适宜的操作条件下用最合适的操作方法，以普通熟练工人的正常速度完成标准作业所需要的劳动时间。标准时间的概念来源于泰勒的"一日公正的作业量"的理论，他主张以"最好的工作方法""平均水平的操作者""正常的作业速度"为前提确定"一日公正的工作量"作为客观的工作标准。

根据正常时间与宽放时间，即可得出标准时间：

$$标准时间=正常时间+宽放时间$$

例如，实际测量某工作所需的时间各为4.5min、5min、4.8min、4.5min与4.6min，观测者给予的评比系数为95%，宽放时间为正常时间的12%，则

$$正常时间=\left(\frac{4.5+5+4.8+4.5+4.6}{5}\times95\%\right)\text{min}=4.446\text{min}$$

$$标准时间=[4.446\times(1+12\%)]\text{min}=4.9795\text{min}$$

▶ 2. 预定动作时间标准

预定动作时间标准(predetermined motion time standard, PMTS)是采用预先建立好的细微动作单元的时间数据，而不用通过直接秒表测时及设定评比来确定标准时间的方法。在预定动作时间标准方法中，标准时间的确定首先需对工作程序作详细的分析，并将其细分成基本动作单元(动素)，再由预定的动作时间表中查出每个动作单元所需的时间，最后将所有动作单元的时间加总再加上宽放时间即为工作的标准时间。但是，如果工作无法被细分成预定动作时间表所含的动作单元时，则此方法便不适用了。较普遍的预定动作时间标准方法为方法时间衡量(methods time measurement, MTM)。MTM是1946年由梅纳德、斯坦门丁和斯克互布所创。

▶ 3. 工作抽样

工作抽样(work sampling)为一寻求事实真相的工具，以此获得有关人员或机器的作业情况。工作抽样是调查人员、机器的生产及非生产性时间占总工作时间的比例后，设法减少非生产性时间，进而改善效率的技术。所谓工作抽样是由蒂皮特(L. H. C. Tippett)于1934年所创，是利用概率的原理来抽样调查工作中人员与机器设备的活动情形。它应用的范围与秒表时间研究不同，适用于工作周期长且重复性低的作业，例如办公行政、医疗、维护、仓库管理等。由于进行工作抽样时并不需要如直接时间研究那样全程观察工作的程序与使用秒表来测时，也没有由专业技术人员实施的限制，而是采取简单随机观察并记录人员或机器当时的工作状况。因此，它对人员的工作和时间与成本影响较小，从而得

到广泛应用。

▶ 4. 标准资料法

标准资料是将直接由作业测定(时间研究、工作抽样、PTS等)所获得的大量测定值或经验值进行分析整理、编制而成的某种结构的作业要素(基本操作单元)正常时间值的数据库。利用标准资料来综合制定各种作业的标准时间的方法叫做标准资料法。

在实际生产中，许多工作都有若干相同的作业要素。例如，“取材料”就是很多不同种作业的一个组成部分，无论车削还是磨削都有这一公共要素。在确定这些作业的标准时间时，通常要进行作业测定，当然也包括对这一公共要素的测定。如果掌握了一套公共要素标准时间的数据，就不需要一次又一次地对同一要素进行测时。假如能给工厂中重复发生的要素建立资料库，而且它所包含的要素很多、范围很广，那么对新的作业就不必进行直接的时间研究，只需将它分解为各个要素，从资料库中找出相同要素的正常时间，然后通过计算加上适当的宽放量，即可得到该项新作业的标准时间。

▶ 5. 模特法

人力操作时的动作均包含一些基本动作。模特法是通过大量的试验研究，将人力操作的基本动作归纳为21种。在相同条件下，不同的人所做的同一动作时间基本相等。表4-7为人体各部位动作一次所需要最少时间。身体不同部位动作时，其所需时间值互成比例(如手腕动作时间是手指动作时间的2倍，小臂动作时间是手指动作时间的3倍)，因此，可以以某一动作(如手指动作)作为时间单位的量值，计算身体其他部位的动作时间。

表4-7　人体各部位动作一次最少平均时间

动作部分	动作情况		动作一次最少平均时间/s
手	抓取动作	直线的	0.07
		曲线的	0.22
	旋转动作	克服阻力	0.72
		不克服阻力	0.22
脚	直线的		0.36
	克服阻力的		0.72
腿	直线的		0.66
	脚向侧面		0.72～1.45
躯干	弯曲		0.72～1.62
	倾斜		1.26

从理论上讲，时间单位量值越小，所测其他动作的时间值越精确。模特法在人体工程学实验的基础上，根据人的动作级次，选择以一个正常人的级次最低、速度最快、能量消耗最少的一次手指动作的时间消耗值作为它的时间单位，即1MOD=0.129s。模特法的21种动作都以手指动一次(移动约2.5cm)的时间消耗值为基准进行试验、比较，从而确定各动作的时间值。

模特法的基本动作仅21种，21种动作又分基本动作11种、身体及其他动作10种。

基本动作又分移动动作(M)、抓取(G)、放置(P)。每个动作右边的数字表示模特的时间值。这样一张基本示意图就表达了模特分析的基本动作，“一看即懂”。

模特法把动作符号与时间值融为一体。如G3表示复杂的抓取动作，同时也表示了3MOD=3×0.129s=0.387s。如果移动手臂去抓放在零件箱中的一个螺钉、在模特法中用M3G3表示，其中M3表示小臂的移动，G3表示复杂的抓取，M3G3时间值是6MOD(其中M3为3MOD，G3为3MOD)，因此只要知道动作的符号，就可计算出其时间值。

在模特法的21种动作中，不同的时间值只有8个(0、1、2、3、4、5、17、30)，且均为整数，计算方便。根据工业生产的实际统计，一般最常见的手工操作，其操作动作有95%以上是以上肢为主的动作，且其基本特点是由成对出现的“移动动作”和“终结动作”结合而成。一个操作动作的完成就对应着“移动——终结”动作及一些其他少量附加因素组合。其动作分类如表4-8所示。每个动作符号后的数字即模特值。“独”表示只有在其他动作停止的场合独立进行的动作；“注”表示该动作需要注意力才能完成；“往”表示该动作为往复动作。

表4-8　模特排时动作法分类

上肢动作(基本动作)	移动动作	移动动作	M1 手指动作
			M2 手腕动作
			M3 小臂动作
			M4 大臂动作
			M5 伸直手臂的动作
		反复多次的反射动作	M1/2，M1，M2，M3
	终结动作	摸触动作、抓握动作	G0 碰、接触
			G1 简单地抓
			G3(注)复杂地抓
		放置动作	P0 简单放置
			P2(注)复杂放置
			P5(注)组装
其他动作	下肢动作	F3 踏板动作	
		W5 走步动作	
	附加因素	L1 重量因素	
	其他动作	E2(独)目视动作	
		R2(独)校正动作	
		D3(独)单纯地判断和反应动作	
		A4(独)按下动作	
		C4 旋转动作	
		B17(往)弯体动作	
		S30(往)起身坐下	

动作分析时使用的其他符号如下。

(1) 延时 BD：表示一只手进行动作时，另一只手什么动作也不做，即停止状态。BD 不给予时间值。

(2) 保持 H：表示用手拿着或抓着物体一直不动的状态。有时为了防止零件倒下，而用固定的工具也为 H，H 不给予时间值。

(3) 有效时间 UT：指人的动作之外的机械或其他所有的加工时间。有效时间应用计时仪表分别确定其时间值。例如，用电动旋具拧螺母、焊锡、铆接铆钉、涂粘接剂等。

动作分析时，应将有效时间如实地填入分析表中的有效时间栏内。在不影响安全生产或产品质量的前提下，应充分利用有效时间的等待时间进行其他作业。所以，灵活地运用有效时间是改善作业的重点。在改善作业中，BD 和 H 出现越少越好。

1) 移动动作 M(5 个)

移动动作包括手指动作 M1、手腕动作 M2、小臂动作 M3、大臂动作 M4 及伸直手臂的动作 M5。多次重复的动作为 M1/2、M1、M2、M3。

2) 终结动作(6 个)

指移动手指、手臂等动作的终结。移动手或手臂，不是去拿物件便是放置物件，所以终结动作由抓握动作 G 和放置动作 P 组成。

(1) 抓握动作 G。移动动作后，手或手指握住(或触及)目的物的动作叫抓取动作，抓取动作随着对象与方式的不同分为三种：

① 触摸动作 G0。用手、手指握住后触及目的物的动作，没有抓取的意图，只是触及而已其时间值为 0，如用手接触计算机键盘。

② 简单地抓 G1。在自然放松的状态下用手或手指抓取物件，且被抓物附近无障碍，其时间值为 1MOD，如抓住放在书桌上的钢笔。

③ 复杂地抓 G3(注)。需要注意力的动作。抓取目的物时有迟疑现象，或目的物周围有障碍，或目的物较小、易变形、易碎等，其时间值 3MOD，如抓取放在零件箱中的小螺钉。

(2) 放置动作 P。由于放置方法与条件不同，又分以下三类。

① 简单放置 P0。将抓到物品运送到目的地后，直接放下的动作，时间值为零。

② 需要注意力的放置动作 P2(注)。放置物件时，需要仔细观看，以决定物件的大致位置，其时间值为 2MOD，如把垫圈套入螺栓的动作。

③ 需要注意力的复杂放置动作 P5(注)。将物体正确地放在所规定的位置，或进行配合的动作，时间值为 5MOD，如把电阻插入印刷板的孔中、轴与轴套的配合等。

在以上 11 种基本动作中，M1、M2、M3、M4、M5、G0、G1、P0 不需要注意力，而 G3、P2、P5 需要注意力。

移动动作与终结动作(抓取与放置)总是成对出现。

3) 其他动作(10 种)

(1) 脚踏动作 F3。将脚跟踏在踏板上，作足颈动作，时间值为 3MOD。注意，脚跟不离踏板，否则不能为 F3。注意 F3 是单程的，如果踏一下弹回，则为两个 F3。必要时，连续压放踏板时间值，使用计时器计算有效时间。例如脚踏汽车油门(或刹车、离合器)。

(2) 步行动作 W5。运动膝关节，使身体移动或回转的动作，凡属用脚支配身体的水平移动动作均属此类，时间值5MOD。在F3脚踏动作中，如果脚跟离开踏板，则为W5。

(3) 质量因素L1。搬运重物时，其质量影响速度，并随轻重不同，影响作业时间值。

质量因素考虑原则：有效质量小于2kg，不考虑；双手负重，有效质量等于实际质量的1/2；滑动运送物体，有效质量为实际质量的1/3；滚动运送物体，有效质量为实际质量的1/10；两人搬运同一物体，有效质量为实际质量的1/2。

(4) 目视动作E2(独)。为看清物体而眼睛移动和调整焦距两种动作中，每做其中一个动作，用E2表示，时间值2MOD。

眼睛是重要的感觉器官，对行动起导向作用。如抓取物体，要用眼睛看，但它不是独立动作，不计时。只有眼睛的独立动作，如读文件、找图的记号，才计时。

所谓调整焦距，是指在正常视野内调整焦距(正常视野向其他点移动视线)，用E2进行的动作约在30°角和20cm范围内。若看更广的范围，还包括头的辅助作用，而且两者同时进行，应给予E2×3的时间值。

(5) 校正动作R2(独)。校正抓零件和工具的动作，或将其回转，或改变方向，且必须独立动作，其是值2MOD。

如在一个印刷板的规定孔内插进二极管，因二极管有"+""−"极性，所以要校正拿在手中的二极管方向，动作分析见表4-9。

表4-9 校正动作举例

序号	左手动作	右手动作	标记符号	次数	MOD
1	BD	抓二极管M3G3	M3G3		6
2	BD	送到身前M3P0	M3P0		3
3	BD	看清极性E2D3	E2D3		5
4	BD	改变方向R2	R2		2

在操作过程中，操作熟练者为了缩短时间，在进行前一个动作的同时，使用身体其他部位着手下一个动作的准备，这个校正准备动作，不予时间值。

(6) 判断动作D3(独)。动作与动作之间出现的瞬时判定。例如看压力表的表盘面，看压力是否在正常值，除了E2之外，还必须判断读数反映的压力是否属正常值。D3适用于其他一切动作间歇的场合。

同样，与其他动作同时进行的判断不计时间值。一个检验工位的工人，其工作是用手去拿上道工序中已装配好的无线电装置并放在自己身前，然后再双手去拿万用表的表笔，对正放于无线电装置两支脚的位置，测量其电阻是否符合要求。动作分析见表4-10。

表4-10 判断动作举例

左手		右手		MOD	MOD值
动作	分析	动作	分析	分析	
向左伸手拿装置	M4G1	同左	M4G1	M4G1	5
移向身前放下	M4P0	同左	M4P0	M4P0	4

续表

左手		右手		MOD	MOD值
动作	分析	动作	分析	分析	
伸向万用表表笔，取笔	M3G1	同左	M3G1	M3G1	4
校正方向，紧贴量脚	R2P2	同左	R2P2	R2P2	4
看万用表并判断	E2D3			E2D3	5
总计					22

(7) 按下动作 A4(独)。操作中，需要推、拉以克服阻力的动作，时间值 4MOD。一般在推、转等动作终了才发生，用力时，发生手臂按下或脚踏使全身肌肉紧张的现象。A4 是独立动作，当加压在 2kg 以上且其他动作停止时，才给予 A4 值。例如铆钉对准配合孔用力推入，加力时伴有少许移动动作，此移动动作不给分析及时间值，见表 4-11。

表 4-11 装铆钉动作分析

序号	左手动作	右手动作	符号动作	次数	MOD
1	BD	抓铆钉	M3G3		6
2	BD	把铆钉移到板的一端	M3P2		5
3	BD	施力	A4		4

(8) 转动作 C4。为使目的物作圆周运动而回转手或手臂的动作，即以手腕或肘关节为轴心旋转一周的动作，时间值为 4MOD，如搅拌液体等。旋转 1/2 周以上的为旋转动作，不到 1/2 的应为移动动作。带有 2kg 以上负荷的旋转动作，由于其负荷大小不同，时间值也不同，应按有效时间计算。

(9) 身体弯曲动作 B17(往)。从站立状态，弯曲身体或蹲下，单膝触地，然后回复原来状态的往复动作，一个周期为 17MOD。B17 中的手移与 W5 中的手移动作，均分析成 2MOD。

注意 B17 必为单膝着地，且不搬运重物。

(10) 站起再坐下 S30(往)。从工作椅上站起来再坐下的往复动作，一个周期为 30MOD。这个动作包括了站起来向后推椅子及坐下时拉椅子的动作。

4) 反射动作

不是每次都需要注意力或保持特别意识的反复出现的重复动作，如铁锤钉钉子等。这种反射动作一般速度快，使用工具与身体部位不变，所耗时间为正常时间的 70%。其时间值：

手指的往复动作 M1，每一单程动作时间值为 1/2MOD；

手腕的往复动作 M2，每一单程动作时间值为 1MOD；

手臂的往复动作 M3，每一单程动作时间值为 2MOD；

手臂往复 M4，每一单程时间值为 3MOD。

M5 一般无反射动作，即使有也需改进，其反射动作时间值最大为 3MOD。

反射动作无终结动作，故又称特殊动作。

5）同时动作

用不同的身体部位同时进行相同或不同的两个以上的动作，如两手同时动作，这样可以提高工作效率。例如桌上放着零件箱，A箱装螺钉，B箱装垫圈，两手同时伸出(M3)，左手抓螺钉(G3)，右手抓垫圈(G3)，然后同时拿到身前安装。

(1) 同时动作的条件：①两手的终结动作都不需要注意力，如一手抓旋具，另一只手拿螺钉，其终结动作G1，不需要注意力；或者②当一只手的终结动作需要注意力，而另一只手的终结动作不需注意力。

两只手同时需要注意力才可完成的动作，不可能同时进行。

(2) 时限动作与两手同时动作的时间值：两手同时动作时，时间值大的动作称时限动作，两手同时动作的时间值为时限动作的时间值。两手同时动作时间值分析见表4-12，时限动作举例见表4-13。

表4-12　终结动作两手同时动作分析表

情况	同时动作	一只手的终结动作	另一只手的终结动作
1	可　能	G0或P0或G1	G0或P0或G1
2	可　能	G0或P0或G1	P0或G3或P5
3	不可能	P2或P3或P5	P2或G3或P5

表4-13　时限动作举例表

序号	左手动作	右手动作	标记符号	次数	MOD
1	抓零件 (M3G1)	抓旋具 M4G1	M4G1		5

由于左、右两手的终结动作均为G1，不需要注意力，可同时进行。左手时间值M3G1＝4MOD，右手动作时间值M4G1＝5MOD，所以右手动作为时限动作。左手动作的时间值称为被时限动作，被时限动作标记符用()表示，不影响分析结果。

(3) 两手都需注意力的分析方法：如左手M3G3，右手M4G3。由于移动动作不需注意力，同时伸出两手。当左手伸到所需位置时，进行G3动作，此时右手等待。等左手做完动作，右手只稍动一下，便可进行终结动作G3。右手稍动是因为人不可能僵直手取物，这个动作用M2，其过程如图4-15所示。左手做完M3G3，右手做M2G3动作，其时间值M3G3＋M2G3＝11MOD。

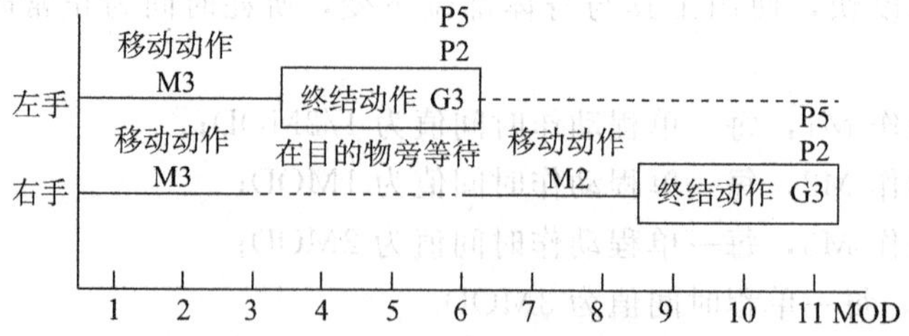

图4-15　都需要注意力的双手动作状态示意图

上述例子中，若左手先动作，右手与左手同时伸出，左手结束动作，右手需手腕动一下，做抓取动作，所以右手动作 M2G3，见表 4-14。

表 4-14 左手先动作情况表

序号	左手动作	右手动作	标记符号	次数	MOD
1	抓零件 A M3G3	抓零件 B M4G3	M3G3 M2G3		11

若右手先动作，其时间值见表 4-15。

表 4-15 右手先动作情况表

序号	左手动作	右手动作	标记符号	次数	MOD
1	伸手抓零件 A M3G3	伸手抓零件 B M4G3	M4G3 M2G3		12

可见，即使同一动作，两只手先后不同，其时间值也有差异。表 4-16 为两手同时动作，且均需注意力的时间值(均左手先做)。

表 4-16 两手同时动作情况表

序号	左手	右手	MOD 分析	MOD 值
1	M4G3M4P2	M4G1M3P0	M4G3M4P2	13
2	M2G1M3P2	M4G1M3P0	M4G1M3P2	10
3	M3G1M3P2	M4G1M4P2	M4G1M3P2M2P2	14
4	M3G3M4P5	M4G3M3P5	M3G3M2G3M4P5M2P5	27

分析要点：

① 分析两手是否可以同时动作，是分析哪手为时限动作，计算其时间值。

② 如果均需注意力，则需注意哪手先动作，并按表 4-16 所示进行时间值计算。

模特排时法分析记录表的形式见表 4-17。表中，动作只有一次时，次数栏不用填写。有效时间、MOD 总计时间和合计时间应以普通时间为单位，换算按 1MOD 等于 0.1s 或 0.129s 填入。

在填写分析记录表的同时，还需在分析记录表的下面画出其作业图，以便对照分析。

表 4-17 模特排时法记录表

<table>
<tr><td colspan="2" rowspan="2">零件图号：</td><td colspan="2" rowspan="2">年　月　日</td><td></td><td></td><td></td></tr>
<tr><td></td><td></td><td></td></tr>
<tr><td>设备名称</td><td></td><td>作业条件</td><td colspan="4"></td></tr>
<tr><td>工序名称</td><td></td><td>使用工具</td><td colspan="4"></td></tr>
<tr><td>作业名称</td><td></td><td>分析条件</td><td colspan="4"></td></tr>
</table>

续表

序号	左手动作	右手动作	动作方式分析符号	次数	MOD
1					
2					
3					
有效时间：　s　min		MOD：　s　min		合计：　s　min	

4.4 案例分析

某仓库领、发料工作的改进

1. 选择研究对象

以仓库发料作为改进对象。

某厂仓库每日供应全厂六个车间的物料与零件。新任仓库主任发现，领料甚为拥挤，且需等待较长时间。由于领料发生迟延将影响全厂工作，决定改善。

2. 记录

1）仓库的平面布置

如图4-16所示，领料人从右侧大门进入至柜台处，在柜台内侧有两支1m长的固定尺。在柜台两端各有一小匣子存放已发料之领料单。仓库内部均设铁架，存放各种大小物料及零件。仓库最后面的铁架台B为堆放铜管、铁管及橡皮管用。柜台后面铁架A用来存放锯子。图4-16中①和②代表发料员，③代表管理员，④代表仓库主管。

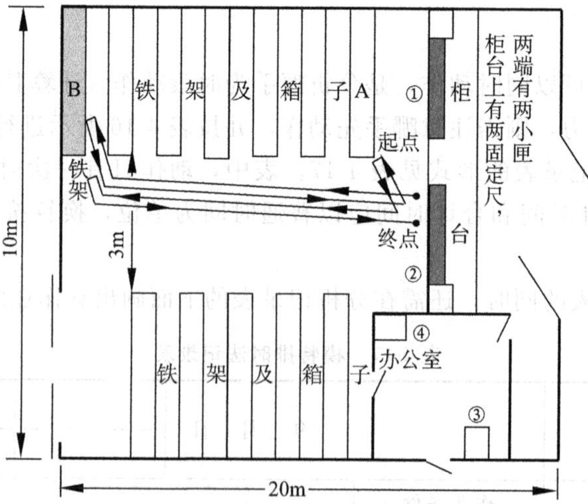

图4-16　仓库平面布置示意图

2）以发橡皮管为例，记录实际发料情况

工作开始为发料员②审阅领料单（查看要领之物料或零件的名称、规格、数量及主管是否均签章)。此例为领 1.2m 的橡皮管，于是该发料员由中间过道走至仓库最后的铁架台 B(约 15m)，选取比所需长度稍长的橡皮管，拿回柜台，放柜台固定尺上量取所需长度，以大拇指按住锯切点。用手握住橡皮管走至 2m 远的 A 处，拿到锯子后再返回柜台锯切所需长度的橡皮管。锯时以拇指按住锯切点，不但锯不平，且有锯伤手指的危险，锯完后即将锯子放柜台上(可能给下次再锯时带来寻找麻烦)。再次将橡皮管在尺上校对其长度后给领料人，并在领料单上签字以示该料已发放，再将领料单放入小匣内。最后将锯下之余料送回仓库后面铁架 B 上。实际发料流程程序如表 4-18 所示。

表 4-18 发料流程程序

工作部别：仓库　　编号：____

工作名称：自仓库发橡皮管　　编号：____

开　　始：发料员在柜台收到领料单

结　　束：发料员在柜台等待另一领料单

研 究 者：______年____月____日

审 阅 人：______年____月____日

统计表			
项别	现行方法	改良方法	节省
操作次数：○	9	7	2
运送次数：⇨	6	2	4
检验次数：□	4	2	2
等待次数：D			
储存次数：▽			
运输距离/m	64	30	34
共需时间/min			

现行方法													改良方法								
步骤	情况					工作说明	距离/m	需时/min	改善要点				步骤	情况					工作说明	距离/m	需时/min
	操作	运送	检验	等待	储存				剔除	合并	排列	简化		操作	运送	检验	等待	储存			
1	○	⇨	■	D	▽	审阅领料单							1	○	⇨	■	D	▽	审阅领料单		
2	○	➡	□	D	▽	至铁架处	15						2	○	➡	□	D	▽	至铁架处	15	
3	●	⇨	■	D	▽	选取比需要稍长的橡皮管(必须稍长)						√	3	●	⇨	■	D	▽	取适合长度管子放锯铁架上		
4	○	➡	□	D	▽	回柜台	15						4	●	⇨	□	D	▽	自钩上取锯		
5	●	➡	■	D	▽	量取尺寸指往锯切点用大拇指指出锯切点				√			5	●	⇨	□	D	▽	锯切需要长度		
6	○	➡	□	D	▽	带橡皮管至铁架 A 处	2		√				6	●	⇨	□	D	▽	余料放回铁架，锯挂钩上		
7	●	⇨	□	D	▽	从箱内取工具						√	7	○	➡	□	D	▽	带管至柜台	15	
8	○	➡	□	D	▽	带橡皮管及工具回柜台处	2		√				8	●	⇨	□	D	▽	发给领料人		
9	●	⇨	□	D	▽	锯切需要长度(手指有受伤危险，锯不平)							9	●	⇨	□	D	▽	在领料单上签字		
10	●	⇨	□	D	▽	放锯于柜台上(因此，下次常找不到锯子)			√				10	●	⇨	□	D	▽	放领料单于匣中		
11	○	⇨	■	D	▽	再量试尺寸			√					○	⇨	□	D	▽			
12	●	⇨	□	D	▽	发给领料人								○	⇨	□	D	▽			
13	●	⇨	□	D	▽	在领料单上签字								○	⇨	□	D	▽			
14	●	⇨	□	D	▽	放领料单于匣中								○	⇨	□	D	▽			
15	○	➡	□	D	▽	带余料至铁加上	15		√					○	⇨	□	D	▽			
16	●	⇨	□	D	▽	放余料在铁架上								○	⇨	□	D	▽			
17	○	➡	□	D	▽	回柜台	15		√					○	⇨	□	D	▽			

▶ 3. 分析(考察)：采用提问技术逐项提问

首先对操作提问。第一个操作是步骤3，现对步骤3操作提问：

问：做什么(首先提问操作动作)？是否必要？为什么？

答：选取比需要稍长的橡皮管是必要的。因为怕将来在柜台上量时不够长，故必须选稍长的橡皮管。

问：有无其他更合适的方法？

答：可能有。

问：何处做(即在什么地方锯)？为何需此处做(即为什么要在柜台上锯)？

答：在柜台上锯。因为锯子在附近，柜台上有固定尺，柜台平面可作锯台。

问：有无其他更合适的地方？

答：如能在存放管子的铁架处锯，则可节省来回的行走时间。

问：何时做(什么时候锯)？

答：差不多是在整个发料工作时间的一半时锯的，即走了大约35m之后锯的。

问：为何需此时锯？

答：因为他要到后面铁架上取橡皮管，又要取锯子，最后才能放到柜台上锯。

问：有无其他更合适的时间来锯？

答：可在最初于铁架选取管子时锯或事先锯好最常用的各种尺寸的管子。

问：由什么人来锯？

答：由发料员来锯。

问：为何由发料员锯？

答：仓库没有其他人。

问：有无其他更合适的人来锯？

答：有一个专门锯切的人最好。

问：如何做？他是如何锯的？

答：用左手握住管子，用拇指压住管子锯切的地方下锯。

问：为何要如此锯？

答：因锯切过程中，并无任何可以夹持管子的东西。

问：有无其他更合适的办法锯？

答：如能使用一个简单的夹具来夹住管子，则既可保持锯缝平整，又可不致锯伤手指。

现对第5步骤的操作进行提问：

问：完成了什么？

答：找出锯切点，并用拇指按住。

问：是否必要？

答：必要。

问：为什么？

答：因为这样可以保证锯出所需的长度。

问：有无其他更好的办法？

答：如果仓库储存所需长度的管子，则此动作可取消。

问：何处做？

答：在柜台上做。

问：为何要在此做？

答：因为尺子固定在柜台的边缘。

问：有无其他更合适的地方？

答：有，在最后面铁架 B 处。

问：何时做？

答：在柜台与铁架间行走约 35m 后，到锯前时做。

问：为什么要在那时候？

答：因为尺在柜台上，所以必须将管子带到柜台才可做。

问：有无其他更合适的时间做？

答：有，如果在选择管子时做，则不需带管子到柜台前。

问：由谁做？

答：发料员。

问：为什么需此人做？

答：因为他的工作就是发料。

问：有无其他更合适的人？

答：找有锯切经验的人来做更好。

问：如何做？

答：将管子平放在尺上，使其一端位于尺的起点，再移动左手待指到所需的尺寸即用拇指按住锯切处。

问：为什么要这样做？

答：因为一向如此。

问：有无其他更合适的方法？

答：如有一专用夹具更好。

如果对步骤 11 即第 4 个检验提问，则有：

问：完成了什么？

答：管子已按其需要的尺寸锯好，现在再来量取其尺寸。

问：是否有必要？

答：无此必要，因为在锯前已量好。而此种锯切精度要求又不高。故本步可取消。

对以上提问和回答进行分析、归纳、整理得出以下三种改进意见。

(1) 取消锯切，即仓库不需锯切。要求仓库储存一定长短的管子。要做到这点必须先知道各种需用的正确尺寸。但这样会出现材料浪费。

(2) 减少锯切，或让锯工来锯，或早一些锯。要求仓库请专门锯工是不可能的。

(3) 安全而又较容易地锯切。即在铁架 B 处锯切，与选管同时进行；在铁架处量长度，采用安全可靠的夹具。

根据程序分析四大原则，建立了表 4-18 右侧所示的新方法，即在铁架 B 的前面增加一个 2m 长平台作为锯切用，并制成一个专用夹具，锯子挂于锯切架侧边。改进后发料员的行走路线如图 4-17 所示。

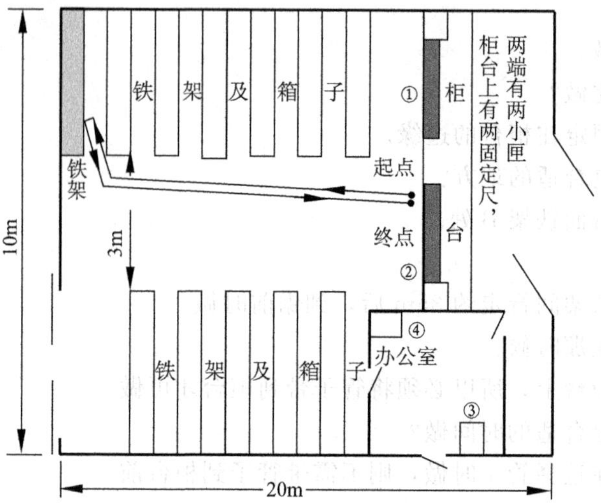

图 4-17　仓库发橡胶管改进方法

▶ 4. 建立新方法

经过提问、分析，并经程序分析四大原则，得到了一个新方法。在新方法中，发料员根据领料单走到铁架 B 处取橡皮管，由于铁架 B 上有刻度，则按刻度比较可取得所需长度。然后在铁架前面的锯切架内锯切。由图 4-17 可知，新方法节省了两个操作、两个检验、四个运送。

▶ 5. 实施新方法

为了使新方法得以实施，必须经得上级部门的同意，为此需起草一份建议书。建议书如下。

提案人：×××　工作部门：×××

改进方案的效益：采用新方法，能解决领料人在柜台处的拥挤及等待，并可使锯切平整及保护发料员手指不致锯伤。

1. 可节省：

(1) 平均每人每次少等待 3min，每天平均 600 次/人，共节省 1800min(即 30h)，相当于每天可节省 3～4 人的工时。

(2) 锯伤的医疗费及休息时的工资损失，也可节省 3～4 人的工时。

2. 所需设备及措施：

(1) 在铁架上适当高度做各种长度标记，以 10cm 为单位。

(2) 在铁架前添置一个 2m 长的台架，作为锯切的工作台。

(3) 添置一锯切架及活动架(专用夹具)。

新设备成本约 100 元。

习题与思考题

1. 工作研究的实施程序是什么？

2. 绘制泵及接收器装箱的工艺程序图。

程序为：检查箱子内部有无破损→装上保护衬→检查泵的全部情况→ 打印号码→放泵入箱→再装装箱的衬片(以放接收器)→检查接收器的全部加工→附标签→放接收器入箱→封盖→过秤

3. 仓库发料的流程如下：仓库保管员检查领料单，至铁架处，选取比需要稍长的橡皮管，检查管的长度，拿起锯，锯取需要长度，带管至锯台，发给领料人，在领料单上签字。试绘制流程程序图。

4. 某一单元观测时间为 0.8min，评比为 110%，宽放为 5%，则标准时间应为多少？

参考文献

[1] 白东哲，张风荣．生产系统现场工作研究[M]. 北京：机械工业出版社，2004.

第5章 人因工程学

5.1 人因工程学的定义及发展历程

早在远古人类祖先使用简单工具之初就出现了人因工程现象，可是直至近百年才被人类所关注，而系统地研究人因工程则是最近五六十年的事，即1960年以后，人因工程才逐渐快速发展起来，并广受发达国家的重视。现今社会，科学技术作为第一生产力发挥着至关重要的作用。然而，科学技术发展与人的因素是不可分割的，研究工具设备及生产体系中的人的因素正是人因工程研究与发展的起因。随着生产技术的发展和人类对自身研究的深入，人因工程学不仅更深入地和技术融合在一起，同时也更深入地融入产品和人们的现实生活之中。

▶ 1. 人因工程学的命名

人因工程在美国多称为“人类工程学”(human engineering)或“人类因素”(human factors)，也称“生物工艺学”(biotechnology)“工程心理学”(engineering psychology)或“应用实验心理学”(applied experimental psychology)等，在西欧国家多称为“工效学”(ergonomics)。“ergonomics”一词是由希腊词根“ergon”(即工作、劳动)和“nomos”(即规律、规则)复合而成的，其本义为人的劳动规律。由于该词能够较全面地反映该学科的本质，又源自希腊文，便于各国语言翻译上统一，而且词义保持中立，因此，目前较多国家采用“ergonomics”一词作为该学科的命名。例如，日本和苏联都沿用该词的音译，日语译为“マーコノミッケス”，被称为“人间工学”；俄语译为“эргономика”。

人因工程学在我国起步较晚，目前该学科在国内还没有统一的名称。除人因工程学外，还称为人类工程学、人机工程学、人体工程学、人类工效学、宜人学、人—机—环境系统工程等。名称的不同，其研究的重点略有差别。

▶ 2. 人因工程学的定义

与该学科的命名一样，对该学科的定义也没有统一，且随着科学的发展，其定义也在不断发生变化。美国人因工程学专家伍德森(W. B. Woodson)认为：人因工程研究的是人与机器相互关系的合理方案，亦即对人的知觉显示、操纵控制、人机系统的设计及其布置和作业系统的组合等进行有效的研究，其目的在于获得最高的效率和在作业时感到安全和舒适。

苏联学者将人因工程定义为：人因工程学研究人在生产过程中的可能性、劳动活动的方式、劳动的组织安排，从而提高人的工作效率，同时创造舒适和安全的劳动环境，以保障劳动人民的健康，使人从生理和心理上都得到全面发展。

国际人类工效学会(International Ergonomics Association，IEA)定义人因工程学为研究人在某种工作环境中的解剖学、生理学和心理学等方面的因素，研究人和机器及环境的相互作用，研究在工作、生活和休假时怎样统一考虑以促进工作效率，并保障人的健康、安全和舒适等。该定义是目前最权威、最全面的定义。

《中国企业管理百科全书》中对人因工程的定义为：人因工程学研究人和机器、环境的相互作用及其合理结合，使设计的机器和环境系统适合人的生理、心理特点，以达到在生产中提高效率、安全、健康和舒适的目的。

人因工程学是研究人和机器、环境的相互作用及其合理结合，使设计的机器与环境系统适合人的生理、心理等特征，达到在生产中提高效率、安全、健康和舒适的目的的科学。人因工程学可以简单定义为：按照人的特性设计和改善人—机—环境系统的科学。

人因工程学的特点是学科边界模糊，学科内容综合性强，涉及面广；人因工程学的研究对象是人—机—环境系统的整体状态和过程；其任务是使机器的设计和环境条件的设计适应于人，以保证人的操作简便省力、迅速准确及安全舒适，充分发挥人和机器的效能，使整个系统获得最佳的经济效益和社会效益。

▶ 3. 人因工程学研究的内容与应用领域

1）研究内容

人因工程学的研究包括理论和应用研究两个方面。但学科研究的总趋势还是侧重应用。其主要内容可概括为以下8个方面：

(1) 研究人的生理与心理特性。人因工程学系统地研究人体特性，如人的感知特性、信息加工能力、传递反应特性；人的工作负荷与效能、疲劳；人体尺寸、人体力量、人体活动范围；人的决策过程、影响效率和人为失误的因素等。

(2) 研究人机系统总体设计。人机系统的效能取决于它的总体设计。系统设计的基本问题是人与机器之间的分工以及人与机器之间如何有效地进行信息交流等问题。

(3) 研究人机界面设计。在人机系统中，人与机相互作用的过程就是利用人机界面上的显示器与控制器，实现人与机的信息交换的过程。研究人机界面的组成并使其优化匹配，产品就会在功能、质量、可靠性、造型及外观等方面得到改进和提高，也会增加产品的技术含量和附加值。

(4) 研究工作场所设计和改善。工作场所设计包括工作场所总体布置、工作台或操纵台与座椅设计、工作条件设计等。

(5) 研究工作环境及其改善。作业环境包括一般工作环境，如照明、颜色、噪声、振动、温度、湿度、空气粉尘和有害气体等，也包括高空、深水、地下、加速、减速、高温、低温及辐射等特殊工作环境。

(6) 研究作业方法及其改善。人因工程学主要研究人从事体力作业、技能作业和脑力作业时的生理与心理反应、工作能力及信息处理特点；研究作业时合理的负荷及能量消耗、工作与休息制度、作业条件、作业程序和方法；研究适宜作业的人机界面等。

(7) 研究系统的安全性和可靠性。人因工程研究人为失误的特征和规律，人的可靠性和安全性，找出导致人为失误的各种因素，以改进人—机—环境系统，通过主观和客观因素的相互补充和协调，克服不安全因素，搞好系统安全管理工作。

(8) 研究组织与管理的效率。人因工程学要研究人的决策行为模式；研究如何改进生产或服务流程；研究组织形式与组织界面，便于员工参与管理和决策，使员工行为与组织目标相适应等。

2) 应用领域

人因工程学的应用涉及非常广泛的领域。我们把与人有直接关系的应用领域概括为机具、作业、环境和管理等几大类别，在机具类中按对象又分为机械、器具、设备与设施、被服等几种，来具体研究人机匹配与人机界面的设计和改进。表 5-1 为人因工程学在各个应用领域里的示例。

表 5-1　人因工程学应用领域及示例

设计与改进的范围	对　象	示　例
机具	机　械	机床、汽车、火车、飞机、宇宙飞船、船舶、起重机、农用机械、工作机械、计算机、仪器仪表、医疗器械、家用电器、运动与健身器械、摩托车、自行车、售货机、取款机、检票机等
	器　具	工具、电话、电传、办公用具、软件、家具、清扫工具、卫生用具、厨房用具、防护用具、文具、玩具、书刊、广告、媒体、标志、标牌、包装用品、说明书等
	设备与设施	工厂、车间、成套设备、监控中心、军事系统、机场、码头、车站、道路系统、城市设施、住宅设施、无障碍设施、旅游与休闲设施、安全与防火设施、核能设施、场馆等
	被　服	服装、鞋、帽、被物、工作服、安全帽、工作靴等
作　业	作业条件、作业方法、作业量、作业姿势、工具选择与放置等	生产作业、服务作业、驾驶作业、检验作业、监视作业、维修作业、计算机操作、办公室作业、体力作业、技能作业、脑力劳动、危险作业、女工作业、高龄人与残疾人作业，以及学习、训练、运动、康复等活动
环　境	照明、颜色、音响、噪声、微气候、空气污染等	工厂、车间、控制中心、计算室、操纵室、驾驶室、检验室、办公室、车厢、船舱、机舱、住宅、医院、学校、商店、地铁、候车室、会议室、业务与交易厅、餐厅、各种场馆及公共场所等
管　理	人与组织、设备、信息、技术、职能、模式等	业务流程再造、生产与服务过程优化、组织结构与部门界面管理、管理运作模式、决策行为模式、参与管理制度、企业文化建设、管理信息系统、计算机集成制造系统(CIMS)、企业网络、模拟企业、程序与标准、沟通方式、人事制度、激励机制、人员选拔与培训、安全管理、技术创新、CI 策划等

5.2 人的劳动形态特征

5.2.1 人体的形态测量

▶ 1. 人体测量学的定义

人体测量学是一门新兴的学科，它通过测量人体各部位尺寸来确定个体之间和群体之间在人体尺寸上的差别，研究人的形态特征，从而为各种工业设计和工程设计提供人体测量数据。这些数据参数对工作空间设计，机器、设备设计以及操纵装置设计等具有重要意义，并直接关系到合理地布置工作地，保证合理的工作姿势，使操作者能安全、舒适、准确地工作，减少疲劳和提高工作效率。

▶ 2. 人体测量的基本术语

GB/T 5703—2010《用于技术设计的人体基础项目》规定了人因工程学使用的人体测量术语和人体测量方法，适用于成年人和青少年用仪器进行的测量。

1）被测者姿势

(1) 立姿：挺胸直立，眼睛平视前方，肩部放松，上肢自然下垂，左、右足后跟并拢，前端分开，使两足大致呈45°角，体重均匀分布于两足。为确保立姿正确，被测者应使足后跟、臀部和背部在同一铅垂面上。

(2) 坐姿：挺胸坐在被调节到腓骨头高度的平面上，眼睛平视前方，左右大腿大致平行，膝弯曲大致成直角，足平放在地面上，手轻放在大腿上。为确保坐姿正确，被测者臀部、后背部应在同一铅垂面上。

2）测量基准面

人体基准面的定位是由三个互为垂直的轴（垂直轴、纵轴和横轴）来决定的。人体测量中设定的基准面有矢状面、正中矢状面、冠状面、水平面和眼耳平面，如图5-1所示。

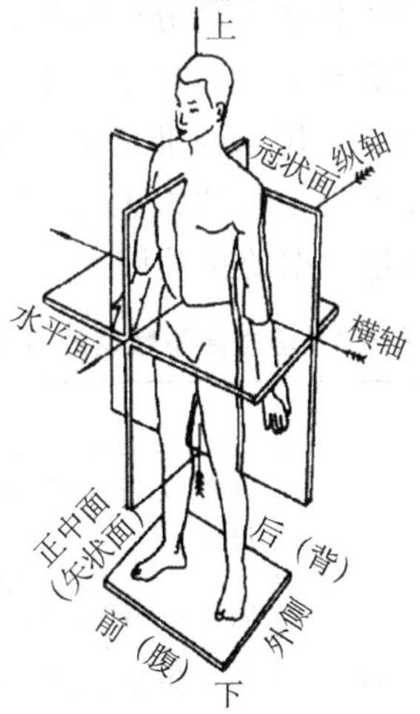

图 5-1 人体测量基准面和基准轴

(1) 矢状面。人体测量基准面的定位是由三个互相垂直的轴(垂直轴、纵轴和横轴)来决定的。通过垂直轴和纵轴的平面及与其平行的所有平面都称为矢状面。

(2) 正中矢状面。在矢状面中，把通过人体正中线的矢状面称为正中矢状平面。正中矢状平面将人体分成左、右对称的两个部分。

(3) 冠状面。通过垂直轴和横轴的平面及与其平行的所有平面都称为冠状面。冠状面将人体分成前、后两部分。

(4) 水平面。与矢状面及冠状面同时垂直的所有平面都称为水平面。水平面将人体分为上、下两个部分。

(5) 眼耳平面。通过左、右耳屏点及右眼眶下点的水平面称为眼耳平面或法兰克福平面。

3) 测量方向

(1) 在人体上、下方向上，将上方称为头侧端，将下方称为足侧端。

(2) 在人体左、右方向上，将靠近正中矢状面的方向称为内侧，将远离正中矢状面的方向称为外侧。

(3) 在四肢上，将靠近四肢附着部位的称为近位，将远离四肢附着部位的称为远位。

(4) 对于上肢，将桡骨侧称为桡侧，将尺骨侧称为尺侧。

(5) 对于下肢，将胫骨侧称为胫侧，将腓骨侧称为腓侧。

4) 支撑面、衣着和测量精确度

(1) 支撑面：立姿时站立的地面或平台以及坐姿时的椅平面应是水平的、稳固的、不可压缩的。

(2) 衣着：要求被测者裸体或穿尽量少的内衣。

(3) 测量值读数精度：线性测量项目测量值读数精确度为 1mm，体重读数精确度为 0.5kg。

▶ 3. 人体测量数据的类型

1) 静态测量数据

静态测量数据是人体处于固定的标准状态下测量的尺寸，可以测量许多不同的标准状态和不同部位。包括立姿、坐姿的人体各个部分的高度、长度、宽度、围径及体重、体积等。主要为人体各种装具设备提供数据，是人机系统不可缺少的参数，也是动态测量的基础。目前，我国成年人静态测量项目，国家标准正文中规定立姿有 12 项，坐姿 17 项。由于正常成年人的身体各部分之间都有一定的比例关系，因此，可根据这种比例关系推算其他形体参数。表 5-2 给出了静态测量数据的相关用途。

表 5-2 静态测量数据的用途

测量数据	用　途
身高	确定设备、建筑物、车厢、船舱、护栏高度，服装尺寸
坐、立姿眼高	确定显示器高度，重要视看对象的位置
坐、立姿的肩高、肘高、肩宽、上臂长、手长	确定作业空间、最大作业范围、正常作业范围、最佳作业范围、工作面布置

续表

测量数据	用　途
大腿厚度、坐姿膝高	确定工作台的容膝空间
大腿小腿长、坐姿下肢长	脚控制装置的位置、尺寸
坐深、坐姿臀宽	工作椅、沙发尺寸
头、手、足尺寸	头盔、手柄、踏板、楼梯深度、鞋袜尺寸

2）动态测量数据

动态测量数据是人在进行某种功能活动时肢体所能达到的空间范围，它是动态的人体状态下测得，是由关节的活动、转动所产生的角度与肢体的长度协调产生的范围尺寸，如：在某一活动时所测的尺寸、活动角度，眼高的变化范围、手臂所及范围、手的活动范围、下肢所及范围、上下肢各关节合理伸屈范围等。

这些数据会受身体其他部位的牵制，还会受动作强度和精度要求、用力情况，及身体有无支撑和衣着、装备的影响，所以很复杂，但对确定工作最方便的正常所及区、保证肢体活动符合生理规律是非常重要的。

▶ 4. 人体测量中的统计术语

1）总体

统计学中，把所要研究的全体对象的集合称为“总体”。人体尺寸测量中，总体是按一定特征被划分的人群。因此，设计产品时必须了解总体的特性，并且对该总体命名，例如，中国成年人、中国 3 岁以下儿童等。

2）样本

把从总体取出的许多个体的全部称为“样本”。各种人体尺寸手册中的数据就是来自这些样本，因此，设计人员必须了解样本的特点及其表达的总体。

3）均值

均值表示分布的集中趋势，是样本测量数据集中地趋向某一个值，可用来衡量一定条件下的测量水平和概括地表现测量数据集中情况。它是描述测量数据位置特征的值。

4）标准差

它表明一系列测量值对平均值的波动情况，标准差大，表明数据分布广，远离平均数；标准差小，表示数据接近平均数。通过标准偏差的数值可以衡量变量值的变异程度和离散程度，也可以概括地估计变量值的频数分布。

5）百分位

人体测量数据常以百分位数 P_k 表示，其含义为某一人体尺寸和小于该尺寸的人占统计对象总人数的百分比。在设计中最常用的是 P_5，P_{50}，P_{95} 三种百分位数。如以身高为例：第 5 百分位数是代表“小”身材，表示有 5%的人身高等于或小于这个尺寸。换句话说就是有 95%的人身高高于这个尺寸。第 50 百分位数表示“中”身材，指大于和小于此身材尺寸的人群各为 50%。第 95 百分位数代表“大”身材，表示有 95%的人等于或小于这个尺寸，5%的人具有更高的身高。例如，身高分布的第 5 百分位数为 1.543m，则表示有 5%的人的身高低于这个高度。我国成年男女常用人体主要尺寸的部位见图 5-2，主要尺寸见表 5-3。

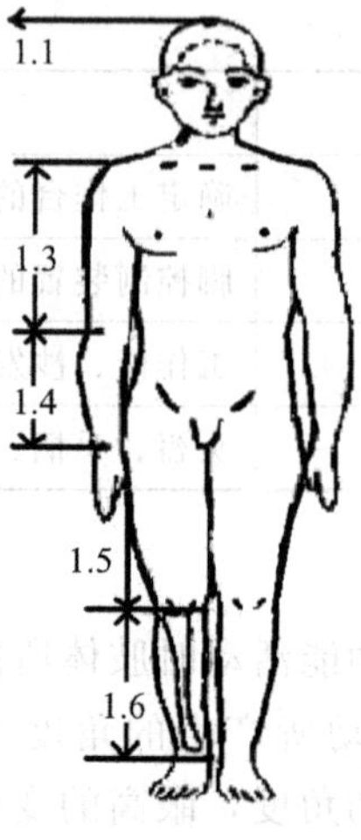

图 5-2　人体主要尺寸测量项目

表 5-3　人体主要尺寸

mm

测量项目	男(18～60 岁)			女(18～55 岁)		
	P_5	P_{50}	P_{95}	P_5	P_{50}	P_{95}
1.1 身高	1583	1678	1775	1484	1570	1659
1.2 体重/kg	48	59	75	42	52	66
1.3 上臂长	289	313	338	262	284	308
1.4 前臂长	216	237	258	193	213	234
1.5 大腿长	428	465	505	402	438	476
1.6 小腿长	338	369	403	313	344	376

▶ 5. 坐姿人体尺寸

国家标准中的成年人坐姿尺寸包括：坐高、坐姿颈椎点高、坐姿眼高、坐姿肩高、坐姿肘高、坐姿大腿厚、坐姿膝高、小腿加足高、坐深、臀膝距、坐姿下肢长、坐姿臂宽、坐姿两肘间宽，共 13 项，坐姿尺寸部位见图 5-3，表 5-4 为我国成年人坐姿人体尺寸。

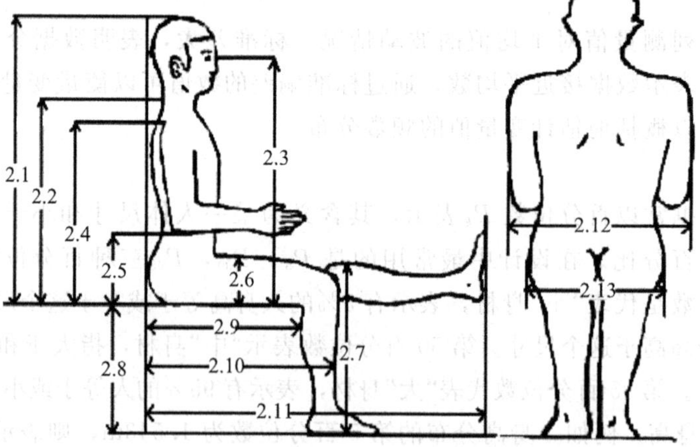

图 5-3　坐姿人体尺寸测量项目

表 5-4 坐姿人体尺寸 mm

测量项目	男(18～60 岁)							女(18～55 岁)						
	P_1	P_5	P_{10}	P_{50}	P_{90}	P_{95}	P_{99}	P_1	P_5	P_{10}	P_{50}	P_{90}	P_{95}	P_{99}
2.1 坐高	836	858	870	908	947	958	979	789	809	819	855	891	901	920
2.2 坐姿颈椎点高	599	615	624	657	691	701	719	563	579	587	617	648	657	675
2.3 坐姿眼高	729	749	761	798	836	847	868	678	695	704	739	773	783	803
2.4 坐姿肩高	539	557	566	598	631	641	659	504	518	526	556	585	594	609
2.5 坐姿肘高	214	228	235	263	291	298	312	201	215	223	251	277	284	299
2.6 坐姿大腿厚	103	112	116	130	146	151	160	107	113	117	130	146	151	160
2.7 坐姿膝高	441	456	461	493	523	532	549	410	424	431	458	485	493	507
2.8 小腿加足高	372	383	389	413	439	448	463	331	342	350	382	399	405	417
2.9 坐深	407	421	429	457	486	494	510	388	401	408	433	461	469	485
2.10 臀膝距	499	515	524	554	585	595	613	481	495	502	529	561	570	587
2.11 坐姿下肢长	892	921	937	992	1046	1063	1069	826	851	865	912	960	975	1005
2.12 坐姿臀宽	284	295	300	321	347	355	369	295	310	318	344	374	382	400
2.13 坐姿两肘间宽	353	371	381	422	473	489	518	326	348	360	404	460	478	509

▶ 6. 人体测量数据的影响因素

1）性别

(1) 对于大多数人体尺寸，男性比女性大些。

(2) 同整个身体相比，女性的手臂和腿较短，躯干和头占的比例较大，肩较窄，骨盆较宽。

(3) 皮下脂肪厚度及脂肪层在身体上的分布，男女也有明显差别。

(4) 在腿的长度尺寸起重要作用的场所，考虑女性的人体尺寸至关重要。

2）年龄

人在未成年之前，身体逐渐增高，成年后变得基本稳定，进入中老年后开始萎缩。对于未成年人来说，年龄对人的尺寸有很大的影响，对成年人来讲，这个影响就很小。一般来说，年龄对人的力量的影响比对身体尺寸的影响要大得多。

3）地区与种族

不同的国家，不同的种族，因地理环境、生活习惯、遗传特质的不同，人体尺寸的差异是十分明显的，即使是同一国家，不同地区的人体尺寸也有差异。因此，在设计中要考虑产品的多民族的通用性。

4）世代差异

进行一次人体测量耗费大量人力物力和时间，制定一次标准必须使用若干年，但人体的尺寸却随年代变化。例如欧洲的居民预计每十年身高增加 10～14mm。据统计，过去三十年，日本人的平均身高增加了 8cm 之多。因此，在使用数据时，必须考虑测量的年代，进行必要的修正。

7. 人体测量尺寸的修正

首先，人体尺寸标准中所列的数据是裸体或穿单薄内衣条件下测得，测量时不穿鞋或穿着纸拖鞋。而设计中所涉及的人体尺度应该是在穿衣、穿鞋等条件下的人体尺寸。因此，考虑有关人体尺寸时，必须给衣服、鞋子等留下适当的余量，也就是在人体尺寸上增加适当的着装修正量。其次，在人体测量时要求躯干为挺直姿势，而人在正常作业时，躯干为自然放松姿势，为此应考虑姿势不同而引起的变化量。此外，还需要考虑实现产品不同操作功能所需的修正量。

1）着装修正量

由于在实际中用到的一般都是人体着装时的尺寸，所以对前面所说的人体结构尺寸在实际应用中要根据研究对象的不同进行修正，获得人体着装以后的结构尺寸。表 5-5 给出了着装和穿鞋修正量的数据。

表 5-5 正常人着装身材尺寸修正值 mm

测量项目	尺寸修正量	修正原因
立姿高	25～38	鞋高
坐姿高	3	裤厚
立姿眼高	36	鞋高
坐姿眼高	3	裤厚
肩宽	13	衣
胸宽	8	衣
胸厚	18	衣
腹厚	23	衣
立姿臀宽	13	衣
坐姿臀宽	13	衣
肩高	10	衣(包括坐高 3 及肩 7)
两肘间宽	20	
肩—肘	8	手臂弯曲时，肩肘部衣物压紧
臂—手	5	
叉腰	8	
大腿厚	13	
膝宽	8	
膝高	33	
臀—膝	5	
脚宽	13～20	
脚长	30～38	
脚后跟	25～38	

2）功能修正量

功能修正量是考虑了人的姿势不同和实现产品不同操作功能所需的修正量，可通过实验或统计数据得到。

立姿时身高、眼高减 10mm；坐姿时坐高、眼高减 44mm。

3）心理修正量

心理修正量是为克服人们心理上产生的空间压抑感、高度恐惧感等感受，或者为满足人们求美、求奇等心理需要，在产品最小功能尺寸上附加的一项增量。心理修正量一般由实验方法求得，通过被试者主观评价表的评分结果进行统计分析，据此求得心理修正量。

▶ 8. 产品功能尺寸的设定

产品功能尺寸是指为确保实现产品某一功能而在设计时规定的产品尺寸。该尺寸通常是以设计界限值确定的人体尺寸为依据，再加上为确保产品某项功能实现所需的修正量。产品功能尺寸有最小功能尺寸和最佳功能尺寸两种，具体设定的公式如下：

$$S_{min} = S_{\alpha} + \Delta f \tag{5-1}$$

$$S_{opm} = S_{\alpha} + \Delta f + \Delta \rho \tag{5-2}$$

式中，S_{min}为最小功能尺寸；S_{opm}为最佳功能尺寸；S_{α}为第 α 百分位人体尺寸数据；Δf 为功能修正量；$\Delta\rho$ 为心理修正量。

5.2.2 人的劳动心理特征

劳动心理学是心理学一个分支，其特点是结合劳动过程，研究劳动者的心理反应、心理活动及心理规律。它以普通心理学、社会心理学、管理心理学等研究成果为理论基础，结合劳动过程和劳动组织的实际，围绕劳动者的需要、动机、行为，劳动者的个体心理素质，劳动者群体心理现象，劳动者心理保健及安全生产等内容，讨论劳动管理中如何运用心理学知识，激发劳动者的积极性问题。

▶ 1. 感觉

人通过自己的感觉器官获得关于周围环境的各种信息，因此感觉是人的信息处理系统的输入子系统。人的感觉有视觉、听觉、肤觉、嗅觉、味觉、动觉等多种，其中视觉和听觉是信息输入的主要感觉通道。每种感觉通道都有其特殊的功能和作用，但也都有其局限性。这种局限性可能直接影响信息输入，进而可能影响更高水平的信息处理。感觉器官可接受外界刺激的范围被称为感觉阈限，感觉阈限有绝对阈限和相对阈限两个概念。

▶ 2. 知觉

感觉的第二个阶段是把感受到的外界刺激与储存在大脑中的信息进行比较，也即是对外界刺激进行编码，使它成为人的信息中心能够识别的形式。心理学把这一阶段的感觉叫知觉。知觉是作用于感觉器官的客观事物的各个部分和属性的整体在头脑中的反映。

1）知觉与感觉的关系

联系：知觉与感觉一样，是事物直接作用于感觉器官产生的，同属于对现实的感性反映形式；知觉以感觉为基础。

区别：知觉以感觉作基础，但它不是个别感觉信息的简单总和。它比个别感觉的简单相加要复杂得多。

2）知觉的基本特性

（1）知觉的整体性：把知觉对象的各种属性、各个部分知觉成为一个同样的有机整体，这种特性称为知觉的整体性，如图 5-4 所示。

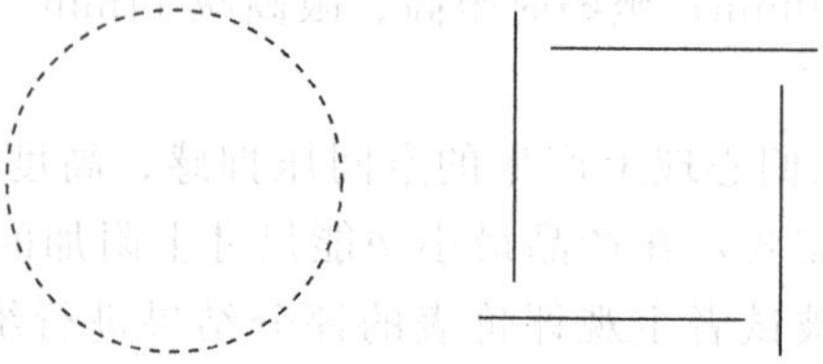

图 5-4　知觉的整体性

（2）知觉的理解性：根据已有的知识经验去理解当前的感知对象，这种特性称为知觉的理解性。

（3）知觉的恒常性：人们总是根据已往的印象、知识、经验去知觉当前的知觉对象，当知觉的条件在一定范围内改变了的时候，知觉对象仍然保持相对不变，这种特性称为知觉恒常性，包括亮度恒常性、大小恒常性、颜色恒常性、形状恒常性、听知觉恒常性等。

（4）知觉的选择性：作用于感官的事物是很多的，但人不能同时知觉作用于感官的所有事物或清楚地知觉事物的全部。人们总是按照某种需要或目的主动地有意识地选择其中少数事物作为知觉对象，对它产生突出清晰的知觉映像，而对同时作用于感官的周围其他事物则呈现隐退模糊的知觉映像，从而成为烘托知觉对象的背景，这种特性称为知觉的选择性，如图 5-5 所示。

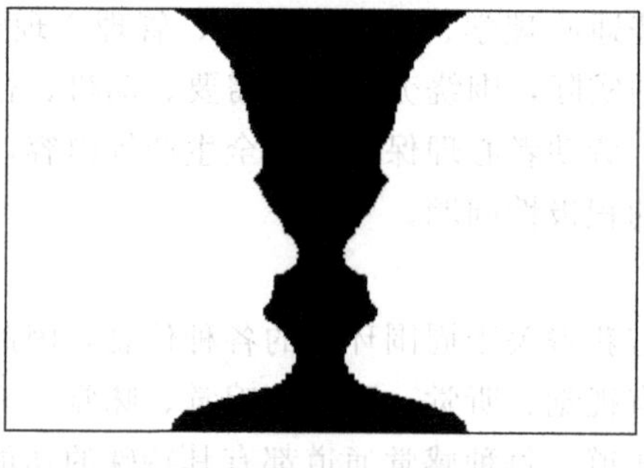

图 5-5　知觉的选择性

▶ 3. 记忆

记忆是人脑对经验过事物的识记、保持、再现或再认，它是进行思维、想象等高级心理活动的基础。大量心理学研究的结果表明，人有三种不同的记忆。

（1）瞬时记忆——瞬时记忆是在各感觉器官的后面，储存人感觉到的信息，所以也被称为感觉信息存储。

（2）短期记忆——这种记忆看来只有很小的容量和很短的寿命，但它的容量对于存储单元的长度并不太敏感。显然，这不是前面所说的感觉信息存储，因为那种记忆只保持几分之一秒。但这也不是长期记忆系统，因为那种记忆可使材料无限期保存。这种记忆只持续很短时间，所以被称为短期记忆。

（3）长期记忆——长期记忆是保持一分钟以上到几年，甚至于更长时间的记忆。人的知识经验，就是保持在长期记忆中的信息。长期记忆的内容是以往信息加工的结果，比较稳定，具有备用的作用，对人的活动不会增加过多的负担。人的长期记忆的容量很大，几乎是无限的。

▶ 4. 思维

思维最初是人脑借助于语言对客观事物的概括和间接的反应过程。思维以感知为基础，又超越感知的界限。它探索与发现事物的内部本质联系和规律性，是认识过程的高级阶段。

5.2.3 人的劳动生理特征

▶ 1. 体力工作负荷及其测定

体力工作负荷测定的目的，是通过一些生理指标和生化指标的变化来测定人体工作负荷水平，体力工作负荷可以从生理变化、生化变化、主观感觉等三个方面进行测定。

▶ 2. 体力劳动时人体的调节与适应

1）神经系统的调节与适应

作业时的每一个有目的的动作，既取决于中枢神经系统的调节作用，又取决于机体内外感受器所传入的各种神经冲动，形成一时性共济联系（transient association），在大脑皮层内进行综合分析，调节各器官适应作业活动的需要，维持机体与环境的平衡。

当长期在同一劳动环境中从事某一作业活动时，通过复合条件反射逐渐形成该项作业的动力定型，使从事该作业时各器官系统相互配合得更为协调、反应更迅速、能耗较节省、作业更轻松。

2）心血管系统的调节与适应

成人安静时的心率平均为每分钟75次，一般女子的心率较男子稍快，经常参加体育锻炼的人安静时的心率较慢。人的心率在作业开始30～40s内迅速增加，然后缓慢上升，一般经过5min达到与劳动强度相适应的稳定水平。停止作业后，在15s内迅速减少，然后再缓慢减少至正常水平。一般认为，男性作业时心率每分钟110～115次、停止作业后15min恢复到安静心率，则为体力劳动负荷的最佳范围，可连续工作8h。

3）呼吸系统的调节与适应

平静呼吸时，正常成年人呼吸频率每分钟12～18次，呼吸深度为500mL，则每分通气量6～9L。呼吸的频率随作业强度增加而增加，重强度作业时约每分钟30次，极大作业强度时可达每分钟60次，但恢复较快。

▶ 3. 劳动强度

1）劳动强度的概念

劳动强度是指作业者在作业过程中体力消耗及紧张程度，也即劳动量（肌肉能量和神经能量）的支出和劳动时间的比率。劳动强度是用来计量单位时间劳动消耗的一个指标。劳动强度不同，单位时间人体所消耗的能量也不同。通常单位时间内劳动量消耗越多，劳动强度越大。

2）体力劳动强度分级

体力劳动强度分级是中国制定的劳动保护工作科学管理的一项基础标准，是确定体力劳动强度大小的根据。应用这一标准，可以明确工人体力劳动强度的重点工种或工序，以便有重点、有计划地减轻工人的体力劳动强度，提高劳动生产率。以能量消耗为指标划分劳动强度时，耗氧量、心率、直肠温度、乳酸浓度和相对代谢率具有相同的意义。表 5-6 为劳动强度分级。

表 5-6 劳动强度分级

劳动强度等级	很轻	轻	中等	重	很重	极重
耗氧量/(L/min)	<0.5	0.5～1.0	1.0～1.5	1.5～2.0	2.0～2.5	>2.5
能量消耗/(kJ/min)	<10.5	10.5～20.9	20.9～31.4	31.4～41.9	41.9～52.3	>52.3
心率/(次/min)		75～100	100～125	125～150	150～175	>175
直肠温度/℃			37.5～38	38～38.5	38.5～39	>39
排汗率/(mL/h)			200～400	400～600	600～800	>800

▶ 4. 作业能力及作业疲劳

1）作业能力的动态分析

作业能力是指作业者完成某项作业所具备的生理、心理特征，综合体现了个体所蕴藏的内部潜力。生理、心理特征，可以从作业者单位时间内生产的产品产量和质量间接体现出来。实际中，生产成果除受作业能力的影响之外，还受到作业动机等因素的影响。影响作业能力的主要因素包括生理因素、环境因素、工作条件与性质、锻炼与熟练程度。

2）作业疲劳及其测定

（1）疲劳的概念

作业疲劳是指劳动者在劳动过程中，出现的劳动机能衰退、作业能力下降、有时伴有疲倦感等自觉症状的现象。

（2）疲劳的测定方法

疲劳表现出的特征有身体的生理状态变化、进行特定作业时的作业能力下降等，常用的检测疲劳的方法有如下几种。

① 工作业绩测量法

当人的工作效率或工作质量开始下降时，疲劳也产生了。因此通过人的工作效率的下降程度，可以判断人的疲劳程度。这种方法不够准确，但简单易行，而且比较客观。但是仅依靠工作业绩法测量疲劳是不够的，必须与测量疲劳的其他方法结合起来用。测量指标：完成产品的数量、次品率以及出现错误或发生事故的概率等。

② 生理心理测试法

a. 膝跳反射机能检查法：用小硬橡胶锤，按照规定的冲击力敲击被测者的膝部，依据小锤落下使膝盖腱反射的最小落下角度的变化来评价疲劳程度。被测者疲劳程度不同，反射运动钝化程度也不同。膝跳反射阈值随疲劳程度增大而增大。

b. 心率血压测定法：轻作业中，人的心率增加不多；重作业能上升到每分钟 150～200 次，这时，心脏每搏输出血液量由安静时的 40～70mL 增大到 150mL，每分钟输出血量可达 15～25L，有锻炼的人可达每分钟 35L。作业停止后，心率可在几秒至十几秒内迅速减少，然后缓慢地降到原来水平。其恢复时间的长短可作为疲劳程度鉴定的依据。

c. 两点刺激敏感阈限检查法：用两个近距离的针状物同时刺激皮肤表面，当两个刺激点间的距离小到刚刚使被测者感到是“一点”时的距离，称为两点刺激敏感阈限。作业机体疲劳使感觉机能迟钝，两点刺激敏感阈限增大。

d. 闪光融合值检查法：利用视觉对光源闪变频率的辨别程度判断机体的疲劳程度。当光源闪变频率提高到使人眼对光源闪变感觉消失时，称为“融合现象”，此时的闪变频率称为“融合度”。相反，在融合状态下，降低光源的闪变频率使人眼产生闪变感觉的临界闪变频率，称为“闪变度”。融合度与闪变度的均值，称为闪光融合值。人体疲劳后闪光融合值降低，说明视觉神经出现钝化。

e. 连续色名呼叫检查法：通过检查作业者识别各种颜色，并能正确地叫出各种颜色色名的能力，判别作业者是否疲劳。一般准备 4 种颜色板若干块，以较快的速度抽取颜色板，同时让作业者以最快的速度回答。作业者在疲劳状态下，回答速度慢，且错误率高。

f. 反应时间测定法：反应时间的变化也同样能够表征中枢系统机能的迟钝化程度。测定作业者的反应时间，依据其反应时间的快慢也能判断作业者中枢系统机能迟钝化程度与大脑兴奋水平。

5.3 人的系统功能特征

5.3.1 人的神经系统

神经系统是机体的主导系统，全身各器官、系统均在神经系统的统一控制和调节下，互相影响、互相协调，保证机体的整体统一及其与外界环境的相对平衡。神经系统是心理现象的物质基础，从心理学角度看，人的一切心理和意识活动都是通过神经系统的活动来实现的。神经系统可分为中枢神经系统和末梢神经系统，中枢神经系统包括大脑半球、小脑、间脑、中脑、后脑、延髓和脊髓；末梢神经系统包括传入神经、传出神经和自主神经。神经系统的作用是协调人体对外部信息作出反应，维持人体内外平衡。

5.3.2 人的视觉信息接收系统

▶ 1. 视觉器官

视觉器官是人体感受光刺激的结构，能感受光波的刺激，经视神经传导至大脑皮质视觉中枢而引起视觉。眼球是视觉器官。它类似于照相机，晶状体就相当于镜头，视网膜就相当于胶片，感光并引起兴奋的是视网膜上的视细胞。产生视感的视细胞又可分为杆状细胞和锥状细胞。杆状细胞分布在视网膜的周围，能感受明暗，只在低照度下(如夜间)起作用，不能感受颜色。锥状细胞密集在视网膜的中心，离中心越远，数量越少，它除感受明暗外，还能感受颜色，比杆状细胞有较高的视觉敏感性，能在较高照度下(如白天)起作用。光线通过瞳孔进入眼中，瞳孔的直径大小由虹膜控制，这使眼睛在更大范围内适应光强的变化。视觉的适宜刺激是光，光是一种电磁辐射波。电磁波的波谱范围极为广泛，其中人眼所能感受到的电磁波长为 380～780 nm，这个范围的光叫可见光。波长大于 780 nm

的红外线，或波长小于380 nm的紫外线等都不能引起视觉的反应。图5-6所示为人眼能感觉到的不同的颜色的波长范围。

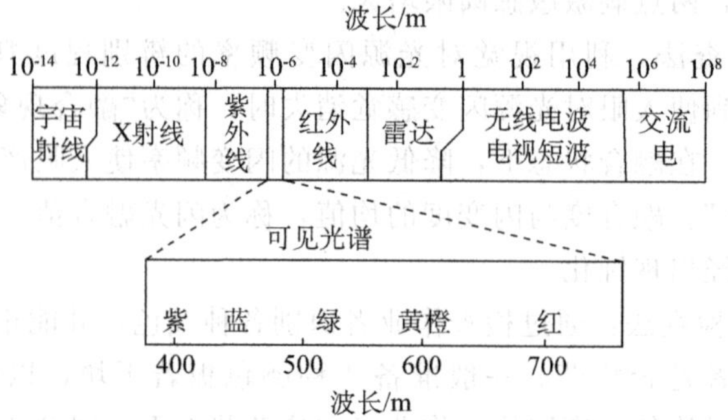

图5-6 电磁波长范围及可见光谱

▶2. 视觉机能

1）视角

视角是由瞳孔中心到被观察物体两端所张开的角度。眼睛能分辨被看物体最近两点光线投入眼球时的交角，称为最小视角。

2）视力

视力是眼睛分辨物体细节能力的一个生理尺度，用最小视角的倒数来表示，即：视力=1/最小视角。

3）色觉

人辨别颜色的能力叫色觉，反映视网膜对不同波长光的感受特性。人眼视锥感光细胞内有红、绿、蓝三种不同的感光色素，根据红、绿、蓝三种光混合比例不同，就可形成不同的颜色，从而产生各种色觉。红、绿、蓝三种颜色称为三原色。当视锥细胞出现异常时，人的眼睛辨别颜色的能力就要打折扣，那就是通常所说的色盲或色弱。若视锥细胞什么颜色都不能感受，则是全色盲。色盲妨碍我们的生活和工作。

4）视野

视野一般是指当人的头部和眼球不动时，人眼能觉察到的空间范围，通常以角度表示。色觉视野是指不同的颜色对人眼的刺激不同，所以视野也不同。白色的视野最大，黄、蓝、绿色的视野依次减小。

5）视距

视距是人在操作系统中正常的观察距离。视距的确定，一般应根据观察目标的大小和形状以及工作要求确定。通常，观察目标在56cm处为适宜，低于38cm时会引起目眩，超过76cm时目标细节看不清楚。

6）视觉的适应

视觉适应是人眼随视觉环境中光量变化而感受性发生变化的过程。视觉适应分为暗适应和明适应。

暗适应：人由明亮的环境转入暗环境，在暗环境中视网膜上的视杆细胞感受光的刺激，使视觉感受性逐步提高的过程称为暗适应。暗适应过程的时间较长，最初5min，适应的速度很快，以后逐渐减慢。获得80%的暗适应约需25min，完全适应则需1h。人在暗环境中可以看到大的物体、运动物体，但不能看清细节，也不能辨别颜色。

明适应：人由暗转入明亮的环境，视杆细胞失去感光作用而视网膜上的视锥细胞感受强光的刺激，使视觉阈限由很低提高到正常水平，这一过程称为明适应。明适应在最初30s内进行得很快，然后渐慢，1～2min即可完全适应。人在明亮的环境中，不仅可以辨认很小的细节，而且可以辨别颜色。

7）视觉运动规律

人眼的水平运动比垂直运动要快；视线习惯于从左到右和从上到下看；看圆形物体总是习惯沿顺时针方向看；眼睛朝上下方向运动比按水平方向运动容易疲劳；对水平方向的尺寸的估计要正确得多；两眼运动协调一致同步；对直线轮廓比曲线轮廓更易接受。

5.3.3 人的听觉信息接收系统

耳朵是听觉器官，它由外耳、中耳和内耳三个部分组成。外耳搜集声音刺激，声波的交变压力经外耳推动鼓膜；由鼓膜接收到振动，在中耳的三块听小骨中放大，再传至内耳；内耳是声音收纳器细胞的所在地，振动通过内耳传递到神经末梢，即把机械性的声能转变成神经能，传至大脑，形成人对声音的感觉。声音是听觉的刺激，它是由物体振动所产生的。振动以波的方式进行传播，称为声波，一定频率范围的声波作用于人耳就产生了声音的感觉。人耳的可听范围是频率为20～20000Hz的声波，低于20Hz的次声波和高于20000Hz的超声波人耳都听不见。一般音乐的频率范围在40Hz～15kHz；人说话的频率范围在100Hz～8kHz。

频率：指发声物体每秒振动的次数，单位是赫兹。它决定着音调的高低。

振幅：指振动物体偏离起始位置的大小。发声体振幅大，对空气压力大，听到的声音就强；振幅小，压力小，听到的声音就弱。

波形：决定音色。声波最简单的形状是正弦波。由正弦波得到的声音叫纯音。在日常生活中，人们听到的大部分声音不是纯音，而是复合音。

▶ 1. 声音的度量

1）声压

声波在对空气介质扰动的过程中，对正常大气压附加了一定的压力，该附加的压力称声压，以 p 表示，单位为帕(Pa)。声压的大小反映声音音响程度的强弱。正常人耳能够听到的最低声音的声压为 2×10^{-5} Pa，称此声压为“听阈声压”，而声压达20Pa时会使人耳产生疼痛感，该声压被称为“痛阈声压”。

2）声压级

声压与基准声压之比的以10为底的对数的20倍，用 L_p 表示，单位为分贝(dB)：

$$L_p = 20\lg\frac{p}{p} \tag{5-3}$$

式中，p——声压，Pa；

p_0——基准声压，$p_0=2\times10^{-5}$ Pa。

这样，声压的听阈0.00002Pa到痛阈20Pa，就可相应地用声压级0～120dB来表示。

▶ 2. 人耳对声音的主观感觉

1）响度级

响度级(L_N)是声音响度的相对量，将1000Hz纯音的声压级的分贝值定为响度级的基准值，单位为方(phon)。

以1000Hz的纯音为基准音，其他音与其相比较。如67dB、100Hz的声音与60dB、1000Hz的基准音同响，则67dB、100Hz声音的响度级为60phon。

2）响度

响度是人耳对声音强度所产生的主观量，以 N 表示，单位为宋(sone)，1sone＝40phon，响度与响度级的关系如下：

$$N = 2^{0.1(L_N - 40)} \tag{5-4}$$

$$L_N = 40 + 33.22\lg N \tag{5-5}$$

▶ 3. 听觉特性

1）听觉感受性

人对不同频率的声音的感受性是不同的，人对1000～4000Hz范围的中高频声音特别敏感，对频率非常低和非常高的声音的感受性则大大降低。

2）听阈和痛阈

声音还必须具有一定的强度才能被听到，这个最小可听强度就是听觉的绝对阈限。而音强超过一定值后便在耳膜引起压痛觉。1000Hz声音的听阈是0dB，痛阈是120dB。

3）声波具有三种物理特性

声波的三种物理特性即振动频率、振幅和波形；在心理学上与此相应，听觉也有三种特性，即音调、响度和音色。

音调：主要由声波每秒振动的次数，即声音的频率决定。频率越大，音调越高。

响度：主要由声音振幅大小决定。我们主观上感觉到声音的强弱程度就是响度。响度是声波强度的心理反映。

音色：指复合声的一种主观属性。人们根据它可以把具有相同的音高和响度的复合声区分开来。

4）掩蔽

一个声音被另一个声音所掩盖的现象称为掩蔽，一个声音的听阈因为另一个声音的掩蔽作用而提高的效应称为隐蔽效应。

5）方位判断

确定声源位置的能力主要是依靠双耳听觉，由于声源发出的声音到达双耳的距离不同、传播途中屏障条件不同，因此，传入双耳的声波强度和时间先后也不同。利用这种差别即可判断声源的方位。

6）听觉适应和疲劳

声音较长时间作用于听觉器官时，听觉感受性会降低，这种生理现象称为听觉的适应。一般在声音刺激停止10～20s后，听觉器官的感受性即恢复正常。

强度大大超过感受器正常生理反应限度、长时间作用的声刺激，会造成听觉疲劳。听觉疲劳的大小与声刺激的强度、持续的时间、刺激的频率以及声刺激停止后测量听阈的时间等多种因素有关。

听觉疲劳不断地累加而长时期得不到恢复，最终将会导致永久性的听力损失，即职业性的听力损失。

5.3.4 人的其他感觉系统

▶ 1. 本体感觉

1）平衡觉

反映头部位置和身体平衡状态的感觉叫平衡觉。引起平衡觉的适宜刺激是身体运动时速度和方向的变化，以及旋转、震颤等。平衡觉的感受器是位于内耳的前庭器官。它包括半规管和前庭两部分，前庭是反映直线加速或减速的器官；半规管是反映身体旋转运动的器官。前庭器官的感受细胞称为毛细胞。平衡觉的作用在于调节机体运动、维持身体的平衡。平衡觉与视觉、机体状态有联系，当前庭器官受到过度刺激时，传入冲动会引起前庭器官和小脑等有关部位的过强反应，我们会产生眩晕、恶心、呕吐等症状。影响平衡觉的因素有：酒、年龄、恐惧、突然的运动、热紧迫、不常用的姿势等。

2）运动觉

运动觉是人对自己身体各部位的位置及其运动状态的一种感觉。它反映身体各部分的位置、运动以及肌肉的紧张程度。运动觉涉及人体的每一个动作，是仅次于视、听觉的感觉。运动觉感受器存在于肌肉组织、肌腱、韧带和关节中，分别为肌梭、腱梭和关节小体。当人体运动时，上述感受器接受来自肌肉、关节的刺激发放神经冲动，经传入神经传入大脑皮质的相应区域，使人感知自己在空间的位置、姿势以及身体各部位的运动状况。

▶ 2. 触压觉

由非均匀的压力在皮肤上引起的感觉叫做触压觉。触压觉包括触觉和压觉。当机械刺激作用于皮肤表面而未引起皮肤变形时产生的感觉是触觉；当机械刺激使皮肤表面变形但未达到疼痛时产生的感觉是压觉。相同的机械刺激在皮肤的不同部位引起的触压觉的敏感性是不同的，额头、眼皮、舌尖、指尖较敏感，手臂、腿次之，胸腹部、躯干的敏感性较低。

▶ 3. 温度觉

温度觉指皮肤对冷、热刺激的感觉。温度觉包括冷觉和热觉两种。冷觉和热觉的划分以生理零度为界限。生理零度指皮肤的温度，随温度的变化而变化。温度刺激高于生理零度，引起温觉；温度刺激低于生理零度，引起冷觉；温度刺激与生理零度相同，则不能引起冷觉和热觉。人体不同部位的生理零度不同，面部为33℃，舌下为37℃，前额为35℃。当温度刺激超过45℃时，会使人产生热甚至烫的感觉。这种感觉是温觉和痛觉的复合。

▶ 4. 痛觉

痛觉是对伤害有机体的刺激所产生的感觉。引起痛觉的刺激很多，包括机械的、物理的、化学的、温度的以及电的刺激。痛觉对有机体具有保护作用，不仅仅是皮肤，全身各处的损伤或不适都会产生痛觉。因此，痛觉既可以是外部感觉，也可以是内部感觉。人的痛觉受许多因素的影响，我们可以通过药物、电刺激、按摩、催眠、放松训练、分散注意力等方法减轻痛觉。

▶ 5. 嗅觉

某些物质的气体分子作用于鼻腔黏膜时产生的感觉叫做嗅觉。引起嗅觉的适宜刺激是有气味的挥发性物质，这种物质作用于鼻腔黏膜的嗅细胞，使细胞产生兴奋，经嗅束传至嗅觉的皮层部位，因而产生嗅觉。嗅觉感受性受许多因素影响：嗅觉对不同性质的刺激物有不同的感受性；嗅觉和环境因素、机体的状态有关；适应会使嗅觉感受性明显下降。

▶ 6. 味觉

可溶性物质作用于味蕾产生的感觉叫做味觉。味觉的适宜刺激是溶于水的化学物质。味觉的感受器是分布在舌面各种乳突内的味蕾。一个味蕾有几十个味细胞，它们与有味物质进行直接反应。脑神经将味觉细胞的兴奋传递给神经中枢。用于传递味觉的脑神经很少，味觉信息由这些神经传送到延髓，再转到间脑，最后进入大脑皮层的味觉区。人的味觉有甜、苦、酸、咸四种，负责它们的味蕾在舌面的分布是不一样的。舌尖对甜味最敏感，舌中、舌的两侧和舌后分别对咸、酸和苦最敏感。当一种有味物质进入口腔后，需要1s才能有感觉，而恢复原状则需要10s～1min以上，甚至更长。这一特征给品尝工作造成很大困难。温度对味觉感受性和感觉阈限有明显的影响。在20～30℃时，味觉最灵敏。一般来说，味觉的适应和对比作用都很明显。

5.4 作业环境

5.4.1 微气候环境

▶ 1. 微气候的要素及其相互关系

微气候的要素是空气的温度、湿度、气流速度(风速)和热辐射这四种物理因素。在作业过程中，不适当的微气候条件会直接影响人的工作情绪、疲劳程度与健康，从而使工作效率降低，造成工作失误和发生事故。

温度、湿度、风速、热辐射四种因素对人体的散热，不是各个因素孤立地起作用，而是相互联系、相互制约地综合对人体产生作用。人体只有在一定气象因素组合下，产热量和散热量基本平衡时，才会感到舒适。温度、湿度、热辐射和风速对人体的影响可以相互替代。如低温对人的影响可由人体经热辐射所获得的热量来抵消，湿度增高所带来的影响可由风速的增大来抵消等。因此微气候环境对人体的影响是由这些因素共同作用的结果，所以必须综合地评价微气候的若干条件。

▶ 2. 微气候环境的综合评价

心理上感到是否满意即是否觉得舒适，是人体对微气候环境的主观感觉。它是进行微气候环境评价的重要指标之一。舒适温度是指某一温度“范围”而言。生理学上常用的规定是：人坐着休息，穿着薄衣服，无强迫热对流，未经热习服的人所感到的舒适温度。按照这一标准测定的舒适温度一般是21±3℃。影响舒适温度的因素有：

(1) 季节：如在夏秋与冬季，人们感觉舒适的环境就不同，大多数人在冬季感觉舒适的微气候条件是相对湿度为30%～70%，有效温度为16.8～21.7℃；大多数人夏季感到舒适的条件是相对湿度为30%～70%，有效温度为18.8～23.9℃。

(2) 劳动条件：表5-7表示在室内湿度为50%时，各种劳动的舒适温度指标。

表 5-7 劳动时的舒适温度指标

作业姿势	作业性质	工作举例	舒适温度/℃
坐姿	脑力劳动	办公室、调度台	18～24
	轻体力劳动	小零件分类	18～23
站姿	轻体力劳动	车工、铣工	17～22
	重体力劳动	沉重零件安装	15～21
	很重体力劳动	伐木	14～20

(3) 性别、年龄等：女子的舒适温度比男子高 0.55℃；40 岁以上的人比青年人约高 0.55℃。

(4) 热习服：人长期在高温下生活和工作，相应地习惯热环境的特性。

舒适湿度：舒适的湿度一般为 40%～60%。不同的空气湿度下，人的感觉不同，特别是高温、高湿对人的感觉和工作效率的消极影响极大。室内空气湿度 φ(%)与室内气温 t(℃)的关系应为：$\varphi=188-7.2t$(12.2℃<t<26℃)。如室温 20℃时，湿度最好是：$\varphi=188-7.2\times20=44$，即 44%。

3. 微气候环境对人体的影响

1) 高温环境对人体的影响

一般将热源散热量大于 84kJ/(m^2·h)的环境叫高温作业环境。高温作业环境有三种类型：高温、强热辐射作业，其特点为气温高，热辐射强度大，相对湿度较低；高温、高湿作业，其特点为气温高、湿度大，如果通风不良就会形成湿热环境；夏季露天作业，如农民劳动、建筑等露天作业。

2) 低温作业环境对人体的影响

人体具有一定的冷适应能力，但对低温的适应能力远远不如热适应能力。气温降低时，人体的不舒适感迅速上升，机能迅速下降；在低温适应初期，代谢率增高，心率加快，心脏搏出量增加；当人体核心温度降低之后，心率也随之减慢，心脏搏出量减少，这实际上是人体不能适应低温环境的信号。人体长期处于低温条件，会导致循环血量、白细胞、血小板等减少，出现血糖降低、血管痉挛、营养障碍等症状。

低温环境对工作效率的影响：低温对操作的影响，最明显的表现在手动动作的准确性和灵活性方面。低温特别影响手的精细运动和双手的协调动作。手的触觉敏感性的临界皮肤温度是 10℃左右，操作灵巧度的临界皮肤温度是 12～16℃，长时间暴露于 10℃以下，手的操作效率就会明显降低。

4. 改善微气候条件的措施

1) 高温作业环境的改善

作业者在高温环境中的反应及耐受时间受气温、湿度、风速、热辐射、作业负荷、衣服的热阻值等因素的影响。高温作业环境应该从生产工艺、保健措施、生产组织措施等方面入手加以改善。

2) 低温作业环境的改善

(1) 低温作业环境要做好采暖和保暖工作，设置必要的采暖设备。调节后的温度要均匀恒定。有的作业需要和外界发生联系，外界的冷风吹在作业者身上很不舒适，应设置挡风板，减缓冷风的作用。

（2）可以适当提高作业负荷，增加作业负荷，可以使作业者降低寒冷感。但由于作业时出汗，使衣服的热阻值减少，在休息时更感到寒冷。因此工作负荷的增加，应以不使作业者出汗为限。

（3）进行个体保护，低温作业车间或冬季室外作业者，应穿御寒服装，御寒服装应采用热阻值大、吸汗和透气性强的衣料。

（4）采用热辐射取暖，室外作业，用提高外界温度方法消除寒冷是不可能的；若采用个体防护方法，厚厚的衣服又影响作业者操作的灵活性，而且有些部位还不能被保护起来。因此，采用热辐射的方法御寒最为有效。

5.4.2 照明环境

在作业过程中，视觉的应用是最为重要和普遍的，大约80%以上的信息是由视觉得到的，通过视觉获得信息的效率和质量与视觉特性和光环境有直接关系。室内的光环境则主要依靠于照明条件，因此，照明环境设计是作业场所设计的重要组成部分之一。

▶ 1. 光的度量

1）光通量

光通量为单位时间内通过某一面积的光量，是用国际照明组织规定的标准人眼视觉特性来评价的辐射通量，单位为流[明](lm)。在人眼最敏感的波段内，1lm的光通量相当于0.001 55W的功率。

2）发光强度(光强)

光强指光源的明亮程度，定义为光源在单位立体角内发出的光通量。光强的单位是国际单位制的基本单位之一，为坎[德拉](cd)，公式如下：

$$I=\frac{\Phi}{\Omega} \tag{5-6}$$

式中，I——光强，cd；

Φ——光通量，lm；

Ω——立体角，球面度，sr。

3）照度

照度是被照面单位面积上所接受的光通量，单位为勒[克司](lx)。照度的定义式为

$$E=\frac{\Phi}{S}\text{或}E=\frac{I\cos\theta}{r^2} \tag{5-7}$$

式中，E——照度，lx；

Φ——光通量，lm；

S——受照物体表面面积，m^2；

I——点光源发光强度，cd；

r——光源到被照物的距离，m；

θ——点光源与被照物之间的夹角，(°)。

式(5-7)表明，受点光源照明的物体，垂直面上的照度与光源和受照面之间的距离的

平方成反比，与光源的发光强度成正比。

4）亮度

亮度表示发光面的明亮程度。亮度作为一种主观的评价和感觉，表示由被照面的单位面积所反射出来的光通量，因此与被照面的反射率有关。亮度的定义式为

$$L=\frac{I}{S\cos\theta} \tag{5-8}$$

式中，L——亮度，cd/m^2；

S——发光面面积，m^2；

I——取定方向光强，cd；

θ——取定方向与发光面法线方向的夹角，(°)。

▶ 2. 照明环境对作业的影响

1）适当提高照度值可以减少视觉疲劳

照度自10lx增加到1000lx时，视力可提高70%。因为亮光下瞳孔缩小，视网膜上成像更清晰。在照明条件不好的情况下，由于反复努力辨认，易造成视觉疲劳。眼睛疲劳的自觉症状有：眼睛乏累、怕光刺眼、眼痛、视物模糊、眼充血以及流泪等。眼睛疲劳还会引起视力下降、眼球发胀、头痛以及其他疾病而影响健康。

2）提高照度可以提高识别速度和立体感觉

增加照明并非总是与劳动生产率的增长相联系。照度提高到一定限度，可能引起目眩，从而对工作效率产生消极影响。研究表明，随着照度增加到临界水平(1200lx)，工作效率迅速得到提高；在临界水平上，工作效率平稳；超过这个水平，增加照明度对工作效率影响很小，甚至会加重视疲劳，使工作效率下滑。过高的照明水平除了浪费能源外，还会产生副效应，如刺眼、反应时间增加、容易使人兴奋等，反而使视觉功能下降。

3）适当提高照度值可以防止错误和工伤事故的发生

错误和事故的数量与工作环境的照明条件也有关系。适当的照度可以增加眼睛的辨色能力，从而减少识别物体色彩的错误率；可以增强物体的轮廓立体视觉，有利于辨认物体的高低、深浅、前后、远近及相对位置，使工作失误率降低；可以扩大视野，防止错误或事故的发生。

4）照明与情绪

生理和心理方面的研究表明，照明会影响人的情绪，影响人的兴奋性和积极性。明亮的房间是令人愉快的，如果让被试在不同照度的房间中选择工作场所的话，一般都选择比较明亮的地方。在做无需很大视觉努力的工作时，改善照明也可以提高劳动生产率。

总之，改善工作环境的照明，可以改善视觉条件，节省工作时间；提高工作质量，减少废品；保护视力，减轻疲劳，提高工作效率；减少差错，避免或减少事故；有助于提高工作兴趣，改进工作环境。

▶ 3. 作业场所的照明环境要求

1）照度要求

不同的视看对象要求不同的照度。提高照度，不仅能减少视觉疲劳，而且对提高劳动生产率也起着很大作用。但当照度超过1200lx时，将造成反光干扰，此时阴影深暗，对比过于强烈，而这些都对作业不利。所以，作业环境的照度要适当。

2）照明的均匀性

视觉是否舒服愉快在很大程度上取决于照明的均匀性，如果照度不均匀，会增加眼睛的疲劳。工作场所照度均匀的标志是：被照场内最大、最小照度与平均照度之差分别等于平均照度的1/3。

3）照明的稳定性

照明的稳定性指照度保持标准的一定值，不产生波动，光源不产生频闪效应。照度稳定与否直接影响照明质量的提高。为此，在设计上要保证在使用过程中照度不低于标准值，就要考虑到光源老化、房间和灯具受到污染等因素，适当增加光源功率，采取避免光源闪烁的措施等。

4）亮度分布

舒适的照明环境应该有合理的亮度分布，做到明暗结合、生动实用。亮度对比过小会使环境显得平淡、枯燥乏味；亮度对比过大则容易产生不舒适眩光，影响人的正常视觉活动；两者都会引起视觉疲劳，应该尽量避免。

5.4.3 噪声环境

声音是一种波动现象，由于音源的振动而引起附近空气分子的移动，将能量向外扩散传送形成压力波。声源单位时间振动的次数称为频率。人耳可听到的频率在20～20000Hz之间，以1000～4000Hz之间比较敏感。噪声通常是指一切对人们生活和工作有妨碍的声音，或者说凡是使人烦恼的、讨厌的、不愉快的、不需要的声音都叫噪声。噪声与人们的心理状态有关，不单独由声音的物理性质决定。同样的声音，有时是需要的，而有时便成为噪声。

▶ 1. 噪声的度量

1）声压与声压级

声压是声波压力超过大气静压的部分，是衡量声音大小的尺度，通常用 p 来表示，单位是Pa。声压越大，声音越响。声压级是用对数标度来量度声压，其单位为dB。

$$L_p = 20\lg \frac{p}{p_0} \tag{5-9}$$

式中，p_0 为基准声压，在空气中取 2×10^{-5}Pa，是人耳刚能感觉到的声压，对应的声压级为0dB，即听阈。

2）某声源声压及声压级的测量

在实际噪声环境中，往往有多个声源同时存在，几个不同的声源同时作用在声场中同一点上，它们产生的总声压可以通过能量合成的原则进行计算。

$$L_{p总} = 10\lg \sum_{i=1}^{n} 10^{0.1L_{pi}} \tag{5-10}$$

▶ 2. 噪声的危害

1）噪声的分类

噪声按其随时间变化特性，分为稳定噪声、周期性噪声、无规律噪声和脉冲噪声；按照噪声源的特点，分为工业噪声、交通噪声和社会噪声；按照人们对噪声的主观评价，分为过响声、妨碍声、刺激声和无形声。

2）噪声对听力的损伤

听力损伤是指由于接触噪声而引起的听力损失。噪声对听力的损伤有以下几种情况。

（1）听觉疲劳。在噪声作用下，人们听觉敏感性降低，而变得迟钝，表现为听阈提高，当离开噪声环境几分钟后又可恢复，这种现象称为听觉适应。听觉适应有一定的限度，在强噪声长期作用下，听力减弱，听觉敏感性进一步降低，听阈提高 15dB 以上，离开噪声后需要较长时间才能恢复，这种现象叫做听觉疲劳，属于病理前期状态。

（2）噪声性耳聋。长期在噪声环境中工作产生的听觉疲劳不能及时恢复，出现永久性听阈位移，当听阈位移超过一定限度时，将导致噪声性耳聋。按照国际标准化组织的定义，500Hz、1000Hz、2000Hz 三个频率的平均听力损失超过 25dB 称为噪声性耳聋。通常，当听阈位移达到 25～40dB 为轻度耳聋；当听阈位移提高到 40～60dB 称为中度耳聋，此时，一般讲话已不能听清；当听阈位移超过 60～80dB，低、中、高频听力都严重下降，称为重度耳聋。

（3）爆发性耳聋。当听觉器官遭受巨大声压且伴有强烈的冲击波作用时，鼓膜内外产生较大压差，导致鼓膜破裂，双耳完全失聪。

3）影响听力损伤的因素

（1）噪声强度。55dB(A)以下的强度噪声对人的听力没有损伤。55～65dB 噪声是产生听力损失的临界强度，超过此值，暴露时间超过一定限度就会产生听力损失。

（2）暴露时间。一般每一频率的听力损失都会有自己的临界暴露年限。超过此年限，这个频率的听力随暴露年限的延长而下降。4000～6000Hz 出现听力损伤的时间最早，也即该频段听力损伤的临界暴露时间最短。下降速度由快至慢，直到相对稳定。

（3）噪声频率。不同频率的噪声对听力影响的程度不同，3kHz 附近的噪声伤害效应最大，其次是 4kHz，而后是 2kHz 和 7kHz，最后是 1kHz 以下和 8kHz 以上。对噪声的敏感性有很大的个体差异，即使工厂的噪声非常强烈，也并非所有工人都会丧失听觉。

4）噪声对作业能力和工作效率的影响

噪声大的环境，直接影响工作效率和工作质量，特别是对精细的非重复性的工作。噪声环境下，人心情烦躁，易疲劳，反应迟钝，注意力不易集中，遗漏和错误增加，使工作效率、质量和安全性下降。噪声对信号的掩蔽效应，常会导致作业者不能分清报警信号，引发事故。

▶ 3. 噪声的控制措施

1）制定噪声标准。

工业噪声卫生标准是控制噪声危害的重要依据，卫生部门必须监督工业企业采取各种措施，达到标准所提的要求。因此，需要制定评价方法、指标和允许接受的噪声标准。

2）控制和消除噪声源。

控制和消除噪声源是防止噪声危害的根本措施。鉴于噪声源的多样性及其与生产条件的密切性，应根据具体情况采取不同的方式解决。如鼓风机、电动机可采取隔离或移出室外；织机、风动工具可采用改进工艺等技术措施解决；此外，加强维修、减低由不必要的或松动的附件撞击的噪声，用弹性材料代替钢件等。

3）控制噪声的传播。

全面考虑工厂的总体布局；调整声源方向；利用地形；采用吸声材料和吸声结构；采

用隔声和声屏装置。

4）个人防护。

常见防护用具包括：耳塞、耳罩、防噪声帽、防声棉等。可降低噪声 20～30dB。

5）音乐调节。

音乐调节是利用听觉的掩蔽效应。音乐调节时的音量与噪声强度有关：如果噪声低于80dB，音乐比噪声高 3～5dB，如果环境噪声大于 80dB，则应使音乐的声级比环境噪声低3～5dB。音乐的选用，要注意对象的文化背景、年龄、欣赏水平等因素。

5.5 人机系统

5.5.1 人机系统概述

所谓系统是指某些相互联系、相互制约的事物，以某种形式结合在一起并具有特定功能的有机整体。整体系统的组成部分称为子系统。整体系统与子系统之间既有相对性也有统一性。人机系统是由相互作用、相互联系的人和机器两个子系统构成，且能完成特定目标的一个整体系统。人机系统中的人是指机器的操作者或使用者；机器的含义是广义的，是指人所操纵或使用的各种机器、设备、工具等的总称。研究人机系统时，既要研究子系统各自的特点和功能，还要研究它们之间相互形成有机整体的功能。研究人机系统的设计和改进，都是以具体的人机系统为对象的，例如由人与汽车、人与机床、人与计算机、人与家电、人与工具等构成的特定的人机系统。

人机系统基本结构由人的子系统、机器的子系统和人机界面所组成。图 5-7 为人机系统基本模式图。人的子系统可概括为 S-O-R(感受刺激—大脑信息加工—作出反应)；机器的子系统可概括为 C-M-D(控制装置—机器运转—显示装置)。在人机系统中，人与机器之间存在着信息环路，人机相互具有信息传递的性质。系统能否正常工作，取决于信息传递过程能否持续有效地进行。

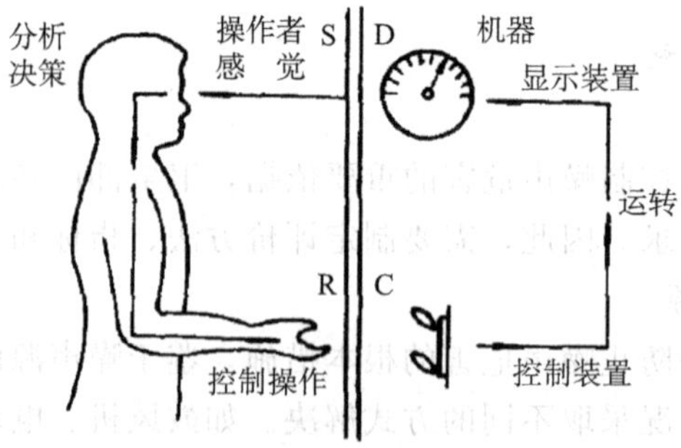

图 5-7　人机系统的基本模式图

5.5.2 人机系统设计

人机系统设计，包括非常广泛的领域，凡是人与机器、器具、设备等相结合的设计，小至一个按钮、一件工具，大至一个大型复杂生产过程、一个现代化系统，均为人机系统设计。

人机系统设计的根本目的是，根据人的特性，设计出最符合人操作的机器、设备、器具，最醒目的显示器，最方便使用的控制器，最舒适的环境、条件、座椅和工作姿势，最合理的操作程序、标准和作业方法等，使整个人机系统保持安全可靠、高效率和高效益。

在系统设计阶段，功能分配要充分考虑人的因素。在考虑信息处理的可靠性时，既要提高机器、设备及计算机等的可靠性，又要提高操纵机器的人的可靠性，以保证整体人机系统的可靠性得到提高。其次是对机具进行人因工程学设计，使机具适应人的特性，保证人使用时得心应手。主要包括显示器和控制器的选择与设计、作业空间设计、作业辅助设计等，并要为提高人机系统的可靠性采取具体对策。必要时，还要制定操作人员的选择和培训计划。最后是对系统进行评价，试验该系统是否具备完成既定目标的功能，并进行安全性、舒适性及社会性因素的分析、评价。系统评价时具体应注意：人与机的功能分配和组合是否正确；人的特性是否充分考虑和得到满足；能适用的人员占人群的多大百分位；作业是否舒适；是否采取了防止人为失误的措施等。综上所述，人机系统设计过程的主要工作是：明确系统的目的和条件(必要条件、制约条件、环境条件等)；进行人和机器的功能分配；进行人与机器的组合；对系统及人机界面上的机器进行设计；对系统进行分析评价。

5.6 案例分析

学生座椅设计

椅子设计的原理是从人们使用的健康角度进行分析的，根据人的生理状况、疲劳测定等定义椅子的外形曲线设计。椅子的曲线主要是看椅垫和靠背的曲线是否和人的生理曲线相符。下面以学生座椅(图 5-8)为例，试给出座椅设计的相关参数。椅子设计的相关参考数据(座椅尺寸设计均忽略心理修正量)可查表得出。

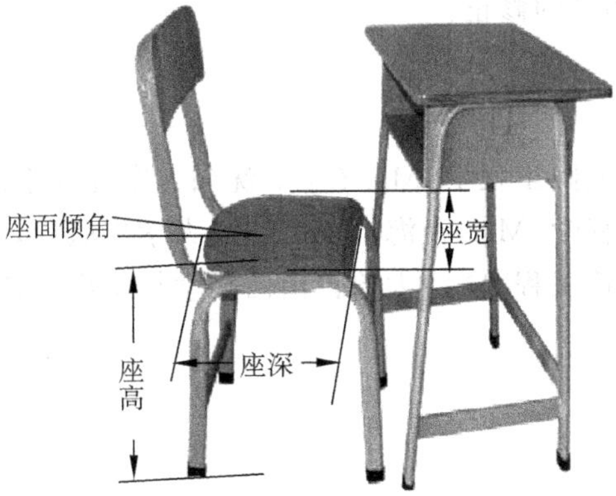

图 5-8 学生座椅图

1. 座高

座面高度是指地面至就坐座面上坐骨支承处的高度。合适的座高应使大腿保持水平，小腿垂直，双脚平放在地面上。座面过高→小腿悬空→大腿受椅面前缘压迫→血液循环受阻→小腿麻木肿胀。座面太低→腿长的人盆骨后倾→腰椎曲线拉直→腰酸不适。故座高一般按低身材的人群设计。以男性坐姿时“小腿加足高”的人体尺寸为计算依据，计算第5百分位数时产品最小功能尺寸S_{min}。查表5-4可得，$S_5=38.3$cm。功能修正主要应考虑两方面：一是鞋跟高的修正量，一般为2.5～3.8cm，取2.5cm；另一方面是着装修正量，一般为0.3cm。即$\Delta f=2.5+0.3=2.8$cm。则可得出计算结果，$S_{min}=S_5+\Delta f=411$mm。建议座面前缘应比人体膝窝高度低3～5cm，且有半径2.5～3.5cm弧度。

2. 座宽

座宽应满足臀部就坐所需的尺寸，使人能自如地调整坐姿。座宽太小→拥挤压迫。座宽太大→肘部须向两侧伸展以寻求支承→引起肩部疲劳。参考尺寸为“坐姿臀宽”，以女性群体尺寸上限为设计依据，以满足最宽人体的需要。计算第99百分位数时产品最小功能尺寸S_{min}。查表5-4可得，$S_{99}=400$mm，功能修正主要应考虑着装修正量以及大腿厚，查表5-5得，$\Delta f=13+3=16$mm，则可得出计算结果，$S_{min}=S_{99}+\Delta f=416$mm。

3. 座深

座深是指座面前后距离。正确的设计应使臀部得到全面的支撑。腰部得到靠背的支持，座面前缘与小腿间留有适当的距离，保证小腿可自由活动。就学生座椅来讲，座深应按较大百分位数的群体来设计。参考尺寸为“坐深”，计算男性第99百分位数时产品最小功能尺寸S_{min}。查表5-4可得，$S_{99}=510$mm，功能修正主要应考虑臀—膝，查表5-5可得，$\Delta f=5$mm。则可得出计算结果，$S_{min}=S_{99}+\Delta f=515$mm。

4. 座面倾角

座面与水平夹角称为座面倾角。座面应向后倾，这样既可防止坐者从座面滑出，又可由于重力后移使得腰背获得较大面积支承，减轻疲劳。学生座椅倾角一般小于3°～4°。若倾角过大，会因身体前倾而使脊柱拉直，破坏正常的腰椎曲线。

习题与思考题

1. 什么是人因工程学？
2. 何为人体测量中的百分位数？举例说明如何运用。
3. 为何要进行人体测量的修正？

参考文献

[1] 郭伏，杨学涵．人因工程学[M].2版．沈阳：东北大学出版社，2005.
[2] 丁玉兰．人因工程学[M]. 上海：上海交通大学出版社，2004.
[3] 宋飞舟．现代工业工程[M]. 太原：山西科学技术出版社，2004.

第6章 产品设计与研发

近年来，随着全球化竞争态势的发展、信息科技的进步以及消费者消费形态的改变，企业产品生产系统的发展早已从效率型大量生产标准化产品的时代，转向效益型少量生产客户化产品的时代。在激烈的市场竞争中，组织运用各种决策资源，追求企业的持续经营，而产品设计正是企业竞争策略的环节之一。适当地运用设计可以使得企业在产品与创意上取得领先地位，而这也正是未来企业生存的基本条件。

6.1 产品设计

产品设计是指创新或者改进产品，以供人们使用，它主要考虑的项目有功能、可靠性、使用性、外观和成本。产品设计是顾客对产品或服务的质量是否满意，以及影响生产成本的主要因素。

▶ 1. 产品设计的重要性

从1930年起，产品设计便是一种创造性的策略，以帮助企业获得全球市场的竞争优势。产品设计是决定市场成败的因素，好的产品设计可以吸引消费者的注意以及清楚地与消费者沟通，并且根据使用经验的相对质量增加产品的价值。

产品设计在营销上的应用有以下四点：

(1) 聚焦市场，产品设计是一种吸引消费者注意的方法。

(2) 产品的造型或外观是一种与消费者沟通的工具。产品的造型可以创造最初的印象以及对产品属性的偏好。

(3) 在管理上，产品造型对消费者来说是很重要的，因为它影响着大众生活的质量。

(4) 产品造型也具有长期且持续的影响性。

▶ 2. 产品设计观点

产品设计在人与物的互动上是不可或缺的角色，并且影响着消费者的行为，例如产品的理解、分类、使用与功能。

产品设计的观点如下。

（1）功能性观点：产品设计的功能性观点表示一个物体的造型与配置，以及决定物体如何被使用。

（2）沟通性观点：沟通性观点是以视觉化与图像化的线索去帮助人们解释物体在做什么以及如何操作或使用，以提高人们与产品的互动。

（3）美感观点：设计的美感观点是消费者对产品外型所产生的一种美感回应。美感回应是在物体的外观与消费者对物体之间互动的回应。

▶ 3. 产品设计的发展趋势

（1）着重于顾客满意与产品竞争力。

（2）着重于降低新产品开发所需的时间。

（3）着重于降低新产品供应所需的时间。

（4）着重于组织机构生产或交货的能力。

（5）着重于环境因素：废弃物最小化，零件再循环使用，耗用产品处理。

（6）着重于少用料与少包装。

▶ 4. 产品设计的目标

产品设计必须考虑顾客的需求，且考虑到顾客群体，以锁定目标市场，所以产品设计的目标可能会因情况的不同而有差异。一般而言，产品设计的目标有以下几方面：

（1）尽快使新产品上市。

（2）设计符合顾客需求的产品。

（3）提高顾客满意水平。

（4）提高质量。

（5）降低成本。

在竞争的环境中，倘若新产品上市抢先于竞争者，则会产生竞争优势，增加利润与市场占有率，并创造领先的形象。

6.2 产品设计流程

顾客个性化需求和市场的多变性加剧了市场竞争的激烈程度，企业纷纷调整自身的经营战略，进而根据公司的战略制定相应的产品研发和服务设计战略，确定产品研发或服务设计理念。图 6-1 为当前企业产品研发的路线，图 6-2 为产品研发过程的具体描述，一般包括产品构思、结构设计、工艺设计等几个阶段。

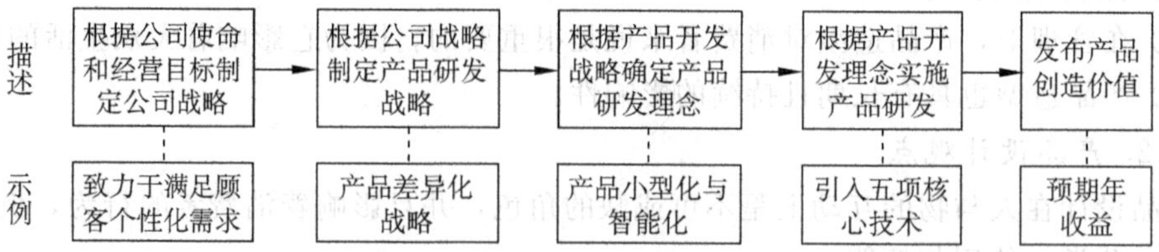

图 6-1　产品研发路线图

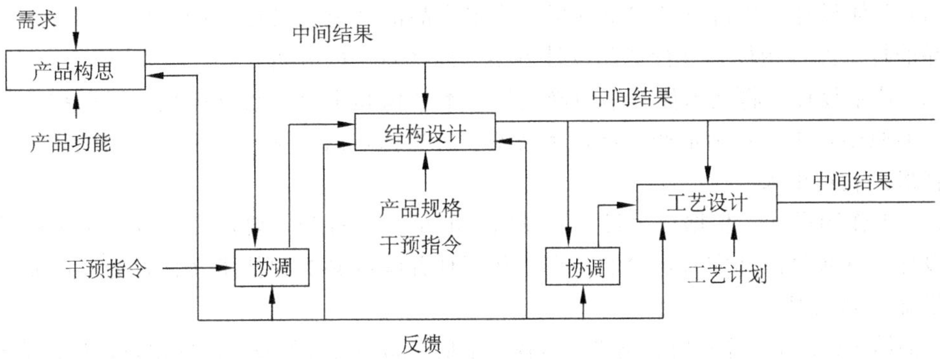

图 6-2 产品研发过程

▶ 1. *产品构思*

产品开发过程开始于产品构思，而构思来源于对市场需求所进行的分析，来源于技术的推动，也可能来源于竞争对手的产品和服务。第一，通过与客户的交流，倾听客户的心声，听取他们对改进产品的建议，以此来分析顾客的需求，挖掘新产品创意。第二，通过R&D，将研究出来的新技术应用于新产品开发，由技术推动新产品的开发。第三，研究竞争对手的产品和服务，往往能够激发出新设计以及对现有产品进行改进的许多构想，使企业开发出优于竞争对手的产品。第四，在强调供应链管理的环境下，作为合作伙伴的供应商正在成为重要的产品构思来源。

▶ 2. *结构设计*

产品结构设计过程包括从明确设计任务开始，到确定产品的具体结构为止的一系列活动。无论是新产品的开发、老产品的改进，还是外来产品仿制、顾客产品定制，产品结构设计始终是企业生产活动中的重要环节。产品结构设计决定了产品的性能、质量、成本，因此决定了产品的前途和命运，一旦设计出了错误或不合理，将导致产品先天不足，工艺和生产上的一切努力都将尽付东流。

为了保证设计质量、缩短设计周期、减少设计费用，产品结构设计必须遵循科学的设计程序。产品结构设计一般分为总体设计、技术设计、工作图设计三个阶段，如图 6-3 所示。

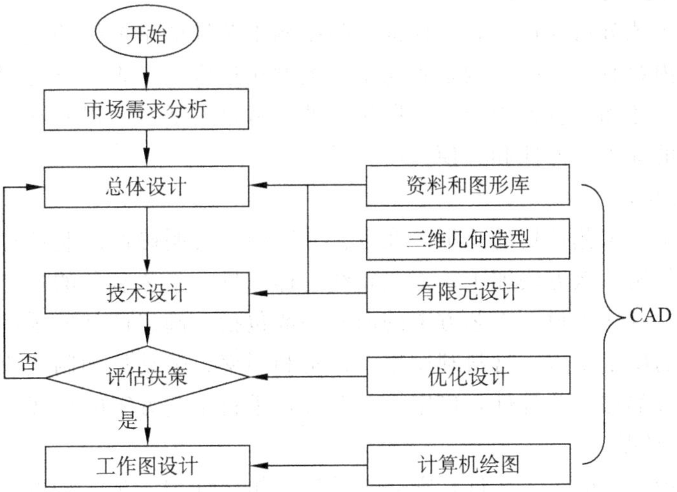

图 6-3 结构设计过程

（1）总体设计。通过市场需求分析，确定产品的性能、设计原则、技术参数，概略计算产品的技术经济指标，进行产品设计方案的经济效果的分析。

（2）技术设计。将技术任务书中确定的基本结构和主要参数具体化，根据技术任务书所规定的原则，进一步确定产品结构和技术经济指标，以总图、系统图、明细表、说明书等总括形式表现出来。

（3）工作图设计。根据技术设计阶段确定的结构布置和主要尺寸，进一步进行结构的细节设计，逐步修改和完善，绘制全套工作图样并编制必要的技术文件，为产品制造和装配提供确定的依据。

产品结构设计是一个递阶、渐进的过程，是从产品要实现的总体功能出发，从系统层面构思产品方案，然后逐步细化，划分成不同的子系统、组件、部件、零件，最后确定设计参数。

▶ 3. 工艺设计

工艺设计是指按产品设计要求，安排或规划出原材料加工成产品所需要的一系列加工过程、工时消耗、设备和工艺装备需求等。工艺设计过程是结构设计过程和制造过程之间的桥梁，它把产品的结构数据转换为面向制造的指令性数据。工艺设计过程的结果，一方面反馈给产品设计部门用于改进产品设计；另一方面作为生产实施的依据。图 6-4 描述了工艺设计的过程。

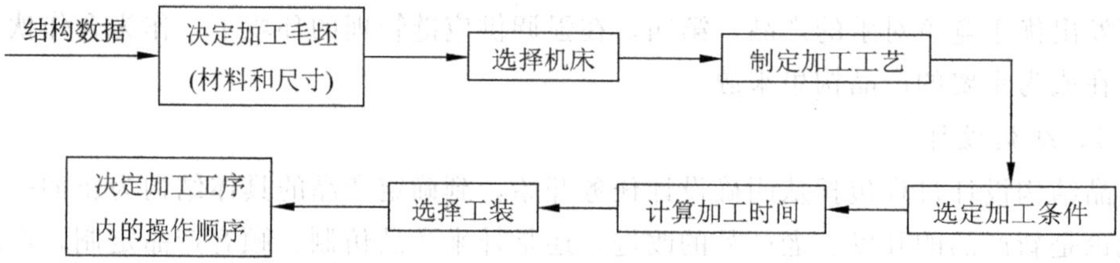

图 6-4　工艺设计过程

工艺设计过程难度大，是技术系统中的瓶颈环节。它涉及的范围广，所用数据和信息量相当庞大，又与生产现场和个人经验水平密切相关。工艺设计过程的程序包括产品图纸的工艺分析和审查、拟订工艺方案、编制工艺规程、工艺装备的设计与制造。

1）产品图纸的工艺分析和审查

产品图纸的工艺分析和审查，是保证产品结构工艺性的重要措施。产品图纸的工艺分析和审查的主要内容有：产品结构是否与生产类型相适应，是否充分地利用已有的工艺标准；零件的形状尺寸和配合是否合适，所选用的材料是否适宜，以及在企业现有设备、技术力量等条件下的加工可能性和方便程度。

2）拟订工艺方案

拟订工艺方案是工艺计划的总纲。在工艺方案中，要明确产品制造过程中会存在哪些主要问题、关键件用什么方法加工、工艺路线怎样安排、工艺装备的原则和系数如何确定等重大原则问题。具体来说，工艺方案的内容一般包括：确定产品所采取的工艺原则，规定生产时应达到的质量要求、材料利用率、设备利用率、劳动量和制造成本等技术经济指标，列出产品的各类加工关键件，确定工艺路线，进行工艺方案的经济效果分析。

3）编制工艺规程

工艺规程是最主要的工艺文件，它是安排生产作业计划、生产调度、质量控制、原料供应、工具供应、劳动组织的基础数据，是具体指导工人进行加工、制造、操作的文件。编制工艺规程包括产品及零部件制造方法和顺序的确定、设备的选择、切削规范的选择、工艺装备的确定、设备调整方法的选择、产品装备与零件加工技术条件的确定等。

4）工艺装备的设计制造

为实现工艺过程所需要的工具、夹具、卡具、量具、模具等，总称为工艺装备。工艺装备的设计与制造对贯彻工艺规程、保证加工质量、提高生产效率具有重要作用。

▶ 4. 产品设计的原则和绩效评价

选择一个真正能为企业带来效益的产品并不容易，关键看产品设计人员是否真正具备市场经济的头脑。虽然新技术的出现对于新产品的形成具有重要影响，但如何运用新技术则要根据用户的需求而定。

因此，产品设计和选择应该遵循以下几条原则：①设计用户需要的产品(服务)；②设计可制造性(manufacturability)性强的产品；③设计鲁棒性(robustness)强的产品(服务)；④设计绿色产品(考虑环保要求)。

为了使企业保持长久的竞争力，必须不断向市场推出新产品，为此，企业必须有效响应用户需求，并且能超过竞争对手。及时抓住机会、快速开发出新产品、用很短的时间将产品推向市场，对于一个企业而言是十分重要的，因为产品的市场寿命是有限的。

为此，必须对企业产品和服务设计的绩效进行测量和控制，争取取得最大的效益。根据企业在市场上的竞争要素，通常用表6-1所列出的内容作为度量产品开发绩效的主要指标。

表6-1 产品开发绩效评价指标

绩效指标	度量	对竞争力的影响
上市时间	新产品引入频率 从新产品构思到上市的时间 构思数量和最终成功数量 实际效果与计划效果的差异 新产品的销售比例	顾客/竞争对手的响应时间 设计的质量——接近市场的程度 项目的频率——模型的寿命
生产率	每一个项目的研究发展周期 每一个项目的材料及工具费用 实际与计划的差异	项目数量——新产品设计与开发的频率 项目的频率——开发的经济性
质量	舒适度——使用的可靠性 设计质量——绩效和用户的满意度 生产质量——工厂和车间的反应时间	信誉——用户的忠诚度 对用户的相对吸引力——市场份额 利润率

6.3 产品设计与研发的组织方法

针对产品的研发过程，下面介绍几种产品设计与研发的组织方法。

6.3.1 并行工程

并行工程(concurrent engineering)是一套系统化的处理方法，也是一种观念，就是希望在产品生命周期所有阶段的工作能够并行考虑及处理。并行工程期望带来的效益，是缩短产品开发时间；也就是说，产品能比竞争对手更快上市，提高产品的竞争力。另一方面，在同步作业模型下，各部门有了良好的沟通、分享并快速采集所需的数据，避免错误的发生，有助于提高产品的质量、增进顾客的信赖。

▶ 1. 并行工程发展背景

并行工程的名称，首见于1988年7月美国国防高级研究计划局(Defense Advanced Research Project Agency)的DICE(DARPA's Initiative in Concurrent Engineering)计划，并行工程简称CE。促成这个计划的原因，是美国在20世纪80年代中期，设计者与制造者在沟通和认识上存在的差距而造成相当多的工业意外。为使设计者与制造者能互相了解，因而产生了"design for manufacturing""design for assembly""design for constructing"等方法论，成为并行工程的基础。

▶ 2. 并行工程定义

并行工程是指在产品设计阶段，就提前考虑产品在后续作业流程中可能遇到的困难点等因素，包括制造、装配、检验、可靠性等，以缩短产品开发与设计时间。

美国国家防御分析研究所IDA(Institute of Defense Analyze)在1988年提出的并行工程定义是：并行工程是集成地、并行地设计产品及其相关过程(包括制造过程和支持过程)的系统方法。这种方法要求产品开发人员在一开始就考虑产品整个生命周期中从概念形成到产品报废的所有因素，包括质量、成本、进度计划和用户要求。依据上述定义，并行工程包括下列4方面：

(1) 系统化及同步化的产品开发程序；

(2) 最优化的产品与制造流程的设计方法；

(3) 多功能团队的组织；

(4) 计算机辅助的并行工程环境。

▶ 3. 并行工程的实施

一个管理系统是否同步化，可按下列4点判断：

(1) 作业模型或程序流程的同步化程度；

(2) 作业的标准化程度；

(3) 是否可以随时取得作业所需信息；

(4) 是否可以随时取得各种专家的支持。

信息基础建设是推广并行工程环境重要的基础。并行工程导入前，需要先引进信息集成与交换技术、资源分配与集成管理策略，进而完成同步作业环境的规划。

建立过程中，须根据产品作业流程的再造及信息技术与交换标准的基础建设，改善企业运行机制，并且运用数据库及网络系统使得信息得以相互主动支持，建立起主动积极的同步作业环境。

同步概念影响并行工程运行相当深远，重要的方向有下列6个方面：

(1) 作业流程的平行化；

(2) 界面连接关系的最小化；

(3) 资源与信息支持的准时化；

(4) 虚拟团队良好的沟通协调；

(5) 作业处理的同步化；

(6) 作业处理的快速化。

▶ 4. 并行工程推行要素

推行并行工程的成功要素共计 7 项：

(1) 愿景及策略(vision and strategy)。创造、引导、激励并维持企业愿意支持变革及创新的文化，以达到企业领导者所拟定的理想目标。

(2) 顾客导向(customer focus)。将市场的角色由下游的销售功能提前至设计阶段，成为专业功能，以期将顾客的意愿采用到产品的设计中。

(3) 加速上市(speed to market)。考虑作业顺序的必要性，将循序的作业方式改成同时并行法，而将产品上市时间大幅提前。

(4) 跨专业团队(cross-functional team)。将产品生命周期中所有的重要因素考虑到设计之中，所以必须由各相关专家组成团队共同完成设计。

(5) 设计及制造自动化工具(design and manufacturing automation tools)。使用现代化科技以减少人为疏忽，并增进效率。

(6) 质量提升(quality improvement)。将质量纳入设计中，也就是将可靠性(reliability)、安全性(safety)、服务便易性(serviceability)、维修便易性(maintainability)及顾客吸引性(attractiveness)等提前考虑到设计中。

(7) 降低成本(cost reduction)。依据经验数据所得的生命周期成本的分布情况，越早考虑降低成本，企业所需投入的资金就越少，且节省的总成本会越多。所以在设计阶段就考虑生命周期中的重要因素，较传统做法更能够降低成本。

▶ 5. 实施并行工程的目的

实施并行工程的目的，是为了尽早沟通设计、试制及生产三者的意见，使彼此间有共同的认知，减少日后在试制及生产时因不一致而增加修改次数，进而缩短产品开发时间，降低成本。

并行工程采用团队设计(team design)，结合消费者、设计、制造、质检、维修工程师、企管、供应商与资源回收业者，组成设计评价小组，使设计工程师在研发初期就对生命周期中所有重要的因素，如质量、成本、生产流程及使用需求等作一完整的规划。其主要目的是提高质量、降低成本、缩短研发时间、提高顾客满意度。并行工程的设计方法主张设计初期便对未来可能遇到的问题进行研发，因此设计出的产品较能符合各阶段工程的要求，减少了后期设计变更的次数，因此可以缩短研发时间，如图 6-5 所示。

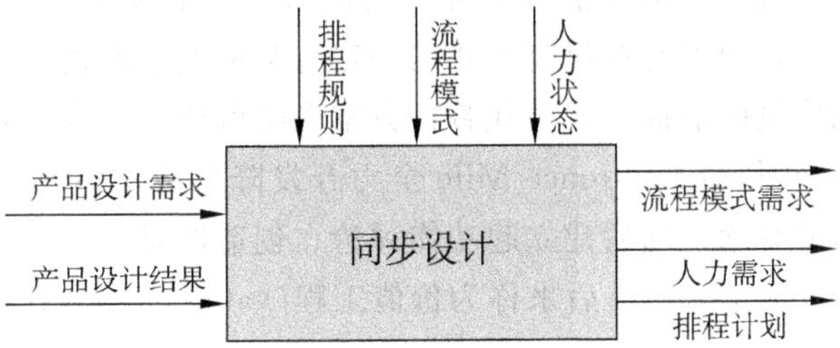

图 6-5　并行工程方法

▶ 6. 并行工程的优点

并行工程有以下优点：

(1) 提前发现并解决产品设计在后续制造和组装流程中将会发生的问题。

(2) 将制造或组装导致的设计变更与循环的情形提前至设计流程解决。

(3) 减少产品后续在制造或组装流程发生变更的次数。

(4) 缩短整个设计流程的完成时间。

(5) 促进设计人员系统化地进行设计活动。

(6) 促使设计人员适时地与制造或组装人员产生互动关系。

而其最主要的优点是创造竞争力，希望在竞争对手之前推出低价合格的产品。更进一步地说，并行工程主要应用目标为提升质量、降低成本及加速上市时间。而按美国产业界经验，并行工程的应用范畴还有缩短产品研发时间、降低单价、降低服务成本、降低间接费用、改善产品流、提升产品服务、提升市场接受度以及增加利润等。

并行工程并非单纯的科学，而是一种设计的概念，包括下列组成要件：在管理阶层贯彻全面质量管理的概念；在组织结构上以跨功能单位的同步设计小组分工；而在设计方法上则以顾客导向、适宜生产、稳健化的观念，简化商品的研发过程。

6.3.2 价值工程

价值工程和成本设计的目的非常相似，都是要做到让产品生产成本最小化，所以需要详细查看产品功能。除此之外，也要检阅产品的设计说明。价值工程由不同领域(例如制造、设计、营销等)的专家共同执行，其执行重点在于有效地利用成本，且在可接受的成本范围内提供最好的产品。

▶ 1. 价值工程的定义

价值工程(value engineering)是一套系统化的管理技术，用以确定不必要的成本，进而在不降低性能的前提下，开发降低成本的替代方案。

价值工程的应用起始于制造业，逐渐应用到其他行业，例如工业、教育、管理、政府行政、营建、行为科学、交通运输、服务业等，在成效显著的先进国家甚至已成为制度运作的一部分。而影响价值工程应用时机的选择，有两个主要因素：①在价值工程研究中，可能节省的金额；②价值工程应用对象的难易程度。

▶ 2. 价值工程发展背景

价值工程是第二次世界大战后发展起来的管理技术，主要原因是在战时由于物资缺乏，许多厂商被迫采用替代材料、制造流程、加工方法等来完成预定目标的产品的生产制作，事后却发现这些替代方案的性能较原先规划的有过之而无不及，但成本却明显下降。这些现象一次一次发生，使得有些研究者相信一定有某种循序渐进的方法可用来发掘不必要成本，并在不降低质量的前提下，寻找替代方案以降低成本。在这样的认识之下，美国奇异电子公司于 1947 年任命 Lawrence Mile 全力开发降低成本方案。Mile 首先探讨功能分析和成本互动关系的观念，随后建立起功能评价、创造性思考等模型，最终发展完成起初名为价值分析(value analysis)、后来称为价值工程(value engineering)或价值管理(value management)的管理技术。

▶ 3. 价值工程执行

执行价值工程有两个层面的影响，执行价值工程必须先作研究，所以本身就是一项支出；再加上随后的变更设计会产生支出，这两项支出即执行价值工程的成本。通过价值工程分析后产生替代方案，当替代方案所节省下来的费用大于执行价值工程的总支出时，就可以获得执行价值工程的净效益。

执行价值工程，首先要组成研究小组(或小团队)，针对工作特性选取具有相关专业背景的人员参加，小组成立之后，再针对目标执行替代方案研究。这项工作包括了六个步骤，分别是信息搜集、创意构想、评价判断、细节发展、简报建议和实践追踪，分别说明如下。

(1) 信息搜集。信息搜集包括了设计理念、成本估价数据、现场状况等，尽量列出可能的范围，再通过功能(function)定义和评价，找出目标中的主要功能(必须是具备的功能)和次要功能(非绝对必要，用来辅助主要功能)。也就是经过了解问题和功能分析，去筛选和找出问题所在(高成本或成本不合理的项目)。

(2) 创意构想。在小组成员都对问题有了充分了解之后，针对主要功能开始使用头脑风暴法，这时候大家仅提构想(方案)，不对构想作任何批评，也不考虑方案的可行性，完全抛开传统的思考模型，通过这个阶段，产生一些具创新性的构想。

(3) 评价判断。对上阶段所提出的各项构想(方案)加以评价分析，首先删除那些不可行的方案，再对剩余的可行方案作优缺点分析，并按节省成本的潜力及功能的改善作评价及排列先后次序，然后取其优者，进入下一步的细节发展。

(4) 细节发展。对选取的替代方案，就成本、可行性、节省的成本(或提升的功能)作详细完整的叙述。

(5) 简报建议。将上阶段所作的判断描述向主管报告，主管的接受与否决定了替代方案是否采纳。

(6) 实践追踪。主管接受建议之后，下一个阶段就是落实该建议的执行。因此，这阶段的工作还要确认接受的替代方案已采用于设计中，并评价执行后的效果。

在整个价值工程进行的过程中，并非都是必须完成一个步骤后，才能进行下一个步骤，彼此之间可以重复，尤其是第 5 个步骤，必须贯穿前 4 个步骤。

▶ 4. 替代方案

在前述价值工程执行的第 2 个步骤中，会由小组众议产生许多替代方案。替代方案的产生有三种可能的方法：

(1) 过去类似经验的直接引用或适度修改后引进。例如，某些经验丰富的工程师讨论设计方案时，经常以其经验提出替代方案建议，一般资深顾问的功能和角色就在于此。

(2) 按其学识经验直觉判断可行，再经逻辑性分析演绎以及实验验证而产生替代方案。学识实务俱佳的领尖人物，经常按这种模型在其领域有所突破。

(3) 通过价值工程工作计划程序所产生的替代方案，其产生过程历经功能分析、发散性创造思考、系统化判断筛选、逻辑性发展等阶段性循序过程。

按此模型产生的替代方案，往往能跳出既定的格局而产生新的创意。

6.3.3 绿色产品设计

近年来工业与科技的发展，加速提升了人类的生活品质，但同时对人类以及环境生态造成了严重影响。许多产品因为设计不当或是使用毒性材料，导致使用者受到伤害。此外因为产品的生命周期缩短，产生了更多的废弃物。废弃物如果没有适当回收或处理，将会给环境造成许多伤害。例如，臭氧层的破坏造成紫外线辐射日益增加；全球温室效应造成全球平均温度上升与气候的变迁，而导致海平面上升，生物多样性消失，干旱、降雨与暴风增加；酸性物质的大气污染造成酸雨的形成，导致土壤与湖泊酸化、森林枯死与农作物受损；河流及海洋的污染、光害与烟雾、废弃物的污染、沙漠扩大化与热带雨林的消失，这些人为污染已经造成自然界的生态失衡。

过去，对于面临的环境问题，大多采用"末端处理"(end of pipe)方式来处理生产过程中所产生的污染。但是末端处理的成本逐渐提高，也无法有效预防环境问题的产生。因此，发展出具经济效益的"绿色设计""绿色营销"与"绿色消费"等污染预防观念。绿色设计的主旨在"绿色生命周期设计"，其设计要点不但考虑到如何回收已有废弃物，更重要的是让设计师在产品概念形成阶段，就考虑到产品未来对环境可能产生的不良影响，进而以减少对环境不良影响的角度去设计产品。在绿色生命周期的每一个阶段都有资源的输入或输出，所以在产品设计时不是只考虑到产品本身，而是考虑到整个链状的产品生命周期(如图 6-6 所示)，也就是以绿色生命周期为产品发展的基础，控制物料和资源的输入或输出，使设计出的生产方案对环境的伤害降到最低。

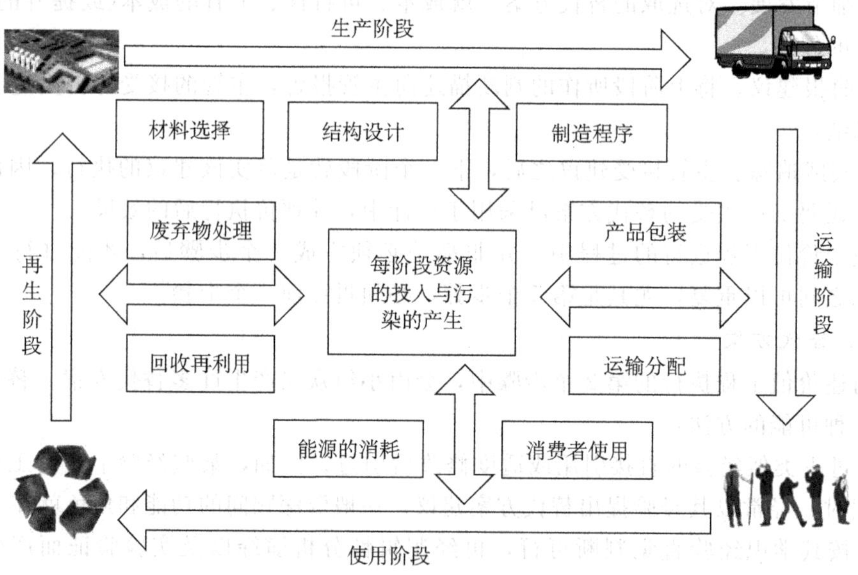

图 6-6 链状产品生命周期

具体而言，绿色产品设计(green product design)的集成系统包含了以下七种。

(1) 产品材料选择：考虑减量使用、采用回收材料、考虑原材料的适配性等原则。

(2) 产品的结构设计：考虑简单化、标准化、模块化等原则。

(3) 产品的制造流程：产品的制造流程可考虑低污染、省资源等二项原则。

(4) 产品包装：考虑减量、再使用及再回收等原则。

(5) 产品的运输分配：考虑低污染、省资源等原则。

(6) 产品的使用：考虑多功能、高安全、省能源等原则。

(7) 产品的废弃：产品的废弃、回收可参考回收、再使用、再生等原则。

绿色技术研发是必走的路，因为资源有限，如何有效运用各种资源，培育可再生资源，使产品在追求可持续发展的时候不必担心资源匮乏，这是我们应积极创造的环境。在有效运用各种资源方面，应将不同产业的废弃物进行集成性运用，使一个产品的废弃物变成另一个产品有用的资源，彼此连成一个生态体系。如此可以将所有废弃物应用生态化理念，转变为有用的资源(包括能源)，使产品快速发展的同时不必担心环境恶化、生活质量下降、健康受到威胁。

6.3.4 质量功能展开

1. 起源与发展

质量功能展开(quality function deployment，QFD)首创于日本。1972 年，日本三菱重工有限公司神户造船厂首次使用了“质量表”。1978 年 6 月，水野滋和赤尾洋二在其著作《质量功能展开》中从全面质量管理的角度介绍了这种方法的主要内容。经过多年的推广、发展，质量功能展开的理论和方法逐步完善，其应用也从产品扩展到服务项目。

2. 质量功能展开的内涵

质量功能展开的内涵是在产品设计与开发中充分倾听顾客的声音。为此，首先利用各种技术了解顾客的真正需求是什么，然后把顾客的需求转换为技术要素。

质量功能展开是一种集成的产品开发技术。这里的“集成”有两种含义：

(1) 各种技术的集成，包括顾客的需求调查、价值工程和价值分析、FMEA、矩阵图法、层次分析法等。

(2) 各种职能的集成，包括市场调查、产品研发、工程管理、制造、客服等。

3. 质量屋

1) 质量屋的构成

质量屋(house of quality)是实施质量功能展开的一种非常有用的工具。质量屋是一种形状如房屋的图形，故而得名。质量屋由以下主要部分构成：

(1) 左墙：顾客需求。

(2) 右墙：竞争力评价表。

(3) 天花板：技术要求。

(4) 房间：关系矩阵表。

(5) 地板：质量规格。

(6) 地下室：技术能力评价表。

(7) 房屋：技术要求之间的相关矩阵。

此外，还有其他一些必不可少的部分，如各项需求对顾客的重要度、技术要求的满意度方向等。图 6-7 是一种带橡皮头铅笔的质量屋。

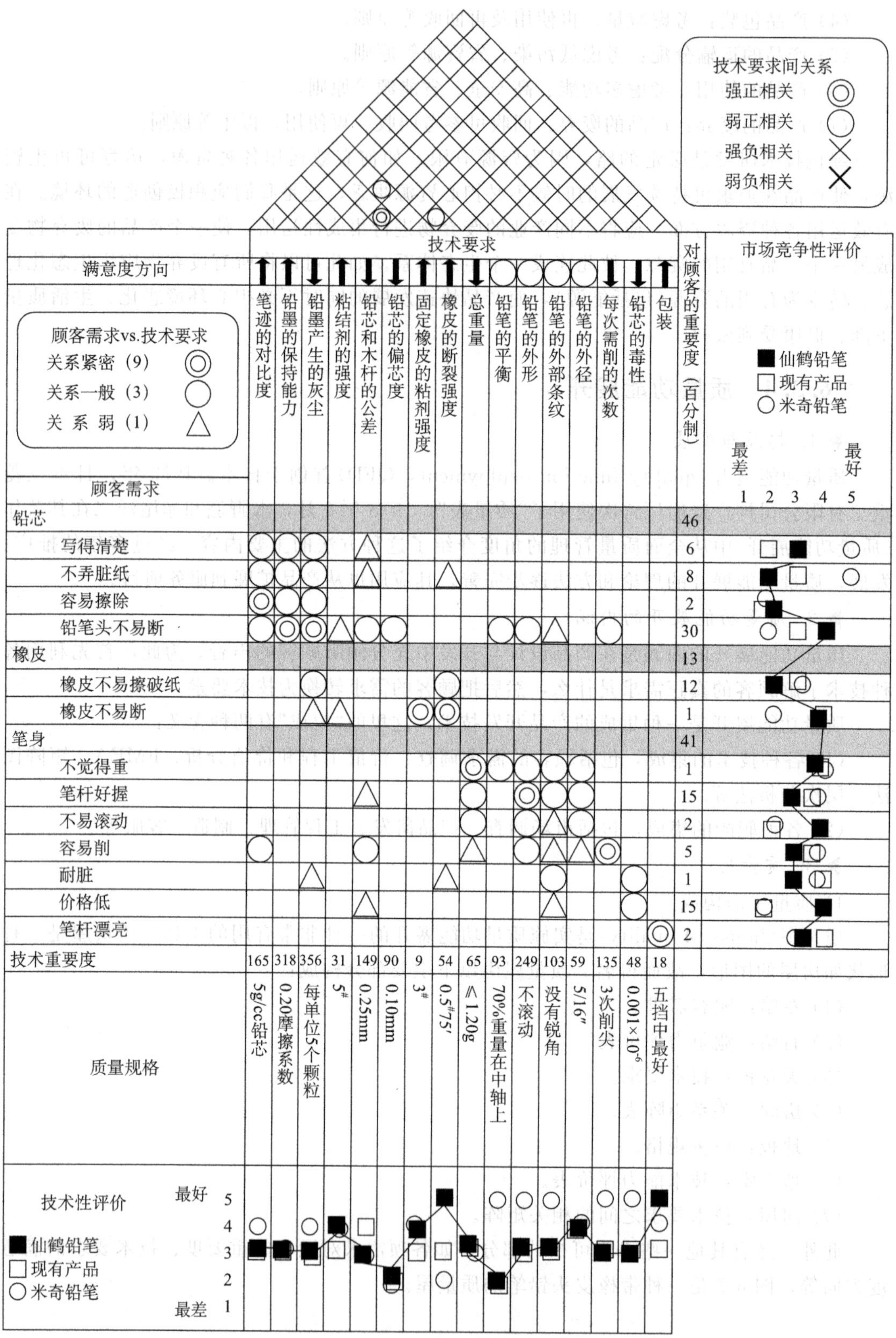
技术要求间关系
强正相关
弱正相关
强负相关
弱负相关
技术要求
满意度方向
顾客需求vs.技术要求
关系紧密（9）
关系一般（3）
关 系 弱（1）
笔迹的对比度
铅墨的保持能力
铅墨产生的灰尘
粘结剂的强度
铅芯和木杆的公差
铅芯的偏芯度
固定橡皮的粘剂强度
橡皮的断裂强度
总重量
铅笔的平衡
铅笔的外形
铅笔的外部条纹
铅笔的外径
每次需削的次数
铅芯的毒性
包装
对顾客的重要度（百分制）
市场竞争性评价
仙鹤铅笔
现有产品
米奇铅笔
最差
最好
1 2 3 4 5
顾客需求
铅芯 46
写得清楚 6
不弄脏纸 8
容易擦除 2
铅笔头不易断 30
橡皮 13
橡皮不易擦破纸 12
橡皮不易断 1
笔身 41
不觉得重 1
笔杆好握 15
不易滚动 2
容易削 5
耐脏 1
价格低 15
笔杆漂亮 2
技术重要度
165 318 356 31 149 90 9 54 65 93 249 103 59 135 48 18
质量规格
5g/cc铅芯
0.20摩擦系数
每单位5个颗粒
5#
0.25mm
0.10mm
3#
0.5#75'
≤1.20g
70%重量在中轴上
不滚动
没有锐角
5/16"
3次削尖
0.001×10⁻⁶
五挡中最好
技术性评价
最好 5
4
3
2
最差 1
仙鹤铅笔
现有产品
米奇铅笔

图 6-7 带橡皮头铅笔的质量屋

2）建造质量屋的步骤

建造质量屋的步骤如下：调查顾客需求→测评各项需求对顾客的重要度→把顾客需求转换为技术要求→确定技术要求的满意度方向→填写关系矩阵表→计算技术重要度→设计质量规格→产品技术能力评价→产品市场竞争力评价→确定相关矩阵。建造质量屋的技术路线如图 6-8 所示。

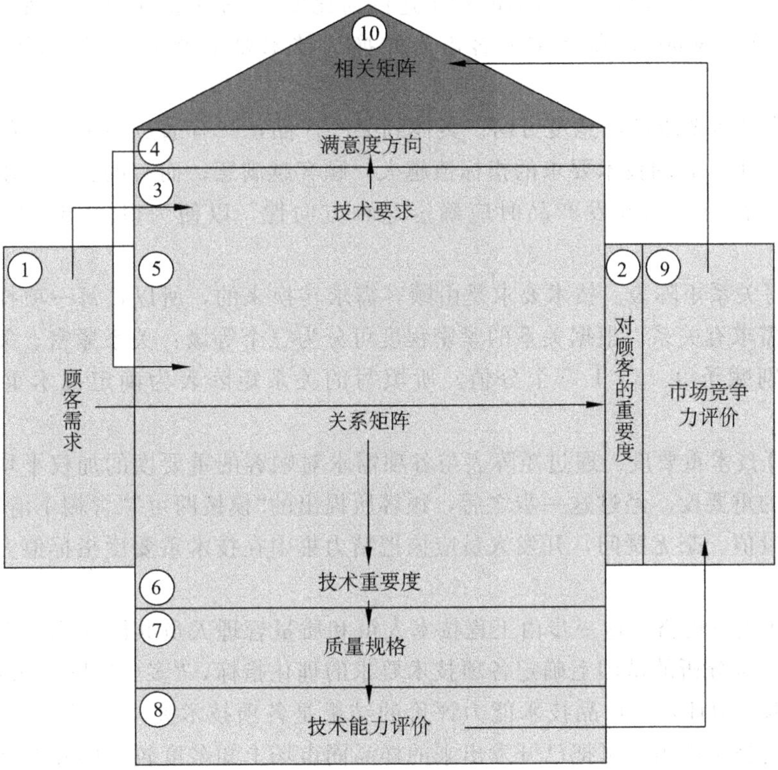

图 6-8 建造质量屋的技术路线

（1）调查顾客需求。这一步是建造质量屋的起点，也是基础。为调查顾客需求，可采用询问法、观察法和实验法。

询问法就是调查人员拟好调查提纲，以直接或间接的询问方式请顾客回答对产品的需求。

观察法就是跟踪类似产品的生产、包装、运输、消费/使用以及最终处置的部分或全过程，以记录、搜集有关产品的信息和资料。

实验法就是采用理化实验方法获得产品的可靠性、安全性、可维护性等性能或品质，如可拆卸性、可降解性、能源消耗、噪声、废弃物排放、振动等环境属性，以及全生命周期成本和可制造性。

（2）测评各项需求对顾客的重要度。达到或超过顾客的满意是产品设计的首要原则。顾客满意是“对其要求已被满足的程度的感受”。满意度是实际效果与前期期望差异的函数：实际效果与事前期望相符合，则感到满意；超过事前期望，则很满意；未能达到事前期望，则不满意或很不满意。

顾客满意是需求集成的结果，而各种需求对顾客的重要度不同，即对顾客满意的贡献不同。测评各项需求对顾客的重要度的唯一方法就是对顾客进行广泛的调查，并且每隔一定时期重新进行一次这样的调查。

(3) 把顾客需求转化为技术要求。这一步由市场调查人员和工程技术人员共同把顾客的需求转换为对产品提出的技术要求，即把顾客的语言翻译成工程技术人员能够把握的语言，如把图 6-7 中的“写得清楚”翻译成“笔迹的对比度”。如果把在第一步所确定的顾客需求看成“是什么”(what)，那么把顾客需求转换为技术要求就解决了“如何办”(how)的问题。

(4) 确定技术要求的满意度方向。具体到某一产品，只有通过满足产品的技术要求才能满足顾客需求。有的技术要求的指标值越大，顾客越满意；而有的技术要求的指标值越大，顾客越不满意。在开发产品时应确定这种方向性，以便为以后调整质量规格提供参考。

(5) 填写关系矩阵表。技术要求是由顾客需求转换来的，所以，每一项技术要求或多或少与顾客需求有关系。根据关系的紧密程度可分为三个等级：关系紧密、关系一般、关系弱，并分别赋予 9、3、1 三个分值。所填写的关系矩阵表为确定技术重要度提供了依据。

(6) 计算技术重要度。通过矩阵表与各项需求对顾客的重要度的加权平均，可得到各项技术要求的重要度。经过这一步之后，顾客所提出的“模棱两可”“含糊不清”的需求，转变成一个个量值。毫无疑问，开发人员应该把精力集中在技术重要度指标值大的那些技术要求上。

(7) 设计质量规格。这一步由工程技术人员和质量管理人员共同完成。设计质量规格就是在技术经济分析的基础上确定各项技术要求的理化指标，“多少”(how much)的问题。

(8) 技术能力评价。产品技术能力评价的结果是各项技术要求满足顾客需求的能力。为评价产品的技术能力，可把已开发出来的样品同市场上知名度较高的几个品牌的产品放在一起进行比较。技术要求之间会有冲突，所以即使不计成本，也不可能使各项技术能力都达到最高。因此，经常要作些调整。在调整时，应力保技术重要度指标值高的那些技术要求。

(9) 市场竞争力评价。市场竞争力评价的结果是产品满足各项顾客需求的能力。市场竞争力评价的方法与技术性评价的方法相同，只是这里的评价对象是各项顾客需求。同样地，顾客需求之间往往会有冲突，所以，即使不计成本，也不可能使各项顾客需求都得到最大满足。在作调整时，应以各项需求对顾客的重要度为依据，最大限度地满足重要度指标值高的那些顾客需求。

(10) 确定相关矩阵。根据正反强弱关系，把各项技术要求之间的关系确定为四类，即强正相关、弱正相关、强负相关和弱负相关。确定相关矩阵的目的是把顾客满意度方向作量化处理，结果用于调整质量规格。

从质量功能展开的技术路线可以看出，上述 10 个步骤的每一步都考虑了顾客需求，体现了“充分倾听顾客声音”的核心理念。因此，只要严格按照质量功能展开各个开发阶段的要求去做，所开发的产品就是顾客真正需要的产品。

6.4 案例分析

面向顾客的产品开发与目标定价

亚特公司是一家设计并生产运动表的制造企业。公司通过市场研究，确定了一个明确的顾客细分市场，即体现运动精神和追求时尚的顾客群，这一顾客群要求手表既有运动表的功能，又要款式时尚，适合各种场合佩戴，价格也要适中。目前市场上的高档运动表十分时髦，但价格太高，不适合这一顾客群。

1. 目标定价

市场研究最终决定新款手表的零售单价必须低于1000元，设计小组最后将其单价定为975元，采用40%的零售价对批发价的加价百分比，故产品批发价定位为696.4元。公司制定了17%的销售回报率和7.6%的销售和行政管理费用的目标，从批发价中扣除上述费用，设计小组的目标成本设定为525元。

2. 功能需求分析

市场研究部门调查了目标顾客群对“1000元以下的时尚运动表”的特点要求，并归纳为5类功能需求。为了解和量化这5类功能的相对重要程度，设计组在消费者中进行了一次调查，按影响“购买低于1000元时尚运动表”的决策的重要程度列出这些特性的顺序。结果，时尚和可靠性被列为该消费层次运动表最重要的特征；其次重要的功能需求是简单，设计组注意到，高价竞争者往往忽视这一点，因而设计出的用户界面不够友好；被列为较不重要，但实际仍然重要的是多功能性；列在最后的功能需求是舒适。如表6-2所示，设计组将相对排序转换成为百分数值，并与目标成本相乘来计算每一功能需求的价值。

表6-2 功能需求价值评估

功能需求	特性	重要性/%	价值/元
舒适	佩戴轻松，手感光滑，不笨重	13	68.3
时尚	时髦而不俗气，看上去精致，显示个性，在任何场合都是一种时尚	29	152.2
可靠性	一直正常运转，电池寿命长，不易擦伤或磨损	24	126
简单	每项功能的使用都很简单，开关方便，查看时间方便	20	105
多功能性	基本功能：时间和日期，多重秒表，有的客户需要防水功能	14	73.5
总和		100	525

3. 子系统边界界定

为了将“顾客的声音”转化为工程的要求，设计组首先将手表分解为5个子系统：一个主要子系统是表带装配，包括表带以及螺丝与金属条等附属物；电源供应是另一主要子系统，包括电池、线圈式电阻和传动装置；表盘子系统包括装饰表面的主要部件；计时子系统由可靠追踪时间的振动器各元件构成；计秒子系统包括运动表的特定功能元件，即开关、累计器与存储器。表 6-3 是设计组一致通过的 5 个子系统的分析说明。

表 6-3 子系统边界界定

主要子系统	典型部件
表带装配	表带，螺丝和金属条等附属物，长度调节，表扣
电源系统	电池，线圈式电阻，螺旋线圈，传动装置
表盘	时、分、秒针，表面(时间和秒表)，日期的星刻度，日期、时间校正轮，表盘的支撑圆环
计时	振动器，振动器加重螺丝，振动器重物电桥和螺丝，振动器重量轮，振动器重物
计秒	计数器，重启开关，开始、停止开关，累计器，存储器

4. 设定每一子系统的目标成本

设计组将功能需求分解到每一个子系统，并进一步为每一子系统设定目标成本，目的是用目标成本来解释各个主要子系统的功能要求。一旦该层面上的目标确定了，设计组就可和供应商创建设计方案，这些方案对于成本和价值进行了最佳的权衡。表 6-4 是以 5 个主要子系统为列、5 个功能需求为行的矩阵，说明了确定每个子系统的目标成本的过程。通过比较主要功能需求和子系统与部件的附加属性，设计组确定了每一需求下不同子系统的百分比。然后这些百分比数与每一需求的目标成本相乘，乘积的总和(每一行的加和)就是每个子系统的目标成本。

表 6-4 子系统目标成本分析表

功能 子系统	舒适	时尚	可靠性	简单	多功能性	目标成本
	68.3 元	152.2 元	126 元	105 元	73.5 元	525 元
表带装配	23.2%	50.0%	5.0%	8.0%	25.0%	125 元
电源系统	32.0%	0	45.0%	1.0%	0	79.6 元
表盘	10.0%	50.0%	5.0%	80.0%	55.0%	213.7 元
计时	24.3%	0	35.0%	0	0	60.7 元
计秒	10.5%	0	10.0%	11.0%	20.0%	46 元
总和	100.0%	100.0%	100.0%	100.0%	100.0%	525 元

5. 成本差异分析

为了优化子系统设计，公司设计组对市场上的高档产品进行拆分，并分析拆分子系统的成本，将每个主要子系统的目标成本与拆分成本进行对比。结果表明，总体上拆分子系统的成本超出原目标成本 50%，如表 6-5 所示。从表 6-5 中可以看出，拆分子系统最有可能降低成本的区域是表带装配和电源供应子系统。

表 6-5 最初成本差异分析

子系统	拆分成本/元	原目标成本/元	差异成本/元	差异百分比/%
表带装配	320	125	195	156
电源系统	160	79.6	80.4	101
表盘	125	213.7	−88.7	−42
计时	95	60.7	34.3	57
计秒	82.5	46	36.5	79
总和	782.5	525	257.5	49

设计小组发现高档手表的表带是镀金的，而目标用户群认为镀金"太俗气了"而且不适合运动。设计小组走访了许多表带供应商来获得设计灵感，最后采用了油布包着的尼龙带作为设计款式，既时髦，又适合运动、耐损耗，而且可以极大地节省成本。

为缩小电源系统的成本差距，设计小组组织了行业内关键供应商间的设计竞赛，同时考虑删除存储器功能，因为它需要额外的能源且消费者对之评价不高。这种选择也降低了计时子系统的成本。

设计小组进一步检查了竞争性产品的表盘功能，发现它没有为目标用户群提供夜光功能，尽管该功能只是一部分用户而不是全部用户的需求，考虑到表盘存在较大的改进性，设计小组为手表增加了夜光功能。

根据上述分析，设计小组重新估算了新式样各子系统的成本(表 6-6)，总成本正好在原目标成本之下，各子系统的差异也更小了，新的设计既满足了目标成本的要求，也更适合目标用户群。

表 6-6 最后成本差别分析

子系统	收益排序/%	原目标成本/元	拆分成本/元	新式样成本/元	新成本差异/元	差异百分比/%
表带装配	23.8	125	320	118.8	−6.2	−5.0
电源系统	15.2	79.6	160	82.6	3	3.8
表盘	40.7	213.7	125	147.8	−65.9	−30.8
计时	11.6	60.7	95	95	34.3	56.5
计秒	8.7	46	82.5	77.6	31.6	68.7
总计	100	525	782.5	521.8	−3.2	0.6

习题与思考题

1. 产品设计的流程包含哪些步骤？
2. 辅助设计工具的功能与特性有哪些？
3. 并行工程包含哪四个特质？

4. 价值工程的六个步骤是什么？

5. 本章案例中，设计小组的分析是否正确？是否还可以改进？

参考文献

[1] 犹里齐，等．产品设计与开发[M]. 杨德林，主译．大连：东北财经大学出版社，2009.

[2] 马士华，崔南方，周水银，等．生产运作管理[M].3 版. 北京：科学出版社，2015.

[3] 张群．生产与运作管理[M].3 版. 北京：机械工业出版社，2014.

第 3 篇　工程决策技术

第7章 系统评价

系统评价(systematic evaluation)是对新开发或改建的系统，根据预定的系统目标，用系统分析的方法，从技术、经济、社会、生态等方面对系统设计的各种方案进行评审和选择，以确定最优、次优或满意的系统方案。然而对于复杂的大系统或内容不详的问题来说，"最优"这个词含义并不十分明确，由于各个国家社会制度、资源条件、经济发展状况、教育水平和民族传统等各不相同，所以没有统一的系统评价模式。评价项目、评价标准和评价方法也不尽相同，而且评价是否为"最优"的尺度(标准)也是随着时间而变化和发展的。如以城市交通系统为例来进行评价，原来只是从交通工具的动力等技术方面以及交通路线的建设费用和日常经营费用等经济方面来进行评价，但近年来除了上述方面的评价外，还要求从交通工具的方便性、舒适性、安全性、美观性等使用方面进行评价，以及从环境保护、能源政策等国家利益方面进行评价等，由此可见系统评价的难度和重要性。

7.1 系统评价的步骤及内容

系统评价的步骤是进行有效评价的保证。图 7-1 所示即为系统评价的一般步骤。由图 7-1可知，一个较完整的系统评价的步骤一般包括从"评价系统分析(前提条件的探讨)"到"评价值的计算"和"综合评价"等几个阶段。

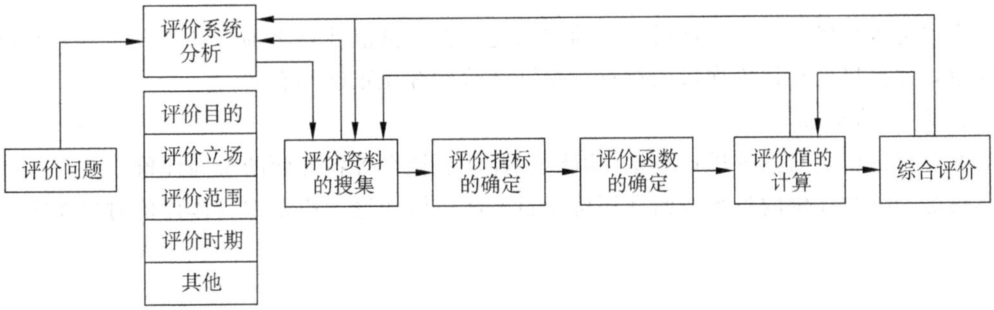

图 7-1 系统评价步骤

▶ 1. 评价系统分析

在正式进行系统评价前，有必要对评价系统进行分析，探讨和明确一系列前提条件，这是做好系统评价的首要工作。其内容包括：

(1) 评价的目的。总的来说，评价的目的是为了更好地决策。具体地说，评价目的又大致可以分为使评价系统达到最优、对决策的支持、决定行为的说明和问题的分析等四个方面。因此，从系统评价的目的来看，所谓评价，就是让自己和他人能更好地领会和认识某种人类行为的手段。

(2) 评价系统范围的界定。它主要是确定系统的边界，即评价对象涉及多大范围，如评价问题涉及哪些领域、哪些部门等。

(3) 评价的立场。在进行系统评价时必须明确评价主体的立场，即明确评价主体是系统使用者还是开发者抑或第三者等，这对以后评价方案的确定、评价项目的选择都有直接的影响。

(4) 评价的时期。即系统评价处于系统开发全过程的哪个时期。如以企业开发新产品为例，其评价时期一般可以分为四个时期，即初期评价、期中评价、终期评价和跟踪评价。由于不同时期的评价目的各不相同，其评价方法也由初期评价的以定性分析为主逐步过渡到以定量分析为主。

(5) 评价系统环境的分析。系统环境的分析是指对存在于系统外的物质的、经济的、信息的影响因素进行分析，以了解这些因素对评价系统的影响。系统环境的影响可分为三大类：技术的、经济的(经营管理)、社会的(人及集团)影响。

▶ 2. 评价资料的搜集

对评价系统的功能、费用、时间及使用寿命进行预测和估计，为设定评价尺度、建立评价函数等搜集资料。

▶ 3. 评价指标的确定

系统评价需要确定一组评价指标，评价指标的选择要全面、合理、科学，能够反映达到目标的程度。系统评价的因素有很多，但在选择评价指标时，不一定要把所有的因素都量化成指标，而应选择主要的因素。

▶ 4. 评价函数的确定

评价函数是使评价定量化的一种数学模型。不同问题使用的评价函数可能不同，同一个评价问题也可以使用不同的评价函数。因此，对选用什么样的评价函数本身也必须作出评价。一般应选用能更好地达到评价目的的评价函数或其他更适宜的评价函数。

▶ 5. 评价值的计算

当评价函数确定后，评价尺度也随之而定。在评价值计算之前，还需确定各评价项目的权重，评价尺度和评价项目的权重应保证评价的客观正确和有效。

▶ 6. 综合评价

综合评价就是对系统进行技术(功能)、经济、社会等各方面的全面评价。

总之，综合评价的各个方面和评价项目不能一概而论，应根据具体评价对象而定。

7.2 系统评价方法

评价方法发展到今天，已不下数十种之多。这里仅就较为常用的几种方法列举如下，在以后各节将作较详细的介绍。

▶ 1. 费用-效益分析

这是系统评价的经典方法之一。美国政府部门将费用-效益分析作为评价政策的工具，始于1902年的“河川江湾法”。这个法律规定，在制定河川与江湾的投资规划时，必须由有关部门的专家提供包括费用与效益在内的报告，即在可能的领域内，要进行包括费用与效益在内的经济评价。这种评价方法后来逐步渗透到各种经济领域，而且要求所投资的工程项目给社会提供财富和服务的价值——效益，必须超过其费用，作为工程项目投资合理性的依据。在学术界，在福利经济学理论的基础上，则要求从经济总体上考虑费用和效益的关系，以达到资源的最优化分配。实现这种评价方法的困难在于如何正确地测定效益，以及如何估计长期投资和效益的社会折现率。现在已经有了几种可供实用的方法。

采用这种评价方法的问题是，仅仅从经济观点考虑效益，不能被从社会观点考虑效益的人们所完全采纳。为了弥补对社会效益考虑不足的缺点，美国兰德公司等于20世纪70年代提出了费用-有效度分析，最初用来对武器系统和国防问题进行系统分析，随后扩展到各个领域之中。

例如，假定A地区是一个旧区，工业和人口密集；而B地区是待开发的新区，工业和人口还较稀疏。现在要选择在A地区或B地区之一修建公路，如果以费用-效益为基准，则在费用一定下选择A地区修建；如果考虑到社会对工业和人口布局的均衡化要求后，采用费用-有效度基准，则选择B地区修建为佳。

▶ 2. 关联矩阵法

通常系统是多目标的，因此，系统评价项目也不是唯一的，而且衡量各个评价项目的评价尺度一般也是不相同的，系统评价问题的困难就在于此。

据此，H. 切斯纳提出的综合方法是，根据具体评价系统，确定系统评价项目及其相应的权重，然后对评价系统的各个替代方案计算其综合评价值，即各评价项目评价值的加权和。

关联矩阵法就是用矩阵形式来表示各替代方案有关评价项目的平均值，然后计算各方案评价值的加权和，再通过分析，比较综合评价值——评价值加权和最大的方案即为最优方案。

▶ 3. 层次分析法

层次分析法作为一种评价方法，和关联矩阵法属于同一类型。层次分析法是一种定性分析和定量分析相结合的评价决策方法，它将评价者对复杂系统的评价思维过程数学化。其基本思路是评价者通过将复杂问题分解为若干层次和若干要素，并在同一层次的各要素之间简单地进行比较、判断和计算，就可得出不同替代方案的重要度，从而为选择最优方案提供决策依据。层次分析法的特点是：能将人们的思维过程数学化、系统化，便于人们接受；所需定量数据信息较少，但要求评价者对评价问题的本质、包含的要素及其相互之间的逻辑关系掌握得十分透彻。这种方法尤其适用于无结构特性的系统评价以及多目标、多准则、多时期等的系统评价。基于上述这些特点，该方法目前已在各个领域获得广泛应用。

▶ 4. 模糊评价法

这是运用模糊集理论对系统进行综合评价的一种方法。通过模糊评价，能获得系统各替代方案优先顺序的有关信息。应用模糊评价法时，除了确定评价项目及其权重和评价尺度外，在对各评价项目进行评定时，用对第 f_i 评价项目作出第 e_i 评价尺度的可能程度的大小来表示，这种评定是一种模糊映射，其可能程度的大小用隶属度 r_{ij} 来反映。近年来，模糊评价法也成为一种常用的综合评价方法。

7.3 关联矩阵法

关联矩阵法是常用的综合评价方法。它主要是用矩阵形式来表示各替代方案有关评价指标及其重要度与方案关于具体指标的价值定量之间的关系。

设 A_1，A_2，…，A_m 是某评价对象的 m 个替代方案；x_1，x_2，…，x_n 是评价替代方案的 n 个评价指标；w_1，w_2，…，w_n 是 n 个评价指标的权重；v_{i1}，v_{i2}，…，v_{in} 是第 i 个替代方案 A_i 的关于指标 x_1，x_2，…，x_n 的价值评定量；v_i 是替代方案 A_i 的综合评价值。相应的关联矩阵表如表 7-1 所示。

表 7-1 关联矩阵表

A_i	x_1	x_2	…	x_j	…	x_n	v_i
	w_1	w_2	…	w_j	…	w_n	
A_1	v_{11}	v_{12}	…	v_{1j}	…	v_{1n}	$v_1=w_1v_{11}+w_2v_{12}+\cdots+w_nv_{1n}$
A_2	v_{21}	v_{22}	…	v_{2j}	…	v_{2n}	$v_2=w_1v_{21}+w_2v_{22}+\cdots+w_nv_{2n}$
⋮	⋮	⋮		⋮		⋮	⋮
A_m	v_{m1}	v_{m2}	…	v_{mj}	…	v_{mn}	$v_m=w_1v_{m1}+w_2v_{m2}+\cdots+w_nv_{mn}$

应用关联矩阵法的关键在于确定各评价指标的相对重要度，即权重 w_i，以及由评价主体给定的评价指标的评价尺度。下面结合实际例子来介绍两种确定权重及评价尺度的方法。

7.3.1 逐对比较法

利用多元评价指标对替代方案进行综合评价时，最简便的方法就是逐对比较法。逐对比较法就是利用所有评价指标对替代方案按照一定的基准进行评分，再利用加权的方法对替代方案的各种评价指标的评价值进行综合的评价方法。现以某紧俏产品的生产方案选择为例加以说明。

【例 7-1】某企业为生产某紧俏产品制定了三个生产方案，它们是：

A_1：自行设计一条新的生产线；

A_2：从国外引进一条自动化程度较高的生产线；

A_3：在原有设备的基础上改建一条生产线。

通过技术部门和评价部门讨论决定评价指标为五项，分别是：①期望利润；②产品成品率；③市场占有率；④投资费用；⑤产品外观。

根据有关人员的预测和估计，实施这三种方案后关于五个评价项目的结果如表 7-2 所示。

表 7-2 方案实施结果例表

替代方案	期望利润/万元	产品成品率/%	市场占有率/%	投资费用/万元	产品外观
自行设计	650	95	30	110	美观
国外引进	730	97	35	180	较美观
改建	520	92	25	50	美观

现将评价过程介绍如下：

首先，用逐对比较法，求出各评价指标的权重，结果如表 7-3 所示。如表中的期望利润与产品成品率相比，前者重要，得 1 分，后者得零分。余可类推，最后根据各评价项目的累计得分计算权重，如表 7-3 最后一列所示。

表 7-3 逐对比较法例表

评价项目	比较次数										累计得分	权重
	1	2	3	4	5	6	7	8	9	10		
期望利润	1	1	1	1							4	0.4
产品成品率	0				1	1	1				3	0.3
市场占有率		0			0			0	1		1	0.1
投资费用			0			0		1		1	2	0.2
产品外观				0			0		0	0	0	0.0

随后由评价主体确定评价尺度，如表 7-4 所示，以使方案在不同指标下的实施结果能统一度量，便于求加权和。根据评价尺度表，对各替代方案的综合评定如下：

对替代方案 A_1 有：

$$v_1=0.4\times3+0.3\times3+0.1\times3+0.2\times3=3.0$$

对替代方案 A_2 有：

$$v_2=0.4\times4+0.3\times4+0.1\times4+0.2\times1=3.4$$

对替代方案 A_3 有：

$$v_3=0.4\times2+0.3\times3+0.1\times1+0.2\times4=2.6$$

以上计算结果可用关联矩阵表来表示，见表 7-5。

表 7-4 评价尺度例表

评价项目	评价尺度得分				
	5	4	3	2	1
期望利润/万元	>800	701～800	601～700	501～600	≤500
产品成品率/%	>97	96～97	91～95	86～90	≤85
市场占有率/%	>40	35～40	30～34	26～29	≤25
投资费用/万元	≤20	21～80	81～120	121～160	>160
产品外观	非常美观	美观	比较美观	一般	不美观

表 7-5 关联矩阵例表(逐对比较法)

A_i	期望利润	产品成品率	市场占有率	投资费用	产品外观	v_i
	0.4	0.3	0.1	0.2	0.0	
自行设计	3	3	3	3	4	3.0
国外引进	4	4	4	1	3	3.4
改建	2	3	1	4	4	2.6

由表 7-5 可知，替代方案 A_2 的综合评价值为最大。

在只需对产品项目进行初步评估的场合，也可用逐对比较法来确定不同方案对具体评价指标的价值评定量 v_{ij}。

7.3.2 古林法

当对各评价项目间的重要性可以作出定量估计时，古林(A. J. Klee)法比逐对比较法优越。它是确定指标权重和方案价值评定量的有效方法。现仍以例 7-1 为例来介绍此方法。

首先，按下述步骤确定评价项目的权重：

(1) 确定评价指标的相对重要度 r_j。如表 7-6 所示，按评价项目自上而下地两两比较其重要性，并用数值表示其重要程度，然后填入 r_j 一列中。由表 7-6 可知，期望利润的重要性是产品成品率的 3 倍；同样，产品成品率的重要性是市场占有率的 3 倍。由于投资费用的重要性是市场占有率的 2 倍，故反之，市场占有率的重要性是投资费用的 0.5 倍；又投资费用的重要性是产品外观的 4 倍。最后，由于产品外观已经没有别的项目与之比较，故没有 r 值。

(2) r_j 的基准化处理。设基准化处理的结果为 k_j，以最后一个评价指标作为基准，令其 k 值为 1，自下而上计算其他评价项目的 k 值。如表 7-6 所示，k_j 列中最后一个 k 值为 1，用 1 乘上一行的 r 值，得 1×4=4，即为上一行的 k 值(表中箭线所示)，然后再以 4 乘上一行的 r 值，得 4×0.5=2，直至求出所有的 k 值。

表 7-6 古林法求 w_j 例表

序号	评价项目	r_j	k_j	w_j
1	期望利润	3	18	0.580
2	产品成品率	3	6	0.194
3	市场占有率	0.5	2	0.065
4	投资费用	4	4	0.129
5	产品外观	—	1	0.032
合计			31	1.000

(3) k_j 的归一化处理。将 k_j 列的数值相加，分别去除各行的 k 值，所得结果即为各评价项目的权重 w_j，显然有 $\sum_{j=1}^{n} w_j = 1$（即归一化）。由表 7-6 可知 $\sum k_j = 31$，则 $w_1 = \frac{k_1}{\sum k_j} = 0.580$，余可类推。

算出各评价项目的权重后，可按同样计算方法对各替代方案逐项进行评价。这里，方案 A_i 在指标 x_j 下的重要度 r_{ij} 不需再予估计，可以按照表 7-2 中各替代方案的预计结果按比例计算出来。如对期望利润(x_1)的 r 值(r_{i1})，因 A_1 的期望利润为 650 万元，A_2 的期望利润为 730 万元，则在表 7-7 中，$r_{11}=\frac{650}{730}=0.890$，$r_{21}=\frac{730}{520}=1.404$，…。然后按计算 k_j 和 w_j 的方法计算出 k_{ij} 和 v_{ij}。如在表 7-7 中，各方案在第一个评价指标下的经归一化处理的评价值为：

$$v_{11} = \frac{k_{11}}{\sum k_{i1}} = \frac{1.250}{3.654} = 0.342$$

$$v_{21} = \frac{k_{21}}{\sum k_{i1}} = \frac{1.404}{3.654} = 0.384$$

$$v_{31} = \frac{k_{31}}{\sum k_{i1}} = \frac{1}{3.654} = 0.274$$

表 7-7 古林法求 v_{ij} 例表

序号	评价项目	替代方案	r_{ij}	k_{ij}	v_{ij}
1	期望利润	A_1	0.890	1.250	0.342
		A_2	1.404	1.404	0.384
		A_3	—	1	0.274
2	产品成品率	A_1	0.979	1.032	0.334
		A_2	1.054	1.054	0.342
		A_3	—	1	0.324

续表

序号	评价项目	替代方案	r_{ij}	k_{ij}	v_{ij}
3	市场占有率	A_1	0.857	1.200	0.333
		A_2	1.400	1.400	0.389
		A_3	—	1	0.278
4	投资费用	A_1	1.636	0.455	0.263
		A_2	0.278	0.278	0.160
		A_3	—	1	0.577
5	产品外观	A_1	1.333	1.000	0.364
		A_2	0.750	0.750	0.272
		A_3	—	1	0.364

在表 7-7 中有如下两点需要说明：

(1) 在计算投资费用时，希望投资费用越小越好，故其比例取倒数，即

$$r_{14}=\frac{180}{110}=1.636$$

$$r_{24}=\frac{50}{180}=0.278$$

(2) 在计算产品外观时，参照表 7-4，美观为 4 分，较美观为 3 分，所以

$$r_{15}=\frac{4}{3}=1.333$$

$$r_{25}=\frac{3}{4}=0.750$$

综合表 7-6 和表 7-7 的结果，即可计算三个替代方案的综合评定结果，见表 7-8。由表 7-8 可知，替代方案 A_2 所对应的综合评价值 v_2 为最大。

表 7-8 关联矩阵表(古林法)

A_i	期望利润	产品成品率	市场占有率	投资费用	产品外观	v_i
	0.580	0.194	0.065	0.129	0.032	
A_1	0.342	0.334	0.333	0.263	0.364	0.330
A_2	0.384	0.342	0.389	0.160	0.272	0.344
A_3	0.274	0.324	0.278	0.577	0.364	0.326

7.4 层次分析法

层次分析法(analytic hierarchy process，AHP)是美国运筹学家 T. L. Saaty 教授于 20 世纪 70 年代提出的一种实用的多方案或多目标的决策方法，是一种定性与定量相结合的

决策分析方法。层次分析法常用于多目标、多准则、多要素、多层次的非结构化的复杂决策问题，特别是战略决策问题，具有十分广泛的实用性。一般情况下，系统的评价多为多目标、多判据的系统评价。如果仅仅依靠评价者的定性分析和逻辑判断，缺乏定量分析依据来评价方案的优劣，显然是十分困难的。同时，社会经济评价项目难以作出精确的定量分析。如果能在评价中引入定量分析，并吸收人们在两两比较中所获得的粗略的量化评价，那么就有可能获得较为科学的评价结果。

▶ 1. 层次分析法原理

在从一堆同样大小的物品中挑选出最重的物品时，人们总是利用两两比较的方法来达到目的。假设有 n 个物品，其真实重量为 w_1，w_2，…，w_n，如果人们可以精确地判断两两物品之重量比，那么就可以得到一个重量比矩阵 $\boldsymbol{A}$。

$$\boldsymbol{A}=\begin{bmatrix} w_1/w_1 & w_1/w_2 & \cdots & w_1/w_n \\ w_2/w_1 & w_2/w_2 & \cdots & w_2/w_n \\ \vdots & \vdots & & \vdots \\ w_n/w_1 & w_n/w_2 & \cdots & w_n/w_n \end{bmatrix} \tag{7-1}$$

如果用矩阵 $\boldsymbol{A}$ 左乘物品重量向量 $\boldsymbol{W}=[w_1, w_2, \cdots, w_n]^{\mathrm{T}}$，则有

$$\boldsymbol{AW}=\begin{bmatrix} w_1/w_1 & w_1/w_2 & \cdots & w_1/w_n \\ w_2/w_1 & w_2/w_2 & \cdots & w_2/w_n \\ \vdots & \vdots & & \vdots \\ w_n/w_1 & w_n/w_2 & \cdots & w_n/w_n \end{bmatrix}\begin{bmatrix} w_1 \\ w_2 \\ \vdots \\ w_n \end{bmatrix}=n\boldsymbol{W} \tag{7-2}$$

注意到上式表明 n 是 $\boldsymbol{A}$ 的特征值，$\boldsymbol{W}$ 是 $\boldsymbol{A}$ 的特征向量。这就提示我们可以利用求重量比判断矩阵之特征向量的方法来求得物品真实的重量向量 $\boldsymbol{W}$。如果 $\boldsymbol{A}$ 是精确比值矩阵，则其特征值 $\lambda_{\max}=n$，即 $\boldsymbol{AW}=\lambda\boldsymbol{W}$。但一般情况下 $\boldsymbol{A}$ 是近似估值，故有 $\lambda_{\max}\geqslant n$，因此可以用 $\lambda_{\max}$与 n 的误差来判断 $\boldsymbol{A}$ 的准确性。

应用层次分析法进行系统评价，其主要步骤有：

(1) 对构成评价系统的目的、评价指标(准则)及替代方案等要素建立多级递阶的结构模型。

(2) 对同属一级的要素以上一级要素为准则进行两两比较，根据评价尺度确定其相对重要度，据此建立判断矩阵。

(3) 计算判断矩阵的特征向量以确定各要素的相对重要度。

(4) 通过综合重要度的计算，对各种方案要素进行排序，从而为决策提供依据。

▶ 2. 多级递阶结构

一般来说，构成评价系统各要素的多级递阶结构可以根据像解释结构模型(ISM)法等方法来建立。就多级递阶结构类型来说，可以有以下三种类型。

(1) 完全相关性结构。图 7-2 所示即为完全相关性结构。其结构特点是上一级的每一要素与下一级的全部要素相关，即上一级每一要素都作为下一级的评价项目而起作用。例如图 7-2 中所示企业购买机器，有三种产品可供选择(图中第三级)，而对任一种产品，企业均以第二级中价格、功能、维护性三种评价指标来评价，即无论是价格、功能和维护性都与三种产品有关。

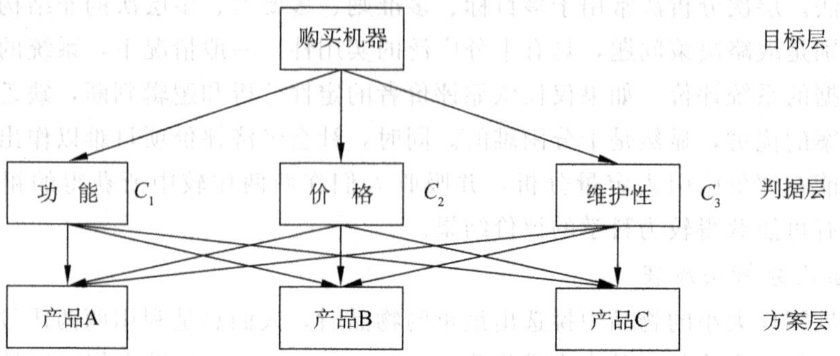

图 7-2 完全相关性结构图

(2) 完全独立性结构。完全独立性结构的特点是上一级要素都各自有独立的、完全不相同的下级要素。

(3) 混合结构。混合结构是上述两种结构的结合，即一种既非完全相关、又非完全独立的结构。

不同类型的多级递阶结构，在建立判断矩阵和计算各要素的相对重要度时有所不同。

▶ 3. 判断矩阵

判断矩阵是层次分析法的基本信息，也是进行相对重要度计算的重要依据。

如上所述，判断矩阵 $\boldsymbol{A}$ 中元素 a_{ij} 表示 i 元素与 j 元素相对重要度之比，且有下述关系。

$$a_{ij}=\frac{1}{a_{ji}},\ a_{ii}=1,\quad i,\ j=1,\ 2,\ \cdots,\ n \tag{7-3}$$

显然比值越大，则 i 的重要度就越高。为了方便，一般采用这样的尺度，规定用 1、3、5、7、9 分别表示 i 元素与 j 元素相比同样重要、比较重要、重要、很重要、极重要。当然也可以根据实际需要取其他值。

例如，为购买机器，选定的三个评价标准为功能 C_1、价格 C_2 和维护性 C_3。对这三个指标两两比较的结果如表 7-9 所示。

表 7-9 购买机器评价指标重要度两两比较结果

重要度	C_1	C_2	C_3
C_1	1	5	3
C_2	1/5	1	1/3
C_3	1/3	3	1

上述矩阵表明：对购买机器而言，功能比价格重要($a_{12}=5$)、比维护性较重要($a_{13}=3$)，而维护性比价格较重要($a_{32}=3$)。

▶ 4. 相对重要程度的计算

理论上讲，对某个以上级要素为准则所评价的同级要素的相对重要程度可以由计算比较矩阵 $\boldsymbol{A}$ 的特征值获得。但因其计算方法较为复杂，而且实际上只能获得对 $\boldsymbol{A}$ 粗略的估计(从评价值的尺度上可以看到这一点)，因此计算其精确特征值是没有必要的。实践中可以采用求和法或求根法来计算特征值的近似值。

1）求和法

（1）将矩阵按列归一化（即使列和为1）：$b_{ij}=\dfrac{a_{ij}}{\sum_i a_{ij}}$ (7-4)

（2）按行求和：$v_i=\sum_j b_{ij}$ (7-5)

（3）归一化：$w_i^0=\dfrac{v_i}{\sum v_i}\quad(i=1,2,\cdots,n)$ (7-6)

所得$[w_1^0,\ w_2^0,\ \cdots,\ w_n^0]^{\mathrm T}$即为$\boldsymbol{A}$的特征向量的近似值。

2）求根法

（1）将矩阵按行求：$v_i=\sqrt[n]{\prod_j a_{ij}}$ (7-7)

（2）归一化：$w_i=\dfrac{v_i}{\sum v_i}\quad(i=1,2,\cdots,n)$ (7-8)

以$\boldsymbol{A}=\begin{bmatrix}1 & 5 & 3\\ 1/5 & 1 & 1/3\\ 1/3 & 3 & 1\end{bmatrix}$为例：

求和法：$\boldsymbol{B}=\begin{bmatrix}0.652 & 0.556 & 0.692\\ 0.130 & 0.111 & 0.077\\ 0.218 & 0.333 & 0.231\end{bmatrix}$，$\boldsymbol{V}=\begin{bmatrix}1.900\\ 0.318\\ 0.782\end{bmatrix}$，$\boldsymbol{W}=\begin{bmatrix}0.633\\ 0.106\\ 0.261\end{bmatrix}$

求根法：$\boldsymbol{V}=\begin{bmatrix}2.466\\ 0.405\\ 1\end{bmatrix}$，$\boldsymbol{W}=\begin{bmatrix}0.637\\ 0.105\\ 0.258\end{bmatrix}$

▶ 5. 一致性检验

在实际评价中评价者只能对$\boldsymbol{A}$进行粗略判断，甚至有时会犯不一致的错误，如已判断C_1比C_2重要，C_2比C_3重要，那么，C_1应当比C_3更重要。如果判断C_3比C_1重要，或者同样重要就犯了逻辑错误。为了检验判断矩阵的一致性（相容性），根据AHP的原理，可以利用$\lambda_{\max}$与n之差检验一致性。定义计算一致性指标：

$$C.I.=\frac{\lambda_{\max}-n}{n-1}\tag{7-9}$$

$\lambda_{\max}$可由下式求出：

$$\lambda_{\max}=\frac{1}{n}\sum_i\frac{(\boldsymbol{AW})_i}{w_i}\tag{7-10}$$

本例中：

$$\boldsymbol{AW}=\begin{bmatrix}1 & 5 & 3\\ 1/5 & 1 & 1/3\\ 1/3 & 3 & 1\end{bmatrix}\begin{bmatrix}0.637\\ 0.105\\ 0.258\end{bmatrix}=\begin{bmatrix}1.936\\ 0.318\\ 0.785\end{bmatrix}$$

$$\lambda_{\max}=\frac{1}{3}\left(\frac{1.936}{0.637}+\frac{0.318}{0.105}+\frac{0.785}{0.258}\right)=3.037$$

$$C.I.=\frac{3.037-3}{3-1}=0.0185$$

另外，根据AHP原理，当λ_{max}比n大得越多，矩阵的非一致性越严重，因此判断一致性时应当考虑到n的影响，使用随机性一致性比值

$$C.R. = \frac{C.I.}{R.I.} \tag{7-11}$$

式中，$R.I.$ 为平均随机一致性指标。表7-10是500个样本值的平均随机一致性指标。

表7-10　平均随机一致性指标

n	3	4	5	6	7	8	9	10	11	12	13	14	15
$R.I.$	0.52	0.89	1.12	1.26	1.36	1.41	1.46	1.49	1.52	1.54	1.56	1.58	1.59

当$C.R.<0.1$时，判断矩阵的一致性是可以接受的。

▶ 6. 综合重要度的计算

在分层获得了同层各要素之间的相对重要程度后，就可以自上而下地计算各级要素关于总体的综合重要度。设c级有m个要素c_1，c_2，…，c_m，其对总值的重要度为w_1，w_2，…，w_m；它的下级有n个要素p_1，p_2，…，p_n，p_i关于c_j的相对重要度为v_{ij}，则p级的要素p_i的综合重要度

$$w_i' = \sum_j w_j v_{ij}$$

其计算过程如表7-11所示。

表7-11　综合重要度

p_i	c_1	c_2	…	c_m	w_i'
	w_1	w_2	…	w_m	
p_1	v_{11}	v_{12}	…	v_{1m}	$w_1' = \sum_j w_j v_{1j}$
p_2	v_{21}	v_{22}	…	v_{2m}	$w_2' = \sum_j w_j v_{2j}$
⋮	⋮	⋮		⋮	⋮
p_n	v_{n1}	v_{n2}	…	v_{nm}	$w_n' = \sum_j w_j v_{nj}$

例如，在考评科研院所的工作时可把工作指标分成3～4层(如图7-3所示)。

在考查科研院所工作状况时，假定针对总目标而言，经济效益、社会效益、科技水平、基础建设和机构管理的判断矩阵为

$$\boldsymbol{B}=\begin{bmatrix} 1 & 3 & 2 & 2 & 1 \\ 1/3 & 1 & 1/2 & 1/2 & 1/2 \\ 1/2 & 2 & 1 & 1 & 1/2 \\ 1/2 & 2 & 1 & 1 & 1/2 \\ 1 & 2 & 2 & 2 & 1 \end{bmatrix}$$

则由求根法可以得到$w_1=0.307$，$w_2=0.099$，$w_3=w_4=0.163$，$w_5=0.268$，即第一层指标向第二层指标分配的权重。

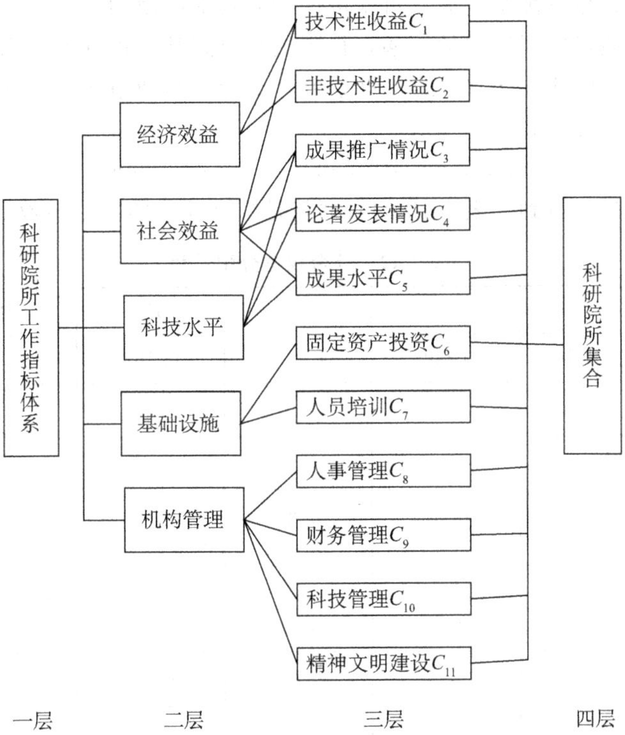

图 7-3 科研院所工作指标图

第三层指标的重要程度是通过第二层指标传递下来的。传递的比例是依据第二层指标对第三层指标的依赖程度。对此，也有相似的处理方法。以下，用 $w_{ij}^{(k)}$ 记第 k 层的第 i 项指标向第 $k+1$ 层的第 j 项指标分配的权重。

假定通过咨询，从经济效益的角度看，技术性收益和非技术性收益间的重要程度对应判断矩阵 $\boldsymbol{B}_{21}$：

$$\boldsymbol{B}_{21}=\begin{bmatrix}1 & 3\\ 1/3 & 1\end{bmatrix}$$

则很容易得到 $w_{11}^{(2)}=3/4$，$w_{12}^{(2)}=1/4$。从社会效益的角度，技术性收益、成果推广、论著情况和成果水平的重要程度有对应的判断矩阵 $\boldsymbol{B}_{22}$：

$$\boldsymbol{B}_{22}=\begin{bmatrix}1 & 5 & 7 & 6\\ 1/5 & 1 & 6 & 4\\ 1/7 & 1/6 & 1 & 1/4\\ 1/6 & 1/4 & 4 & 1\end{bmatrix}$$

可同样得到

$$w_{21}^{(2)}=0.61,\quad w_{23}^{(2)}=0.24,\ w_{24}^{(2)}=0.05,\ w_{25}^{(2)}=0.10$$

同理，用同样的方法可以求得

$$w_{33}^{(2)}=0.297,\quad w_{34}^{(2)}=0.163,\quad w_{35}^{(2)}=0.540$$

$$w_{46}^{(2)}=0.60,\quad w_{47}^{(2)}=0.40$$

$$w_{58}^{(2)}=0.290,\quad w_{59}^{(2)}=0.320,\quad w_{5,10}^{(2)}=0.246,\quad w_{5,11}^{(2)}=0.144$$

相关层次间的权重分配结束后，可采取两种方式加以使用。

第一种方式是通过中间层次的传递，得到最高层到基层指标的权重分配结果。其过程如表 7-12 所示。其中基层指标 C_1 的权重系数 0.29064 是通过表 7-12 中 C_1 行和第二层指标的权重组合而成，计算式为

$$0.307\times3/4+0.099\times0.61=0.29064$$

其他结果也由相同过程得到。表 7-12 的右列就是综合评价的加权系数。

表 7-12　综合权重分配过程

基层指标	B_1	B_2	B_3	B_4	B_5	基层权重
	0.307	0.099	0.163	0.163	0.268	
C_1	3/4	0.61	—	—	—	0.29064
C_2	1/4	—	—	—	—	0.07675
C_3	—	0.24	0.297	—	—	0.07217
C_4	—	0.05	0.163	—	—	0.03152
C_5	—	0.10	0.540	—	—	0.0979
C_6	—	—	—	0.60	—	0.0978
C_7	—	—	—	0.40	—	0.0652
C_8	—	—	—	—	0.290	0.0777
C_9	—	—	—	—	0.320	0.08576
C_{10}	—	—	—	—	0.246	0.06593
C_{11}	—	—	—	—	0.144	0.03859

第二种方式是逐层递推评价式，这种方式可以用于分析各被考核对象的强、弱项，是一种比较好的方式。其分析过程如下：

首先，以标准化后的基层指标作为各对应项的初始评价函数，记为 $z_j^{(3)}$，也即第三层第 j 项指标上的评价函数。

然后，令

$$z_j^{(2)}=\sum_{i=1}^{11}w_{ij}^{(2)}z_j^{(3)}$$

作为第二层第 j 项的评价函数，其中与第二层第 j 项指标无关的第三层指标所对应的权系数为零。

最后，有综合评价函数

$$z^{(1)}=\sum_{j=1}^{5}w_j^{(1)}z_j^{(2)}$$

从上述过程可以看到，层次分析法是按分解的层次得到的判断矩阵所隐含的权重信息，并进行综合而得到指标层各项权重分配结果的。因此，处理判断矩阵的有关方法是层次分析法的基础。

7.5 案例分析

选拔干部

1. 绩效管理工作原则

行政管理工作服务对象广泛，影响绩效因素众多，不同区域、不同工作性质和不同岗位差异较大，诸多因素导致科学考评领导班子和领导干部成为干部管理工作的难点，集中体现在以下几个方面：

一是如何保证考评的“有效性”？考评“有效性”包括考评的效度和信度两个方面。其中，效度是指考核指标所描述特征能反映考评对象绩效的程度；信度是指采集的考核数据与实际情况之间的误差。在领导班子与领导干部考核过程中影响“有效性”的因素主要包括：①不同区域、部门、岗位间存在较大差异，难以用统一的标准衡量；②缺乏细化、量化指标；③指标体系的层级划分、权重分布不合理；④评价主体不恰当、不广泛、数据不具有随机特征；⑤趋中效应、晕轮效应、评价水平等导致的评价不准；等等。消除影响“有效性”因素的办法主要包括：①共性指标+个性指标、分类考评；②AHP权重分析方法；③绩效文化培训；④强制分布数据；⑤360度考评；⑥班子考评与干部考评关联；⑦看着工作总结考评；等等。

二是如何保证考评方法顺利“落地”？考评过程复杂、耗时长，工作量大、人员少，领导干部对考评工作重要性认识不足都会导致考评办法难以“落地”，流于形式。“落地”的主要办法包括：①获得主要领导认可；②建立公开、透明的考评工作制度；③建立考评工作信息化平台、固化制度、减轻工作量；④循序渐进、逐步推动考评工作。

三是如何保证考评工作“有助绩效改进”？绩效改进是考评工作的核心目标之一，考核指标设置是否科学，考核对象对考评标准的认同程度，日常工作的监控与辅导是否及时、有效等都会影响绩效改进。为了“有助于绩效改进”，考评标准设定要符合SMART原则，考核标准确定过程要与考核对象充分沟通，执行过程中要加强日常绩效督导工作。

四是如何将考评与选拔任用、培训、奖惩等管理环节衔接？干部管理过程主要包括选拔培养、任用、考核评价、教育培训、监督等环节，如何将各个环节信息有效衔接，实现干部的全面、科学管理，是干部管理工作中需要研究、优化的方面。考评结果可以用于推荐提名环节、考察环节、任用环节、培训环节等，为其他干部管理工作提供科学的数据。

绩效管理工作是一项循序渐进的过程，可以从目标、方法、参与范围、周期、结果应用等维度对工作成熟度进行衡量。绩效管理实施过程是一个持续改进的过程，包括建立考核体系、绩效实施、结果应用、评估改进四个环节，四个环节不断循环，提升绩效管理水平。

1）建立绩效考核指标体系

绩效考核指标是对考评对象特征状态的一种表征形式，可以根据不同的目的制定不同的指标。单个的考核指标反映的是考核对象某一个方面的特征状态，而由反映考核对象各个方面的特征状态的指标所构成的有机整体或集合，就是绩效考核指标体系。建立绩效考核指标是绩效考核的基础与核心，也是考核中最困难的工作。为了制定可信、可靠、可操作的指标体系，需要遵循一定的流程，采用科学的方法。制定流程和基本方法如表 7-13 所示。

表 7-13　制定流程和基本方法

编号	名称	主要方法	描述
1	考核对象分类	案例分析、德尔菲专家法	一般分为地方政府和部门
2	考核内容确定	案例分析、KPI、德尔菲专家法	采用共性指标十个性指标方式；类型包括定性指标、定量指标；结果指标、过程指标；综合评价指标、一票否决指标和加分指标
3	考核权重确定	层次分析法	业绩导向
4	考核方法与数据来源确定	德尔菲专家法	民主测评、民意调查、个别谈话、考核组考察、绩效考核、工作考核等多种方法
5	考核等次确定	案例分析	排名、对标、等级等方式

2）绩效管理实施

切实可行的绩效管理实施方案是落实整个考核体系的重要环节，也是检验考核体系科学化的重要途径。有效的绩效管理实施方案应对考核范围及方式、考核时间、考核内容、考核程序、考核结果的运用等方面作出具体详细的实施描述。具体要求如表 7-14 所示。

表 7-14　考核名称及所对应的实施方案

编号	名称	实施方案描述	备注
1	考核范围和方式	针对不同的考核范围对象，采用与之相适应的考核方式，最大限度提升考核的有效性和准确性	
2	考核时间	明确规定具体的考核起止时间，强化考核落实过程的制度性	
3	考核内容	明确实施考核的依据、对象及目的，强调考核的目的性	
4	考核程序	针对不同系统，明确在考核前期、考核过程中及考核结束三个阶段需要实施的具体工作内容，从而保证考核的落实，为考核工作的不断持续改进提供必要保障。考核前期阶段，明确规定考核相关内容的实施依据、上报方法、审批程序以及落实时间点等；具体包括：(1)参与考核的部门名单、人员名单；(2)各系统单项工作名录及权重；(3)各单位职位说明书和述职报告，并明确要求各单位开展个人述职工作；(4)各单位单项工作外部关系、权重以及对应领导干部；(5)各单位加减分项目；(6)各系统绩效启动会议和培训会议考核过程阶段，明确各系统具体实施考核的开展方法、指标体系，公示具体的评价等次，规定每部分具体的得分计算方法，以及实施考核的起止时间；(7)考核结束阶段，不仅要对年度考核奖励指标的下发和意见反馈做详细的规定，同时也要对各单位年度考核结果以及结果运用情况提出具体的反馈要求	考核实施过程最重要的环节
5	考核结果运用	明确考核结果的具体应用以及应用方式	

随着考核工作的不断深入和逐年的优化完善，考核指标体系越来越精细，考核范围越来越大，评价标准越来越规范，实施工作量越来越大，这就必然要求考核实施程序更加完善和规范，考核数据的处理更加快捷和准确。传统的手工作业显然已经不能满足新时期领导干部和领导班子考核工作的需要，必须利用现代信息技术，借助信息化手段，实施整个考核评价工作，从而进一步减少人力成本，提升考核实施过程的效率，提高数据处理的准确性和及时性，提升整体考核的电子化、信息化和规范化水平。

信息化系统的建设，不仅要满足当前业务工作的需要，也要考虑未来业务的发展，这样才能最大限度地减少信息化投入，避免浪费，提高系统利用率，发挥系统最大价值。

3）绩效结果应用

积累历年绩效结果，建立健全干部绩效档案，可以应用到后备干部队伍建设、选拔任用、干部教育、干部监督等干部管理工作的各个环节，为干部科学管理提供重要的数据依据，“用数据说话，让管理的艺术更加科学”。

4）评估改进

引入Bouckaert提出的模型作为评价的基本框架，它是一个对实际考核评价体系和结果进行评价的框架模型，模型从有效性(validity)、合法性(legitimacy)和功能性(functionality)三个方面进行分析。

有效性是指依据绩效考核指标体系采集的数据是否可信，依据采集的数据产生的评价结果是否可靠；合法性是指评价的过程是否得到了参与评价各方的认可，是否符合相关的政策法规；功能性是指绩效管理是否带来了绩效的提升，使管理更加科学。从以上三个方面进行分类细化，形成评价指标体系，采用调查问卷、专家评价法采集数据，对数据进行综合分析，提出改进建议，调整绩效考核指标体系。

2. 应用AHP法选拔干部

某机关拟从3名干部中选拔出一名领导，选拔的标准有政策水平、工作作风、业务知识、口才、写作能力和健康状况等六方面。下面用AHP方法对3人进行综合评估、量化排序。

1）建立层次结构模型

选拔领导干部的分析层次图见图7-4。

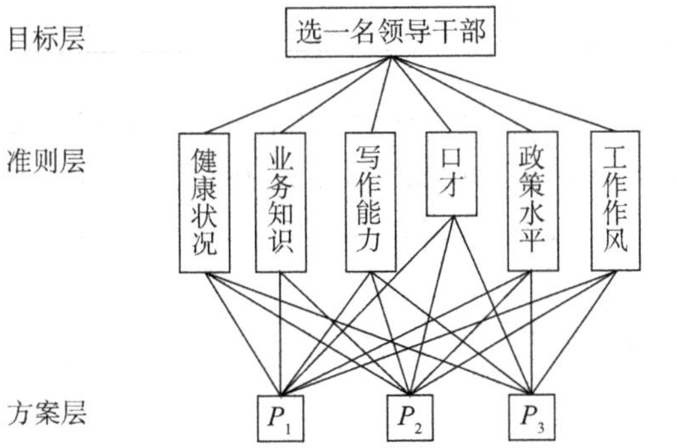

图7-4 选拔领导干部的分析层次图

2）构造成对比较矩阵及层次单排序

1表示两个元素相比，具有同样的重要性；3表示两个元素相比，前者比后者稍重要；5表示两个元素相比，前者比后者明显重要；7表示两个元素相比，前者比后者极其重要；

9表示两个元素相比，前者比后者强烈重要；2、4、6、8表示上述相邻判断的中间值。

$$A=\begin{array}{r} \\ 健康情况 \\ 业务知识 \\ 写作能力 \\ 口才 \\ 政策水平 \\ 工作作风 \end{array}\begin{array}{c}\begin{array}{cccccc} 健康情况 & 业务知识 & 写作能力 & 口才 & 政策水平 & 工作作风 \end{array}\\ \begin{bmatrix} 1 & 1 & 1 & 4 & 1 & 1/2 \\ 1 & 1 & 2 & 4 & 1 & 1/2 \\ 1 & 1/2 & 1 & 5 & 3 & 1/2 \\ 1/4 & 1/4 & 1/5 & 1 & 1/3 & 1/3 \\ 1 & 1 & 1/3 & 3 & 1 & 1 \\ 2 & 2 & 2 & 3 & 1 & 1 \end{bmatrix}\end{array}$$

求得A的最大特征值$\lambda_{\max}=6.35$，相应的特征向量为：$W^2=[0.16, 0.19, 0.19, 0.05, 0.12, 0.30]^T$，一致性指标$C.I.=(6.35-6)/(6-1)=0.07$，随机一致性指标$R.I.=1.24$(查表)，一致性比率$C.R.=0.07/1.24=0.0565<0.1$，通过一致性检验。

假设这3人关于6个标准的判断矩阵为：

健康情况：$B_1^{(3)}=\begin{bmatrix} 1 & 1/4 & 1/2 \\ 4 & 1 & 3 \\ 2 & 1/3 & 1 \end{bmatrix}$，业务知识：$B_2^{(3)}=\begin{bmatrix} 1 & 1/4 & 1/4 \\ 4 & 1 & 1/2 \\ 5 & 2 & 1 \end{bmatrix}$，写作能力：$B_3^{(3)}=\begin{bmatrix} 1 & 3 & 1/3 \\ 1/3 & 1 & 1 \\ 3 & 1 & 1 \end{bmatrix}$

口才：$B_4^{(3)}=\begin{bmatrix} 1 & 1/3 & 5 \\ 3 & 1 & 7 \\ 1/5 & 1/7 & 1 \end{bmatrix}$，政策水平：$B_5^{(3)}=\begin{bmatrix} 1 & 1 & 7 \\ 1 & 1 & 7 \\ 1/7 & 1/7 & 1 \end{bmatrix}$，工作作风：$B_6^{(3)}=\begin{bmatrix} 1 & 7 & 9 \\ 1/7 & 1 & 5 \\ 1/9 & 1/5 & 1 \end{bmatrix}$

由此可求得各属性的最大特征值和相应的特征向量，如表7-15所示。

表 7-15 各属性的最大特征值

特征值	健康状况	业务知识	写作能力	口才	政策水平	工作作风
$\lambda_{\max}$	3.02	3.02	3.05	3.05	3.00	3.02

$$W^{(3)}=\begin{bmatrix} 0.14 & 0.10 & 0.32 & 0.28 & 0.47 & 0.77 \\ 0.63 & 0.33 & 0.22 & 0.65 & 0.47 & 0.17 \\ 0.24 & 0.57 & 0.46 & 0.07 & 0.07 & 0.05 \end{bmatrix}$$

均通过一致性检验。

3) 层次总排序及一致性检验

$$W=W^{(3)}W^{(2)}=\begin{bmatrix} 0.14 & 0.10 & 0.32 & 0.28 & 0.47 & 0.77 \\ 0.63 & 0.33 & 0.22 & 0.65 & 0.47 & 0.17 \\ 0.24 & 0.57 & 0.46 & 0.07 & 0.07 & 0.05 \end{bmatrix}\begin{bmatrix} 0.16 \\ 0.19 \\ 0.19 \\ 0.05 \\ 0.12 \\ 0.30 \end{bmatrix}$$

$$W=\begin{bmatrix}0.40\\0.34\\0.26\end{bmatrix}$$

即在3人中应选择A担任领导职务。

习题与思考题

1. 什么是系统评价?

2. 综合评价体系大致包括哪几个方面?

3. 某省轻工部门有一笔资金准备生产三种产品：家电 I_1，某紧俏产品 I_2，本地传统产品 I_3。评价和选择方案的准则是：风险程度 C_1、资金利用率 C_2、转产难易程度 C_3 三个。现设判断矩阵如下：

投资	C_1	C_2	C_3
C_1	1	1/3	2
C_2	3	1	5
C_3	1/2	1/5	1

C_1	I_1	I_2	I_3
I_1	1	1/3	1/5
I_2	3	1	1/3
I_3	5	3	1

C_2	I_1	I_2	I_3
I_1	1	2	7
I_2	1/2	1	5
I_3	1/7	1/5	1

C_3	I_1	I_2	I_3
I_1	1	1/3	1/7
I_2	3	1	1/5
I_3	7	5	1

试利用AHP计算三种方案的排序结果($n=3$ 时，$R.I.=0.58$)。

参考文献

[1] 领导干部综合考核评价系统[EB/OL]. [2018-03-15]. http://www.docin.com/p-1774845262.html

第8章 工程经济

工程师的工作是运用工程技术把自然资源转变为有益于人类的产品或服务，满足人们的物质文化生活需要。但是资源有限，永远不能满足需求，因此，工程师们在运用工程技术改造世界的同时，还必须树立经济意识，懂得如何对工程技术方案进行经济分析与评价，选择技术上先进、经济上合理的最佳方案。工程经济学正是将工程技术科学与经济科学相结合、研究工程技术经济效果的交叉知识领域。

8.1 工程经济学概述

工程经济学的产生至今有100多年，其标志是1887年美国土木工程师亚瑟·M. 惠灵顿出版的著作《铁路布局的经济理论》(*The Economic Theory of Railway Location*)。很显然，铁路线路的选择可以有多种方案，而且不同方案的选择对铁路的建设费用、未来的运营费用和收益会产生很大影响。但当时的实际情况是许多选线工程师没有意识到这一问题的重要性。于是，作为铁路工程师的惠灵顿首次将成本分析方法应用于铁路的最佳长度和路线的曲率选择问题，并提出了工程利息的概念，开创了工程领域中经济评价的先河。

现在，在密切而复杂地联系着的现代工业、公共部门和政府之中，成本和价值的分析比以往更为细致、更为广泛(如工人的安全、环境影响、消费者保护)。缺少这些分析，整个项目往往很容易成为一种负担，而收益不大。显然，工程经济学家们把工程经济学作为为工程师准备的经济学。

概括起来说，工程经济学是运用工程学和经济学有关知识相互交融而形成的工程经济分析原理与方法，完成工程项目各种可行技术方案的技术经济论证、比较、计算和评价，优选出技术上先进、经济上有利的方案，从而为实现正确的投资决策提供科学依据的一门应用性经济学科。

工程经济分析工作应遵循科学的程序，见图8-1所示的流程图。

(1) 确定目标。依照分析对象的不同，确定分析目标。目标可分为国家目标、地区目标或部门目标、项目目标和企业目标，目标内容可以是项目规模、设备选择或技术改造等。

(2) 调查研究，收集资料。根据确定的目标进行调查研究，收集有关技术、经济、财务、市场、政策法规等资料。

(3) 趋势分析。根据现有的数据资料，结合外部环境和内部因素获得研究目标所需的数据指标。

(4) 建立和选择方案。根据确定的目标集思广益，尽可能收集各种可能的信息和方案，从中筛选出所有可能的方案。从国家目标出发，兼顾企业目标，拟定技术经济分析指标，分析各方案的利弊得失以及影响技术经济效果的内外因素。

(5) 构造和选择模型。经济数学模型是工程经济分析的基础和手段，通过经济数学模型的建立，进一步规定方案的目标体系和约束条件，为以后的经济分析创造条件。

(6) 模型求解。把各种具体资料和数据代入数学模型中运算，求出各方案主要经济指标的具体数值并进行比较，初步选择方案。

(7) 综合评价。在对各方案的经济效益进行定量分析的基础上，还要采用定性分析的办法，对方案进行综合分析和全面评价(包括技术、经济、政治、社会、国防、资源以及生态环境等方面的分析与评价)。综合评价的正确与否，关键取决于定性分析的正确与否以及所引入的数据是否准确可靠，否则影响评价结果。

(8) 选择最优方案。根据综合评价的结果，优选出技术上先进、经济上合理的最佳方案，若方案满意，则选中最优方案；若不够满意，则检查方案、指标的合理性，重新进行评价。

(9) 完善实施方案。

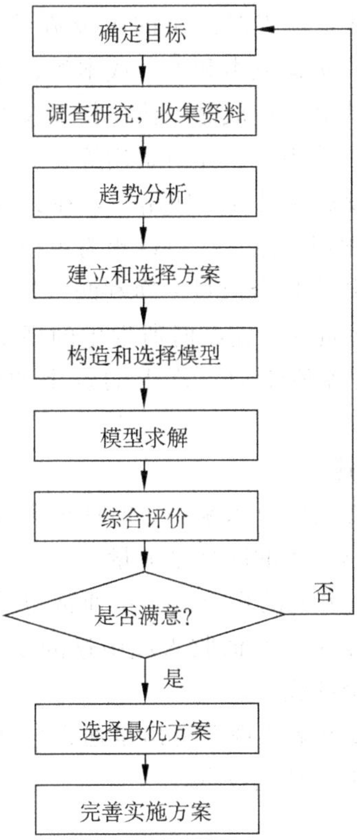

图 8-1 工程经济分析的一般程序

8.2 资金的时间价值

资金在周转过程中，随着时间的变化会产生价值。只要存在商品生产和商品交换，其资金的时间因素就客观存在。学习研究资金的时间价值观念，掌握等值计算公式，可用来选择借贷、经营和投资的方案。

8.2.1 现金流量与现金流量图

▶ 1. 现金流量

在经济分析中，为了计算项目的经济效益，往往把该项目在寿命期内流入与流出的资金称为现金流量(cash flow，CF)。现金流量包括现金流入量(cash in，CI，如营业收入、补贴收入、回收固定资产余值、回收流动资金)、现金流出量(cash out，CO，如建设投资、流动资金、经营成本、营业税金及附加、维持运营投资)和净现金流量(net cash flow，NCF，项目或方案在同一时点上现金流入量与现金流出量之差)。

现金流量的构成有两种表述方法：第一种是按现金流量发生的时间来表述；第二种是按现金的流入流出来表述。

1）按现金流量发生的时间来表述

(1) 初始现金流量，是指开始投资时发生的现金流量，一般包括：固定资产的投资，即固定资产的购入或建造成本、运输成本和安装成本等；流动资产上的投资，即材料、燃料、低值易耗品，在产品、半成品、产成品、协作件以及商品等存货；其他投资费用，即与长期投资有关的职工培训费、谈判费、注册费用等。

(2) 营业现金流量，是指投资项目投入使用后，在其寿命周期内由于生产经营所带来的现金流入和流出的数量。这种现金流量一般以年为单位进行计算，即

年净现金流量＝净利润＋折旧

(3) 终结现金流量，是指投资项目完结时所发生的现金流量。主要包括固定资产残值收入或变价收入；原有垫支在各种流动资产上的资金的收回；停止使用的土地变价收入等。

2）按现金的流入流出来表述

任何一项长期投资决策，都会涉及未来一定时期内现金流入与现金流出的数量。可以通过现金流入、流出的数量计算每年的净现金流量。

(1) 现金流入量。一个投资方案的现金流入量通常包括：投资项目完成后每年可增加的营业现金收入；固定资产报废时的残值收入或中途的变价收入；固定资产使用期满时，原有垫支的各种流动资产上资金的收回。

(2) 现金流出量。一个投资方案的现金流出量通常包括：在固定资产上的投资；在流动资产上的投资；营业现金支出；其他投资。

▶ 2. 现金流量图

货币具有时间价值，资金的生命在于运动。在不同时间发生的资金支付，其价值是不

相同的。我们可以将某个技术方案或投资方案的现金收支情况绘成流量图(cash flow diagram)，简单明了地反映投资经营活动的投资、成本、收益情况及资金发生流动的时间，以便进行经济效果分析。这里，现金流量图是一种反映资金运动状态的图示，对现金流量进行描述，如图 8-2 所示。

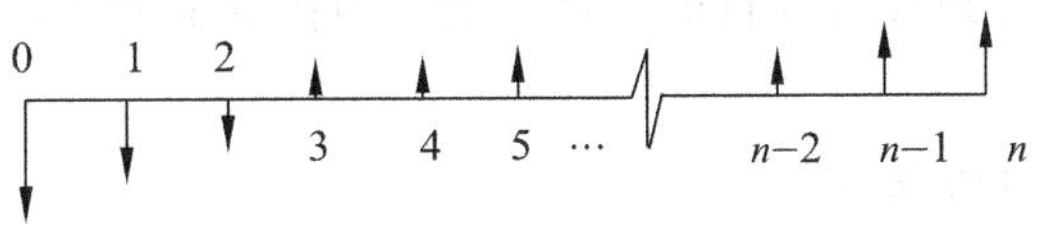

图 8-2 现金流量图

图 8-2 中横轴表示时间序列，每一个刻度表示一个计息周期。起点 0 表示现时点(投资活动的初始起点)，发生在该时点的资金价值，以及未来某时点(或某些时点)的资金按一定利率折算到该点的价值，称为该资金的“现值”。1，2，…，n 分别表示各计息周期的终点。第 i 个计息期的终点也就是第 $i+1$ 个计息期的起点。同理，横轴的终点是投资过程时间序列的终点，发生在该时点的资金价值，以及以前某时点(或某些时点)的资金按一定利率折算到该点的价值，称为该资金的“终值”。资金的流入用向上的箭头表示，流出用向下的箭头表示，箭线的长短与现金流入(流出)量成正比。

画现金流量图时要注意：现金流量图是站在谁的角度画。同一笔现金流量，站在投资者的角度是现金流出，而站在融资者的角度是现金流入。要注意现金流量发生的时点，我国现采用的是年末习惯制，本书中未指明某笔现金流量发生时点的，一般均指发生在年末。

8.2.2 资金时间价值的计算

▶ 1. 资金时间价值的概念

资金存入银行，经过一段时间后可获得利息；资金投入生产或流通领域，将获得一定的收益，带来一定的增值，这就是资金的增值属性。因此，资金的价值是随着时间的变化而变化的，是随着时间的推移，按照一定的复利率呈几何级数增长的，资金的这种属性就称作资金的时间价值。

也就是说，货币在不同时间的价值是不一样的，今天的一元钱与一年后的一元钱其价值不等。比如，投资 1000 万元于某工业项目，建成投产后，每年可得利润 50 万元，这 50 万元就是 1000 万元资金在特定生产经营活动中所产生的时间价值。某人将 100 元存入银行，存期一年，获利息 10 元，这 10 元就是 100 元通过银行借贷，投入社会再生产过程中所产生的时间价值中的一部分。但是，如果将上述 1000 万元、100 元资金锁在保险箱里，不管多长时间，都不会有增值，考虑通货膨胀，反而会贬值。

资金的时间价值存在的条件有两个：一是将货币投入生产或流通领域，使货币转化为资金，从而产生的增值(称为利润或收益)；二是货币借贷关系的存在，货币的所有权及使用权的分离，比如把资金存入银行或向银行借贷所得到或付出的增值额(称为利息)。

在方案的经济评价中考虑时间因素的意义在于：

(1) 一项工程若能早一天建成投产，就能多创造一天的价值，延误一天竣工就会延误一天生产，造成一笔损失；另一种情况是，当我们积累了一笔资金时，若把它投入生产或存入银行，就可带来一定的利润或利息收入，不及时利用就会失去一笔相应的收入。

(2) 考虑资金使用的时间价值可以促使资金使用者加强经营管理，更充分地利用资金以促进生产的发展。

(3) 在利用外资的情况下，不计算资金的时间价值，就无法还本付息。因此，在经济活动中，应千方百计地缩短投资项目的建设周期，加快资金周转，尽量减少资金的占用数量和时间。

▶ 2. 资金时间价值的度量

资金的时间价值一般用利息和利率来度量。如果将一笔资金存入银行(或投入生产或流通领域)，存入(或投入)的资金就叫本金(P)，经过一段时间以后，从银行(或从收益)中提出(或扣除)本金之外，资金所有者还能得到一些报酬，就称之为利息(I)。一般地，利息是指占用资金所付出的代价。单位时间内利息与本金的比值就称为利率(i)，一般以百分比表示，即

$$i=I/P$$

▶ 3. 单利法和复利法

单利法是指每期均按原始本金计算利息，单利法的计算公式为

$$I=Pin \tag{8-1}$$

复利法是以本金和累计利息之和为基数计算利息的方法，也就是通常所说的“利滚利”方法，如果每期的利率相等，复利计算 n 期后的本利和

$$F_n=P(1+i)^n \tag{8-2}$$

【例 8-1】某人现存入银行 10 万元，定期 3 年，年利率 5.4%，问：3 年后按单利法和复利法计算本利和各为多少？

解：按单利计息，3 年后的本利和为

$$F=P(1+in)=10\text{ 万元}\times(1+0.054\times3)=11.62\text{ 万元}$$

按复利计息，3 年后的本利和为

$$F=P(1+i)^n=10\text{ 万元}\times(1+0.054)^3=11.71\text{ 万元}$$

▶ 4. 名义利率与实际利率

利息通常是按照年计算的，等值换算过程中，计算利息的周期和复利率周期是相同的。但是某些情况下，复利计算次数与计息期数不同，有时是一年计息一次，有时是半年计息一次，或每季度、每月计息一次。当给出的计息期和利率周期不同时，就产生了名义利率和实际利率。

名义利率是指采用单利的方法，把各种不同计息期的利率换算为以年为计息期的利率。实际利率是指采用复利计算的方法，把各种不同计息期的利率换算为以年为计息期的利率。下面给出复利期和利息期不相等情况下实际利率的计算公式。

设 j 为计息期利率，在这一时间上共计了 m 次利息，则最初一笔存款 P 在 m 期末的本利和为

$$F=P(1+j)^m$$

则这段时间上的名义利率为

$$r=m\times j$$

而这段时间上的实际利率为

$$i=\frac{利息}{本金}=\frac{P\left(1+\frac{r}{m}\right)^{m}-P}{P}=\left(1+\frac{r}{m}\right)^{m}-1$$

设名义利率为 r，实际利率为 i，每年计息次数为 m，则两者的关系为

$$i=\left(1+\frac{r}{m}\right)^{m}-1 \tag{8-3}$$

【例 8-2】设季度为计息周期，年利率为 16%，则年初借款 1000 万元的年末终值是多少？

解：$i_{季度}=4\%$，则有

$$i_{年实}=(1+4\%)^{4}-1=16.99\%$$

$$F=1000\text{ 万元}\times(1+16.99\%)=1169.9\text{ 万元}$$

该问题的年名义利率为

$$i_{名义}=4\times4\%=16\%$$

▶ 5. 资金等值计算的基本公式

考虑时间因素，在特定的条件下，不同时点发生的绝对值不等，而其实际价值相等的若干资金称为等值资金。影响资金等值的因素包括资金额、利率和计息周期。

1）一次整付终值公式(已知 P，求 F)

一次整付终值是指期初投资 P，在第 n 年末一次性收回本利和 F，其现金流量如图 8-3 所示。

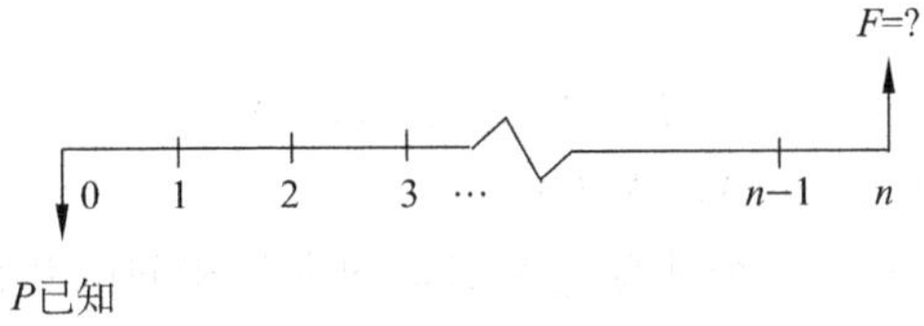

图 8-3 一次整付终值现金流量图

F 的表达式为

$$F=P(1+i)^{n} \tag{8-4}$$

式中，$(1+i)^{n}$ 称为一次支付终值系数，通常用符号$(F/P, i, n)$来表示。这样，式(8-4)可以写成

$$F=P(F/P, i, n) \tag{8-5}$$

2）一次整付现值公式(已知 F，求 P)

一次整付现值是一次整付终值的逆运算，即在已知 F、i 和 n 的情况下，求最初投资 P。其现金流量如图 8-4 所示。

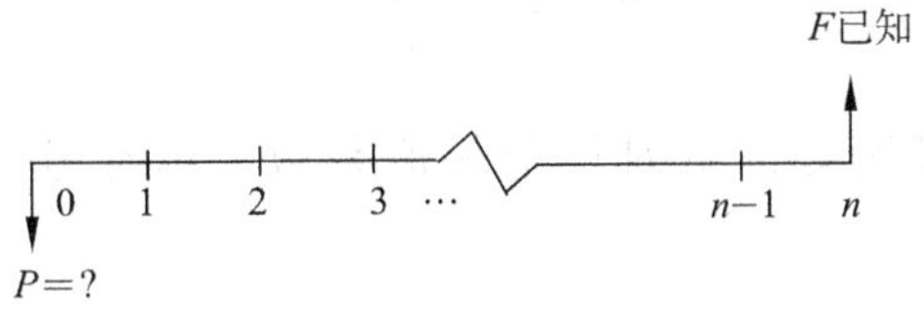

图 8-4 一次整付现值现金流量图

P 的表达式为

$$P=F(1+i)^{-n} \tag{8-6}$$

式中，$(1+i)^{-n}$称为一次支付现值系数，用符号$(P/F, i, n)$表示。这样，式(8-6)可写成

$$P=F(P/F, i, n) \tag{8-7}$$

3）等额分付终值公式(已知 A，求 F)

在一个经济系统中，如果一个计息周期期末均支付相同的数额 A，在年利率为 i 的情况下，求 n 年后一次提取总的终值为多少，即年金终值的计算。其现金流量如图 8-5 所示。

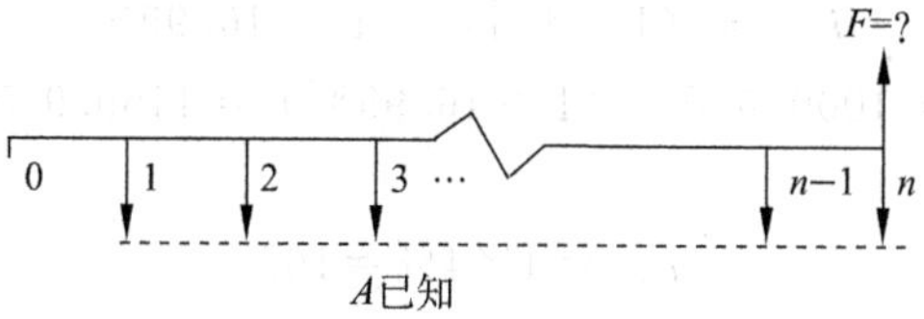

图 8-5　等额分付终值现金流量图

F 的表达式为

$$F=A\frac{(1+i)^n-1}{i} \tag{8-8}$$

式中，$\frac{(1+i)^n-1}{i}$称为等额支付系列年金终值系数，可用符号$(F/A, i, n)$表示。这样，式(8-8)可写成：

$$F=A(F/A, i, n) \tag{8-9}$$

4）等额分付现值公式(已知 A，求 P)

在一个经济系统中，如果一个计息周期期末均支付相同的数额 A，在年利率为 i 的情况下，求 n 年后一次支付总的终值为多少，即年金现值的计算。其现金流量如图 8-6 所示。

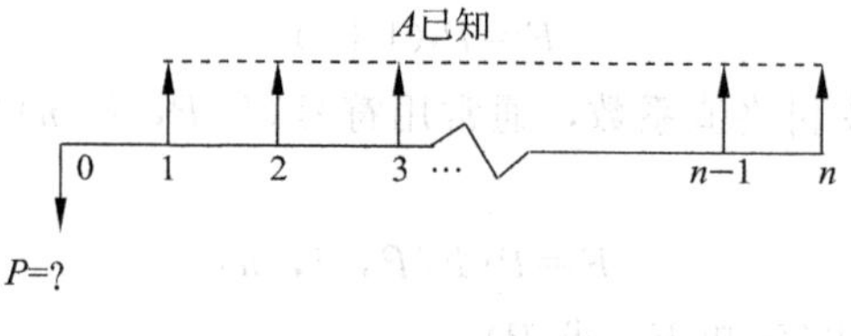

图 8-6　等额分付现值现金流量图

P 的表达式为

$$P=A\frac{(1+i)^n-1}{i(1+i)^n} \tag{8-10}$$

式中，$\frac{(1+i)^n-1}{i(1+i)^n}$称为等额支付系列年金现值系数，用符号$(P/A, i, n)$表示。因此式(8-10)又可表示为

$$P=A(P/A, i, n) \tag{8-11}$$

5）等额分付偿债基金公式（已知 F，求 A）

等额分付偿债基金可理解为，为了在 n 期期末取出 F，需要每期等额存入多少。其现金流量如图 8-7 所示。

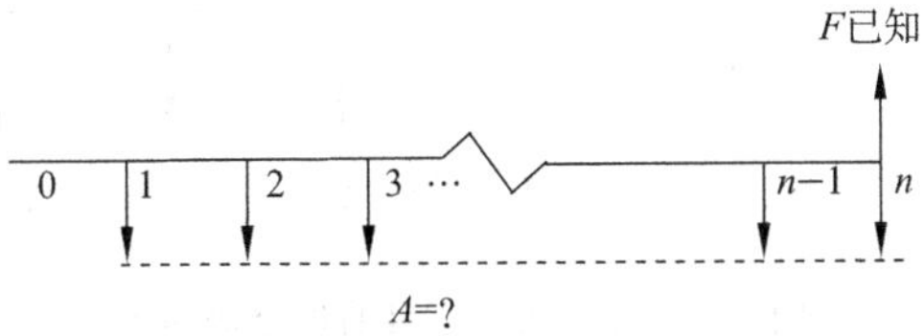

图 8-7 等额分付偿债基金现金流量图

该问题为等额分付终值型的逆问题，其表达式为

$$A=F\frac{i}{(1+i)^n-1} \tag{8-12}$$

式中，$\frac{i}{(1+i)^n-1}$称为等额支付系列积累基金系数，可用符号$(A/F，i，n)$表示。这样，式(8-12)可写成

$$A=F(A/F，i，n) \tag{8-13}$$

6）等额分付资金回收公式（已知 P，求 A）

等额分付资金回收可理解为，期初投资 P，则每期期末取出多少时，才能在第 n 期期末将全部投资收回。其现金流量如图 8-8 所示。

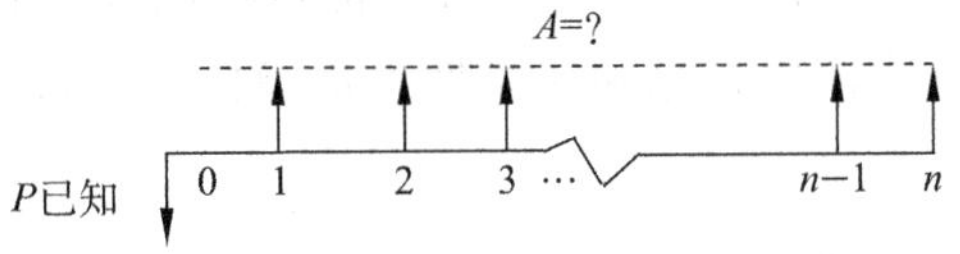

图 8-8 等额分付资金回收现金流量图

该问题为等额分付现值型的逆问题，其表达式为

$$A=P\frac{i(1+i)^n}{(1+i)^n-1} \tag{8-14}$$

式中，$\frac{i(1+i)^n}{(1+i)^n-1}$称为等额支付系列资金回收系数，用符号$(A/P，i，n)$表示。因此式(8-14)可以表示为

$$A=P(A/P，i，n) \tag{8-15}$$

注意：

(1) 上述六个基本公式中，已知其中任意三个变量，就可计算出其他两个变量；

(2) 上述六个基本公式之间存在以下两种关系：倒数关系、乘积关系；

(3) 六个基本公式与现金流量图的对应关系。

【例 8-3】某房地产项目建设期为 3 年，建设期内每年年初贷款 600 万元，贷款年利率为 10%。若在运营期第一年末偿还 1000 万元，拟在运营期第 2 年至第 6 年每年年末等额偿还剩余贷款，则每年应偿还多少万元？

解：现金流量图如图 8-9 所示。

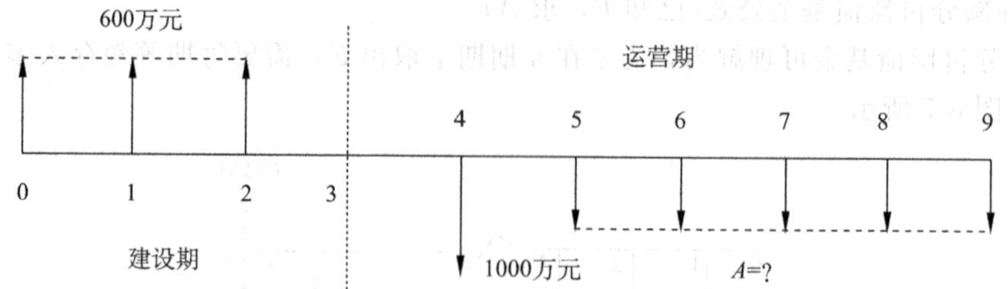

图 8-9 该房地产项目的现金流量图

$$600+600(P/A,10\%,2)=1000(P/F,10\%,4)+A(P/A,10\%,5)\times(P/F,10\%,4)$$

$$A=\frac{600+600\times1.7355-1000\times0.6830}{3.7908\times0.6830}\text{万元}=370.126\text{ 万元}$$

8.3 建设项目经济评价指标

根据是否考虑资金的时间价值进行贴现运算，可将常用方法与指标分为两类：静态分析方法与指标和动态分析方法与指标。前者不考虑资金的时间价值、不进行贴现运算，后者考虑资金的时间价值、进行贴现运算。根据评价指标的经济性质，项目经济评价可分为时间性评价指标、价值性评价指标和比率性评价指标。项目经济评价常用指标分类见表 8-1。

表 8-1 项目经济评价常用指标分类表

划分标准	常用指标分类	
是否考虑资金时间价值	静态评价指标	静态投资回收期等
	动态评价指标	净现值、内部收益率、动态投资回收期等
指标的经济性质	时间性指标	净态投资回收期、动态投资回收期
	价值性指标	净现值、净年值、费用现值、费用年值
	比率性指标	内/外部收益率、净现值率、效益费用比、总投资收益率

项目评价主要解决两类问题：第一，评价项目是否可以满足一定的检验标准，即要解决项目的“筛选问题”；第二，比较某一项目的不同方案优劣或确定不同项目的优先次序，即要解决“排序问题”。第一类问题可称为建设项目的“绝对效果”评价；第二类问题可称为“相对效果”评价。

8.3.1 时间性指标与评价方法

投资回收期(也称投资返本年限)是以项目的净收益抵偿投资所需的时间。它是反映项目财务上投资回收能力的重要指标。

1. 静态投资回收期(P_t)

1) 定义

静态投资回收期是在不考虑资金时间价值条件下，以净收益抵偿投资所需要的时间，通常以年为单位，从建设开始年初算起，其定义式为

$$\sum_{t=0}^{P_t}(\mathrm{CI}-\mathrm{CO})_t=0 \tag{8-16}$$

式中，CI 为现金流入，CO 为现金支出。

2) 计算

投资回收期可借助财务现金流量表净现金流量数据和累计净现金流量数据计算求得，计算公式如下：

$$P_t=\text{累计净现金流量开始出现正值的年份}-1+\frac{\text{上年累计净现金流量的绝对值}}{\text{当年净现金流量}} \tag{8-17}$$

3) 判据

项目投资回收期短，表明投资回收快，抗风险能力强。求出的投资回收期(P_t)可与行业基准投资回收期(P_c)比较：若 $P_t \leqslant P_c$ 时，可以考虑接受该项目；若 $P_t > P_c$，可以考虑拒绝接受该项目。

基准投资回收期应有部门或行业标准，企业也可以有自己的标准。

4) 优点与不足

静态投资回收期的最大优点是经济意义明确、直观、计算简单，便于投资者衡量建设项目承担风险的能力，同时在一定程度上反映了投资效果的优劣。因此得到了一定应用。

静态投资回收期指标的不足主要有三点：

(1) 投资回收期只考虑投资回收之前的效果，不能反映回收期之后的情况，也没有考虑方案在整个计算期内的总收益和获利能力，难免有片面性；

(2) 不考虑资金时间价值，无法用以正确地辨识项目的优劣；

(3) 在方案选择时，用静态投资回收期指标排序，可能导致错误的结论。

因此，静态投资回收期不是全面衡量建设项目的理想指标，它只能用于粗略评价或者作为辅助指标和其他指标结合起来使用。

2. 动态投资回收期

1) 定义

为了克服静态投资回收期未考虑资金时间价值的缺点，可采用其改进指标——动态投资回收期。动态投资回收期一般从建设开始年算起，定义式为

$$\sum_{t=0}^{P_t'}(\mathrm{CI}-\mathrm{CO})_t(1+i)^{-t}=0 \tag{8-18}$$

式中，P_t' 为动态投资回收期。

2) 计算

动态投资回收期可根据财务现金流量表净现金流量折现值和累计净现金流量折现值计算求得，计算公式如下：

$$P_t'=\text{累计净现金流量折现值开始出现正值的年份}-1+\frac{\text{上年累计净现金流量折现值的绝对值}}{\text{当年净现金流量折现值}} \tag{8-19}$$

3）判据

动态投资回收期的评价准则是：当 $P'_t \leqslant n$ 时（n 表示基准动态投资回收期），考虑接受项目，条件是贴现率取 i_c（行业基准收益率）。

4）优点与不足

(1) 动态投资回收期考虑了资金的时间价值，优于静态投资回收期，但计算相对复杂；

(2) 不能反映投资回收之后的情况，仍然有局限性。

因此，动态投资回收期也不是全面衡量建设项目的理想指标，它只能用于粗略评价或者作为辅助指标和其他指标结合起来使用。

【例 8-4】某工程项目的现金流量如表 8-2 所示。试计算：(1)静态投资回收期；(2)动态投资回收期（$i_c=10\%$）。

解：根据式(8-17)和表 8-2 中的相关数据计算静态投资回收期：

$$P_t=(5-1+60/80)\text{年}=4.75\text{ 年}$$

根据式(8-19)和表 8-2 中的相关数据计算动态投资回收期：

$$P'_t=(7-1+2.05/41.04)\text{年}=6.05\text{ 年}$$

表 8-2　投资回收期计算

万元

年数	净现金流量	累计净现金流量	10%的贴现系数	净现金流量折现值	累计净现金流量折现值
0	−100	−100	1.000	−100.00	−100.00
1	−150	−250	0.909	−136.35	−236.35
2	30	−220	0.826	24.78	−211.57
3	80	−140	0.751	60.08	−151.49
4	80	−60	0.683	54.64	−96.85
5	80	20	0.621	49.68	−47.17
6	80	100	0.564	45.12	−2.05
7	80	180	0.513	41.04	38.99
8	80	260	0.467	37.36	76.35
9	80	340	0.424	33.92	110.27
10	80	420	0.386	30.88	141.15

▶ 3. 借款偿还期

借款偿还期是指根据国家财税法规及工程项目的具体财务条件，以可作为偿还贷款项目收益（可供投资者分配的利润、折旧、摊销）来偿还项目投资和利息所需要的时间。为了表明项目的偿还能力，可按尽早还款的方法计算。

$$\text{借款偿还期}=\text{清偿债务年份数}-1+\frac{\text{清偿债务当年应付本息}}{\text{当年可用于还款的收益额}} \tag{8-20}$$

8.3.2　价值性指标与评价方法

价值性指标反映一个项目的现金流量相对于基准投资收益率所能实现的盈利水平。最主要又最常用的价值性指标是净现值，在多项目（或方案）选优中的价值性指标还有净年值，其他还有净终值、费用现值和费用年值。

▶ 1. 净现值

(1) 定义与判据

净现值(net present value，NPV)是将项目整个计算期内各年的净现金流量(或净效益费用流量)，按某个给定的折现率，折算到计算期期初(零点，也即1年初)的现值代数和。净现值的计算公式为

$$NPV(i) = \sum_{t=0}^{n} (CI - CO)_t (1+i)^{-t} \tag{8-21}$$

式中：n——计算期期数；

i——设定折现率。

在项目经济评价中，若 NPV≥0，则该项目在经济上可以接受；反之，若 NPV<0，则经济上可以拒绝该项目。

当给定的折现率 $i=i_c$(i_c 为设定的基准收益率)，若 $NPV(i_c)=0$，表示项目达到了基准收益率标准，而不是表示该项目盈亏平衡；若 $NPV(i_c)>0$，则意味着该项目可以获得比基准收益更高的收益；而 $NPV(i_c)<0$，仅表示项目不能达到基准收益率水平，不能确定项目是否会亏损。

2) 优缺点

净现值是反映项目投资盈利能力的一个重要的动态评价指标，它广泛应用于项目经济评价中。其优点在于它不仅考虑了资金的时间价值，对项目进行动态分析，而且考察了项目在整个寿命期内的经济状况，并且直接以货币额表示项目投资的收益性大小，经济意义明确直观。其缺点是折现率 i_c 的选取较为复杂，要根据相应行业或部门规定的基准收益率来选取。

【例 8-5】某项目的投资、成本及收入如表 8-3 所示，求该项目的净现值(基准收益率为 12%)。

表 8-3 某工程项目的现金流量 万元

年数	现金流出				现金流入	净现金流量
	建设投资	流动资金	经营成本	现金流出总计		
0	200	0	0	200	0	−200
1	200	0	0	200	0	−200
2	100	0	0	100	0	−100
3	100	0	0	100	0	−100
4	50	300	0	350	0	−350
5	0	0	50	50	400	350
6	0	0	100	100	600	500
7	0	0	100	100	600	500
8	0	0	100	100	600	500
9	0	0	100	100	600	500
累计	650	300	450	1400	2800	1400

解：利用公式(8-21)计算，则有：

$$\begin{aligned}NPV(i_c=12\%)=&\left[\frac{350}{(1+0.12)^5}+\frac{500}{(1+0.12)^6}+\frac{500}{(1+0.12)^7}+\frac{500}{(1+0.12)^8}+\frac{500}{(1+0.12)^9}\right]\text{万元}-\\&\left[200+\frac{200}{(1+0.12)}+\frac{100}{(1+0.12)^2}+\frac{100}{(1+0.12)^3}+\frac{350}{(1+0.12)^4}\right]\text{万元}\\=&308.35\text{ 万元}\end{aligned}$$

▶ 2. 净年值

净年值(net annuities value，NAV)也称净年金，它是把项目寿命期内的净现金流量按设定的折现率折算成与其等值的各年年末的等额净现金流量值。

求一个项目的净年值，可以先求该项目的净现值，然后乘以资金回收系数进行等值交换求解，即：

$$NAV=NPV(A/P,\ i,\ n) \tag{8-22}$$

用净现值 NPV 和净年值 NAV 对一个项目进行评价，结论是一致的，因为：当 NPV $\geqslant 0$ 时，NAV$\geqslant 0$；当 NPV<0 时，NAV<0。就一般项目的评价而言，要 NAV，一般先要计算 NPV。因此，在项目经济评价中，很少采用净年值指标。但是，对寿命不相同的多个互斥方案进行选优时，净年值比净现值有独到的简便之处，可以直接据此进行比较。

▶ 3. 费用现值和费用年值

当两方案的收益或满足的需要相同时，可直接用费用现值(present cost，PC)和费用年值(annuities cost，AC)比较优劣。

$$PC=\sum_{t=0}^{n}CO_t(1+i_c)^{-t}=\sum_{t=0}^{n}CO_t(P/F,i_c,t) \tag{8-23}$$

$$AC=PC(A/P,\ i,\ n) \tag{8-24}$$

8.3.3 比率性指标与评价方法

比率性评价指标主要包括总投资收益率、项目资本金净利润率、利息备付率、偿债备付率、资产负债率、流动比率、速动比率、内部收益率、外部收益率、差额内部收益率、净现值率等。下面进行重点介绍。

▶ 1. 静态比率性指标

1）总投资收益率

$$\text{总投资收益率}=\frac{\text{年平均税前利润}}{\text{总投资}}\times 100\% \tag{8-25}$$

2）项目资本金净利润率

$$\text{资本金净利润率}=\frac{\text{年平均净利润}}{\text{资本金}}\times 100\% \tag{8-26}$$

3）资产负债率

$$\text{资产负债率}=\frac{\text{负债总额}}{\text{资产总额}}\times 100\% \tag{8-27}$$

▶ 2. 动态比率性指标

1）净现值率(NPVR)

净现值指标用于多方案比较时，虽然能反映每个方案的盈利水平，但是由于没有考虑各个方案投资额的大小，因而不能直接反映资金的利用效率。为了考察资金的利用效率，可采用净现值率指标作为净现值的补充指标。所谓净现值率，就是按设计折现率求得的项目计算期的净现值与其全部投资现值的比率，记作 NPVR，计算式为

$$\mathrm{NPVR}=\frac{\mathrm{NPV}}{I_{\mathrm{P}}}=\frac{\sum_{t=0}^{n}(\mathrm{CI}-\mathrm{CO})_t(1+i)^{-t}}{\sum_{t=0}^{n}I_t(1+i)^{-t}} \tag{8-28}$$

式中：I_{P}——项目投资现值。

用净现值率评价单一项目或方案时，若 NPVR≥0，方案可行，可以考虑接受；若 NPVR<0，方案不可行，应予拒绝。在多项目或方案的评价与优选中，净现值率是一个重要的评价指标。

2）内部收益率(IRR)

(1) 定义与判据

内部收益率是指使项目净现值为零时的折现率，记作 IRR。由于它所反映的是项目投资所能达到的收益率水平，其大小完全取决于项目或方案本身，因而称为内部收益率。其表达式为

$$\sum_{t=0}^{n}(\mathrm{CI}-\mathrm{CO})_t(1+\mathrm{IRR})^{-t}=0 \tag{8-29}$$

内部收益率越高，一般来说该项目或方案的投资效益就越好。应用 IRR 对单独一个项目进行经济评价的判别准则是：若 $\mathrm{IRR}\geqslant i_c$，则认为项目在经济上是可以接受的；若 $\mathrm{IRR}<i_c$，则项目在经济上应予以拒绝。

(2) 计算

求解内部收益率是解以折现率为未知数的多项高次方程。当各年的净现金流量不等且计算期较长时，求解内部收益率是相当繁琐的。一般来说，求解 IRR，常用试算法。

采用人工试算法求解内部收益率，首先选择折现率 r_1，将其代入净现值公式，如果此时算出的净现值为正，则选择一个高于 r_1 的折现率 r_2，将其代入净现值公式，如果此时净现值仍为正，则增加 r_2 的值后再重新计算净现值，直到净现值为负为止(如果首先选择的折现率计算的净现值为负，则需要降低折现率至净现值为正为止)。根据内部收益率定义可知，此时内部收益率必在 r_1 和 r_2 之间。

通常当试算的折现率 r 使 NPV 在零值左右摆动且先后两次试算的 r 值之差足够小，一般不超过 2%时，可用线性内插法近似求出 IRR。内插公式为

$$\mathrm{IRR}=r_1+(r_2-r_1)\frac{\mathrm{NPV}_1}{\mathrm{NPV}_1+|\mathrm{NPV}_2|} \tag{8-30}$$

式中：r_1——较低的试算折现率；

r_2——较高的试算折现率；

NPV_1——与 r_1 对应的净现值；

NPV_2——与 r_2 对应的净现值。

【例 8-6】已知某方案第一年初和第一年末分别投资 1000 万元、800 万元，第二、三、四年末均获净收益 500 万元，第五年末净收益为 1200 万元，试计算方案的内部收益率(折现系数取三位小数)。

解：先取 $r_1=12\%$，则有：

$$NPV_1=[-1000-800\,(1+12\%)^{-1}+500\,(1+12\%)^{-2}+500\,(1+12\%)^{-3}+500\,(1+12\%)^{-4}+1200\,(1+12\%)^{-5}]\text{万元}=38.5\text{万元}$$

由于 $NPV_1>0$，故提高折现率，令 $r_2=14\%$，有

$$NPV_2=[-1000-800\,(1+14\%)^{-1}+500\,(1+14\%)^{-2}+500\,(1+14\%)^{-3}+500\,(1+14\%)^{-4}+1200\,(1+14\%)^{-5}]\text{万元}=-60.8\text{万元}$$

应用线性插值公式，有：

$$IRR=r_1+(r_2-r_1)\frac{NPV_1}{NPV_1+|NPV_2|}$$

$$=12\%+(14\%-12\%)\frac{38.5}{38.5+|-60.3|}=12.78\%$$

(3) 优缺点

内部收益率指标的优点：

内部收益率指标考虑了资金的时间价值，用于对项目进行动态分析，并考察了项目在整个寿命期内的全部情况。

内部收益率指标的缺点：

① 内部收益率指标计算繁琐，非常规项目有多解现象，分析、检验和判别比较复杂。

② 内部收益率适用于独立方案的经济评价和可行性判断，一般不能直接用于独立方案之间的比较和选优，但可以用于互斥方案之间的优劣排序。

③ 内部收益率不适用于只有现金流入或现金流出的项目。

8.4 方案的经济比较与选择

技术经济评价的一个重要方面就是多方案选优和排序，即在一个项目的规划、设计或施工过程中，从多种可以相互替代而又相互排斥的方案中，筛选出一个最优方案付诸实施；或在资源限定条件下各级计划部门对若干个独立的可行方案，按照它们的经济效果好坏，优先安排某些效益好的项目，保证有限的资源用到最有利的项目上去，所以也称项目排队，其实质是对经过绝对经济效果检验的若干个方案进行优选，所以也称相对经济效果评价。

相对经济效益是与绝对经济效益相比较而言的，它舍弃了方案的相同部分，只计算、比较不同部分的经济效益。方案比较是寻求合理的技术方案的必要手段，也是建设项目经济评价的重要组成部分。在建设项目可行性研究过程中，各项重要的经济决策和技术决策，存在着生产规模、产品结构、生产工艺、主要设备选择等多个不同方案。假如这些方案在技术上都是可行的，经济上也是合理的，那么只有通过方案的比较，才能鉴别各方案的优劣，从中选择出最优方案，为项目的决策提供可靠的依据，把有限的资金、物力和人力资源配置到经济效益最好的项目上去，以便最大限度地提高资源的利用率。

8.4.1 方案的经济比较与选择类型

根据方案的性质不同，技术方案一般可分为三种类型：互斥方案、独立方案和相关方案。

▶ 1. 互斥方案

互斥方案是指方案选择中，选择其中任何一个方案，其余方案必须被放弃的一组方案，即备选方案间互相排斥，不能同时存在的一组方案。

例如，公司计划购买一台塔式起重机，市场上有生产同类型产品的三个厂家可供选择。由于只能购买其中一种，而不能同时选购各厂家的产品，故为互斥的方案。互斥方案的效果不能叠加。

【例 8-7】有三个建议方案，见表 8-4，问可组成多少互斥方案。

表 8-4 三个建议方案 万元

建议方案	初始投资
A	1.2
B	1.0
C	1.7

解：用 A、B、C 组成所有的互斥方案，第一次每取一个，第二次每取两个，可组成三个互斥方案；以此类推，其结果见表 8-5，包括不投资建议方案，一共为八个互斥方案。采用这种方法组合方案，如果有 n 个建议方案，则可组成 2^n 个互斥方案。

表 8-5 组合方案

组号	方案组合	组合投资/万元	组号	方案组合	组合投资/万元
1	0	0	5	A、B	2.2
2	A	1.2	6	A、C	2.9
3	B	1.0	7	B、C	2.7
4	C	1.7	8	A、B、C	3.9

▶ 2. 独立方案

独立方案是指备选方案中，任一方案采用与否都不影响其他方案取舍的一组方案，即方案间现金流独立，互不干扰。也即方案之间不具有排他性。

例如，公司打算购买一台塔式起重机、一台推土机和一辆汽车，购买其中一台设备并不影响购买其他两种设备，这就是独立方案。独立方案的效果可以叠加。

▶ 3. 相关方案

相关方案是指各投资方案间现金流量存在影响的一组方案。根据影响方向，相关方案分为正相关方案与负相关方案。当一个方案的执行使另一方案的净现金流量减少时，方案间具有负相关关系；当一个方案的执行使另一方案的净现金流量增加时，方案间具有正相关关系。

8.4.2 互斥方案的比选

进行互斥方案比选，必须遵循可比原则，以保证分析和认证能全面、正确地反映实际情况，有助于正确决策。

▶ 1. 满足方案的可比性条件

(1) 满足需求的可比性。指比较方案应满足相同的需求。需求的可比性分为两个层次：一是方案间功能质量可比，二是功能指标数量可比。

(2) 满足消耗费用的可比性。指比较方案的消耗费用不仅应考虑方案的全部社会劳动消耗，还应考虑全寿命社会消耗；不仅考虑建设投资，还要考虑流动资金投入。为了使各方案能正确地进行比较，必须采用统一的费用计算原则、方法和范围。

(3) 满足价格指标上的可比性。价格指标的可比性要求考虑价格的合理性和时效性。由于历史的原因，我国某些原材料或商品的价格未与国际市场接轨，方案比较时，必须作价格修正，使对比方案在相同的、合理的价格基础上进行比较。另外，价格具有时效性，不同时期其价格水平不同，应注意剔除价格水平的影响，使价格具有可比性。

(4) 满足时间上的可比性。一是要求比较方案具有相同的计算期，不同技术方案的经济比较应该采用相等的计算期作为比较基础；二是比较方案具有相同的时间点，应考虑资金投入时间先后产生的影响，不同时间点发生的现金流量不能直接相加。

▶ 2. 计算期相同的互斥方案的比选

考虑互斥方案时间上的可比性，可将互斥方案比选根据计算期是否相同，分为计算期相同的互斥方案比选和计算期不同的互斥方案比选两种。

对于计算期相同的互斥方案，由于满足时间上的可比性，因此，可以直接按照经济评价指标值进行比选，具体方法有净现值比较法、差额投资分析法和最小费用法等。

1) 净现值比较法

计算备选方案的财务净现值，取备选方案中财务净现值最大者为最优方案。

【例 8-8】有 3 个互斥方案，现金流量如表 8-6 所示，试用净现值比较法($i_c=15\%$)进行互斥方案选择。

表 8-6　例 8-8 中相关数据　　万元

方案	第 1 年投资	第 2—11 年现金流入	第 2—11 年现金流出	期末残值
A	5000	2400	1000	200
B	8000	3100	1200	320
C	10000	4000	1500	400

解：$NPV_A=-5000(P/F, 15\%, 1)+(2400-1000)(P/A, 15\%, 10)(P/F, 15\%, 1)+200(P/F, 15\%, 11)$

$=(-5000\times0.8696+1400\times5.0188\times0.8696+200\times0.2149)$ 万元

$=1805.04$ 万元

$NPV_B=-8000(P/F, 15\%, 1)+(3100-1200)(P/A, 15\%, 10)(P/F, 15\%, 1)+320(P/F, 15\%, 11)$

$=(-8000\times0.8696+1900\times5.0188\times0.8696+320\times0.2149)$ 万元

$=1404.18$ 万元

$NPV_C=-10000(P/F, 15\%, 1)+(4000-1500)(P/A, 15\%, 10)(P/F, 15\%, 1)+400(P/F, 15\%, 11)$

$=(-10000\times0.8696+2500\times5.0188\times0.8696+400\times0.2149)$ 万元

$=2300.76$ 万元

因为 $NPV_C>NPV_A>NPV_B$，所以 C 方案为最优方案。

2）差额投资分析法

差额投资分析法是用投资大的方案减去投资小的方案，得到差额投资现金流量，然后通过计算差额投资现金流量的经济评价指标，评价差额投资现金流量的可行性，判断差额投资是否值得，进行方案比选。

差额投资分析法的具体做法为：

（1）将备选方案按投资额大小，从小到大排列。

（2）计算方案 2 与方案 1 的差额投资现金流量，并绘制现金流量图。

第 t 年的差额净现金流量为：

$$\Delta NCF_t=(CI-CO)_{t2}-(CI-CO)_{t1} \tag{8-31}$$

（3）计算差额投资现金流量的经济评价指标。如差额投资内部收益率（ΔIRR）、差额投资财务净现值（ΔNPV）或差额投资回收期等。

（4）方案比选。如求得的 $\Delta IRR\geqslant i_c$（基准收益率），则说明增加投资的财务评价可行，增加投资值得，故投资大的方案 2 较优；如求得的 $\Delta IRR<i_c$（基准收益率），则说明增加投资的财务评价不值得，故投资小的方案 1 较优；同理，如求得的 $\Delta NPV\geqslant0$，或差额投资回收期小于基准投资回收期，则投资较大的方案 2 较优；反之，如 $\Delta NPV<0$，或差额投资回收期大于基准投资回收期，则投资较小的方案 1 较优。

（5）计算方案 3 与上述较优方案的差额投资现金流量，进行方案比选。

（6）依次将下一方案与选出的较优方案进行比选，直至比选完所有备选方案，最后确定的最优方案为入选方案。

3）最小费用法

在互斥方案比选中，经常会遇到这种情况：参加比选的方案效益相同或基本相同，且方案产生的效益无法或难以用货币计量，比如一些教育、环保等项目。此时，可假设各方案收益相同，方案比较时不考虑收益，而仅对备选方案的费用进行比较，以备选方案中费用最小者作为最优方案，这种方法称为最小费用法。最小费用法包括费用现值比较法和费用年值比较法。具体做法是计算各备选方案的费用现值（PC）或费用年值（AC），以其最低的方案作为最优方案。

【例 8-9】4 种具有同样功能的设备，使用寿命均为 10 年，残值均为 0，初始投资和年经营费用见表 8-7（$i_c=10\%$）。用最小费用法选择哪种设备在经济上更为有利。

表 8-7　例 8-9 中有关数据

项目（设备）	A	B	C	D
初始投资/元	3000	3800	4500	5000
年经营费/元	1800	1770	1470	1320

解：由于 4 种设备功能相同，故可以比较费用大小；又因为各方案寿命相等，保证了时间可比性，故可以利用费用现值（PC）选优。

$$PC_A = 3000 + 1800(P/A, 10\%, 10) = 14060 \text{ 元}$$
$$PC_B = 3800 + 1770(P/A, 10\%, 10) = 14676 \text{ 元}$$
$$PC_C = 4500 + 1470(P/A, 10\%, 10) = 13533 \text{ 元}$$
$$PC_D = 5000 + 1320(P/A, 10\%, 10) = 13111 \text{ 元}$$

其中设备D的费用现值最小，故选择设备D较为有利。

▶3. 计算期不同的互斥方案的比选

当备选方案具有不同的计算期时，由于方案不具有可比性，不能直接采用净现值法、差额投资分析法进行方案比选。因此，需要采取其他方法使备选方案具有时间上可比的基础。建立时间可比的方法有最小公倍数法、研究期法和净年值法。

(1) 最小公倍数法。最小公倍数法是以各备选方案计算期的最小公倍数为比较期，假定在比较期内各方案可重复实施，现金流量重复发生，直至比较期结束。这样，各备选方案具有相同的比较期，具备时间上的可比性，可以采用前述的净现值比较法、净年值法等进行互斥方案的选择。

(2) 研究期法。所谓研究期法，就是针对寿命期不相等的互斥方案，直接选取一个适当的分析期作为各个方案共同的计算期，通过比较各方案在该计算期内的净现值来对方案进行比选，以净现值最大的方案为最佳方案。

研究期法一般以各备选方案中最短计算期作为研究期，此时计算简便，可以完全避开方案可重复实施的假定。对于比较期末，计算期末结束方案的余值，可预测此时该方案的公开市场价值作为现金流入量，也可通过费用收益分摊考虑该方案未使用价值。

(3) 净年值法。净年值法是分别计算各备选方案净现金流量的等额净年值AV，并进行比较，以AV最大者为最优方案。净年值法是以“年”为时间单位比较各方案的经济效果，从而使计算期不等的互斥方案间具有时间的可比性。

【例8-10】有两种疏浚灌溉渠道的方案，方案A是用挖泥机清除渠道淤泥；方案B是在渠底铺设混凝土板，增加水流速度，确保渠道不淤。两方案费用支出为：方案A购置挖泥机65万元，使用寿命10年，机械残值3万元，年作业费22万元，控制水草生长的年费用12万元；方案B渠底铺设混凝土板500万元，可使用年限50年，年维护费1万元，5年修补一次费用30万元。设基准收益率 $i_c = 10\%$，试进行方案选择。

解：(1)建立比较基础，确定比较期。

10、50、5的最小公倍数为50，以50年作为比较期，方案A的现金流量重复5次，方案B修补9次。

绘制现金流量图，如图8-10所示。

净费用现值：

$$\begin{aligned} NPC_A &= [65 + (65-3)(P/F, 10\%, 10) + (65-3)(P/F, 10\%, 20) + (65-3)(P/F, 10\%, 30) + (65-3)(P/F, 10\%, 40) - 3(P/F, 10\%, 50) + (22+12)(P/A, 10\%, 50)] \text{万元} \\ &= (65 + 62\times0.3855 + 62\times0.1486 + 62\times0.0573 + 62\times0.0221 - 3\times0.0085 + 34\times9.9148) \text{万元} \\ &= 440.12 \text{万元} \end{aligned}$$

$NPC_B=[500+30(P/F,10\%,5)+30(P/F,10\%,10)+30(P/F,10\%,15)+30(P/F,10\%,20)+30(P/F,10\%,25)+30(P/F,10\%,30)+30(P/F,10\%,35)+30(P/F,10\%,40)+30(P/F,10\%,45)+1(P/A,10\%,50)]$万元

$=(500+30\times0.6209+30\times0.3855+30\times0.2394+30\times0.1486+30\times0.0923+30\times0.0573+30\times0.0356+30\times0.0221+30\times0.0137+1\times9.9148)$万元

$=558.38$ 万元

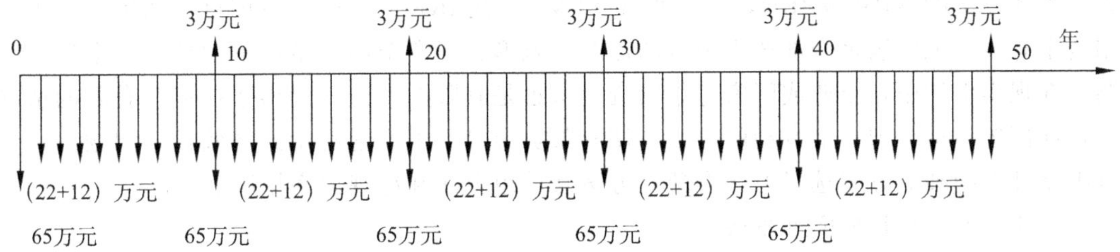

(a) 方案A

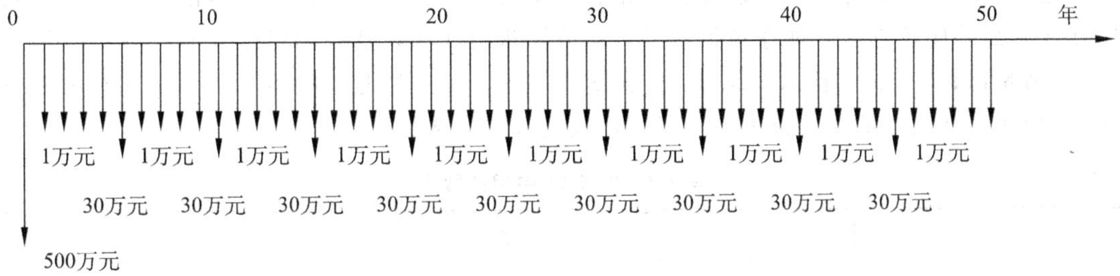

(b) 方案B

图 8-10 例 8-10 现金流量图

上述计算过程复杂，容易出现失误。由现金流量图可知，图中多个现金流量相等，且发生间隔相同，符合等额支付系列应用条件，下面采用等额支付系列公式予以计算。

因为 10 年期实际利率 $i_{10}=(1+10\%)^{10}-1=159.374\%$

5 年期实际利率 $i_5=(1+10\%)^5-1=61.051\%$

$NPC_A=[65+(65-3)(P/A,159.374\%,4)-3(P/F,10\%,50)+(22+12)(P/A,10\%,50)]$万元

$=(65+62\times0.6136-3\times0.0085+34\times9.9148)$万元$=440.12$ 万元

$NPC_B=[500+30(P/A,61.051\%,9)+1(P/A,10\%,50)]$万元

$=(500+30\times1.6155+1\times9.9148)$万元$=558.38$ 万元

(2) 净费用年值法

$NAC_A=[(22+12)+65(A/P,10\%,10)-3(A/F,10\%,10)]$万元

$=(34+65\times0.16275-3\times0.06375)$万元$=44.39$ 万元

$NAC_B=[1+30(A/P,10\%,5)+(500-30)(A/P,10\%,50)]$万元

$=(1+30\times0.26380+470\times0.10086)$万元$=56.32$ 万元

由净费用现值和净费用年值的计算结果可知，$NPC_A<NPC_B$，或 $NAC_A<NAC_B$，即不管是净费用现值法还是净费用年值法，均是 A 方案花费最少。因此，A 方案最优。

由计算过程可以看出，采用最小公倍数法、净年值法进行计算期不同的互斥方案比选时，净年值法计算最简便，因此，计算期不同的互斥方案比较常采用净年值法。

8.4.3 独立方案的比选

对于独立方案，由于一方案的入选不影响其他方案的取舍，因此，如果企业可利用的资金足够多，即无资金约束，此时方案选择方法与单个方案的评价方法是一致的，只要分别计算各方案的NPV或IRR，选择所有NPV≥0或IRR≥ I_c的项目即可。如果企业可利用资金有限，无法满足全部选出项目的需要，就形成了资金约束条件下的独立方案选择问题。在现实生活中，企业或国家筹集的资金永远是有限的，这就提出了在资金有限的情况下，如何选择最合理、最有利的方案，使有限资金最大限度地产生经济效益的问题。资金有限条件下的独立方案选择方法有独立方案互斥组合法和净现值率排序法。

▶ 1. 独立方案互斥组合法

独立方案互斥组合法是指在资金有限制的情况下，将相互独立的方案组合成总投资额不超过投资限额的组合方案，这样各个组合方案之间的关系就变成了互斥的关系，然后利用互斥方案的比选方法，如净现值法等，对方案进行比选，选择出最佳方案。

【例 8-11】某企业面临A、B、C三个独立方案，现金流量如表8-8所示，可利用资金限额为6000万元，基准收益率 $i_c=15\%$，试进行方案选择。

表 8-8 例 8-11 中相关数据

计算期/年	净现金流量/万元		
	A	B	C
0	−1000	−3000	−5000
1—3	600	1500	2000

解：(1)构建互斥方案组。将A、B、C三个方案进行组合，形成8个方案组，具体见表8-9。表中方案组合形式中，“1”表示该方案入选，“0”表示该方案不入选。从表中可以看出，各方案组之间相互排斥。

表 8-9 互斥方案组合及其净现值

互斥方案组	组合形式			需要的初始投资/万元	现金流量(年末)/万元		财务净现值/万元
	A	B	C		0	1—3	
1	0	0	0	0	0	0	0
2	1	0	0	1000	−1000	600	369.94
3	0	1	0	3000	−3000	1500	424.84
4	0	0	1	5000	−5000	2000	−433.66
5	1	1	0	4000	−4000	2100	794.55
6	1	0	1	6000	−6000	2600	−63.61
7	0	1	1	8000			
8	1	1	1	9000			

(2) 方案筛选。淘汰投资超过资金限额的组合方案，表中互斥方案组 7、8 投资分别为 8000 万元和 9000 万元，超过投资限额，予以淘汰。

(3) 方案选择。对满足资金限额的互斥方案组，计算其财务净现值，结果如表 8-9 所示。由净现值法知，互斥方案组 5 财务净现值最高，为最优方案组合，应同时实施方案 A 和方案 B。

▶ 2. 净现值率排序法

所谓净现值率排序法，是指将净现值率大于或等于零的各个方案按净现值率的大小依次排序，并以此次序选取方案，直至所选取的方案组合的投资总额最大限度地接近或等于投资限额为止。

在对具有资金限制的独立方案进行比选时，独立方案互斥组合法和净现值率排序法各有其优劣。净现值率排序法的优点是计算简便，选择方法简明扼要，缺点是由于投资方案的不可分性，经常会出现资金没有被充分利用的情况，因而不一定能保证获得最佳组合方案；而独立方案互斥组合法的优点是在各种情况下均能保证获得最佳组合方案，但缺点是在方案数目较多时，其计算比较繁琐。因此在实际应用中，应该综合考虑各种因素，选用适当的方法进行方案比较。

8.4.4 相关方案的比选

所谓相关方案是指一个方案的选择与否会影响其他方案的经济效果或决策。

▶ 1. 相互依存型方案的比选

在多方案比选中，当某一方案的实施要求以另一方案的实施为条件时，则这两个方案具有相互依存性。比选时，通常将相互依存的两个方案合成新的方案组，再与其他方案进行比选，确定最优策略。

【例 8-12】现有 A、B、C、D 四个方案，寿命期均为 5 年，各方案的投资和现金流量如表 8-10 所示，其中 A、B、C 互斥，D 方案与 A 方案相互依存，基准收益率为 10%，试作出最优决策。

表 8-10 例 8-12 中已知数据

方案	A	B	C	D
投资(第一年初)/万元	10	14	16	20
年净收益/万元	4	5	7	8

解：在方案 A、B、C、AD 中选优：

$NPV_A=[-10+4(P/A, 10\%, 5)]$万元$=5.16$ 万元

$NPV_B=[-14+5(P/A, 10\%, 5)]$万元$=4.59$ 万元

$NPV_C=[-16+7(P/A, 10\%, 5)]$万元$=10.54$ 万元

$NPV_{AD}=[-30+12(P/A, 10\%, 5)]$万元$=15.49$ 万元

所以 AD 组合为最优决策。

▶ 2. 现金流相关型方案的比选

方案间的现金流既有相关性又不完全排斥时，采用组合互斥方案法进行比选。

组合互斥方案法，即列出所有可行的组合方案，其中每一个组合都代表一个相互排斥的组合，再用互斥方案比较方法选定最好的组合。

【例 8-13】有关部门对某河流的水利建设提出桥梁项目和轮渡项目，只可选择一个项目时的净现金流量如表 8-11，若两个项目都上，由于货物分流的影响，两项目都减少收益，现金流量表见表 8-12，当 $i_c=10\%$时，试作出最佳决策。

表 8-11　只上一个项目时的现金流量表　　万元

方案	第 0 年	第 1 年	第 2 年	第 3～30 年
建桥	−180	−180	−180	90
轮渡	−100	−100	−100	60

表 8-12　两项目都上时的现金流量表　　万元

方案	第 0 年	第 1 年	第 2 年	第 3～30 年
建桥	−180	−180	−180	80
轮渡	−100	−100	−100	40
两项合计	−280	−280	−280	120

解：将两个方案组合成三个互斥方案，分别计算净现值，如表 8-13 所示。

表 8-13　两方案及组合方案的现金流量　　万元

方案	第 0 年	第 1 年	第 2 年	第 3～30 年
建桥	−180	−180	−180	90
轮渡	−100	−100	−100	60
建桥＋轮渡	−280	−280	−280	120

解：$NPV_{建桥}=[-180-180(P/A,10\%,2)+90(P/A,10\%,28)(P/F,10\%,2)]$万元

$=199.83$ 万元

$NPV_{轮渡}=[-100-100(P/A,10\%,2)+60(P/A,10\%,28)(P/F,10\%,2)]$万元

$=187.93$ 万元

$NPV_{建桥+轮渡}=[-280-280(P/A,10\%,2)+120(P/A,10\%,28)(P/F,10\%,2)]$万元

$=157.01$ 万元

所以建桥为最优决策。

8.5 案例分析

某工程项目技术经济分析

1. 案例背景

某公司拟投资一个项目，投资建设期为 3 年，生产经营期为 7 年。第 1 年投资 1000 万元，第 2 年投资 800 万元，第 3 年投资 600 万元。第 3 年末投产。在生产经营期内，前 3 年的年净现金流量分别为 400 万元、600 万元和 800 万元，后 4 年的净现金流量均为 1000 万元。设行业基准收益率为 12%。

(1) 画出项目的现金流量图；

(2) 若项目均为自有资金，试计算项目的净现值、净现值率、内部收益率；

(3) 对项目进行可行性评价；

(4) 若投资均为贷款资金，于项目终结时一次还本付息，借款年利率为 5%，求项目终了时应偿还的本利和；

(5) 若各年投入资金中自有资金和贷款资金各占一半，贷款年利率为 5%，从项目有产出年开始，到项目终了时，每年年末等额偿还贷款利息，求每年等额偿还的资金数额。

2. 分析要点

本案例的问题涉及建设项目经济评价指标的计算和评价方法。对于这类案例分析题的解答，首先是注意充分阅读背景所给的各项基本条件和数据，分析这些条件和数据之间的内在联系。

3. 解答

(1)

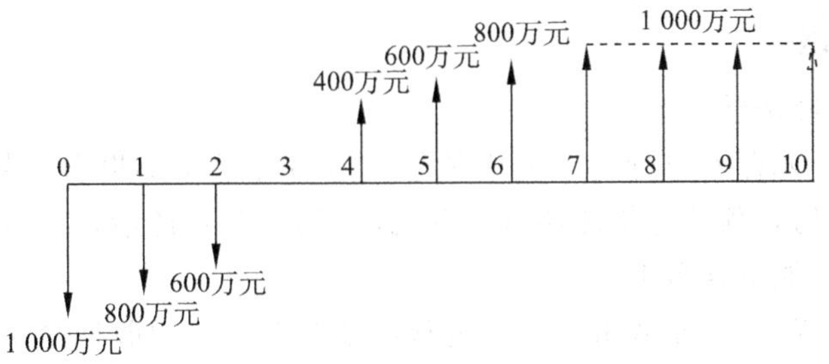

(2) 净现值：

$$NPV = [-1000 - 800(P/F,\ 12\%,\ 1) - 600(P/F,\ 12\%,\ 2) + 400(P/F,\ 12\%,\ 4) + 600(P/F,\ 12\%,\ 5) + 800(P/F,\ 12\%,\ 6) + 1000(P/A,\ 12\%,\ 4)(P/F,\ 12\%,\ 6)]\text{万元}$$

$$= 180.92\ \text{万元}$$

净现值率：

$$NPVR = \frac{NPV}{I_P} = \frac{NPV}{1000 + 800(P/F,\ 12\%,\ 1) + 600(P/F,\ 12\%,\ 2)} = \frac{180.92}{2192.64} = 8.25\%$$

内部收益率(采用试算法):

$r_1=14\%$，NPV ＝[－1000－800(*P*/*F*，14%，1)－600(*P*/*F*，14%，2)＋400(*P*/*F*，14%，4)＋600(*P*/*F*，14%，5)＋800(*P*/*F*，14%，6)＋1000(*P*/*A*，14%，4)(*P*/*F*，14%，6)]万元

＝76.96 万元

$r_2=16\%$，NPV ＝[－1000－800(*P*/*F*，16%，1)－600(*P*/*F*，16%，2)＋400(*P*/*F*，16%，4)＋600(*P*/*F*，16%，5)＋800(*P*/*F*，16%，6)＋1000(*P*/*A*，16%，4)(*P*/*F*，16%，6)]万元

＝－152.13 万元

由此可得：$\text{IRR}=14\%+\dfrac{76.96}{76.96+152.13}\times 100\%=14.33\%$

(3) 综上可得：

NPV＞0

NPVR＞0

IRR＞12%

故该项目可行。

(4) 项目终了时应偿还的本利和：

F ＝[1000(*F*/*P*，5%，10)＋800(*F*/*P*，5%，9)＋600(*F*/*P*，5%，8)]万元

＝3756.43 万元

(5) 因为各年投入资金中自有资金和贷款资金各占一半，贷款年利率为 5%，所以每年等额偿还的资金数额：

A ＝[500(*F*/*P*，12%，3)＋400(*F*/*P*，12%，2)＋300(*F*/*P*，12%，1)](*A*/*P*，12%，7)万元

＝206.53 万元

习题与思考题

1. 什么是工程经济学?

2. 某人把 1000 元存入银行，设年利率为 6%，5 年后全部提出，共可得多少元?

3. 某人贷款买房，预计每年能还贷 2 万元，打算 15 年还清，假设银行的按揭年利率为 5%，其现在最多能贷款多少?

4. 某投资人投资 20 万元从事出租车运营，希望在 5 年内收回全部投资，若折现率为 15%，问平均每年至少应收入多少。

5. 一家庭想买一辆汽车，销售商提供两种付款方法：一是一次付清购车费用 30 万元；另一种是首期付款 10 万元，以后的每年年底付清 4 万元，连续支付 7 年，若银行利率为 7%，请计算哪一种付款方式在总付款金额上更加有利。

参考文献

[1] 丁立君．工程经济学[M]．北京：机械工业出版社，2005.

[2] 武献华，石振武．工程经济学[M]．北京：科学出版社，2006.

[3] 李南．工程经济学[M]. 北京：科学出版社，2013.

[4] Bfzahnub. 工程经济学案例[EB/OL]. [2018-01-21]. http：//wenku. baidu. com/view/0d0d4421dd36a32d737581b6. html.

第9章 成本控制

在一动态的经营体系下，企业的运行需要人力、物力、水电、保险等资源的投入。企业将这些资源投入一连串的活动，如采购、生产、销售等，以产出顾客所愿意接受的产品。一般而言，资源的投入以累计方式计算，例如以累计薪资来衡量人力的投入，再分摊并追溯至每个产品本身，以求出产品单位成本。企业在经营管理上，增加盈余以及合理掌控成本，是其永续经营的基本条件。通过目标的设定，在持续的运作中，将经营过程及成果予以衡量呈现，并随时监视偏差状况及预测未来，以达到成本控制的目的。

成本控制可作为管理者评估生产绩效、定价与获利分析等的依据，以达成组织目标为目的，进而提升企业竞争优势。成本控制无疑是每个企业必须重视的一环，特别是在这个技术日新月异、研发蓬勃发展以及大量定制化的时代下，产品成本结构经常改变，成本的计算与控制更显重要。

9.1 成本控制概述

成本控制(cost control)是企业根据一定时期预先建立的成本管理目标，由成本控制主体在其职权范围内，在生产耗费发生以前和过程中，对各种影响成本的因素和条件采取的一系列预防和调节措施，以保证成本管理目标实现的管理行为。

▶ 1. 成本控制的意义

生产系统的目标是以最低的成本，在适当的时刻提供适当数量、适当质量的产品。为了达到上述目标，除了控制数量、时间、品质之外，还必须监测实际生产成本的变化。评估企业绩效的基本准则是成本，整个组织都必须实施成本控制。

企业在生产过程中，需要消耗各种人力、物力和财力，这些耗费的货币表现称为“费用”。费用按一定的对象进行归集，即构成该对象的成本。在实际工作中，成本是以价值形态反映企业工作质量的一项综合性指标，是反映企业管理水平的一面镜子。在企业生产过程中，劳动生产率的高低，物资消耗的多少，产品质量的好坏，资金占用是否合理，设备利用是否充分，生产组织是否先进，所有这些都会通过成本反映出来。成本的高低是企业有无竞争能力的关键，事关企业的兴衰，因此，加强成本控制，降低成本消耗，是企业一项具有战略意义的重要任务。

管理者依未来的经营环境、生产方法、产品设计等制定标准成本，并在经营活动执行后，针对生产、销售、管理等各项活动进行差异分析，以了解造成差异的原因并采取改善措施，使得每项活动开支合理并达到最小化。简而言之，成本控制即以成本合理地最小化为目的，对于经营活动所投入的成本进行管控，以避免无效率与浪费。

管理者依据管理循环三阶段，将成本控制的实施步骤分为规划、执行与绩效评估，如图 9-1 所示。规划阶段主要配合企业所经营的总体目标与计划，制订各种活动的成本计划与预算。该阶段需要健全组织、划分权责、拟定执行程序和考核办法。执行阶段着重于规划的实施，并将各项活动转化成会计记录。绩效评估阶段对实际成本提出报告，并将之与标准成本及预算加以比较，求得两者的差异并分析其原因，作为责任的归属并给予必要的奖惩和修正。

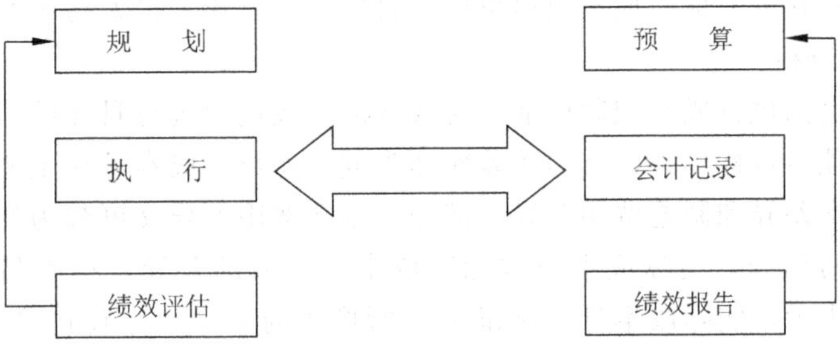

图 9-1　成本控制的三个阶段

▶ 2. 成本控制的内容

成本控制的目的是为了不断降低成本，在成本形成过程中影响成本的诸因素都是成本控制的内容。如投产前的设计成本控制，投产后的制造成本和期间费用的控制，产品质量成本的控制，产品使用成本的控制等。本节主要介绍企业投产后的成本情况，即制造成本和期间费用，二者构成了总体经营成本，如图 9-2 所示。

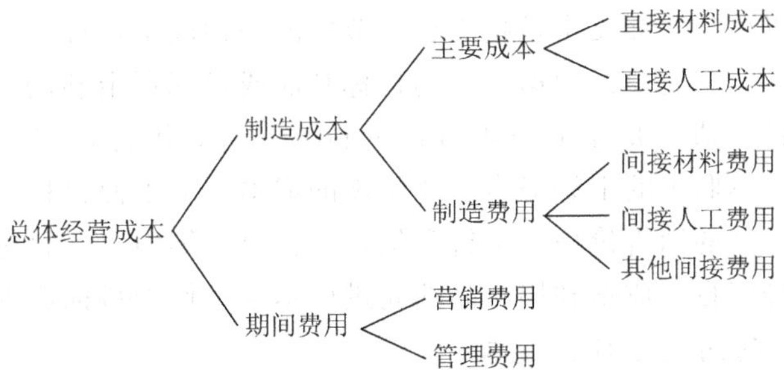

图 9-2　企业总体经营成本

产品制造成本控制主要是对形成产品制造成本的变动成本和固定成本的控制。变动成本的控制包括对原材料、辅助材料、动力、燃料、包装物、备品备件、外购件、工器具等与产品产量变化有直接关系的物资消耗以及直接人工费用的控制。固定成本的控制，是指对与产品产量变化无直接关系的制造费用(如固定资产折旧费、租赁费、修理费等)支出的控制。

▶ 3. 成本控制的基本程序

科学地进行成本控制可以不断降低产品成本，提高管理水平。成本控制的基本过程包括制定成本控制标准和成本差异分析。

1) 制定成本控制标准

成本控制标准，即标准成本或称定额成本，是为编制成本计划和实施成本控制，通过科学的调查分析和技术测定而制定的单位产品的成本标准。标准成本是在正常生产经营条件下应当发生的成本水平，它提供了一个衡量成本水平的尺度，是作为评价和考核各个生产环节成本降低情况的重要依据。

产品的标准成本由产品的直接材料成本、直接人工成本和制造费用组成，其基本形式是以“数量”标准(主要由工程技术部门研究确定)乘以“价格”标准(由会计部门会同采购等部门研究确定)而得，分别根据直接材料、直接人工的标准用量，材料价格标准，人工工资率标准和制造费用分配率标准进行计算。同时，把生产经营中一般不可避免的损耗和低效率等情况也计算在内。标准成本应尽可能符合实际，避免定得太高或太低。

2) 成本差异分析

成本控制要贯彻执行成本控制标准，对成本的形成过程进行具体的监督。由于产品的实际成本往往与预定目标不符，其间的差额即为成本差异。成本差异主要包括材料成本差异、直接人工成本差异和制造费用差异三部分。制造费用差异又可分为变动制造费差异和固定制造费差异两部分。实际成本超过标准成本所形成的差异，称不利差异、逆差或超支，一般用正数表示；实际成本低于标准成本所形成的差异，称有利差异、顺差或节约。及时提供成本差异信息是企业采取措施纠正偏差和减少损失的必要条件。通过成本差异分析，可以为成本控制和成本考核提供详细的信息。

9.2 目标成本的制定

标准成本是用以衡量实际支出是超支还是节约的一种成本标准，而目标成本则是企业成本方面的奋斗目标，它主要是根据企业的目标利润或目标资金利润率并参考标准成本而制定出来的。由于目标成本是企业成本方面的奋斗目标，因此，它比当前的实际成本要低，是要经过企业全体职工的辛勤努力才能实现的成本。为了使目标成本和目标利润保持一致，应综合考虑产品的销售价格、销售数量、销售收入等因素。目标成本制定方法通常包括根据目标利润确定目标成本和用产品的先进成本水平作为目标成本两种。

▶ 1. 根据目标利润确定目标成本

企业目标利润确定以后，根据市场调查信息，确定一个合适的销售单价，减去按目标利润计算的单位产品利润和应交纳的税金，就是该产品的目标成本。

1) 产品销售单价的确定

确定销售单价时，可按照市场一般投资报酬率确定。定价不能太高，也不能太低。太高会影响产品的竞争力；低于保本点则会导致企业亏损。一般来说，产品销售单价的提高，会导致销售总收入的增加；但销售单价的提高又会反过来限制销售数量的增长。而销售数量的多少还会影响到产品成本的高低乃至实现利润的多少。在彼此制约的复杂关系中，对产品要保持一个适度的销售单价，也就是最优售价。

从理论上讲，应用微观经济学中需求弹性的概念，可以描述某一特定产品的销售收入、销售数量随产品价格变动的情况。一般而言，销售数量与产品价格成反比关系，即销售数量随着产品价格的降低而增加。而销售收入是销售数量与产品价格的乘积。同样，销售数量和产品成本之间也存在着类似的关系，销售数量增加，可以降低单位产品的制造成本，但同时又使单位产品的销售费用增加，产品总成本随销售量的增加呈缓慢上升趋势。当边际收入等于边际成本(即边际利润等于零)时所获得的利润最大，此时的售价也就是最优售价。下面举例加以说明。

【例 9-1】某产品销售情况与标准成本资料如表 9-1 所示，设企业的目标利润为 95 元，产品单价与销售数量的关系如图 9-3 所示，销售收入如图 9-4 中的曲线 A，标准成本如图 9-4中的曲线 B。当单价为 3.0 元时，销售数量为 250 件，标准成本为 665 元，单位产品成本为 2.66 元，销售收入为 750 元，实现最大利润 85 元，距目标利润相差 10 元。如要保证目标利润，单位产品的目标成本应为 2.62 元，比单位标准成本降低 1.5%。

表 9-1 某产品销售与标准成本资料

产品单价/元	3.5	3.4	3.3	3.2	3.1	3.0	2.9	2.8	2.7	2.6	2.5
销售数量/件	200	210	220	230	240	250	260	270	280	290	300
销售收入/元	700	714	726	736	744	750	754	756	756	754	750
标准成本/元	650	651	653	656	660	665	671	678	686	695	705

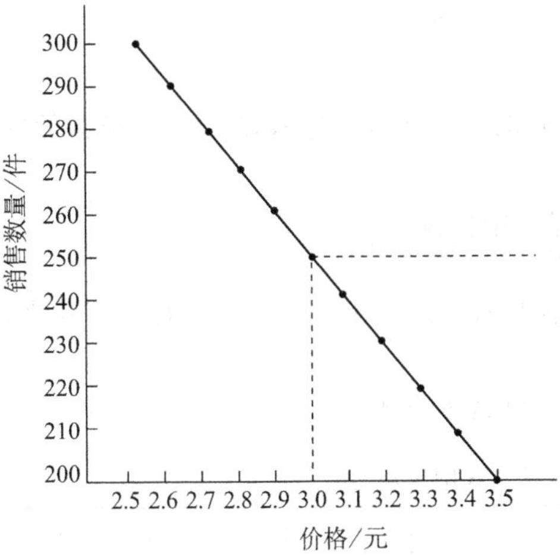

图 9-3 价格与销售数量的关系

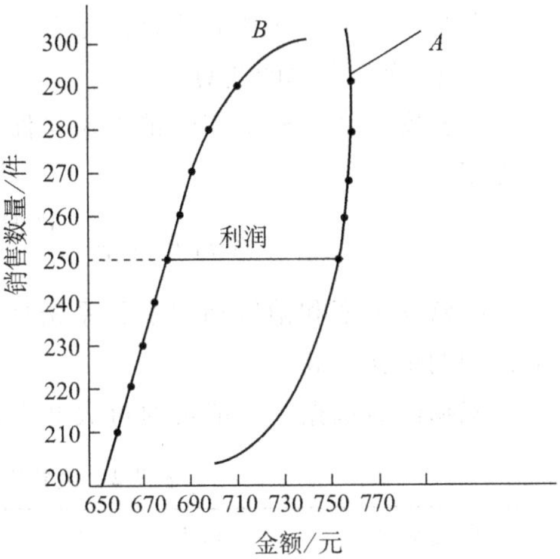

图 9-4 销售数量与销售收入和销售成本的关系

最优售价也可采用完全成本加成或投资回收报酬率加成计算。

按完全成本加成计算：

$$单位售价=完全成本\times(1+x\%)/销售数量$$

例如，某企业生产甲产品 1.8 万件，总成本为 132 万元，按 22%计算利润加成，则

单位售价=1320000 元×(1+22%)/18000=89.47 元

产品的完全成本不仅包括变动成本，而且包括固定成本。因此，按本法计算价格的高低与销售数量成反比，而与固定成本总额、单位变动成本成正比。

【例 9-2】设例 9-1 中固定成本总额为 18 万元，则单位变动成本为

(1320000－180000)元/18000=63.33 元

当产量为 1.5 万件时，

单位售价=(15000×63.33+180000)元×(1+22%)/15000=91.90 元

当产量为 2.6 万件时，

单位售价=(26000×63.33+180000)元×(1+22%)/26000=85.71 元

可看出：产量越少售价越高；产量越多售价越低。

按投资回收报酬率加成计算：

单位售价=[完全成本+(投资额×投资回收报酬率)]/销售数量

=(完全成本+预期利润)/完全成本+预期利润

【例 9-3】根据上例单位成本和固定成本总额资料，若投资为 250 万元，投资回收报酬率为 12%，则：

当产量为 1.7 万件时，

单位售价=[(17000×63.33+180000)+2500000]元×12%/17000=26.52 元

当产量为 1.8 万件时，

单位售价=[(18000×63.33+180000)+2500000]元×12%/18000=25.47 元

当产量为 1.9 万件时，

单位售价=[(19000×63.33+180000)+2500000] 元×12%/19000=24.53 元

计算表明，按投资回收报酬率加成计算售价，其优点是产量多，设备利用率高，单位售价降低，有利于促使企业提高劳动生产率，增强竞争能力。

2) 经营安全率的测算

经营安全率是衡量实际销售额与保本销售额差异的一个指标，它反映了企业经营的安全程度。

$$经营安全率=\frac{产品销售额-保本销售额}{产品销售额}\times 100\%$$

经营安全率和销售利润率关系密切，在边际利润率既定的情况下，经营安全率越大，销售利润也就越高。

根据经验数据，一般可通过表 9-2 中的数据判断经营安全程度。

表 9-2 经营安全率与企业安全程度的关系

经营安全率	30%以上	25%～30%	15%～25%	10%～15%	10%以下
经营安全状态	安全	较安全	不太安全	要小心	危险

【例 9-4】某企业销售额为 20 万元，保本销售额为 14 万元，则

$$经营安全率=\frac{200000-14000}{200000}\times 100\%=30\%$$

和经验数据对比，说明该企业的经营状况是安全的。

由此可见，企业目标成本的确定必须恰当，不能太高也不能太低。如果太高就没有竞争力；如果太低则会影响利润的实现。

▶ 2. 用产品的先进成本水平作为目标成本

有些情况下可以采用产品的某一先进成本水平作为目标成本。通常的做法是可根据本企业历史上最好的成本水平，或同行业同类产品的先进成本水平，或以本企业基期的实际平均成本扣除成本降低率所计算出的数额作为目标成本。

目标成本制定后，应采取各种方法定期监测，以便掌握在目前生产条件下，是否能达到目标成本的要求。要积极设法挖掘生产潜力，寻找各种降低成本的有效措施，例如，大力节约原材料、燃料、动力的消耗；提高材料利用率，降低材料采购成本；充分发挥现有设备的使用效能，提高设备利用率；进行功能成本分析等。如果预测结果与目标成本差距很大，而企业在短期内又实在无法达到目标成本的要求，则应对原定的目标成本作适当调整。

9.3 成本差异计算和分析

标准成本中的直接材料成本、直接人工成本和变动制造费用在制定定额时，都有规定数量消耗定额的价格标准；而日常对产品制造成本的控制，也必须以各成本项目实际耗用的数量和相应的价格为依据，因此，各成本项目的成本差异均具体表现为“标准价格与实际价格”和“标准数量与实际数量”之差，即“价格差异”和“数量差异”。

▶ 1. 直接材料成本差异

直接材料成本差异包括材料价格差异和材料用量差异。

材料价格差异指实际采购的材料数量按实际价格计算的成本和按标准价格计算的成本之间的差额。

直接材料价格差异＝实际耗用数量×(实际价格－标准价格)

材料用量差异指生产中实际耗用的材料数量按标准价格计算的成本和标准耗用材料数量按标准价格计算的成本之间的差额。

材料用量差异＝标准价格×(实际耗用数量—标准耗用数量)

【例 9-5】某产品使用 A 种材料，其标准耗用数量 2200kg，标准价格 0.80 元/kg；实际耗用数量 2214kg，实际价格 0.70 元/kg。差异计算：

直接材料价格差异＝[2214×(0.70－0.80)]元＝－221.4 元

直接材料用量差异＝[0.8×(2214－2200)]元＝11.2 元

直接材料成本差异＝[(2214×0.70)－(2200×0.80)]元＝－210.2 元

▶ 2. 直接人工成本差异

直接人工成本差异，在计时工资制下，是以产品实际工时和产品标准工时进行对比，据以确定工资成本差异；在计件工资制下，标准工资成本应根据生产工人完工的标准工时及标准工资单计算求得，工资差异则根据不同原因造成差异所填写的“工资补付单”确定工资成本差异。直接人工成本差异的计算方法和直接材料成本差异的计算方法基本相同，只是将“数量”改为“工时”，将“价格”改为“工资率”。

直接人工工时差异＝标准工资率×(实际工时－标准工时)

直接人工工资率差异＝实际工时×(实际工资率－标准工资率)

【例 9-6】某企业生产甲产品，标准总工时 3000 工时，实际耗用 3100 工时，标准工资率 3.5 元/工时，实际工资率 3.7 元/工时。差异计算为：

直接人工工资率差异＝[3100×(3.7－3.5)]元＝620 元

直接人工工时差异＝[3.5×(3100－3000)]元＝350 元

直接人工成本差异＝[(3100×3.7)－(3000×3.5)]元＝970 元

▶ 3. 制造费用成本差异

1）变动制造费用成本差异

变动制造费用成本差异应分别按效率差异和耗费差异计算。效率差异是一种数量(工时)差异，它是反映实际人工小时和标准人工小时相比较所节省的变动制造费用成本。

变动制造费用效率差异(工时差异)＝(实际总工时—实际生产数量×标准工时)×变动制造费用标准分配率

耗费差异是一种价格(开支)差异，通常称为变动制造费用开支差异，或称变动制造费用的价格差异，它是实际发生的变动制造费用数额和按实际工时计算的标准变动制造费用数额之间的差额。

变动制造费用开支差异＝实际工时×(实际费用分配率—标准费用分配率)

【例 9-7】某企业第一车间本月计划生产甲产品 300 件，单位标准工时 4.1h，全部标准工时 1230h。实际产量 310 件，实际发生人工工时 1302h(单位工时 4.2h)，支付变动制造费用 4800 元，按实际生产数量计算的标准工时 1271h，预计机器工作 1400h，机器实际工作 1350h，变动制造费用标准分配率 4 元/h，固定制造费用标准分配率 11.4 元/h，制造费用中固定费用预算 16000 元，计入产品成本中的实际固定费用 1.45 万元。则

变动制造费用效率差异＝[(1302－1271)×4]元＝124 元

变动制造费用开支差异＝(4800/1302－4)×1302＝－408 元

变动制造费用成本差异＝实际制造费用 — 标准制造费用＝[4800－(1271×4)]元＝－284 元

2）固定制造费用成本差异

固定制造费用成本差异通常包括固定制造费用效率差异和预算固定制造费用效率差异。

固定制造费用效率差异＝(实际总工时—实际生产数量×标准工时)×固定制造费用标准分配率

固定制造费用预算差异＝实际固定制造费用－预算固定制造费用

例 9-7 中：

固定制造费用效率差异＝(1302—1271)×11.4＝354.3 元

固定制造费用预算差异＝(14500－16000)元＝－1500 元

相应地按机器工时算出生产能力利用差异为[(1400－1350)×11.4]元＝571.5 元。根据例 9-6 和例 9-7 的计算结果综合分析，编制产品制造成本控制报告表，如表 9-3 所示。

表 9-3 产品制造成本控制报告表 元

产品名称	成本项目	标准成本	实际成本	成本差异	差异原因
甲产品	直接材料	1760	1549.8	－210.2	价差－221.40；量差＋11.2
	直接工资	10500	11470	＋970	工资率差＋620；工时差异＋350
	变动制造成本	5084	4800	－284	效率差＋124；开支差异－408
	固定制造成本	16000	14500	－1500	效率差＋354.3；预算差－1500 生产能力利用差＋571.50

各有关部门对成本控制报告表应作进一步分析，对有利差异需及时总结经验，巩固成绩；对不利差异，应查明原因，明确责任归属。企业决策部门可根据责任归属，对相应的责任单位给予必要的奖惩，促使企业加强成本控制，降低产品成本。

9.4 基于作业的成本控制

随着制造环境的不断改进，对生产成本控制的方法也提出了新的要求，特别是 CIMS（计算机集成制造系统）、FMS（柔性制造系统）等先进制造系统的出现对成本计算体系带来了深远的影响。例如，在新型制造环境下，许多人工已被机器取代，直接人工成本的比例大大下降，固定制造费用比例大幅上升。产品成本结构发生巨大变化，使得传统的“交易基础成本计算”或“数量基础成本计算”受到挑战，企业必须探索新的成本计算与控制制度，提供准确、及时的会计信息，正确核算工厂产品成本，以帮助管理人员作出有效的决策。

9.4.1 成本计算概述

1. 传统成本计算及其弊端

在制造企业中，产品成本是由直接材料、直接人工、制造费用三部分组成的。直接材料、直接人工称为直接成本。直接成本以外的所有生产成本都称为制造费用，如折旧费、水电费、物料消耗费用、间接人工等。传统成本计算对直接成本采取直接确认的方法，因为生产产品所消耗的直接材料和直接人工比较容易确认和计量。而对制造费用的分配是通过以下 3 个步骤进行的。

(1) 费用分摊：按单一的业务量标准将制造费用分摊到各个受益的部门，包括生产部门和服务部门。

(2) 分配服务部门的费用：识别服务部门所发生的费用并将其分配到受益的各生产部门，将所有的制造费用归集到生产部门。

(3) 分配制造费用：将各个生产部门的制造费用按单一的标准（直接人工或直接材料或机器小时等）分配到产品（包括在制品、半成品）中去，产品通过各个生产部门所累积的费用就是其总的制造费用。

以上3个步骤如图9-5所示。从这些步骤可以看出，这种分配方法是以部门作为成本库，然后再将它分配到产品中去。采用传统成本会计制度的工厂根据直接工时归集产品成本，计算出传统单位产品成本。从实际工作中看，成本分配的结果往往是：大量生产的产品与批量生产的产品单位成本相同；复杂产品与简单产品单位成本比例与它们的复杂程度比例一致。这种计算隐含着一个假定：产量成倍增加，投入的所有资源也随其成倍增加。基于这种假定，成本计算中普遍采用与产量关联的分配基础——直接工时、机器小时、材料耗用额等。这就是“数量基础成本计算”的由来。在传统的制造企业中，这种分配的弊端表现尚不明显，然而将使产品成本严重失真。其原因是：许多制造费用的产生与产品数量关系不大，如设备准备费用、物料搬运次数等；制造费用在产品成本中的比重日趋增大，其中最重要的是折旧费用的增加；产品品种日趋多样化，多品种、小批量的生产方式使过去费用较少的订货费用、设备调试准备、物料搬运等与产量无关的费用大大增加。这种情况下，把大量与数量无关的制造费用，用与数量有关的成本动因(如直接人工小时等)去分摊，将使产品成本发生扭曲，其扭曲的严重程度视与数量无关的成本占总制造费用的比例而定。

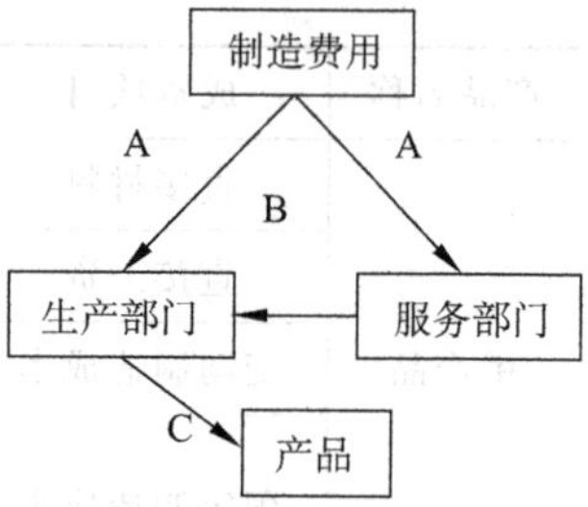

图9-5 传统成本计算步骤

举例来说，两台类似的设备生产类似的产品，比如设备A生产红色圆珠笔，设备B生产蓝色圆珠笔。假设两种设备在开工前需要的机器调试成本是相同的，而在产量超过一定范围时，生产途中要对设备进行重新调试。如果市场对红笔月需求量为2000打，蓝笔为10万打，由于产量的不同，实际生产中设备B每月中需增加一次调试(即设备A每月一次，设备B每月两次)。假定每次调试的开支是等额的，那么，尽管蓝笔的产量是红笔的50倍，而蓝笔每月的调试成本只是红笔的2倍而已，蓝笔每支的调试成本大大小于红笔的调试成本，为红笔的1/25。当把全部调试成本按照圆珠笔的总产量进行分配，则每支笔(红或蓝)的摊销额是一样的，其结果是蓝笔实摊的金额大大高于其按实际发生应摊金额，而红笔则小于其应摊金额。而且红、蓝圆珠笔产量差别越大，这种分摊的差异额也越大。可见，传统方法对产品成本的扭曲程度相当大。

设备调试类作业的成本往往与产量是不相关的。因此，为了正确地归集像设备调试、材料搬运、单据记录等成本，我们需要的是能够计量作业的成本制度，而绝非只计量产量的成本制度。

2. 作业成本计算及其由来

作业成本计算系统是一个以作业为基础的管理信息系统。它以作业为中心，通常对作业成本进行确认、计量和对所有作业活动进行动态追踪，消除“不增值作业”，改进“可增值作业”，提供及时有用的信息，使损失、浪费减少到最低限度。

作业成本计算的研究最早可追溯到20世纪40年代。1941年美国会计学家埃里克·科勒教授在《会计论坛》杂志发表论文首次对作业、作业账户设置等问题进行了讨论，提出“每项作业都设置一个账户”。20世纪80年代以来，大批西方会计学者对传统的成本会计系统进行了重新思考，作业成本计算成为会计学界热点研究的问题。这期间对作业成本计算贡献最大的当推美国哈佛大学的青年学者罗宾·库珀和罗伯特·开普兰。从1988年起，库珀等连续发表论文，对ABC法的现实意义、运作程序、成本动因选择、成本库的建立等重要问题进行了深入的分析，奠定了ABC研究的基础。ABC现已成为人们广泛接受的概念和术语，其理论也日趋完善。

从传统的以交易或数量为基础的成本计算发展到现代的以作业为基础的成本计算，是成本会计科学发展的重要趋势。因为面对间接费用在产品总成本中的比重日趋增大、产品品种的日趋多样化和小批量生产的竞争需要，继续采用早期成本管理会计控制大量生产条件下产品成本的方法，用在产品成本中占有较小比重的直接人工费用去分配占有较大比重的制造费用，必将导致成本信息的严重失真，引起成本控制失控及经营决策失误。作业成本计算的产生和发展不是偶然的，可以预料未来的成本管理系统中，以作业成本计算为基础的新的作业成本管理系统将扮演重要角色。

9.4.2 作业成本计算的原理、程序及方法

▶ 1. 作业成本计算原理

传统成本计算可以简要概括为产出耗用了资源，资源导致了产出，而作业参与了资源耗用的过程，作业可视为“媒介”。但是，当把作业不仅仅视为参与的“媒介”，而是视其为连接资源与产出的“中介”时，则走进了成本管理会计的新天地——作业成本计算。

作业成本计算的基本原理是产出使用作业、作业消耗资源。在计算产品成本时，将着眼点从传统的“产品”转移到“作业”上，以作业为核算对象，首先根据作业对资源的消耗情况，将资源的成本分配到作业，再由作业成本追踪到产品成本的形成和积累过程，最终得出产品成本，如图9-6所示。

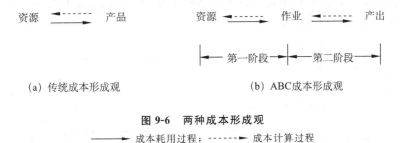

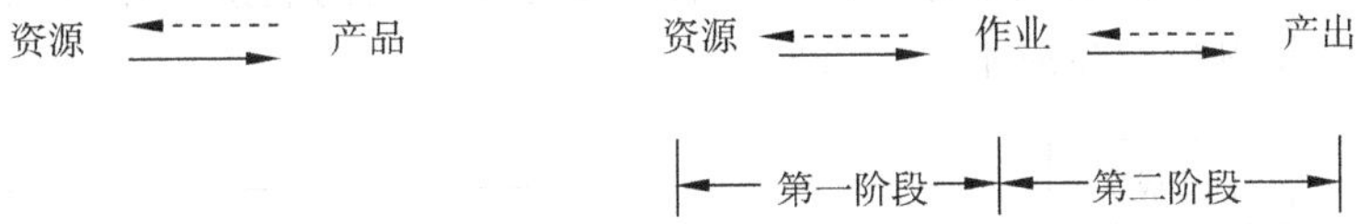

(a) 传统成本形成观　　(b) ABC成本形成观

图9-6　两种成本形成观

——→ 成本耗用过程；- - - - - -→ 成本计算过程

对于作为“中介”的作业成本计算可作进一步理解。首先，作业耗用资源的过程意味着成本发生，也就是说，作业是导致资源(物或人)消耗的直接原因。其次，成本计算对象(产出)使用作业，这个过程意味着产出的成本来源于作业的贡献，或者说由于作业的实施才形成具有价值的产出。用成本归集与分配的术语来说则是：第一，资源所内含的价值由于作业的需要归集到作业上；第二，由于产出需要作业才将作业成本分配给成本计算对象。

▶ 2. 作业成本计算程序及方法

基于传统成本计算与作业成本计算原理的不同，两种成本计算方法的程序有很大差异。两种成本计算程序都经过以下两步：首先归集发生的制造费用，再把归集的制造费用按某一标准分配到产品上去。两种成本计算的主要区别也恰恰在这两个方面，即归集到何处和按什么标准把归集的成本进行再分配。

传统成本计算程序如图9-7所示。首先是将辅助生产部门发生的制造费用，按数量基

准(工时、机时等)分配到生产部门，按生产部门归集制造费用；然后生产部门再按数量基准(工时、机时、产出量等)分配率把制造费用分配到各产品线上，最后计入直接成本，得出产品成本。

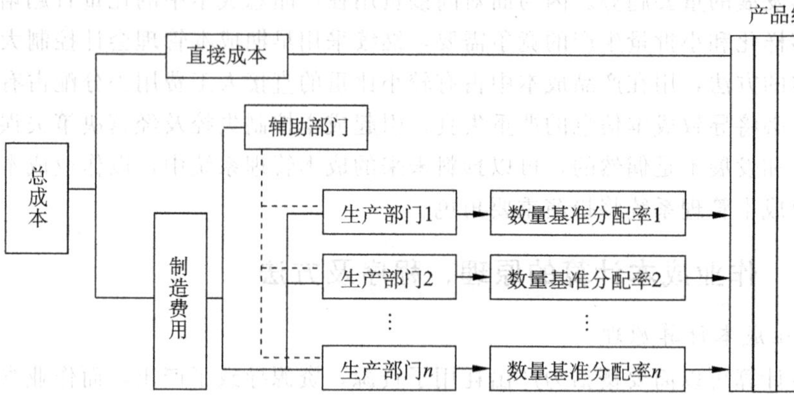

图 9-7　传统成本计算程序

作业成本计算程序分为两个阶段 5 个步骤。第一阶段是将制造费用按作业性质进行归集，形成同质作业成本库，并计算每一个成本库的分配率。第二阶段是利用作业成本库分配率把制造费用分摊给产品，并把直接成本计入产品得出产品成本。实际操作步骤如下：选择主要作业；归集资源的费用到同质成本库；选择成本动因(同质作业中的代表作业)，计算各成本库分配率；根据成本库分配率把各成本库中归集的制造费用分配给产品；再把直接成本计入产品得出产品成本(图 9-8)。

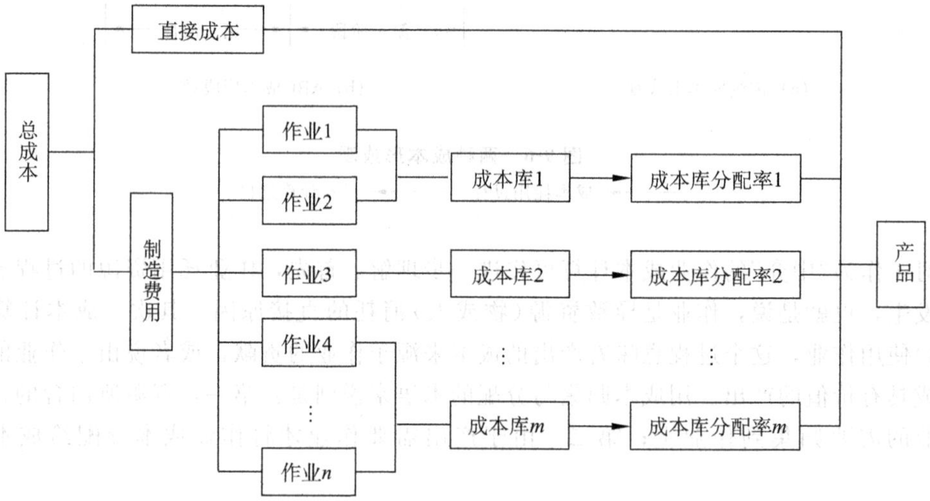

图 9-8　作业成本计算程序

(1) 选择主要作业。生产一个产品所需的作业是很多的，而且每个作业还可进一步细分，如安装机器作业可细分为确定所需的工具、走到工具库、挑选工具、带回工具、安装机器、调试机器等。将作业划分得如此之细，对作业设计和作业管理也许是有用的，但对作业成本或产品成本计算的精确性并无多大益处，相反还会引起成本的上升，因为过多的作业识别会使得相关的成本增加，这些成本包括说明执行每一作业所耗用的资源及生产每项产品所耗用的作业活动的成本、衡量作业与产品之间的关系的成本等。因此，在作业识别时，只需识别主要的作业，将各类细小的作业加以归类。

定义作业要防止两种倾向：一是避免限定性过于详尽的定义，因为过于详尽的限定不仅不能得到有益的信息，反而导致分析的紊乱；二是避免太广泛的定义，因为这样的定义难以揭示改善的机会。

作业筛选往往可针对过程进行设问以寻找改善的可能，常见的设问形式有：过程的哪一部分是多余的作业？是否存在某些所花费用超过所得的作业？是否存在简单作业被复杂化的现象？经营资源是否耗用在导致亏损的作业中？等等。

在确认作业时要特别注意具有以下特征的作业：①资源昂贵、金额重大的作业。若金额为1000元，如误差率为5%时，仅造成50元的误差；若金额为1000万元时，则会造成50万元的误差，此时不得不谨慎地降低误差率，使误差金额不影响决策的正确性。②产品之间的使用程度差异极大的作业。③需求的形态与众不同的作业。

(2) 归集资源费用到同质成本库。识别了作业之后，需要衡量各个作业所耗用的资源。这些资源通常可从企业的总分类账中得到，但总分类账中并无执行各项作业所消耗的成本，因此，必须将获得的资源成本分配到作业上去，以求得各项作业成本。通常有两种方法：①直接费用法，直接衡量作业所耗资源的成本。这种方法虽然比较准确，但衡量成本较高。②估计法，根据调查获得每一作业所耗资源的数量或比例进行分配。两种方法中常用的是估计法，因为它得到的信息较可靠而衡量成本不高。

将同质作业成本归集起来便构成同质成本库。同质成本库是可用一项成本动因解释成本变动的若干项作业制造费用的集合。当每项产品制造费用的作业耗用率相同时，这些作业可以构成同质作业，其成本即为同质作业成本。

(3) 选择成本动因，计算成本库分配率到每一个同质成本库中。有一个或多个同质成本动因，应该从中选择一个成本动因作为计算成本分配率的基准。选择成本动因时，至少应考虑以下两项因素：①成本的计量。即要考虑成本动因的资料是否易于获得，若在现有的成本系统内即可获得，则成本不会太高；反之，需要另设新的系统收集资料，使成本增加。此时，须作成本效益分析。②成本动因与实耗资源成本的相关程度。相关程度越高，产品成本被歪曲的可能性就越小。

成本动因相关程度的确定可运用经验法和数量法。经验法是指根据各相关作业经理的经验，对一项作业中可能的成本动因作出评估。最有可能成为成本动因的，权数为5；可能程度属于中等者，权数为3；可能性较小者，权数为1。然后将各成本动因的权数依各经理给定的权数加权平均，取较高者进行数量法测试。所谓数量法测试是指利用回归分析，比较各成本动因与成本间的相关程度。

将归集的同质作业成本库中的制造费用，除以选定的成本动因消耗量，便得到该成本库的分配率。

某成本库分配率＝某成本库制造费用/成本动因消耗量

(4) 把作业成本库的费用分配给产品。根据计算出的各成本库分配率和产品消耗的成本动因数量，把成本库中的制造费用分配到各产品线上。

某产品某成本动因成本＝某成本库分配率×成本动因数量

(5) 计算产品成本。作业成本计算最终要计算出产品成本，将产品分摊的制造费用，加上产品直接成本，即为产品成本。直接成本也可以单独作为一个作业成本库处理。

9.5 案例分析

某公司产品成本的计算

某公司生产甲、乙两产品，成本及生产资料如表 9-4 所示。该公司以往按传统成本计算程序分配 C、D 两个制造部门的制造费用，从企业获得 C、D 部门的有关资料如表 9-5 所示，试利用传统方法和作业成本计算法计算甲、乙两产品的成本。

表 9-4　产品成本及生产资料

成本项目	单位	甲产品	乙产品	合计
产量	件	50000	10000	60000
直接成本	元	25000	5000	30000
直接工时	h	50000	10000	60000
机器小时	h	25000	5000	30000
调整准备次数	次	15	10	25
检验时间	h	600	400	1000
电力消耗	kW·h	12500	2500	15000
设备维护	次	25	5	30

表 9-5　C、D 部门成本、生产资料

项目	单位	C 部门	D 部门	合计
直接人工小时		17600	42400	60000
甲产品	h	10000	40000	50000
乙产品		7600	2400	10000
机器小时		11600	18400	30000
甲产品	h	10000	15000	25000
乙产品		1600	3400	5000
制造费用		50000	100000	150000
调整准备费用		20000	20000	40000
检验费用	元	17500	17500	35000
电费		30000	6000	36000
维护费用		32500	6500	39000

按照传统成本计算法，计算甲、乙两产品单位制造费用分别为 2.49 元和 2.54 元，计算过程如表 9-6 所示。再计入甲、乙两产品的直接成本 0.5 元，可得甲、乙两产品每件成

本分别为 2.99 元和 3.04 元。

表 9-6 单位产品成本计算表(传统法)

元/件

	C部门费用	D部门费用	单位制造费用	单位产品成本
甲产品	50000/11600×(10000/50000) =0.86	100000/18400×(15000/50000) =1.63	0.86+1.63 =2.49	2.99
乙产品	50000/11600×(1600/10000) =0.69	100000/18400×(3400/10000) =1.85	0.69+1.85 =2.54	3.04

根据以上数据分析可知，相当数量制造费用的作业是与数量(产量、工时等)相关性不大的，例如调整准备、检验等作业，这样不加区别地一律以数量为基础进行制造费用的分摊，将使产品成本发生扭曲，其扭曲的严重程度视数量无关成本占总制造费用的比例而定，比例越大，则扭曲程度越严重。采用作业成本计算法则可以获得较真实的产品成本。

按照作业成本法计算产品成本可按以下步骤进行。

第一步：按各制造费用作业与数量的相关性，划分为若干成本库。具体可以通过计算甲、乙产品消耗某种作业的比例来划分。由表 9-7 可知，调整准备、检验作业可归为成本库 1，作业可用调整准备为代表；电力消耗、设备维护可归为成本库 2，作业可用电力消耗为代表。

第二步：计算各成本库分配率 R_1、R_2。

R_1=(40000+35000)元/25 次=3000 元/次

R_2=(36000+39000)元/15000kW·h=5 元/(kW·h)

表 9-7 甲、乙产品消耗作业比例表

产量	调整准备次数	检验时间	电力消耗	设备维护
5 : 1	3 : 2	3 : 2	5 : 1	5 : 1

第三步：分别把各成本库的成本分摊到甲、乙产品上去，如表 9-8 所示。

表 9-8 单位产品成本计算表(ABC 法)

元/件

成本库 1	成本库 2	直接成本	单位产品成本
甲产品：3000×15÷50000=0.9 乙产品：3000×10÷10000=3	5×12500÷50000=1.25 5×2500÷10000=1.25	0.5 0.5	2.65 4.75

第四步：计入甲、乙产品的直接成本每件 0.5 元，求得甲、乙产品的单位成本分别为 2.65 元/件和 4.75 元/件。

从比较表 9-8 和表 9-6 作业成本计算与传统成本计算法的单位产品成本可以看出，传统成本计算法多计了 12.8%的甲产品成本，少计乙产品成本达 36%。除此差异之外，更应注意到其数值倾向：少量生产的乙产品单位成本差异大于大量生产的甲产品单位成本差异。传统成本计算的结果，往往会使生产量大、技术不很复杂的产品(甲产品)成本偏高；生产量小、技术上比较复杂的产品(乙产品)成本偏低。这种不同产品之间成本的歪曲，使得成本指标不能如实反映不同产品生产耗费的真实面貌，进而使产品的毛利率和产品利润也发生扭曲。按传统成本方法算出的产量高、复杂程度低的产品毛利，往往低于其实际创造的毛利。相反，产量低、复杂程度高的产品毛利往往高于其实际创造的毛利。这种错误的毛利信息将严重地影响决策者的决策，使企业总体获利水平下降。作业成本计算较之传统成本计算能给出各种产品的真实成本信息，从而使企业决策建立在正确的成本信息的基础上。

习题与思考题

1. 什么是成本控制？成本控制的意义何在？
2. 成本控制的基本程序有哪些？试简单叙述。
3. 什么是成本差异？包括哪些内容？
4. 简述基于作业的成本控制及其意义。

参考文献

[1] 王丽莉，张凤荣．生产计划与控制[M]. 北京：机械工业出版社，2011.

第 4 篇　运作管理

第10章 项目管理

随着网络科技的蓬勃发展，各种商品或服务信息更容易传达到顾客手上；加入WTO后商业的竞争环境更为激烈，因此企业必须对其本身的竞争条件再作改善与创新，包括生产率的提升、成本的降低及质量的提升。企业需要解决许多内、外部复杂棘手的问题，还要面对未来种种不确定性的严峻挑战，尤其需要在有限的人力资源条件下处理一些非例行性、非永久性、有预算限制及执行时间压力的特殊“项目”。因此，项目管理日趋重要。

关键路径法与计划评审技术被广泛地运用在项目管理上，主要是因为这两种方法能显示出项目中的关键路径与宽裕时间的影响，可以弥补甘特图的不足。目前有许多套装软件可用来协助进行各种计算与规划，但很多地方依然要依靠管理者的判断与决策。项目的成败通常是由许多原因造成的，但在一开始对整体项目的完善规划，以及一个好的项目领导者的选择，却是项目成功不可或缺的重要因素。

10.1 概　　论

根据美国项目管理协会(Project Management Institute，PMI)所编定的《项目管理知识体系范本》(*PMBOK Guide*)的定义：项目管理(project management)是将专业知识、技术、工具、方法综合运用到任何一个项目行为上，使其能符合或超越项目利益相关者(stakeholder)需求与期望的一种专门科学。国际项目管理协会更明确地指出，项目管理在执行过程中必须兼顾项目的范畴、时间、成本与质量目标的达成，及寻求项目利益相关者间不同的需求与期望和确认的需求与不确认的期望间的均衡。

项目计划(project planning)通常被视为仅此一次的作业或关乎各组织的大型且复杂的计划，这样的计划通常是指过去未发生且将来也不太可能再重复执行的主要计划。如新建一间工厂、铺设一条高速公路或新产品的研发等，都算是项目计划的一种。这样的计划往往须耗费大量的时间与成本，因此项目的失败也有可能导致公司的倒闭、破产。项目的定义为“一连串彼此相关联、目标相同且须耗费一段时间的作业”。而项目管理即为对项目资源的规划、安排与控制，以满足其技术、成本与时间上的限制。

以往的“项目管理”只是将汇集起来的相关管理方法运用到一些简单项目的执行上，而且大多数企业都是以非正式的组织来管理项目。长久以来，一般人都认为任何人只要具备相关的工作经验与拥有基本的管理知识，不需要经过训练即可担任项目经理(project manager)，因此大部分的项目工作仍掌握在功能部门的主管手里。目前发达国家的政府与企业不仅认识到“项目管理”专业训练的重要性，更将其应用领域扩大到政府部门与国防、航空、电子及各种高科技产业的研发机构。

▶ 1. 项目管理的功能

同类型企业相比较而言，采用项目管理技术的企业比不重视该项专业技术的企业，在市场竞争力上有相对明显的优势。国际项目管理协会对“项目管理”定义了下列三个最主要的功能：

(1) 协助企业缩短其产品从开发到进入市场的时间(time to market)；

(2) 协助企业缩短投资回收并开始获利的时间(time to profitability)；

(3) 确保企业对未来在时间、成本、风险与产品质量上的预测及掌控能力(predictability)。

对政府而言，项目管理不但可提高政府施政及公共事务的执行质量，更可减少失误并提升整体行政效率。此外，一个妥善的项目计划是促成企业策略顺利执行及迈向改革成功[例如 ISO9000、再造工程(reengineering)及质量改进方针(quality improvement initiatives)等]的关键性因素。项目管理可以为组织提供在其资源运用、分配及管理上更有效的管理方法。

总而言之，项目管理可以提升效率，及时按规划达成目标，并维持预计的质量与成本等。也可以使所有参与者(包括顾客及管理层)间均有良好的沟通，进而改进计划及评审的技术，产生更佳的结果。并由最佳的时间及资源管理达到增进生产及减少研发时间的目的。同时采用适当的预警方式，降低“无法抗拒”问题发生的概率，项目完成后的经验、数据及记录可作为持续改进组织运作的重要参考。

▶ 2. 项目组织的建立

项目组织是指建立一个新的组织形态，用以执行项目并控制已制定的工作程序能持续而顺利地进行，直到这个新的项目成功地被完成。项目组织利用较有效率的方式促使员工或所需资源在有限时间内完成特定的作业或目标。项目组织属于暂时性的组织结构，其成员为暂时性地由各部门指派过来，并听从于此项目负责人(大多称项目经理)，在项目结束后便回到原部门。

项目组织的组成有下列几种方式。

1) 单纯式的项目组织(pure project organization)

这种类型的项目组织自主性强，拥有自己的决策能力与资源，项目成员仅需对项目经理负责，不需对原部门的主管负责，因此沟通的层级降低，决策动作较快。另一方面，小组成员因任务明确，原动力与使命感相对提高。但这种类型的项目组织也会遇到一些问题，如无法共用其他部门的设备与人员，造成资源浪费；组织目标与策略容易偏离公司整体目标；项目成员在项目完成后无所适从，无后路可退，因此有时会出现故意延误项目完成的现象。

2) 功能型的项目组织(functional project organization)

这种类型的项目组织是将项目构建在功能性的部门中，一个小组的成员有可能同时身兼几个项目，且仍隶属于原本的部门，因此不会有单纯式组织项目结束后的问题发生，甚至有可能因为项目表现杰出而得到升迁的机会。但相对地，这样的项目组织也会面临向心力较弱的缺点，在资源与部门冲突时，项目利益就有可能被忽略。

3）矩阵式的项目组织(matrix project organization)

单纯式与功能型的项目组织各自有其优缺点，矩阵式的项目组织便是结合上述两种组织形态所发展出来的。项目成员由不同功能部门的成员所组成，工作内容与完成时间由项目经理决定，而功能部门经理则负责控制人员与技术。这种组织形式的优点在于可加强项目与功能间的沟通，且成员不会有单纯式组织的后路问题，也能有效执行项目进度。但矩阵式项目组织成员面对两个主管，必须通过很好的协调才能使得项目进行顺利，在实际执行上会有其困难处。

▶ 3. 项目管理实行阶段

项目组织在一开始的项目规划工作上，必须能妥善设定此项目欲达成的目标，再确认项目工作并分成各项作业与相关成本。所需求人员、供应者、成本与设备的初步估计也是在规划层次所需完成的工作。

1）项目规划(project planning)

项目规划包括目标设定、项目定位与项目小组的组织工作。项目经常被视为进行一连串具有相关性的任务以达成一项大型产出结果。项目规划用于确认完成项目的所有工作，包括确认与工作划分，以及预测与控制时间及资源。

2）项目进度(project scheduling)

项目进度包括制定特定作业所需人力、成本、时间以及与其相关作业的关系，确定各项作业执行的开始与完成时间及先后顺序。在这个层次也需计算各项作业所需的物料、人力、时间等各项作业内容，而一些图表因此被发展出来以帮助管理这些信息。

总之，在项目进度制定中必须达到下列几个目的：

(1) 确定项目中作业与作业间以及作业与整体计划的相互关系。

(2) 确定项目中各项作业执行的先后顺序。

(3) 帮助项目组织设定各项作业实际花费时间与成本估算。

(4) 定义项目中的瓶颈作业，以便更有效率地使用人力、物料、资金。

3）项目控制(project controlling)

项目控制包括对资源利用上的监控、更改并调整各作业间所需成本与时间。对于大型项目的控制，如同对任何管理系统的控制一样，包括监控各项资源、成本、质量以及预算等。控制也可视为使用反馈回路来修订项目计划，或依据各作业实际需求进行资源间运用的转换。

10.2 项目管理技术

项目的管理包括许多层面，如人力的配置、资源的调配与运用、作业进度的安排与控制等，这些都必须经过详细规划，因此需要一些科学的方法与技术来辅助项目管理者。一般较常使用的项目管理技术有甘特图、关键路径法与计划评审技术等。

10.2.1 甘特图

甘特图(Gantt chart)是目前较常用的方法，它成本低，且能帮助管理者确认下列四项工作是否完成：

(1) 所有作业已规划；

(2) 各项作业的执行情形已估算；

(3) 预计作业时间已记录；

(4) 整体项目完成的时间。

简单的甘特图如图 10-1 所示，图中显示其指派到的每一项作业所需时间与先后顺序，形成有效可行的进度。独立作业可以在同一个时间内执行，但若遇到先后顺序相关的作业，就必须按次序完成。

工作类别 \ 时间	第一周	第二周	第三周	第四周	第五周
签约	■				
采购工作		■			
生产工作			■		
外包工作		■			
组装工作				■	
配送工作					■

图 10-1 甘特图

甘特图可单独使用于单一项目，并允许管理者随时观察作业执行进度，针对问题及时进行改善。甘特图不容易被更新，因此在项目进行中资源使用情形发生变动时，它不适合用以说明活动与资源的相关性。因此需其他的管理图(如成本分析图、项目进度管理图、里程碑图等)或网络规划模型(如关键路径法或计划评审技术)来协助项目进度的管理。

10.2.2 关键路径法与计划评审技术

关键路径法(critical path method，CPM)和计划评审技术(program evaluation and review technique，PERT)是项目管理常用的两种方法。PERT 特别适用在预测作业时间上有相当的不确定性时，例如项目的研发工作；CPM 特别适用在作业时间可以较准确地掌握，但这些时间还是可以再调整的情况下，例如质量改善。

计划评审技术与关键路径法大约都在 20 世纪 50 年代发展起来的。1957 年兰德(Remington Rand)公司的 J. E. Kelley 与杜邦(DuPont)公司的 Morgan Walker 一起发展出 CPM，用以规划与控制化学工厂的构造与保养工程；而 PERT 也在 1958 年由美国海军发展出来用以针对潜艇的构造计划。两者都提供了针对项目规划、项目进度、项目控制的集成性方法，其优点在于技术基础理论明确，且其使用对象相当广泛，适用于所有类型的项目。

PERT 与 CPM 结构与顺序可分为下列六个步骤：

(1) 确认项目与其相关活动。

(2) 确认作业关系与其先后执行顺序。

(3) 绘制网络图连接各项作业。

(4) 确认各项指派作业评价的成本与时间。

(5) 计算所有完成路径中作业费时最长的路径，此路径即为关键路径(critical path)。找出关键路径是项目控制最重要的工作，关键路径中各项作业的延迟将造成整体项目完成时间的延后。项目管理人员需利用非关键路径作业资源的重新配置来作为关键路径资源使用的柔性与缓冲。

(6) 使用网络图来辅助项目进行规划与进度控制工作。

▶ 1. 作业与事件的定义

网络模型是根据输入的数据，按照作业活动顺序连接而成，箭头表示作业(activity)活动，可以连接代表事件的数字节点(node)，每一节点代表一个作业开始或结束的事件(event)，其关系如表 10-1 所示。

表 10-1 事件与作业关系表

名称	表示	描述
事件	○	用以作为事件时间点的表示方法，通常为作业的开始时间或完成时间
作业	→	通常与事件连接，表示作业的开始与结束之间的流程或作业所需的时间

假设某一项目计划目的是研究某公司开发某项新产品的可行性，作业程序有下列五项：

(1) 原型试作(A 作业)。

(2) 成本评价(B 作业)。

(3) 市场调查(C 作业)。

(4) 量产能力分析(D 作业)。

(5) 大量生产准备上市(E 作业)。

这五项作业的关系如表 10-2 所示。

表 10-2 作业关系数据 1

作业名称	先行作业
A	—
B	—
C	B
D	A
E	C、D

根据表 10-2 的数据，可以绘出其项目网络图，如图 10-2 所示。

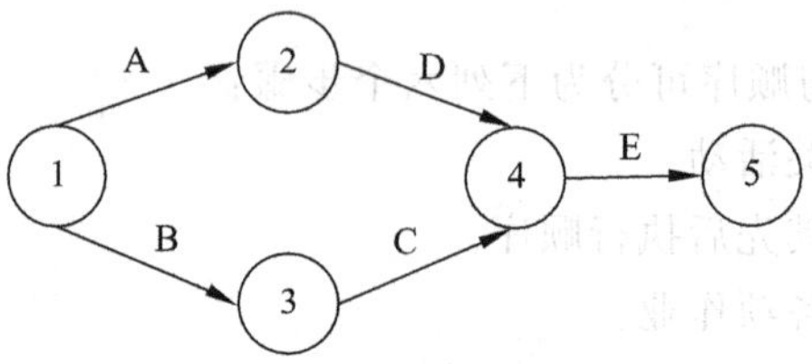

图 10-2　项目网络图 1

每一个事件包含一个数字，这个数字代表了某个作业起始的事件或是节点。如图 10-2 中事件 1 为原始状态，通过作业 A 的转换，成为事件 2 的状态。换句话说，事件 1 代表了一开始还没有任何动作的时候，而事件 2 即表示在完成原型试作的作业后，即将开始执行量产能力分析作业的状态。一般而言，节点数字是由左到右，最先开始的节点或事件定义为 1，最终的节点或事件则给定最大的数字。在图 10-2 中最终的节点可以很清楚地看出是 5。

相比较于表 10-2 的表达方式，我们也可将作业与先行作业的表达方式，改由以各项作业所连接的事件来表示，如表 10-3 的表示方法，并据此绘出项目网络图，如图 10-2 所示。

表 10-3　作业关系数据 2

开始事件	结束事件	作业
1	2	1—2
1	3	1—3
2	4	2—4
3	4	3—4
4	5	4—5

这种不使用作业与先行作业的表示法，可以具体指出作业的开始事件与结束事件，而不用再去参考它的先行作业是什么，便可知道作业间的先后顺序关系。

▶ 2. 虚拟作业与事件

在构建网络图时可能会遇到两个作业同时开始或结束在一个事件上。虚拟作业正好可用以解决此问题，特别是被应用在解决关键路径、项目完成时间与项目变异的问题上。

举例而言，由表 10-4 所建立出来的网络图，如图 10-3 所示，我们会认为欲完成作业 E 与作业 F 的先行作业都是作业 C 与作业 D，但这与表 10-4 是不符的，虚拟作业及事件在此处便可以用来解决这个问题。

表 10-4　作业关系数据 3

作业	前置作业
A	—
B	—
C	A
D	B

续表

作业	前置作业
E	C、D
F	D
G	E
H	F

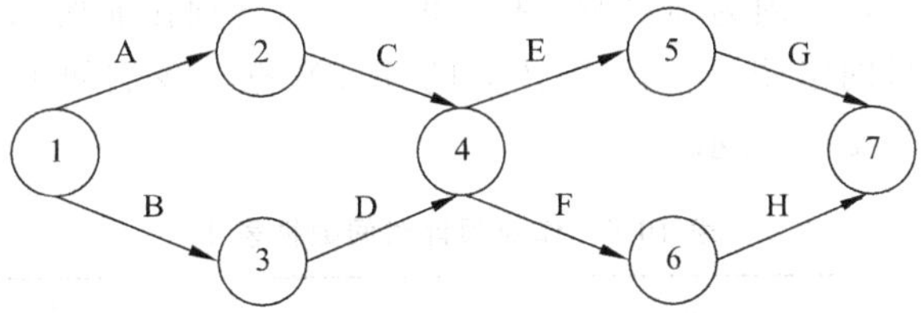

图 10-3 项目网络图 2

虚拟作业并不一定代表某项工作，也不需要任何的时间或资源，仅仅用以表示作业的顺序性和一致性，故虚拟作业的完成时间通常被定为 0。在这里须在作业 D 与作业 F 中加入虚拟作业与虚拟事件 X，如图 10-4 所示，来表示作业 E 与作业 F 先行作业的关系。使这个网络图重新呈现较适合的关系，并如同以往一样可用做分析。

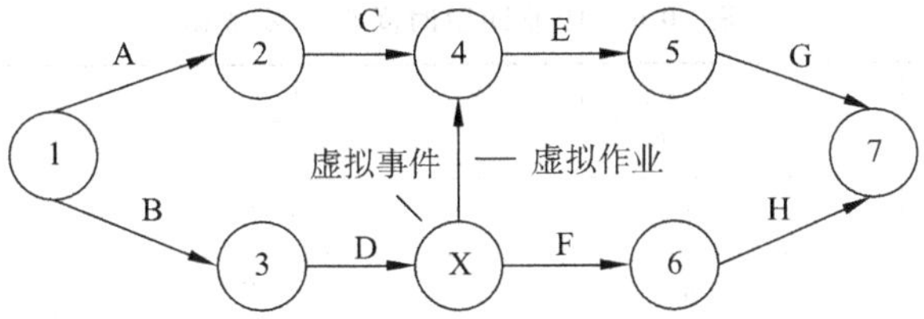

图 10-4 虚拟作业(项目网络图 3)

10.2.3 计划评审技术与作业时间预测

PERT 与 CPM 最大的不同就是 PERT 用了三种对时间的预测方法，而 CPM 仅给定了一个时间的因子。

就项目计划而言，各作业时间通常不能事先预知或完全确定，则 CPM 不适用，而必须以计划评审技术(PERT)来管理整个项目计划。在技术变更迅速的研究发展和项目中，计划评审技术是很适用的，例如盖房子、造桥或是其他建筑项目，当所用的标准材料可以由过去的历史数据进行较确切估计时，通常使用关键路径法。

PERT 是假设项目计划的每一作业时间服从贝塔分布(beta distribution)。最常发生的预测值是分配的中位数或最高值。其三个估计值如下：

(1) 最常发生时间 m(most likely time，众数)：作业在类似的情况下被执行多次，出现天数最多的。

(2) 乐观时间 a(optimistic time，第 1 个百分位数)：作业可能完成的最短时间。

(3) 悲观时间 b(pessimistic time，第 99 个百分位数)：作业在最不好的情况下完成的时间。

对极不确定的作业，估计值之间的差距很大；对于实际作业时间十分确定的作业，三个估计值都相等。

而三个时间分别都以权数的平均值来决定期望值。

平均时间：$T=\dfrac{a+4m+b}{6}$

方差：$\sigma^2=\left(\dfrac{b-a}{6}\right)^2$

在计划评审技术中，必须为项目所需执行的作业及各项作业所估计的时间计算其期望值与方差，来建立项目网络图。根据表 10-5 的预计数据，我们便可计算每个作业完成的期望时间与方差，如表 10-6 所示。

表 10-5　作业预计时间数据表 1

作业	a	m	b
1—2	2.5	4	5.5
1—3	1	3	5
2—4	5	6	7
3—4	5	7	9

表 10-6　作业期望时间与方差数据

作业	$T=\dfrac{a+4m+b}{6}$	$\dfrac{b-a}{6}$	$\sigma^2=\left(\dfrac{b-a}{6}\right)^2$
1—2	4	0.5	0.25
1—3	3	0.7	0.49
2—4	6	0.3	0.09
3—4	7	0.7	0.49

因此，我们可由计划评审技术得知各个作业的期望完成时间与其方差。但项目管理往往由不同作业所组成，仅仅得知个别作业时间并无法求得整体项目完成时间。至于由所有的作业期望时间如何计算出整体项目完成时间，我们必须对项目进行关键路径分析，以找出整体项目作业完成的关键路径。在接下来的章节中将对关键路径分析作详细的介绍。

10.2.4　关键路径分析

由上面章节的内容可以知道，在项目管理中，第一个步骤必须确认项目中的每一项作业并推算其完成时间，接下来再定义出各项作业的先后关系，并绘制出网络图。但这两件事只是将作业的关系表示清楚而已，接下来的两个步骤才是决定项目是否能如期完成的重要因素。

▶ 1. 决定关键路径

关键路径(critical path)是指所有完成路径中，作业费时最长的路径。假设 A、B、C、

D、E 作业的完成时间分别为 1、3、2、5、4 周，可行的两条路径分别为 A—D—E 与 B—C—E，A—D—E 路径费时 10 周，B—C—E 路径费时 9 周，则本项目中的关键路径为 A—D—E(如图 10-5 所示)。若 A—D—E 中的任何一个作业有所延误，则整个项目也会受其影响而无法如期完成。

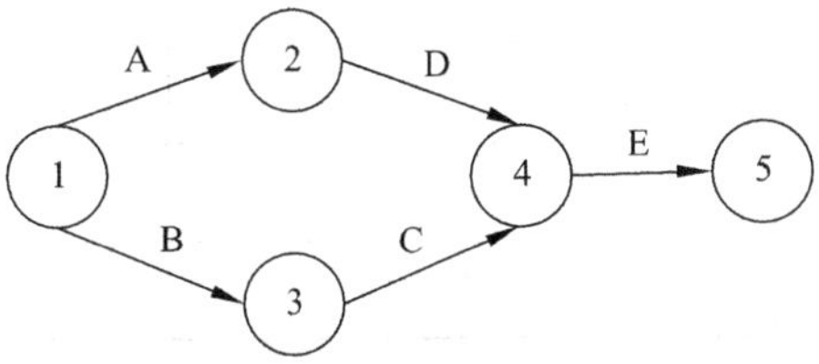

图 10-5 项目网络图 4

▶ 2. 决定每个作业的开始时刻与完成时刻

项目中每一个作业都必须计算出其最早与最晚的开始时刻与完成时刻，并据此算出各项作业的宽裕时间。这四项时间指标值也是关键路径分析中很重要的一部分，首先我们必须先计算出最早开始时刻与完成时刻。所有前置作业必须完成后，作业才能开始，此为作业能开始执行的最早时刻，用 ES 表示。

同理，EF 为作业最早完成时刻，LS 为作业最晚开始时刻，LF 为作业最晚完成时刻。

对每一个作业而言，若能计算出其作业最早开始时刻(ES)与允许作业最晚开始时刻(LS)，则我们便可计算出其 EF 和 LF：

$$EF=ES+t$$

$$LF=LS+t$$

式中，t 为完成该项作业所需时间。

由图 10-6 与表 10-7 的信息，我们可以计算出每项作业的作业最早开始时刻(ES)与作业最早完成时刻(EF)，见表 10-8。

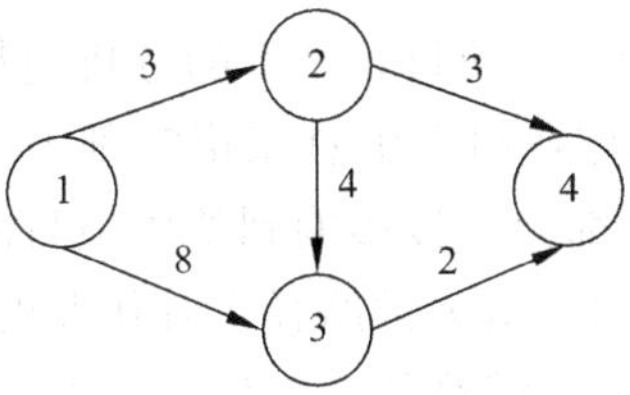

图 10-6 项目网络图 5

表 10-7 作业关系数据 4

作业	时间 t
1—2	3
1—3	8
2—3	4
2—4	3
3—4	2

表 10-8　作业 ES 与 EF 数据

作业	ES	EF
1—2	0	3
1—3	0	8
2—3	3	7
2—4	3	6
3—4	8	10

由项目最初作业来推算各作业的最早开始时刻，对最初作业而言，开始时刻大部分都定为 0，或是定为所给定的日期，因此，作业 1—2 与作业 1—3 的 ES 都可定为 0。

在这里有一个基本规则，在项目开始之前，所有的前置作业必须完成。换句话说，我们必须找出最长的途径用以决定最早开始时刻。如作业 2—3 的 ES 为 3，因其前置作业 1—2 的时间为 3。相同道理，作业 2—4 的 ES 也为 3。对作业 3—4 来讲，它有两个前置路径：作业 1—3 时间为 8；作业 1—2 和作业 2—3 的总时间为 7。因此，作业 3—4 的 ES 为 8，因为作业 3—4 必须在作业 1—3 完成后方能开始执行。我们可计算出作业最早完成时刻，就是由 ES 与作业时间 t 的相加，得到的结果如表 10-8 所示。

在计算完最早时刻后，下一个步骤为计算允许作业最晚开始时刻(LS)，即在不影响项目完成进度情形下，此项作业所允许最晚的开始时刻。LS 由最后一个作业的最早完成时刻开始向前倒推得出。在计算出最晚开始时刻后，再加上每项作业所需花费的时间，即可算出最晚完成时刻(LF)。在四项时间指标值都计算出来后，再由最晚开始时刻减去最早开始时刻，或由最晚完成时刻减去最早完成时刻，便可计算出项目中各项作业的宽裕时间 S。

$$S=\mathrm{LS}-\mathrm{ES}\quad 或\quad S=\mathrm{LF}-\mathrm{EF}$$

计算出这些数值后便可分析整个项目，基本的分析包括以下三项。

(1) 关键路径：完成项目的作业组合中总宽裕时刻为 0 的路径，称为关键路径。因其路径上任何作业完成时间的延迟都会直接影响到整体项目的完成时间。

(2) T：整个项目完成的时间，由关键路径上各作业的期望时间相加计算可得。

(3) V：关键路径的方差，由关键路径上各作业的方差计算而得。由图 10-7 与表 10-9 的数据，便可决定作业最晚开始时刻 LS、最晚完成时刻 LF 与宽裕时间。

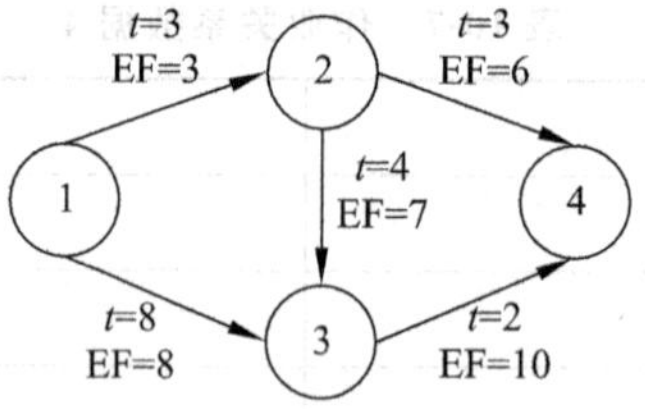

图 10-7　项目网络图 6

表 10-9 作业期望时间、最早开始时刻与最早完成时刻数据

作业	t	ES	EF
1—2	3	0	3
1—3	8	0	8
2—3	4	3	7
2—4	3	3	6
3—4	2	8	10

整个项目能被完成的最早时刻为 10，因为作业 2—4(EF＝6)与作业 3—4(EF＝10)两个作业都必须被完成。以 10 为基准，向前倒推并去掉相对的时间 t。

作业 3—4 最晚开始时刻可由 10 减掉作业时间 2 得到 8，作业 2—4 的最晚开始时刻为 10－3＝7。同理可知，作业 2—3 的 LS 为 8－4＝4，起始作业 1—2 的最晚开始时刻为 4－3＝1(如图 10-8 所示)。

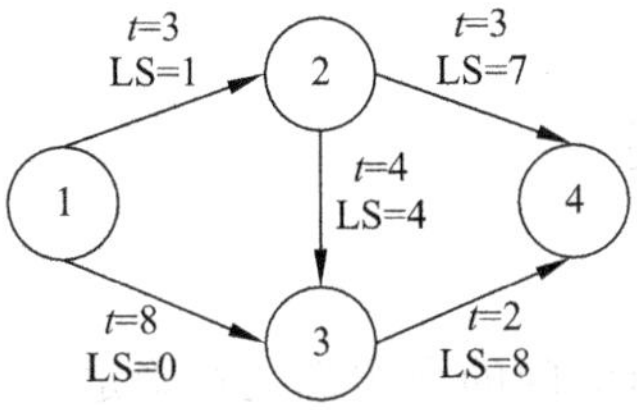

图 10-8 项目网络图 7

因为每一条路径都必须完成，作业 1—2 的 LS 须由最长的路径来求得。因此作业 1—2 的 LS 为 10－2－4－3＝1，而非 10－3－3＝4。最后可以得到各个作业的四项时间指标值与作业宽裕时刻，如表 10-10 所示。

表 10-10 作业时间完整数据表 1

作业	t	ES	EF	LS	LF	S
1—2	3	0	3	1	4	1
1—3	8	0	8	0	8	0
2—3	4	3	7	4	8	1
2—4	3	3	6	7	10	4
3—4	2	8	10	8	10	0

因此 S＝0 的作业 1—3 与作业 3—4 为此项目中的关键路径。

在整体项目的分析中除了决定关键路径、整体项目完成时间外，还须加入对于项目方差的分析。

在加入各作业的方差(v)数据后(如表 10-11 所示)，我们可以找出网络图的关键路径、整体项目时间(T)、项目方差(V)。

表 10-11 作业时间完整数据表 2

作业	t	v	ES	EF	LS	LF	S
1—2	3	0.333	0	3	1	4	1
1—3	8	0.5	0	8	0	8	0
2—3	4	0.167	3	7	4	8	1
2—4	3	0.333	3	6	7	10	4
3—4	2	0.667	8	10	8	10	0

由此可算出整体的项目完成时间(T)为 $8+2=10$ 时间单位，项目方差(V)为关键路径上各作业方差之和 $0.5+0.667=1.167$。

在计算出网络图与作业期望时间、方差的数据后，才能有效地分析并找出整个项目的关键路径，并能计算出关键路径作业的各项时间指标，包括 ES、EF、LS、LF 以及 S。最后算出整体项目的总期望时间以及整体方差，才能客观地去评价项目完成的时间。

10.3 项目完成概率

直至目前为止，我们对项目时间的介绍都是在确定状态下进行计算，但实际上项目的执行程序中往往会发生许多不确定因素。例如，公司资金短缺、受其他项目影响等都会造成项目无法如期完成，但却无法事先推算到。因此必须在计算得到项目期望总时间(T)以及其整体方差(V)之后，确定这个项目在规定时间内完成的概率有多大。假设项目完成时间服从正态分布，便可以计算出项目完成的概率是多少。

如果项目期望完成时间 T 为 20 周，且项目方差为 100，则可算出此项目在 25 周之内能够顺利完成的概率。

$T=20$；$V=100$

$\sigma=\sqrt{100}=10$

此正态分布图如图 10-9 所示。

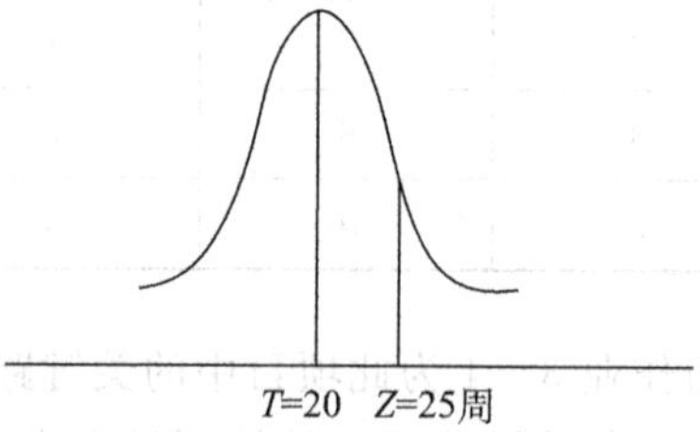

图 10-9 正态分布图

Z 的值为 25 周，在平均数为 20 周、标准差为 10 的情况下，转换为标准正态分布的值。由此可知当 $Z=0.5$ 时，其包含的范围为 0.6915，表示要在 25 周内完成整个项目的可能性大约在 69%左右。

因此依据表 10-12 的数据，重新介绍一下如何以前面章节所介绍的各种概念计算出项目完成概率。

表 10-12 作业预计时间数据表 2

作业	乐观时间 a	最可能时间 m	悲观时间 b	期望时间 t	方差 v
A	5	7	15	8	2.778
B	14	21	22	20	1.778
C	21	33	45	33	16.000
D	14	16	30	18	5.444
E	18	19	26	20	1.778
F	7	9	11	9	0.444
G	7	9	17	10	2.778
H	8	8	8	8	0.000
I	3	4	5	4	0.111

假设只由 C 和 G 两个作业组成关键路径，则可以计算题目中关键路径的平均值和方差。

总期望时间：$T_{cp} = \sum t = 33 + 10 = 43$

沿着关键路径的方差：${\sigma_{cp}}^2 = \sum \sigma^2 = 16.000 + 2.778 = 18.778$

标准差：$\sigma_{cp} = 4.333$

经计算得此项目在 47 天内完成的概率为

$$Z = (X - T_{cp})/\sigma_{cp} = (47 - 43)/4.333 = 0.923$$

由正态分布表得知 $Z=0.923$ 的近似概率值为 0.822，即在 47 天内完成项目已知关键路径的概率为 82.2%。

在作概率预测时，上述分析应该是小心谨慎的，如果非关键路径作业有很大的方差，有可能会使其成为关键路径作业，这种情形的发生往往造成分析出现错误。以图 10-10 的例子来考虑，关键路径作业应是 1—3 与 3—4，在 $T=12$、$V=4$ 的情形下，如果要求的完工时间为 14，则 Z 值应为

$$Z=(14-12)/2=1$$

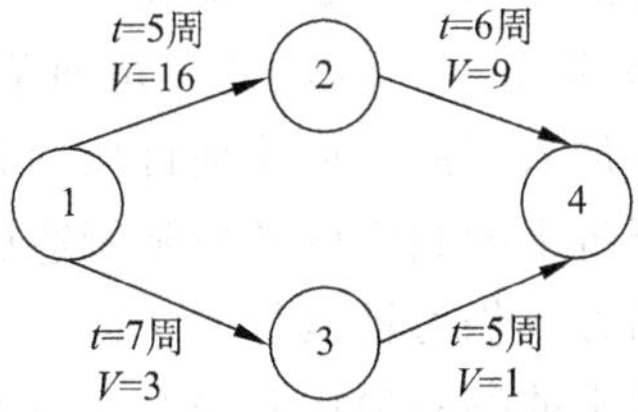

图 10-10 项目网络图 9

完工可能性为 84%。但如果关键路径变为作业 1—2 与作业 2—4 呢？因为这两个作业的方

差较大，这样的事件较不容易发生，在相同的要求完工时间，总期望完工时间 T 与整体方差 V 的条件下，Z 值变为

$$Z=(14-11)/5=0.6$$

由正态分布表来看，要在相同14天内完工的机会减为73%，如果作业1—2与作业2—4变为关键路径的话，则在特定时间内完工的概率降低，且整体方差也会增大为16+9=25。

10.4 计划评审技术与成本的折中

10.4.1 计划评审技术的优点与限制

在讨论本节内容之前，我们先来看一下计划评审技术的几个特征：

(1) 适用于多项步骤的项目管理，特别是在安排与控制大型项目上；

(2) 直截了当且清楚的概念，避免太多复杂的数学概念；

(3) 以网络图表示，使用者可直接观察各项作业的相互关系；

(4) 关键路径与浮动时间分析有助于精确地找出须密切注意的作业项；

(5) 网络图一般提供了有用的项目数据与图形，以有效管理各种作业；

(6) 可应用在各种项目与产业上；

(7) 有助于监控进度与成本控制。

其限制如下：

(1) 项目中的作业必须被定义清楚，互相独立且固定。

(2) 各作业先后顺序关系必须具体详细且以网络图连接。

(3) 时间上的预测倾向于主观意见，且受到管理者的操控以使其不超过原本乐观的完成时间或低于悲观时间。

(4) 过分强调关键路径或最长路径有潜在的危险，邻近关键路径的作业一样须被监控。

10.4.2 成本折中

到目前为止，我们均假设作业时间为固定的，但实际情况并不一定如此。资源的增加也许可以减少项目中某几项作业的时间，比如增加人工或是增加设备，也可能是设备的改进。虽然这样的做法可能花费较多成本，但若是公司面临迟缓完工而造成成本上的损失时，就必须经济性地考虑是否应加入资源来促使项目如期完工。这样的方法虽然会增加额外成本，但与项目能如期完工所带来的利润以及拖延所造成的成本浪费比较，若能相抵并符合公司利润要求的话，这样的方案仍可被执行。

但是，应该增加资源到项目中的哪一项作业呢？又该增加多少成本呢？这项作业在增加资源后所能减少的时间是多少？是否符合我们的需求？对项目整体完工时间又能有多少降低呢？我们期望能找出最少成本的方法来缩短整个项目的时间，这也就是研究时间与成本互偿的主要目的。

PERT/Cost 的目标在于使用最节省的成本来降低项目整体完成时间，虽然也有一些不错的计算机程序用以执行这样的问题，但也只是用来帮助管理者理解该如何进行其步骤。如欲完成整体的目标则必须多加入一些变量。对每个作业而言，将会存在作业时间减少与时间减少所产生的成本这些变量：

M_i——作业 i 能减少的最多时间；

C_i——为降低作业 i 时间所增加的成本；

K_i——降低作业 i 一单位时间所需花费的成本。

所以我们可以知道，

$$K_i = C_i / M_i$$

下面的数据显示了两个作业成本与时间的关系：对作业 5—6 来说，花费 300 单位成本能使作业在 8 周内完工，400 单位成本可使作业在 7 周内完工，600 单位成本则可使作业时间减至 6 周；对作业 2—4 来说，3000 单位成本可以使项目在 12 周内完成，1000 单位成本则延长为 14 周。网络图中所有的作业都可建立其相同的成本与时间曲线的关系。

根据以上信息我们可以决定减少项目完成时间所需增加的最低成本。

作业 5—6 完成时间与成本的关系如表 10-13 所示。

表 10-13　作业 5—6 完成时间与成本数据

成本/单位成本	完成时间/周
600	6
400	7
300	8

将其画成折线图，如图 10-11 所示。

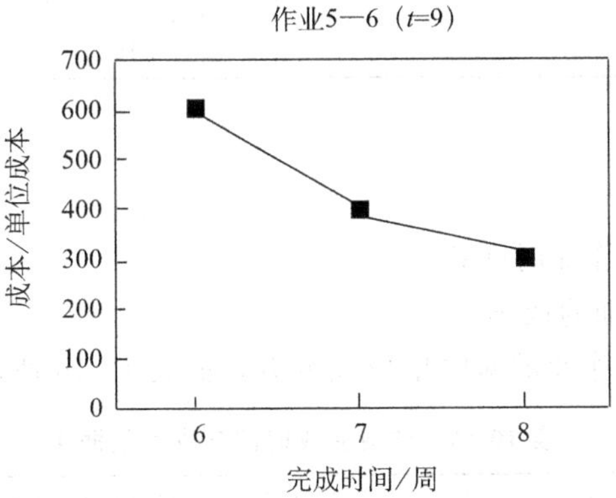

图 10-11　成本与完成时间图 1

作业 2—4 完成时间与成本关系的表格与折线图如表 10-14 与图 10-12 所示。

表 10-14 作业 2—4 完成时间与成本数据

成本/单位成本	完成时间/周
3000	12
1000	14

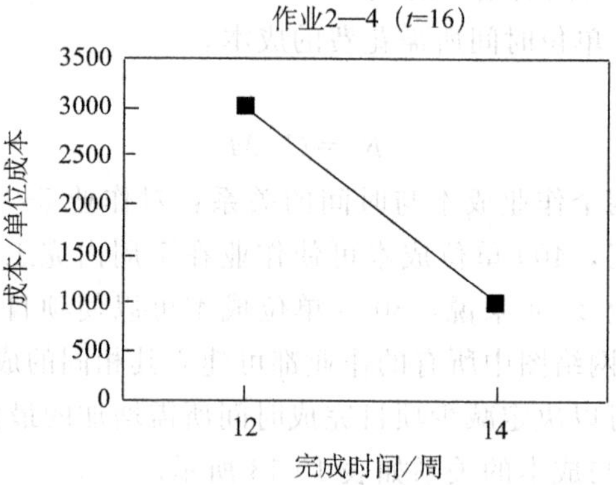

图 10-12 成本与完成时间图 2

由表 10-15 的数据便可找出能减少整个项目完成时间 1 个星期的最小成本。

表 10-15 作业完成时间与成本数据 3

作业	t/周	M/周	C/单位成本	ES	EF	LS	LF	S
1—2	3	1	300	0	3	1	4	1
1—3	8	4	2000	0	8	0	8	0
2—3	4	2	2000	3	7	4	8	1
2—4	3	2	4000	3	6	7	10	4
3—4	2	1	2000	8	10	8	10	0

其中：

t——作业完成时间；

M——最多能降低的作业时间；

C——减少作业所增加的成本。

一开始必须计算每个作业的减时单位成本 K，如表 10-16 所示。

表 10-16 作业完成时间与成本数据 4

作业	M/周	C/单位成本	K/(单位成本/周)	是否为关键路径
1—2	1	300	300	否
1—3	4	2000	500	是
2—3	2	2000	1000	否
2—4	2	4000	2000	否
3—4	1	2000	2000	是

必须先找出关键路径上的作业。此题中符合需求的是作业 1—3 与作业 3—4。再从属于关键路径上的作业中，找出欲降低时间所需花费的单位成本 K_i 最小的作业，即可得到答案。作业 1—3 减少 1 周所需花费的成本为 500 单位成本；而作业 3—4 则为 2000 单位成本，因此我们可以清楚得知所要的答案为 500 单位成本。换句话说，减少整个项目完成时间 1 周，我们由作业 1—3 的作业时间来减少，花费 500 单位成本为最节省的做法。

由上述的例子可以知道必须小心地利用这种做法，任何额外的减时必须使得最后的关键路径能包括原本的作业，不然有可能产生新的关键路径。换句话说，有可能造成有两条关键路径与作业同时需要缩短以缩短项目完工时间。

习题与思考题

1. 一般而言，项目组织的组成有哪几种方式？它们各有什么特色？

2. 试将下列工作项目与所需时间以甘特图的方法表达出来。

编号	工作项目	所需时间/日	起始时间/日
1	筹备会议	1	0～1
2	采购工作	4	2～5
3	搜集数据	3	3～5
4	检验分析	7	2～8
5	工程测试	2	8～10
6	撰写报告	5	9～13

3. PERT 与 CPM 的结构与顺序的步骤是什么？

4. 请把下列工作项目关系表画成项目网络图。

工作项目	作业代号	先行作业
筹备会议	A	—
采购工作	B	—
搜集数据	C	A
检验分析	D	B
工程测试	E	C
结论分析	F	E

5. 下表是第 4 题中各项作业的最常发生时间 m、乐观时间 a、悲观时间 b，请计算出每个作业完成的期望时间与方差。

工作项目	作业代号	a	m	b
筹备会议	A	1	1	2
采购工作	B	2	4	6

续表

工作项目	作业代号	a	m	b
搜集数据	C	2	3	5
检验分析	D	1	1	3
工程测试	E	1	2	3
结论分析	F	1	3	6

6. 计划评审技术为我们提供了有效的方法来控制与管理项目，但仍然有局限，请列出几项计划评审技术的局限。

第 11 章 生产计划与控制

从一般意义上讲，生产可以理解为一切社会组织将它的输入转化为输出的过程。转化是在生产运作系统中完成的。生产运作系统是由人和机器构成的、能将一定输入转化为特定输出的有机整体。生产与运作管理是对生产运作系统的设计、运行与维护过程的管理，它包括对生产运作活动进行计划、组织与控制。生产计划与控制是生产与运作管理的核心，其目的是为了降低库存、缩短交货期和降低生产成本，尽量满足顾客的要求，并使工厂生产效率最高，成本最低，最终全面提升企业的综合竞争力。

11.1 需求与能力

需求预测是预测未来一定时期某产品需求的数量和发展趋势、企业该产品的市场占有率等。需求预测之所以可能，是因为产品的市场需求有一定的规律，而这种规律人们可以认识和掌握。同时，产品的未来需求状况是过去和现在需求状况的延伸和发展。企业要进行生产经营决策、安排生产计划，就要对产品的需求作出科学的预测。否则，作出的决策和生产计划是不可靠的。

11.1.1 需求预测分类

按照不同的目标和特征可以将预测分为不同的类型(见图 11-1)。

▶ 1. 按预测时间的长短分类

按照时间的长短，可将预测分为长期预测、中期预测和短期预测三种。

(1) 长期预测。长期预测是指对五年或五年以上的需求前景的预测。

(2) 中期预测。中期预测是指对一个季度以上两年以下的需求前景的预测。

(3) 短期预测。短期预测是指以日、周、旬、月为单位，对一个季度以下的需求前景的预测。

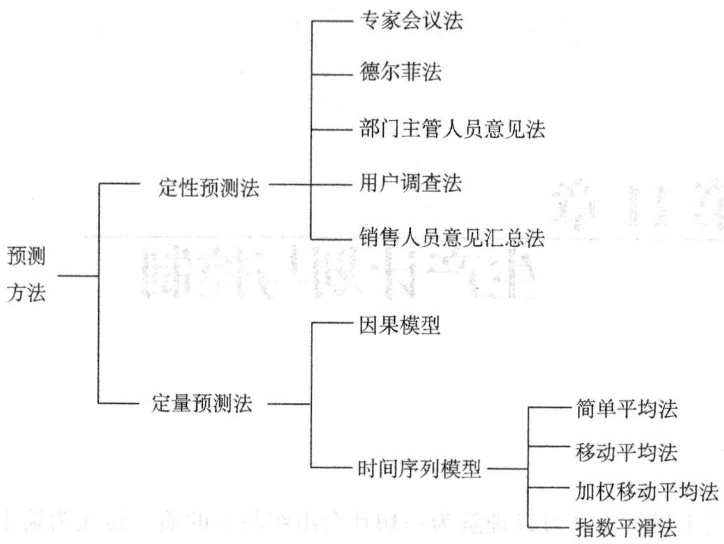

图 11-1 预测方法分类

▶ 2. 按主客观因素所起的作用分类

(1) 定性预测法。主要靠专家的知识经验和综合分析判断能力，来预测发展变化趋势和水平的非数量化方法。具有速度快、费用低的特点，在信息资料数据较少的情况下，如进行技术预测和新市场产品需求预测时，多采用此类方法。常用的定性预测方法有：专家会议法、德尔菲法、部门主管人员意见法、用户调查法和销售人员意见汇总法等。

(2) 定量预测法。是利用数学手段以数量的形式准确地揭示事物发展变化趋势或水平的预测方法，其基本数学手段是数学模型、计算机模拟、曲线图等。在应用定量预测方法进行预测时，要求具备比较完整的统计数据资料。在预测对象的发展变化比较稳定时，选用适当的数学方法进行定量预测，可得到比较准确的预测结果。但是实际上影响预测对象的因素有很多，所选择和建立的数学模型不可能把所有因素都考虑进去，大多数情况下只考虑某些主要的影响因素，因此，定量预测的结果也可能会出现误差。

11.1.2 定性预测法

(1) 专家会议法。聘请预测对象所属领域的专家，通过座谈讨论，依靠专家的知识和经验进行预测。这种方法要求选择的专家提出问题，提供信息，由专家讨论、分析、综合，根据专家本人的知识和经验的深度和广度作出个人判断，然后把专家意见归纳整理，形成预测结论。

(2) 德尔菲(Delphi)法。德尔菲法是在克服专家会议法的缺陷、吸收其优点的基础上形成的，目前已成为广泛应用的定性预测方法。其具体做法是：主持者选定预测目标和参与的专家，先将所要预测的问题、有关背景材料和调查表用通信的方式寄给各位专家，分别向专家征询意见；然后由预测小组把专家寄回的个人意见加以综合、归纳、整理，再反馈给专家，进一步征询意见，如此反复多次，直至专家们的意见渐趋一致，方可作为预测结果。

(3) 部门主管人员意见法。通常由高级决策人员召集销售、生产、采购、财务、研究与开发等各部门主管人员开会讨论。与会人员充分发表意见，对某一问题进行预测，然后由召集人按照一定的方法，如简单平均或加权平均法，对所有个人的预测值进行处理，得出预测结果。这种方法常用于长期规划及新产品开发。

(4) 用户调查法。当对缺乏销售记录的新产品需求进行预测时，常常使用用户调查法。销售人员通过信函、电话或者访问的方式对现实的或潜在的客户进行调查，了解他们对于本企业产品及相关产品特性的期望，再考虑本企业可能的市场占有率，然后对各种信息进行综合处理，即可得到所需的预测结果。用户的需求决定企业所要生产的产品和提供的服务，所以常用消费者调查法来征询客户意见。

(5) 销售人员意见汇总法。销售人员和售后服务人员直接和顾客接触，他们比较了解顾客的需求。这种方法通常由各地区的销售人员根据其个人判断或与地区有关部门交换意见后通过判断作出预测，企业对各地区的预测进行综合处理后，即得到整体的预测结果。有时企业也将各地区的销售历史资料发给各销售人员作为预测的参考。有些企业的总销售部门还根据自己的经验和历史资料，对经济形势的估计等做出预测，并与各地销售人员的综合预测值进行比较，以得到更加正确的预测结果。

11.1.3 定量预测法

▶ 1. 简单平均法

简单平均法也叫算术平均法，是把过去各期数据全部相加，再除以资料的期数，求得平均值，以这个平均值作为下一期的预测值。设有 n 期资料，数据值分别为 x_1，x_2，…，x_n，则简单平均法的计算公式为

$$\bar{y} = \frac{\sum_{i=1}^{n} x_i}{n} \tag{11-1}$$

式中，$\bar{y}$——预测对象 x 的历史平均值，这一平均值就为下一期(第 $n+1$ 期)的预测值。

使用简单平均法进行预测简单易算。这种方法实际上没有考虑不规则的、季节性的变化。如果产品需求起伏变动较大，有明显的季节性变动或具有长期增减趋势时，使用这种方法预测结果的误差较大，这时就需要采用其他的预测方法。

▶ 2. 移动平均法

移动平均法是用分段逐点推移的平均方法对时间序列数据进行处理，找出预测对象的历史变化规律，并据此建立预测模型的一种时间序列预测方法。常用的移动平均法有一次移动平均法和二次移动平均法。

一次移动平均法是对产品需求的历史数据逐点分段移动平均的方法。在一次移动平均后，如果移动平均的数据仍不能明显反映预测对象的变化趋势时，可进行二次移动平均。二次移动平均是在一次移动平均的基础上，对一次移动平均的结果再进行一次移动平均。本章仅介绍一次移动平均法。

一次移动平均法的计算公式为

$$M_t^{[1]} = \frac{x_t + x_{t-1} + x_{t-2} + \cdots + x_{t-n+1}}{n} \tag{11-2}$$

式中，$M_t^{[1]}$——第 t 期的一次移动平均值；

x_t——第 t 期的实际值；

n——每次移动平均所包含的实际值的个数，也叫移动平均期数。

$$F_{t+1}=M_t^{[1]} \tag{11-3}$$

式中，F_{t+1}——第 $t+1$ 期的预测值。

【例 11-1】已知过去 5 周的货车需求(见表 11-1)，预测第 6 周的需求量，$n=3$。

表 11-1　货车需求的统计数据及一次移动平均值

周	实际需求量 y_i/台
1	42
2	40
3	43
4	40
5	43

解：根据式(11-2)和式(11-3)计算得

$$F_6=M_5^{[1]}=\frac{43+40+43}{3}=42$$

在移动平均法中，各期数据的权重是相同的。如果近期数据对预测结果的影响大，远期数据对预测结果的影响小，这时采用加权移动平均法预测更合适。

▶ 3. 加权移动平均法

加权移动平均法是对时间序列中各期数据加权后再进行平均的预测方法。该方法的基本思想是近期数据对预测结果的影响大，远期数据对预测结果的影响小。根据各期数据影响程度的大小分别赋予其不同的权重(各期的权重之和等于 1)，以这个权重进行加权后计算预测对象的加权平均值，本期的加权平均值即为下期的预测值，这样可以比较明显地反映时间序列的近期发展趋势。计算公式为

$$M_t=\sum_{i=t-n+1}^{t} w_i x_i,\quad t\geqslant n \tag{11-4}$$

式中，M_t——第 t 期的加权移动平均值；

w_i——第 i 期的权重；

x_i——第 i 期的实际值。

▶ 4. 指数平滑法

指数平滑法是从移动平均法演变而来的，是将本期实际值和上一期指数平滑值加权平均。指数平滑法实质上是对各期数据按照发生的先后次序不同分别给出具有指数变化规律的权数，求出加权平均值，以此为基础进行预测的方法，是一种权数特殊的加权平均法。常用的有一次指数平滑法、二次指数平滑法等。一次指数平滑法是对原时间系列进行一次指数平滑后进行预测的方法，二次指数平滑法就是对一次指数平滑后得到的时间序列再进行一次指数平滑。本章仅介绍一次指数平滑法。

一次指数平滑法的计算公式为

$$S_t^{[1]}=\alpha x_t+(1-\alpha)S_{t-1}^{[1]} \tag{11-5}$$

式中，$S_t^{[1]}$——第 t 期的一次指数平滑值；

$S_{t-1}^{[1]}$——第 $t-1$ 期的一次指数平滑值；

x_t——第 t 期的实际发生值；

α——指数平滑系数，$0 \leqslant \alpha \leqslant 1$。

在应用一次指数平滑法进行预测时，是以第 t 期的指数平滑值作为第$(t+1)$期的预测值，即 $x_{t+1}=S_t^{[1]}$。

假定有一组时间序列值 x_t，x_{t-1}，x_{t-2}，…，x_1，应用式(11-5)，可得到：

$$S_t^{[1]}=\alpha x_t+(1-\alpha)S_{t-1}^{[1]}$$
$$=\alpha x_t+\alpha(1-\alpha)x_{t-1}+\alpha(1-\alpha)^2 x_{t-2}+\cdots+\alpha(1-\alpha)^{t-1}x_1+(1-\alpha)^t S_0^{[1]} \tag{11-6}$$

式中，$S_0^{[1]}$——初始值。在实际中使用较多的是以第一期的实际值作为初始值。

【例 11-2】参考例 11-1 的数据，若第 5 周的预测需求为 39 台，$\alpha=0.5$，则第 6 周的预测需求为

$$x_6=S_5^{[1]}=0.5\times 43+(1-0.5)\times 39=41$$

▶ 5. 因果法

因果分析法是将需求作为因变量，将影响因素作为自变量，通过对影响需求的有关因素的变化情况进行统计计算与分析，来对需求进行预测。由于反映需求及其影响因素之间因果关系的不同，因果关系预测的模型又分为回归分析模型、经济计量模型、投入产出模型等。这里仅介绍一元线性回归模型，它将需求作为因变量，将时间作为自变量。

一元线性回归模型可用下式表达：

$$y_T=a+bx \tag{11-7}$$

式中，y_T——因变量，即一元线性回归预测值；

x——自变量，即需求的影响因素变化量；

a，b——回归系数，a 是回归直线的截距，b 是回归直线的斜率。

根据最小二乘法原理，a，b 的计算公式为

$$a=\frac{\sum y-b\sum x}{n} \tag{11-8}$$

$$b=\frac{n\sum xy-\sum x\sum y}{n\sum x^2-(\sum x)^2} \tag{11-9}$$

【例 11-3】设某保健公司的销售额与广告费用支出有因果关系，广告费用支出多则销售额增加。现有前 9 个月广告费用与销售额的统计资料如表 11-2 所示，若 10 月份拟投入广告费 30 万元，试预测 10 月份的销售额。

表 11-2 月销售额与广告费用支出

项目	月份								
	1	2	3	4	5	6	7	8	9
广告费用支出 x/万元	36	12	12	20	16	28	8	24	16
销售额 y_T/万元	184	72	80	88	108	136	56	148	120

解：先用坐标图检验两个变量的关系，发现广告费用支出与销售额基本呈线性关系(图 11-2)，所以用一元回归模型模拟实际情况。

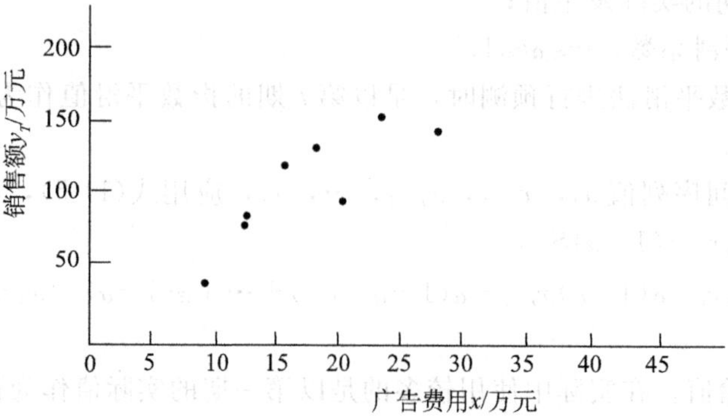

图 11-2　月销售额与广告费用支出的关系

根据式(11-7)：

$$y_T = a + bx$$

式中，y_T——月销售额，万元；

x——月广告费用支出，万元。

此模型可以用最小二乘法求解，为此列出计算表(表 11-3)：

表 11-3　模型求解计算表

月份	x	y	xy	x^2	y^2
1	36	184	6624	1296	33856
2	12	72	864	144	5184
3	12	80	960	144	6400
4	20	88	1710	400	7744
5	16	108	1728	256	11664
6	28	136	3808	784	18496
7	8	56	448	64	3136
8	24	148	3552	576	21904
9	16	120	1920	256	14400
$\sum$	172	992	21664	3920	122784

根据式(11-9)和式(11-8)可求出模型的待定常数：

$$b = \frac{n\sum xy - \sum x \sum y}{n\sum x^2 - (\sum x)^2} = \frac{9 \times 21664 - 172 \times 992}{9 \times 3920 - 172^2} = 4.275$$

$$a = \frac{\sum y - b\sum x}{n} = \frac{992 - 4.275 \times 172}{9} \text{万元} = 28.522 \text{万元}$$

故得模型为

$$y_T = 28.522 + 4.275x$$

若10月份广告投入为30万元，则预测的销售额为

$$y_T = (28.522 + 4.275 \times 30)\text{万元} = 156.77\text{万元}$$

11.1.4 生产能力

▶ 1. 生产能力的概念及分类

生产能力是指企业的固定资产在一定时期内和在一定的技术组织条件下，经过综合平衡后所能生产的一定种类产品最大可能的量。工业企业的生产能力是指直接参与产品生产的固定资产的生产能力，在确定生产能力时，不考虑劳动力不足或物资供应中断的情况。企业的生产计划受制于生产能力。如果产品的市场容量足够大，企业可最大限度地发挥生产能力以安排生产计划，但很难超越生产能力的限制。

在不同的生产系统中生产能力有不同的表示方法。如果只生产一种产品或只提供一种服务，生产能力可以用产品、服务的总量表示，如钢铁厂、水泥厂都以产品吨位表示。如果生产不同的产品/服务，总量不能反映产品结构的变化，可选择代表性产品(标准产品)表示，其他产品可确定一个折算系数折算成标准产品，折算系数通过比较其他产品与标准产品占用生产能力的差异(如时间定额)求得。有些生产单位用单一原料生产多种产品，此时用原料处理量计量生产能力更加简单清晰，如炼油厂以加工处理原油的数量(吨)衡量其生产能力。在许多情况下，生产能力用产出量表示很不方便或不够确切。如产品/服务项目组合经常变动，或产出不能储存而导致生产能力空放等，则以投入量表示其生产能力，如医院以病床数、航空公司以座位数、零售商店以营业面积计量生产能力。在服务业中，以投入量表示生产能力的情况比较多。

根据生产能力实际应用的功能不同，分为以下种类：

(1) 查定生产能力。指企业经过一段时间运行后，生产条件可能有较大的变化，如产品方向调整、工艺设备改进、组织管理变革等，原来的设计生产能力已不再符合实际，因而通过查定重新确定实际生产能力。

(2) 设计生产能力。是指企业在设计时确定的生产能力。它是由设计企业生产规模时所采用的机器设备、生产定额及技术水平等条件决定的。通常，设计生产能力是在企业建成投产，经过一段时间熟悉和掌握生产技术工艺后，生产进入正常状态时才能达到的生产能力。

(3) 计划生产能力。指企业在计划期内能够达到的生产能力，通常以查定生产能力为基础，考虑到计划期内原材料条件的变化、技术组织措施的实施等因素对生产能力的影响加以调整而得。

计划生产能力是企业制定长期规划、安排企业基本建设和技术改造的重要依据。计划生产能力和查定生产能力是企业编制生产计划的依据，也可以说它是计划期生产任务与生产条件平衡的依据。

▶ 2. 生产能力的计算方法

生产能力的理论计算方法随企业类型而异。在制造企业中，一般先计算单台设备的生产能力，再自下而上依次计算生产线、车间和工厂的生产能力。

（1）对于大量生产企业，流水线的生产能力可按下式计算：

$$P=\frac{T_e}{r} \tag{11-10}$$

式中，P——流水线的生产能力；

T_e——计划期有效工作时间；

r——流水线节拍。

（2）对于成批生产企业，单台设备的生产能力 P 的计算式为

$$P=T_e q=\frac{T_e}{t} \tag{11-11}$$

式中，q——设备产量定额；

t——设备台时定额。

上述两式中，计划期有效工作时间为制度工作时间扣除计划修理停工时间后实际可以工作的时间：

$$T_e=T_0-d=T_0(1-\theta)=T_0\eta \tag{11-12}$$

式中，T_0——计划期设备制度工作时间；

d——设备计划修理停工时间；

θ——设备计划修理停工率；

η——设备制度工作时间计划利用率。

按生产面积计算生产能力，则：

$$P=Ag \tag{11-13}$$

式中，A——生产面积；

g——单位生产面积的平均产量。

【例 11-4】设某机床加工 4 种配套零件 A、B、C、D，三班制工作，计划年度制度工作时间为 250 天，计划修理停工率 10%，加工各种零件的台时定额与产量比重见表 11-4。计算该机床的综合台时消耗和配套生产能力。

表 11-4　某机床生产能力

产品名称	产量比重/%	台时定额/(h/件)	生产量/件
A	0.25	12	135
B	0.20	18	108
C	0.40	7	216
D	0.15	4	81
合计	1.00	10	540

解：4 种零件配套生产，每套零件的综合台时消耗为

$$(12\times0.25+18\times0.2+7\times0.4+4\times0.15)\text{h}=10.0\text{h}$$

配套生产能力为

$$\frac{250\times(1-0.1)\times24}{10.0}\text{件}=540\text{ 件}$$

在有多台同类设备时，同类设备的生产能力应为单台设备生产能力之和。车间通常由

若干不同功能的设备或多条生产线组成，而不同功能的设备或不同生产线的生产能力常常是不平衡的。此时，车间综合生产能力有两种计算方法：一种以瓶颈设备、瓶颈生产线能力为车间生产能力，因为它是车间生产能力的限制性环节；另一种以关键设备或关键装配线为准计算车间生产能力，理由是关键设备代表车间主导生产环节，低于此能力的设备或生产线则通过内部或外部的组织技术措施加以提高，如挖掘生产潜力、组织外部协作等。究竟采用何种方法视具体情况而定。

同样，工厂综合生产能力也有两种计算方法：一种以瓶颈车间生产能力为工厂生产能力；另一种以基本生产车间或关键车间生产能力为工厂生产能力，低于此能力的车间则通过内部或外部的组织技术措施加以提高，以达到综合平衡。

11.2 生产计划

11.2.1 生产计划的组成

生产计划是关于企业生产系统总体方面的计划，从生产领域规定企业在未来一定时间内的目标和任务，如品种、质量、产量、进度、产值等，指导企业的生产运作活动，以实现企业总体经营目标。生产活动是企业的主体活动，生产计划在一定程度上决定或影响其他职能领域，如市场营销、物资供应、设备维修、人力资源、财务成本部门的计划与活动，对企业的经营质量与发展前景有十分重要的作用。

图 11-3 表示了制造企业生产计划的体系结构及其各组成部分的相互关系。人们习惯称长期计划为生产战略计划或生产规划，称中期计划为生产计划，称短期计划为作业计划。

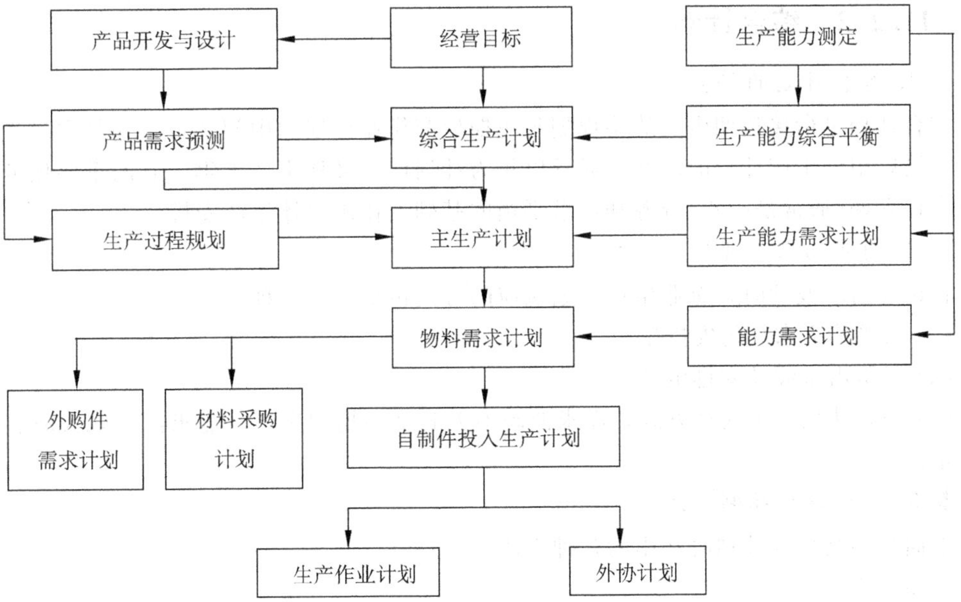

图 11-3 制造企业生产计划体系

多数企业的中期生产计划以年度计划形式出现，也有一些企业由于生产特点或其他原因而编制跨年度的中期计划。制造业的生产计划主要包括两种计划：综合计划与主生产进度计划。

短期生产计划是具体落实中长期计划的执行计划，时间跨度在一年以内，如季计划、月计划、日计划等。

表 11-5 给出了各类计划的不同特点。

表 11-5　各类计划的不同特点

特点	分类		
	长期(战略层)计划	中期(管理层)计划	短期(作业层)计划
计划层总任务	制定总目标及获取所需资源	有效利用现有资源满足市场需求	最适当地配置生产能力，执行厂级计划
管理层次	高层	中层	基层
时间期	3～5 年或更长	1～1.5 年	小于 6 个月
详细程度	非常概略	概略	具体而详细
不确定程度	高	中	低
决策变量	•产品线 •工厂规模 •设备选择 •供应渠道 •劳工培训 •生产与库存管理系统类型选择	•工厂工作时间 •劳动力数量 •库存水平 •外包量 •生产速率	•生产品种 •生产数量 •生产顺序 •何处生产 •物料库存控制方式

11.2.2　综合计划

▶ 1. 综合计划的任务

综合计划是衔接长期生产战略规划与短期生产作业计划的中间环节，它与主生产进度计划，同属中期生产计划的范畴，通常以年为计划期，又称生产大纲。它的重要任务是对企业在计划期(通常是一年)资源和需求平衡的基础上作出总体生产安排。

▶ 2. 对市场需求波动的响应

在市场需求波动时，企业生产计划响应的方式包括以下三种：

(1) 按平均需求均匀安排生产。

(2) 跟踪需求波动安排生产。

(3) 综合使用以上两种方式，需求波动不大时维持均匀生产，需求波动较大时相应调节产量。

▶ 3. 综合计划编制方法

下面是编制综合计划时常用的几种方法。

1) 试算法

为适应计划期内市场需求的波动，拟订若干调节生产的方案，包括均匀排产、跟踪排产与混合排产的方案，计算并比较各种方案的生产成本，直至选出一个满意的方案编制综合计划。

用试算法编制综合计划，优点是简便易行，缺点是很难找到最佳计划方案，只能通过多种方案试算，得到满意的计划方案。

2）运输模型法

鲍曼(E. H. Bowman)建议用运输模型法编制综合计划。运输模型法是线性规划的一个分支，可用表上作业法求最优解。

运输模型法的优点是可以获得最优解，计算也不复杂，缺点是假定了变量之间的线性关系，不一定符合实际情况，且要求目标只有一个，约束也少，不适合追求多目标和存在多约束的场合。

3）线性规划法

线性规划法按计划方案取舍的准则建立目标函数，考虑多种约束条件建立数学模型求解，可获得最优的计划方案。复杂的计算工作可用专门的软件在计算机上求解，因而得到了人们的欢迎。

设调节产量以适应需求波动有加班加点、持有库存、外协转包、增减职工等方法，并以成本最低为计划决策的准则。

线性规划法也有缺点，因为它假定变量之间呈线性关系，各种方式产出的单位成本是常数，有些约束条件很难用简单的方程表达，不得不对客观情况作过多的简化。一般在原料少、生产过程稳定、产品结构简单的流程型企业中应用效果较好。

编制综合计划还有一些其他方法，如图解法、线性决策规则、模型仿真法等，不再一一阐述。

11.2.3 主生产计划

主生产计划(master production schedule，MPS)是对企业生产计划大纲的细化，是详细陈述在可用资源的条件下何时要生产出多少物品的计划，用以协调生产需求与可用资源之间的差距，使之成为展开物料需求计划(materials requirement planning，MRP)与能力需求计划(CRP)运算的主要依据，它起着承上启下、从宏观计划向微观计划过渡的作用。

主生产计划是计划系统中的关键环节。一个有效的主生产计划是生产者对客户需求的一种承诺，它充分利用企业资源，协调生产与市场，实现生产计划大纲中所表达的企业经营计划目标。主生产计划在三个计划模块中起“龙头”模块作用，它决定了后续的所有计划及制造行为的目标。在短期内作为物料需求计划、零件生产计划、订货优先级和短期能力需求计划的依据。在长期内作为估计本厂生产能力、仓储能力、技术人员、资金等资源需求的依据。

主生产计划应是一个不断更新的计划，更新的频率与需求预测的周期、客户订单的修改等因素有关。因此，主生产计划是一个不断修改的滚动计划：当有了新的订单，需要修改主生产计划；当某时间阶段结束时，未完成计划的工作需要重新安排；当某工作中心成为瓶颈时，有可能需要修改计划；当原材料短缺时，产品的生产计划也可能修改。总之，主生产计划是不断改进的切合实际的计划，如果能及时维护，将会减少库存，准时交货，提高生产率。主生产计划的增加或修改进行的时间越早，越不会影响低层的 MRP 和

CRP；而当物料订购之后，修改计划产生的影响将会较大，生产费用也会受到影响。

▶ 1. 综合计划的分解

综合计划是根据市场需求与生产能力按产品大类编制的生产计划，它忽略了不同产品生产的细节，集中解决合理配置各种可以利用的生产资源以满足市场需求并获得满意的收益。但按产品大类编制的粗略计划无法指导具体的生产活动，因此需要分解：

(1) 将大类产品的生产总量分解成具体的最终产品的生产数量。

(2) 将各期的生产任务(例如年分季、月)分解成各细分时段的生产顺序及进度(例如季分月、周)。

▶ 2. 主生产进度计划的编制

主生产进度计划编制的优劣直接影响到企业的生产资源能否得到有效利用，以及劳动生产率的高低、生产成本的高低和资金占用的多少，对企业的经济效益有很大的影响。

不同生产类型企业的生产进度安排有不同的方法。

1) 成批生产企业的主生产进度安排

成批生产企业生产的特点是产品品种较多，各种产品轮番生产，可以按期初库存与本期需求量(预测需求或订货量)的差额安排生产，并根据本期产量扣除下期生产前已订货量后的余额确定可接受订货量，即可承诺存货。

【例 11-5】已知某产品 4、5 两月各周预测的需求量和已有合同订货量如表 11-6 所示，期初库存为 60 件，每批安排生产量为 90 件，试编制主生产进度表。

表 11-6 某产品各周需求量

需求量/件 \ 周次 \ 月份	4月				5月			
	1	2	3	4	5	6	7	8
预测需求量	40	40	40	40	50	50	50	50
已订货量	45	20	10	6	2	0	0	0

解：(1) 计算期末库存：

期末库存＝期初库存－max(预测需求，已有合同订货量)＋本期安排生产量

例如，第 1 周期末库存＝60－45＋0＝15，期末库存即为下期期初库存。

(2) 当期初库存扣除本期需求后的剩余为负数时即安排生产，按已知条件，每次安排生产批量为 90 件。本例中，第 1 周扣除需求后剩余为＋15 件，不安排生产；第二周扣除需求后剩余为－25 件，安排生产 90 件。

(3) 可承诺存货：

可承诺存货＝本期生产量－下次生产前已有合同的订货量

例中，第 1 周期初库存 60 件，由于第 2 周即需安排生产，此前已有合同订货量为 45 件，故多余 15 件可承诺订货；第 2 周生产 90 件，下次生产(第 4 周)前已有合同订货量为 20＋10＝30 件，故可承诺存货为 60 件。

(4) 如果同期安排生产进度的产品不止一种，则除了考虑各种产品生产进度外，还要确定这些产品轮番生产的顺序。在其他条件相同时，原则上应按边际利润率由大到小排序，以改善企业的现金流。

算出的主生产进度表如表 11-7 所示。

表 11-7 某产品主生产进度的计算 件

周次	期初库存	预测需求	已有合同订货量	扣除需求后剩余	本期安排生产	期末库存	可承诺存货
1	60	40	45	15	0	15	15
2	15	40	20	−25	90	65	60
3	65	40	10	25	0	25	
4	25	40	6	−15	90	75	82
5	75	50	2	25	0	25	
6	25	50	0	−25	90	65	90
7	65	50	0	15	0	15	
8	15	50	0	−35	90	55	90

2）大批量生产企业的主生产进度安排

大批量生产的特点是产品品种少，同品种产量大，其生产进度的安排可分成两种情况：

（1）如果市场需求相对稳定，可均匀安排生产，即在相等的时间段内生产量大致相等或逐步小幅递增，做到均衡生产。

（2）如果市场需求波动较大，可在均匀、跟踪、混合三种方式中选择比较适合的方式安排生产进度。

3）单件小批量生产企业的主生产进度安排

单件小批量生产的特点是产品品种繁多而很少重复生产，其生产进度的安排，可按合同规定的交货期开始往前推算，交货期不仅要考虑产品从投料到产出之间的制造时间，还要包括设计、生产工艺准备、备料的时间。必要时，可根据合同规定的交货期考虑少量提前期。

主生产进度计划是在需求信息不完备的情况下编制的，实际需求与预测要求肯定有差异。不仅如此，企业内部生产条件也会发生变化导致生产能力的变动。因此，主生产进度计划在实施过程中修改是难免的。考虑到主生产进度计划的改变直接影响到物料需求计划及其他管理活动，应力求近期进度安排更加符合实际，并设定一个时间段，在该时间段以内的生产进度不能修改，如要修改只能修改该时间段以后的生产进度，以保证生产的稳定。

11.2.4 物料需求计划

物料需求计划(MRP)是根据市场需求预测和顾客订单制定产品的生产计划，然后基于产品生成进度计划，组成产品的材料结构表和库存状况，通过计算机计算所需物料的需求量和需求时间，从而确定材料的加工进度和订货日程的一种实用技术。MRP 根据产品结构各层次物品的从属和数量关系，以每个物品为计划对象，以完工时期为时间基准倒排计划，按提前期长短区别各个物品下达计划时间的先后顺序，保证既不出现短缺，也不积压库存，是一种工业制造企业内物资计划管理模式。MRP 包含几个要素：原料、生产、销售、产品结构。它的涵盖范围仅仅为物料管理。

▶ 1. MRP 的流程

MRP 适用于相关需求的计划与控制，它的逻辑流程如图 11-4 所示。

其主要步骤为：

(1) 计算需求总量：根据主生产计划的每一最终产品的数量和交货期，逐层分解出每一物料按时间分段的需求总量。

(2) 计算净需求量：使需求总量与库存状态相匹配，决定按时间分段的物料净需求量。

(3) 批量编程：根据订货方针，计算出分成批量、按到货时间排序的计划订单。

(4) 计算提前期：考虑物料的进货、运输等时间，计算采购提前期，倒推出计划订单的订货时间。

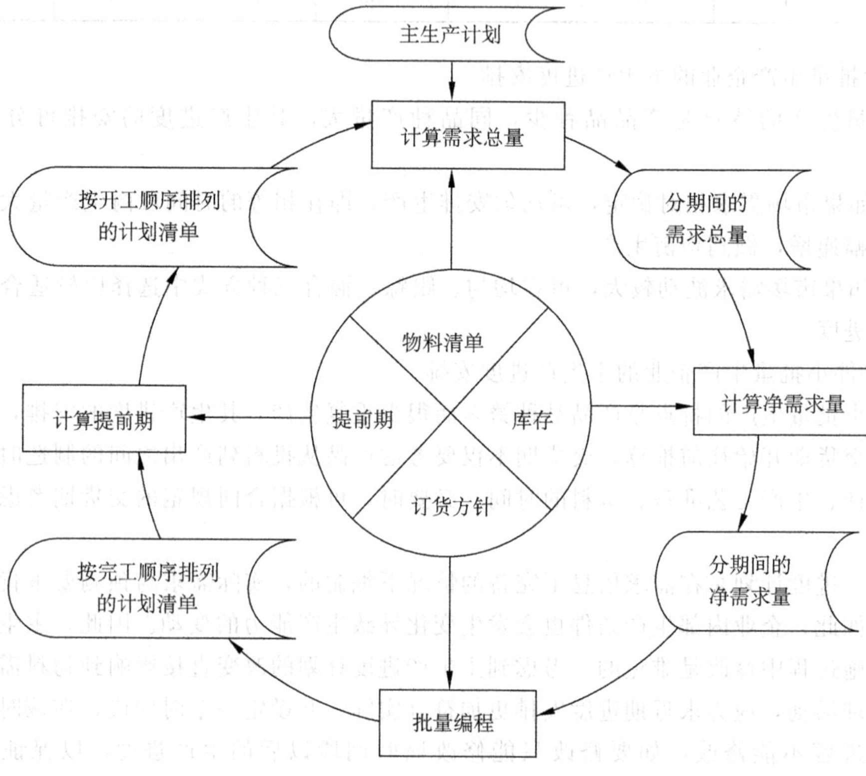

图 11-4　MRP 流程示意图

▶ 2. MRP 的关键要素

从上面的介绍中可以看出，主生产计划、物料清单、提前期、订货方针以及库存记录等信息在 MRP 的计算过程中起着关键性的作用。以下对这些关键要素分别作进一步的介绍。

1）主生产计划

主生产计划要确定每一个最终产品在每一具体时间段的生产数量。企业的物料需求计划、车间作业计划、采购计划等均来源于主生产计划，即先由主生产计划驱动物料需求计划，再由物料需求计划生成车间作业计划与采购计划。所以，主生产计划在MRP系统中起着承上启下的作用，实现从宏观计划到微观计划的过渡与连接。主生产计划必须是可以执行、可以实现的，它应该符合企业的实际情况，其制定与执行的周期视企业的情况而定。主生产计划应该确定在计划期间内各时间段上的最终产品的需求数量。

2）物料清单

物料清单(bill of materials，BOM)是产品结构的技术性描述文件，它表明了最终产品的组件、零件直到原材料之间的结构关系和数量关系。图11-5表示一个三级的BOM结构，其中产品A由4个部件B、1个部件C和2个部件D组成。部件B又由2个部件E和1个部件F组成，部件D由3个部件G和2个部件H组成。物料清单是一种树形结构，通常称为产品结构树。

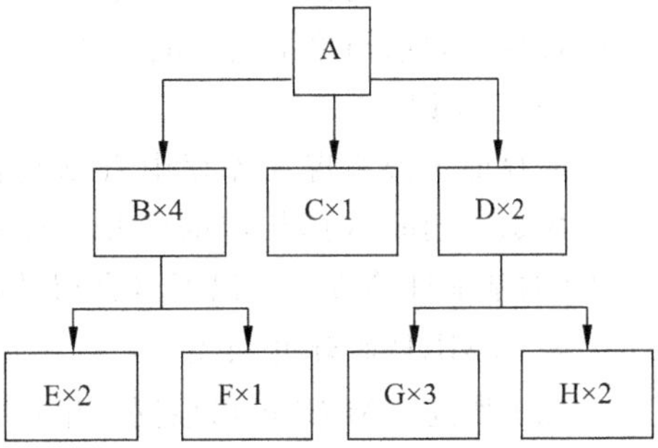

图11-5 产品A的BOM结构图

3）提前期

在MRP中不但要考虑BOM各个层次中的零、部件需求量，而且要考虑为了满足最终产品的交货期，所需零、部件的加工或采购提前期。图11-6是产品结构在时间结构上的反映，以产品的应完工日期为起点倒排计划，可相应地求出各个零部件最晚应该开始加工的时间或采购订单发出的时间。

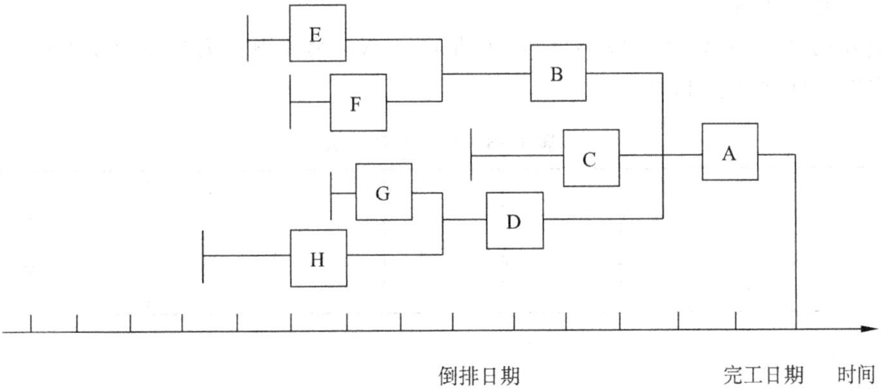

图11-6 时间坐标上的BOM结构

4）订货方针

在MRP的计算过程中，为了确定每次订货的批量，需要对每一物料预先确定批量规则。在MRP中，这些批量规则通常称作订货方针。订货方针有多种，大体上可分为以下两大类。

一类是静态批量规则，即每一批量的大小都相同。典型的静态批量规则之一是“固定订货量”。在这种情况下，批量大小预先确定。例如，订货量可以是由设备能力上限决定的量。对外购产品订货量可以按价格折扣的最小量、整船量、被限定的最小购买量来确定。订货量也可以按经济订货批量(EOQ)公式来确定。

另一类是动态批量规则，该规则允许每次订货的批量大小不一样，但必须大到足以防止缺货发生。一种动态批量规则是“周期性批量规则”，在这种规则下，批量的大小等于未来 P 周(从收到货的当周算起)的粗需求加安全库存量，再减去前一周的现有库存量。这样的批量可以保证安全库存量和充分保证 P 周的粗需求，但并不意味着每隔 P 周必须发放一次订单，而只是意味着，当确定批量时，其大小必须满足 P 周的需求。在实际操作中，可首先根据理想的批量(如 EOQ)除以每周的平均需求来确定 P，然后用 P 周的需求表示目标批量，并取与之最接近的整数。

5）库存记录

库存记录说明现在库存中有哪些物料，有多少，准备再进多少，从而在制定新的加工、采购计划时减掉相应的数量。库存记录通常被称作 MRP 表格，其计算过程构成了 MRP 的基本计算方法。以下将介绍其具体计算方法。

▶ 3. MRP 的计算模型

如上所述，MRP 可以根据主生产计划回答要生产什么，根据物料清单回答要用到什么，根据库存记录回答已经有了什么，MRP 运算后得出的结果可以回答还缺什么、何时生产或订购。这些结果都是以 MRP 表格为中心得到的。下面通过一个简单的例子来说明 MRP 的计算过程。

1）MRP 的输入

在运行 MRP 时，所需的输入信息包括主生产计划、物料清单、提前期、订货方针、库存记录。

(1) 主生产计划

假定在第 2 周和第 7 周均要生产 75 单位产品 A，第 5 周和第 8 周均要生产 40 单位产品 B，主生产计划见表 11-8。

表 11-8　主生产计划表　　个

周次	1	2	3	4	5	6	7	8
产品 A		75					75	
产品 B					40			40

(2) 物料清单

假定 A 和 B 都需要零部件 C，1 单位产品 A 需要 2 单位零部件 C，1 单位产品 B 需要 3 单位零部件 C，其需求关系见图 11-7。

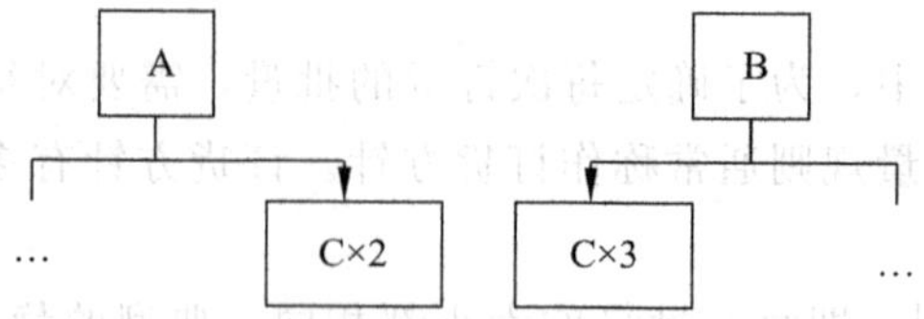

图 11-7　产品 A 和 B 对 C 的需求

(3) 提前期

假定产品 A、B 的生产提前期均为 1 周，零部件 C 的生产周期为 2 周。

(4) 订货方针

采用固定批量(批量大小为 230 个)的订货方针。

(5) 库存记录

假定零部件 C 的期初库存为 47 个单位。

2) 计算需求总量

MRP 库存记录中粗需求的需要量是指当周应准备好的量。本例中需求总量的计算见表 11-9。确定需求总量时应该考虑以下因素。

(1) 物料清单

需求总量的计算是从最终产品开始，层层向下推算直至采购材料或外购件为止。这样建立的物料需求计划包括零部件的生产计划和原材料的物料计划。本例中，由于 1 个产品 A 需要 2 个零部件 C、1 个产品 B 需要 3 个零部件 C，因此，要将产品的量乘以物料清单中相应的系数，才能得到零部件的需求总量。

表 11-9 需求总量的计算

个

	周次	1	2	3	4	5	6	7	8
主生产计划	产品 A		75					75	
	产品 B					40			40

	周次	1	2	3	4	5	6	7	8
生产开始时间	产品 A	75					75		
	产品 B				40			40	

物料项目：C　　批量：230 个

名称：零部件　　生产周期：2 周

安全库存：50 个

周次	1	2	3	4	5	6	7	8
需求总量	150			120		150	120	

(2) 相关需求与独立需求

在相关需求与独立需求同时存在的情况下，计算需求总量时应将相关需求部分按产品结构树推算的结果加上独立需求部分的需求量。如果本例中的 C 既是 A 和 B 的零部件又是具有独立需求的产品，那么计算其需求量的时候便要同时考虑其相关需求与独立需求。

(3) 提前期

在确定需求总量的需求时间时，提前期也是个重要的因素。本例中，产品 A、B 的生产提前期均为 1 周，即在计算各自的生产开始时间时，要用主生产计划中的时间减去生产提前期。这样，产品 A 的生产开始时间为第 1 周和第 6 周，产品 B 的生产开始时间为第 4 周和第 7 周。

3) 计算净需求量

在确定了需求总量之后，便可以根据现有库存和预计入库量来计算其净需求量。在某些情况下，计算净需求量还要考虑安全库存量。使用安全库存量是为了应付紧急情况，防止由于生产日程的变更而产生缺料现象，它是一种缓冲性的库存量。净需求量是根据零件需求总量、现有库存状况所确定的实际需求量，即净需求量=需求总量+安全库存-期初库存-预计入库量。计算净需求量，就是为了保证各周的现有库存量不低于安全库存量。对于那些不需要安全库存量的中间物料，净需求量的意义则是要保证现有库存量为非负值。在本例中，假定安全库存量为 50 个单位，零部件 C 在第 1 周的期初库存为 47 个单位，在第 1 周预计入库量为 230 个单位，则零部件 C 的净需求量的计算过程见表 11-10。

表 11-10 零部件 C 的净需求量 个单位

	周次							
	1	2	3	4	5	6	7	8
需求总量	150	0	0	120	0	150	120	0
期初库存	47	127	127	127	50	50	50	50
预计入库量	230	0	0	0	0	0	0	0
是否缺货	否	否	否	是	否	是	是	否
净需求量	0	0	0	43	0	150	120	0

4）批量编程

根据零部件的订货方针，确定各零部件按订货方针组成批量、按完工顺序排列的计划订单。这里，零部件 C 的订货方针为每批 230 个单位的固定批量，其计算过程和结构见表 11-11。

表 11-11 零部件 C 的批量编程 个单位

	周次							
	1	2	3	4	5	6	7	8
净需求量	0	0	0	43	0	150	120	0
库存新增				187	187	37	147	147
按完工顺序排列的计划清单				230			230	

5）计算提前期

把按完工顺序排列的计划订单减去提前期，就可以得到按开工顺序排列的计划订单。这里，零部件 C 的生产周期为 2 周，则其按开工顺序排列的计划订单的计算过程和结果见表 11-12。

表 11-12 零部件 C 的计算提前期 个单位

	周次							
	1	2	3	4	5	6	7	8
按完工顺序排列的计划订单				230			230	
按开工顺序排列的计划订单		230			230			

6) MRP 的输出

在上面的计算过程中，以主生产计划为依据，按 BOM 确定所需零件的需求总量，用需求总量与安全库存之和减去可用库存(期初库存＋预计入库量)后得到净需求量，通过批量编程和计算提前期得到了各种物料的需求量和需求时间，并据此确定了订单的内容和订单的发出时间。这些结果便是 MRP 的输出，通常被称作措施提示信息。在上面的例子中，我们最终得到的是按开工顺序排列的计划订单，它告诉我们，为了满足生产计划的需求，在第 2 周和第 5 周，要分别发出 230 个单位的零部件 C 的订单。

11.2.5 企业资源计划

物料需求计划称作狭义 MRP，而制造资源计划称作广义 MRP 或 MRPⅡ。制造资源计划 MRPⅡ系统在 MRP、闭环 MRP 基础上进行了进一步的功能扩充与发展，是包含销售、制造、财务等三大功能的管理信息系统。

20 世纪 80 年代后期，市场需求的时间效应与多样性日益突出，企业能否满足顾客的需求不仅与企业自身有关，而且与相应产业链的效率有关，这使得企业之间的联系更加紧密，供应链管理(supply chain management，SCM)等概念相继提出。

供应链管理的核心思想是：企业应该从整个供应链的角度追求企业经营效果优化，而不是局部职能的优化。这种优化必须在充分整合企业内部和外部各种资源的情况下才能实现。为此，美国著名咨询公司 Gartner Group 在 1990 年提出了企业资源计划的概念。企业资源计划(enterprise resources planning，ERP)是以供应链管理思想为基础，以现代化的计算机及网络通信技术为运行平台，将企业的各项管理集成于一身，并能对供应链上所有资源进行有效控制的计算机管理系统。

ERP 的诞生可以看成是企业管理技术的一大进步。在 MRP 到 MRPⅡ的发展过程中，制造业企业系统观念的发展基本上是沿着两个方向延伸：一是资源概念内涵的不断扩大，二是企业计划闭环的形成。但是，在这个发展的过程中却始终存在着两个局限——资源局限于企业内部，决策方法局限于结构化问题。ERP 的发展突破了这些局限。从计划的范围来讲，ERP 的计划已经不局限在企业内部，而是把供需链内的供应商等外部资源也作为计划的对象。在决策方法方面，决策支持系统(decision support system，DSS)被看作 ERP 中不可缺少的一部分，使 ERP 能够解决半结构化和非结构化的问题。

11.3 生产作业计划

生产作业计划(production planning and scheduling)是企业生产计划的具体执行计划。这种具体化表现在将生产计划规定的产品任务在规格、空间、时间等方面进行分解，即在产品方面具体规定到品种、质量、数量；在作业单位方面规定到车间、工段、班组乃至设备；在时间上细化到月、旬、日、时，以保证企业生产计划得到切实可行的落实。因此，生产作业计划的任务是按照产品生产计划的时间、数量、期限及产品的工艺要求，将生产资源最适当地配置到各产品任务，形成各作业单位在时间周期上的进度日程计划。这样，既完成了(品种、质量、数量、期限)生产计划，又使资源得到充分、均衡的利用。

11.3.1 大量流水生产的生产作业计划

▶ 1. 大量流水生产的特点

大量生产的主要生产组织方式为流水生产，其基础是由设备、工作地和传送装置构成的设施系统，即流水生产线。最典型的流水生产线是汽车装配生产线。流水生产线是为特定的产品及预定的生产大纲所设计的。生产作业计划的主要决策问题在流水生产线的设计阶段就已经作出规定。因此，大量流水生产的生产作业计划的关键在于合理地设计好流水线。这包括确定流水线的生产节拍、给流水线上的各工作地分配负荷、确定产品的生产顺序等。

▶ 2. 大量流水生产的生产作业计划编制

1）厂级生产作业计划的编制

大量生产类型的厂级月度生产作业计划，是根据企业的季度生产计划编制的。编制时，先要确定合理的计划单位，然后再安排各车间的生产任务和进度，以保证车间之间在品种、数量和期限方面的衔接。

安排各车间的生产任务和进度的方法，主要取决于车间的专业组织形式。如果车间为产品对象专业化，则只需要将季度生产计划按照各个车间的分工、生产能力和其他生产条件，分配给各个车间即可。如果各个车间之间是依次加工半成品的关系，则为保证各车间生产之间的衔接，通常采用反工艺过程的顺序，逐个计算车间的投入和产出任务。在制品定额法即为此类方法。

大量生产企业，产品品种少，产量大，生产任务稳定，分工明确，车间的专业化程度高。各车间的联系表现为前车间提供在制品，保证后车间的加工与维持库存半成品，使生产协调和均衡地进行。因此，在大量生产条件下，生产作业计划的核心是解决各车间在生产数量上的衔接平衡。在制品定额法就是根据大量生产的特点，用在制品定额作为规定生产任务数量的标准，按照工艺过程逆向连续计算方法，依次确定车间的投入和产出任务。

2）车间内部生产作业计划的编制

车间内部生产作业计划是进一步将生产任务落实到每个工作地和工人，使之在时间和数量上协调一致。编制车间内部生产作业计划的工作包括两个层次的内容：第一个层次是编制分工段的月度作业计划和周作业计划；第二个层次是编制工段分工作地的周作业计划，并下达到各个工作地。

编制分工段的月度作业计划和周作业计划时，如车间内部是按照对象原则组建各工段的，则只需将车间月度作业计划中的零件加工任务平均分配给对应的工段即可；如各个工段存在工艺上的先后关系，则一般应按照反工艺的原则，从最后工段倒序依次安排各工段的投入与产出进度。编制分工段的月度作业计划和周作业计划可根据工段周作业计划与流水线工作指示图表安排各工作地的每日生产任务。

在编制车间内部生产作业计划时，应认真核算车间的生产能力，根据生产任务的轻重缓急，安排零件投入、加工和产出进度，特别注意最后工段、前后工序互相协调，紧密衔接，以确保厂级生产作业计划的落实。

11.3.2 成批生产的生产作业计划

▶ 1. 成批生产的特点

从生产作业计划的角度考虑，成批生产方式具有以下特点：

(1) 从产品的角度分析。企业所生产的产品品种较多，且多为系列化的定型产品；产品的结构与工艺有较好的相似性，因而可组织成批生产；各品种的产量不大；在同一计划期内，有多种产品在各个生产单位内成批轮番生产。

(2) 从生产工艺的角度分析。各产品的工艺路线不尽相同，可安排多种工艺路线；加工设备既有专用设备又有通用设备；生产单位按照对象原则(如组成生产单元)或工艺原则组建。

(3) 从需求的角度分析。生产任务来自用户订货或依据市场预测；一般对交货期有较严的要求；一般有一定的成品、半成品和原材料库存。

(4) 从组织生产的角度分析。在同一时段内，存在生产任务在利用生产能力时发生冲突的现象，特别是在关键设备上；由于品种变换较多，导致设备准备时间占用有效工作时间比重较大；生产作业计划的编制在较大量生产情况时具有较大的灵活性，因而具有较大的复杂性和难度。

▶ 2. 成批生产的生产作业计划的编制

1) 厂级生产作业计划的编制

成批生产的厂级生产作业计划，其内容包括安排各车间投入、产出的制品种类、时间与数量。成批生产的生产作业计划编制思路与大量生产类似。但在具体方法上又有不同。在大量生产情况下，由于生产任务稳定，可以通过控制在制品的数量实现生产作业计划的编制。而在成批生产情况下，由于生产任务不稳定，故无法采用在制品定额法编制生产作业计划。但是通过产品的交货日期可以逆序计算出各工艺阶段的提前期，再通过提前期与量之间的关系，将提前期转化为投入量与产出量。这种基于提前期的方法称为累计编号法。

采用累计编号法时，生产的产品必须实行累计编号。即从年初或开始生产该型号的产品起，按照成品出产的先后顺序，为每一个产品编一个累计号码。在同一个时间点，产品在某一生产工艺阶段上的累计号码，同成品出产的累计号码的差称为提前量，其大小与提前期成正比例。

2) 成批生产车间内部生产作业计划的编制

成批生产车间内部生产作业计划工作包括一系列的计划与控制工作。它要将下达的通常为台份的厂级生产作业计划分解为零件任务，再将零件任务细化为工序任务，分配到有关的生产单位或工作地，编制生产进度计划，并做好生产技术准备工作，组织计划的实施。在成批生产方式下，生产任务不稳定，订货常有变化；车间的零件任务众多，它们的工艺路线各不相同，多种工序共用生产设备。所有这些使得车间内生产作业计划工作变得比大量生产情况下复杂得多。因此，需将其分解为不同的层次进行计划与控制。一般分解为三个层次：作业进度计划、作业短期分配和作业的进度控制。

11.3.3 单件小批量生产的生产作业计划

▶ 1. 单件小批量生产的特点

在单件小批量生产条件下，企业所生产的产品品种多，每个品种的产量很小，基本上是按照用户的订货需要组织生产；产品的结构与工艺有较大的差异；生产的稳定性和专业化程度很低。生产设备采用通用设备，按照工艺原则组织生产单位。每个工作中心承担多种生产任务的加工。产品的生产过程间断时间、工艺路线和生产周期均长。但是，单件小批量生产方式具有生产灵活、对外部市场环境有较好的适应性等优点。

基于上述特点，单件小批量生产的生产作业计划要解决的主要问题是，如何控制好产品的生产流程，使得整个生产环节达到均衡负荷，最大限度地缩短生产周期，按订货要求的交货期完成生产任务。

▶ 2. 单件小批量生产作业计划的编制

编制单件小批量生产作业计划时，由于每一种产品的产量很小，重复生产的可能性很小，无周转用在制品，因此主要考虑期限上的衔接、负荷与生产能力的均衡。常用的方法有以下几种。

1）生产周期进度表法

生产周期进度表法就是指根据各项产品订货在日历上安排生产，主要包括两方面工作：编制各项订货的生产进度计划；验算平衡各阶段设备的负荷。因此，首先依据订货合同，确定产品的生产阶段；其次编制订货说明书，具体规定该产品在各车间的投入与出产期限；最后编制生产周期进度表。

2）生产进度百分比法

所谓生产进度百分比法就是对某项产品规定在各个时间段应完成总任务的百分比的方法。用百分比规定并控制各车间在每个时间段应完成的工作量，可以防止因生产延误而影响交货日期。具体过程是：首先根据产品的出产日期以及它们在各车间的生产周期，确定各车间制造该项产品的时间；其次，根据进度要求，下达完成计划任务的百分比；最后，车间根据百分比，计算出该项产品在本车间的总工作量并编制车间日历进度计划。此方法适用于生产周期长的大型产品。

3）网络计划技术

网络计划技术是指在网络模型的基础上，对工程项目进行规划及有效控制，使资源发挥最大的功能，节省费用、缩短工期、提高工作效率的一种科学方法，广泛用于项目管理、单件小批量生产计划。应用于生产作业计划工作的主要过程分为：

（1）计划阶段。根据产品的结构、工艺路线、工序间的逻辑关系，绘制生产过程网络图。

（2）进度安排阶段。依据网络图，确定生产过程的关键工序，利用非关键工序的时差，通过调整工序的起讫日期对制造资源进行合理分配，编制出各工序的开工与完工时间进度表。

（3）控制阶段。应用网络图与时间进度表，定期对生产实际进展情况作出报告和分析，必要时修改网络图与进度表。

11.3.4 作业排序

在编制成批生产作业计划与单件小批量生产作业计划过程中，由于生产多种产品，对生产设备的需求会发生冲突。因此，需要解决各个生产层次中生产任务的加工顺序问题，这里既包括哪个生产任务先投产，哪个生产任务后投入，还包括在同一设备上不同工件的加工顺序，这一过程称为作业排序。作业计划与作业排序是两个不同的概念，排序是确定工件在设备上的加工顺序，而作业计划不仅包括确定工件的加工顺序，还包括确定设备加工每个工件的开始时间和结束时间。当确定出加工顺序后，通常都是按照最早可能开始(结束)时间来编制作业计划。给出一个加工顺序并不十分困难，难点在于不同作业排序的结果差别很大。因此，排序的目标是，如何在尽可能满足各种约束条件的情况下，给出一个令人满意的排序方案。

▶ 1. 作业排序问题的分类

排序问题有不同的分类方法。在制造业和服务业中，两种基本形式的作业排序是：

(1) 劳动力排序，主要是确定人员何时工作。

(2) 生产作业排序，主要是将不同的工件安排在不同的设备上，或安排不同的人员做不同的工作。

▶ 2. 作业排序的优先调度规则

作业排序是管理科学中的一个重要的理论研究领域，许多研究工作者都提出了优化作业排序的算法。由于作业排序问题的复杂性(它们大都属于 NP 难题，即非确定性多项式问题)，至今还没有研究出有效的解析求解方法。因此，大多数排序算法采用优先调度规则(优先安排哪一个任务的规则)解决生产任务对设备需求的冲突问题。常见优先调度规则有：

(1) FCFS 规则：优先选择排队等待的任务中最早进入的任务。

(2) SPT 规则：优先选择加工时间最短的任务。该规则能有效地缩短任务的流程时间，同时有利于提高设备的利用率，减少在制品占用量。

(3) EDD 规则：优先选择完工期限最早的任务。以尽可能保证按时交货为目的而制定的规则。

(4) SST 规则：优先选择松弛时间短的工件。松弛时间是指在不影响交货的条件下，任务的机动时间。该规则与 EDD 规则类似，但更能反映任务的紧迫程度。

(5) MWKR 规则：优先选择余下加工时间最长的任务。

(6) SCR 规则：优先选择关键比最小的任务。关键比为任务允许停留时间和任务剩余工序加工时间之比。

▶ 3. 作业排序方法

1) 单设备排序问题

单设备排序问题是最简单的排序问题，但在单件小批量生产中，对于关键设备具有重要意义。它往往能够缩短工件等待时间，减少在制品占用量，提高设备利用率和生产面积利用率，满足用户的不同需求。关于单设备排序问题有以下结论。

定理 1：对于单设备排序问题，SPT 规则使平均流程时间 $\bar{F}$ 最小。

定理 2：对于单设备排序问题，EDD 规则使最大延迟 $l_{\max}$ 或最大误期 $T_{\max}$ 最短。

【例 11-6】5 个工件 J_1、J_2、J_3、J_4、J_5 的单机作业排序问题的有关资料见表 11-13，试用 SPT 规则和 EDD 规则进行作业排序。

表 11-13 5 个工件的单机作业排序问题

	工件号				
	J_1	J_2	J_3	J_4	J_5
作业时间 t_i/天	3	7	1	5	4
交货期/天	23	20	8	6	14

解：$F_{\max}=\sum_{i=1}^{5}t_i=20$天，依据定理1，采用SPT规则得到的工件排序结果见表11-14。

表11-14 采用SPT规则计算工件排序 天

	工件排序				
	J_3	J_1	J_5	J_4	J_2
作业时间	1	3	4	5	7
交货期	8	23	14	6	20
开始时间	0	1	4	8	13
结束时间	1	4	8	13	20
延迟 l	−7	−19	−6	7	0
误期 T	0	0	0	7	0

平均流程时间 $\bar{F}=(1+4+8+13+20)$天$/5=9.2$天，但最大误期 $T_{\max}=7$天。尽管SPT规则使平均流程时间最短，但存在误期的工件。

依据定理2，采用EDD规则得到的工件排序结果如表11-15所示。排序方案表明最大误期 $T_{\max}=0$，但平均流程时间 $\bar{F}=11.6$天，比采用SPT规则增加了2.4个单位。

表11-15 采用EDD规则计算工件排序 天

	工件排序				
	J_4	J_3	J_5	J_2	J_1
作业时间	5	1	4	7	3
交货期	6	8	14	20	23
开始时间	0	5	6	10	17
结束时间	5	6	10	17	20
延迟 l	−1	−2	−4	−3	−3
误期 T	0	0	0	0	0

2）多设备排序问题

（1）流水生产的作业排序

定理3：在2个工序流水生产作业计划问题中，希望总流程时间最小时，如果，

$$\min\{t_{i1},\ t_{k2}\}\leqslant\min\{t_{i2},\ t_{k1}\} \tag{11-14}$$

则在最优工件排序中，J_i 排在 J_k 之前。

由定理3有Johnson-Bellman排序算法。其步骤如下：

首先，从未排序的工件表中找出作业时间最小的工件。其次，如果这一作业时间最小的工件为第一(第二)工序，则将该工件排在工件顺序的开始(最后)，并将此工件从工件表中删去。最后，若工件表为空，则说明已得到最优排序，否则，返回第一步。

【例11-7】5个工件在两个设备上的流水排序问题的有关资料如表11-16所示。按照Johnson-Bellman算法进行排序。

表 11-16 工件在两个设备上的流水排序问题　　天

工件号	J_1	J_2	J_3	J_4	J_5
工序 1	12	4	5	15	10
工序 2	22	5	3	16	8

解：Johnson-Bellman 算法排序过程如表 11-17 所示。

表 11-17 Johnson-Bellman 算法排序过程

步骤	排序过程					备注
1					J_3	将 J_3 排在第 5 位
2	J_2				J_3	将 J_2 排在第 1 位
3	J_2			J_5	J_3	将 J_5 排在第 4 位
4	J_2	J_1		J_5	J_3	将 J_1 排在第 2 位
5	J_2	J_1	J_4	J_5	J_3	将 J_4 排在第 3 位

排序方案对应的甘特图如图 11-8 所示，方案的总工期为 65 天。

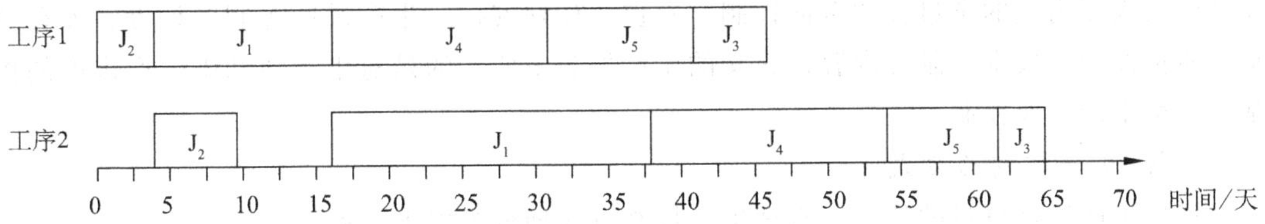

图 11-8 Johnson-Bellman 算法排序方案的甘特图

(2) 非流水生产的作业排序

对于工艺路线不同的 n 种任务在 2 台设备上加工的排序问题，有如下步骤：

① 将工件划分为 4 类：A 类(仅在 A 设备上加工)、B 类(仅在 B 设备上加工)、AB 类(工艺路线为先 A 后 B)、BA 类(工艺路线为先 B 后 A)。

② 分别对 AB 类及 BA 类采用 Johnson-Bellman 方法排序，将首序在 A 上加工的工件先安排给 A，将首序在 B 上加工的工件先安排给 B。

③ 将 A 类工件排在 AB 类后，B 类工件排在 BA 类后，顺序任意。

④ 最后，将先安排到其他设备上的工件加到各设备已排序队列的后面，顺序不变。

11.4 生产控制

▶ 1. 生产控制的定义及内容

生产控制，是指按照生产计划的要求，组织生产作业计划的实施，在实施中及时了解计划与实际之间的偏差，分析其原因，通过调整生产进度、合理调配劳动力、合理利用生产能力、准确控制物料供应等措施，以达到如期完成计划所规定的各项生产任务的过程。如图 11-9 所示。

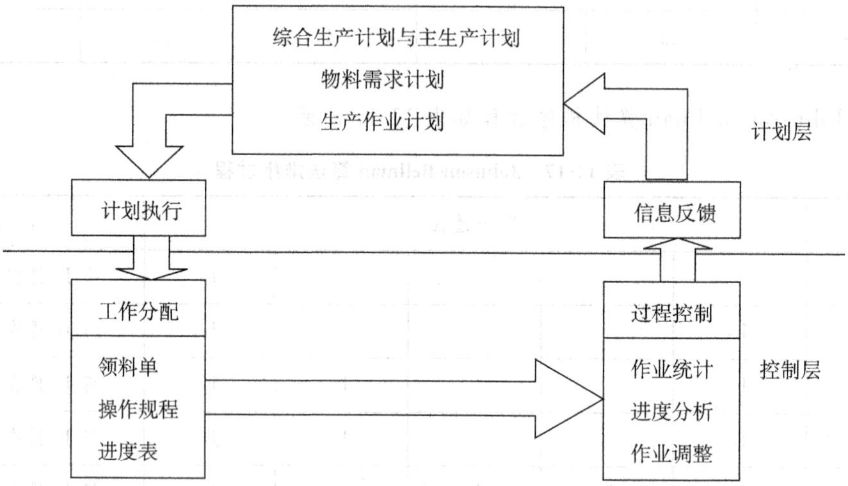

图 11-9　生产计划与控制系统

生产控制有广义和狭义之分。广义的生产控制是指从生产准备开始到进行生产，直至成品产出入库为止的全过程的全面控制，它包括计划安排、生产进度控制及调度、库存控制、质量控制、成本控制等内容；狭义的生产控制主要指的是对生产活动中生产进度的控制，又称生产作业控制。

▶ 2. 生产控制的方式

根据生产管理自身的特点，常把生产控制方式划分为以下三种。

1）事后控制方式

事后控制是指将本期生产结果与期初所制订的计划相比较，找出差距，提出措施，在下一期的生产活动中实施控制的一种方式，属于反馈控制，控制的重点是下一期的生产活动。

事后控制方式的优点是方法简便、控制工作量小、费用低。其缺点是在“事后”，本期的损失无法挽回。

这种生产控制方式在我国企业中得到广泛使用，特别是在成本控制中。由于事后控制的依据是计划执行后的反馈信息，所以要提高控制的质量，须做到以下几点：具备较完整的统计资料；计划执行情况的分析要客观；提出控制措施要可行。

2）事中控制方式

事中控制是通过对作业现场获取信息，实时地进行作业核算，并把结果与作业计划有关指标进行对比分析，若有偏差，及时提出控制措施并实时地对生产活动实施控制，以确保生产活动沿着当期的计划目标而展开。控制的重点是当前的生产过程。

事中控制方式的优点是“实时”控制，保证本期计划如期准确完成。缺点是控制费用较高。这种控制方式在全面质量管理中得到广泛应用。

由于事中控制是以计划执行过程中所获得的信息为依据，为了提高控制的质量，应做到以下几点：具备完整、准确而实时的统计资料；具有高效的信息处理系统；决策迅速、执行有力。

3）事前控制方式

事前控制是在本期生产活动展开前，根据上期生产的实际成果及对影响本期生产的各种因素所作的预测，制订出各种控制方案(控制设想)，在生产活动展开之前就针对有关影响因素的可能变化而调整“输入参数”，实行调节控制的一种方式。它可以确保最后完成计划，属于前馈控制，这种控制方式的重点是在事前的计划与执行中对有关影响因素的预测。

要做好事前控制，应注意以下几点：对各种影响因素未来变化趋势要有充分认识；对各种影响因素未来变化的预测要准确。

▶ 3. 生产控制的程序

生产控制工作一般要经过以下四个步骤。

(1) 制定控制标准：所谓控制标准指的是对生产中人力、物力、财力的消耗，产品的质量特性，生产进度等规定的数量标准。常用各项生产计划指标，如各种消耗定额、产品质量指标、库存指标等表示。

(2) 检测比较：检测比较就是利用各种生产统计手段去获取各种生产信息，与所制定的各项控制标准作对比分析，以期找出差距。

(3) 控制抉择：控制抉择就是根据产生偏差的原因，提出纠偏的各种措施并进行选择。

(4) 实施控制措施：实施控制措施由一系列具体操作组成，实施如何，将直接影响控制的效果。

▶ 4. 生产控制方法

1）跟踪式控制

根据生产计划的要求，随时检查、分析生产进度和生产条件的变化，设法将任何威胁计划的工作和被忽视的生产细节改正过来。在大量流水生产企业里，要跟踪每一条生产线生产前的准备工作是否完备；生产过程中的人员、设备、物资、质量的变化；生产中每一条生产线的停歇可能造成的后果和扭转被动局面的紧急措施；生产中各条生产线的节拍、生产的品种、数量以及生产线之间同步化的衔接等，捕捉生产过程中的每一个矛盾或隐蔽的问题，并制定措施加以解决。

2）逆向式控制

逆向式控制的原理同看板方式的原理是一样的，它以企业最终产品的产出(入库)作为控制的起点。对市场经常需要的产品，以库存量为起点进行控制；如果是不定期小批量或临时需要量(订货)的产品，或虽有经常需求但生产能力有限的产品，则以满足交货要求作为控制的起点。

3）持续改善式控制

按照精益生产方式或精益思想和约束理论，不断发现生产过程中的浪费或生产流程的瓶颈，以现场控制和关键点控制实施持续改善，提高生产水平。

11.5 库存控制系统

11.5.1 库存控制系统概况

▶ 1. 库存的形成

库存物资是指处于储备状态的物资，简称“库存”，包括已购入而尚未投入使用的原材料、外购件，尚未售出的产成品，生产中除了正在加工、运输、检验之外而处在等待状态的在制品，以及处于储备状态的工模具、量刃具、修理用备件、基建器材、办公用品、劳保用品等。

库存形成的原因主要是供需的不确定性以及考虑费用造成的。由于供需双方在供需上存在时间、数量、地理位置的差异，以及需用单位为防止难以预料的意外，或考虑订货费用、价格折扣等，需用方往往要存储一定量物资备用，这就形成了库存。一定量的库存为预防供应与需求的不确定性、保持生产的连续性与稳定性起到有效的作用。但库存不仅占用一定空间与资金，而且会带来一些管理问题。因此控制库存、保持适当的库存水平很重要。

▶ 2. 库存控制系统的构成

一个库存控制系统由以下要素构成。

1）需求特性

需求特性从可预见性上分为：

（1）确定性需求，即对物资的需求量和需求时间是已知的、确定的。具体又可分为均衡需求和非均衡需求。均衡需求指需求是连续的，单位时间的需求量是常数。非均衡需求是指每次需求的数量和需求的时间间隔是不相等的。

（2）随机性需求，即对物资的需求是随机发生的，但其概率分布函数是可知的。

（3）不确定性需求，即对物资的需求时间和数量都是不确定、不可知的。一般通过统计分析把它近似地纳入随机性需求进行处理。

需求特性从需求的主从关系上分为：

（1）独立需求，即不依赖于其他需求的自主需求，通常是来自市场预测或客户订单。独立需求最明显的特征是需求的对象和数量不确定，一般只能通过预测方法粗略地估计。比如，用户对企业的最终产品的需求是独立需求。

（2）相关需求，或称从属需求，即对某种物资的需求与其他需求有内在相关性。相关需求的明显特征是对某种物资的需求是从属性的，是由独立需求导出的需求。比如构成最终产品的零、部件和原材料是相关需求，企业可以根据对最终产品的需求精确地算出这些零、部件和原材料的需求量和需求时间。

2）供应特性

供应特性包括：

（1）备货周期。从发出订单到物资入库所经历的时间，记为 L。

（2）订货点。发出订货通知的库存量，记为 B。

（3）采购价格和价格折扣。采购价格一般包括运费。采购价格和价格折扣影响采购量。

(4) 订货间隔期。相邻两次订货之间的时间间隔，记为 R。

3) 订货方式

常用的订货方式有：

(1) 定量订货方式。固定每次进货的数量，订货间隔期则随需求量的变化而变化。

(2) 定期订货方式。订货间隔期固定不变，每次的订货批量随需求量的变化而变化。

(3) 按需求计划组织订货。对属于相关需求的物资，可以按其需求的数量和时间编制MRP，并直接按需求计划组织采购和加工。

库存控制系统的目的是通过控制订货点和订货量来满足需求，并使总库存费用最低。实际上，任何库存控制系统都必须回答三个问题：

(1) 检查库存的间隔期多长？

(2) 何时提出订货？

(3) 每次订多少？

11.5.2 经济订货批量模型

经济订货批量(economic order quantity，EOQ)模型最早是由 F. W. Harris 于 1915 年提出的，假设库存量的变化如图 11-10 所示，假设需求率是恒定的，库存水平呈直线下降状态，这样平均库存量等于批量 Q 的 1/2。因此，每次订购 Q 个单位物资的总成本为

总成本=年库存成本+年订购成本，即

$$C=(Q/2)\times H+(D/Q)\times S \tag{11-15}$$

式中，C——年总成本；

D——年需求量；

H——单位物资的年维持库存成本；

S——一次订购费或调整准备费；

Q——订货批量。

上式中的第一项成本随 Q 增加而线性增加；第二项随 Q 的增加而减少。所以存在一个 Q 使 C 最低。使 C 最低的 Q 为经济订货批量，记为 Q^*。求上式的极小值，即对 Q 求导，并令其导数为零，则可得

$$Q^*=\sqrt{\frac{2DS}{H}} \tag{11-16}$$

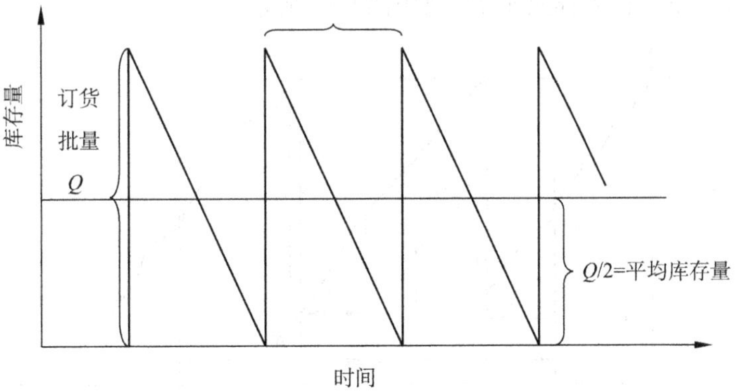

图 11-10 经济订货批量下的库存量变化

经济订货批量模型是一个十分理想化的模型。实际中，需求率不均衡、价格折扣以及存储空间限制等因素往往影响订货批量。

11.5.3 两种独立需求库存控制系统

从总体上，独立需求的库存控制系统可分为两类：一类是定量控制系统，通过连续观察库存数量是否达到订货点来实现；另一类是定期控制系统，通过周期性地检查库存水平来实现对库存的补充。

▶ 1. 定量控制系统

它需要连续不断地监测库存水平的变化，当库存水平降到订货点 B 时，就按预先规定的订货批量 Q 进行订货。经过一段时间(L)，该订货到达，使库存得到补充，如图 11-11 所示。其中，订货点 B=平均每日需求量×备货周期+保险库存量。订货批量可采取经济订货批量。定量控制系统采用的方法称为订货点法。

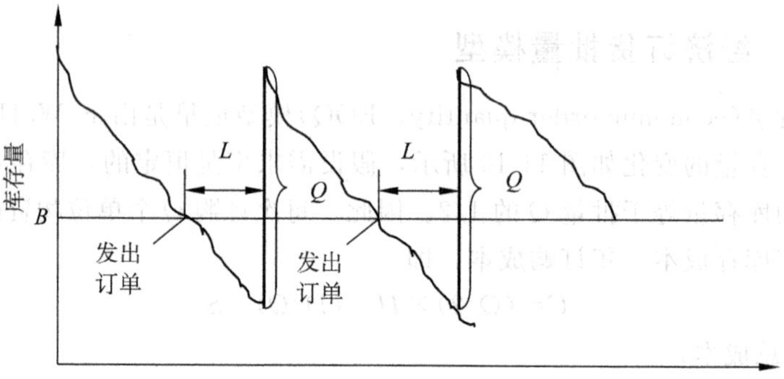

图 11-11 定量控制系统

要发现现有库存量是否达到订货点 B，必须随时检查库存量。为减少工作量，实际运用中常采用“双堆法”或“三堆法”。所谓“双堆法”，是将同一种物资分放两堆(两个容器)，其中一个使用完之后，便提出订货。“三堆法”与之类似，不同之处是将订货提前期使用量与保险储备量分放三堆。

▶ 2. 定期控制系统

它是每经过一个相同的时间间隔，发出一次订货，每次订货量可能不等。订货到后，使库存水平达到一个目标库存水平 E，如图 11-12 所示。

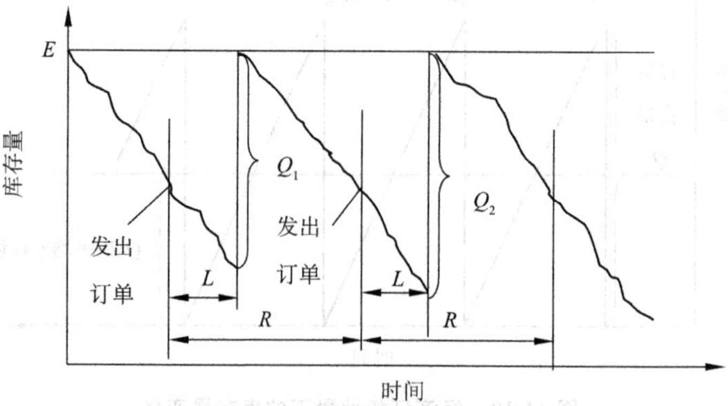

图 11-12 定期控制系统

定期控制系统不需要随时检查库存水平，到了固定的间隔期，各种不同的物资可以同时订货。这样可以简化管理，节省订货费用。

在一定服务水平下，定量库存控制系统比定期库存控制系统所需的保险库存小。

11.6 案例分析

11.6.1 B羽绒服企业的库存管理

B羽绒服企业主要从事自有羽绒服品牌组合的开发和管理，包括产品的研究、设计、开发、原材料采购、外包生产及市场营销和销售，其名下有六大核心品牌羽绒服，在全国(包括地级市)有91个销售公司，目前的库存率保持在18%～19%(一般服装企业的库存率都在30%～40%)。从整体方面来说是B公司很好地协调了生产与市场需求的关系，具体做法如下。

(1) 在B企业内部实现了信息化的快速反应，通过信息系统来了解市场，这样就保障了存货管理上对市场需求的快速掌握。ERP系统的使用，使B公司的生产、物流、库存、配货、补货、销售与市场结合得更加紧密。在B公司的ERP管理系统上，从生产到销售的整个流程清晰呈现：销售公司接单——产品部评估——各品牌生产公司作生产计划、布置采购——生产工厂成品生产——质检、入库——发销售公司仓库——分发经销商门店。经销商都能在计算机里看到销售信息，也可以调整自己的进货。销售前端的扫描枪一扫，总公司的计算机屏幕里立即出现库存的数据变化，而这样的信息随时调整着工厂的生产计划。仓库与物流也能根据本公司的羽绒服销售情况及时得出预测，然后进行补货。ERP项目实施至今，公司降低库存60%，物流周转速度提高54.9%。

(2) 生产计划和订单根据市场变化机动调整。根据销售前端对市场需求变化最敏锐的特点，B公司在销售过程中及时了解市场对颜色、尺码的需求等信息，并及时反馈，以便及时调整库存与生产计划。当季最好销的款式、颜色、尺码等反馈信息作为下次订货的指导，从而尽可能地把市场风险降到最低。因为销售的信息反馈很快，可以保证每个月的订单更为准确。B公司的终端营业员在每天晚上都会把近期甚至当天的销售信息反馈给当地的销售主管和仓库，对于反映适销对路的产品，工厂会加大生产，差的产品，工厂就会减少生产。另一方面对于仓库来说，可以及时调整库存。在反馈激励方面，公司对营业员每月会有200元的补贴，但对于一个月有三次以上没有反馈的营业员取消补贴，用这样的激励措施来帮助B公司及时了解市场的消费需求信息。

(3) 在销售终端之间实现ERP系统共享。由于各地消费者需求之间的差异性，在同一个城市或不同城市各个销售网点呈现出来的销售具体情况也就不一样。例如在M城市A款B色等产品卖得相当火热，而C款D色等产品出现了滞销的场面。相反在N城市C款D色等产品出现了脱销的场面，而A款B色等产品出现了滞销。为了解决这种问题，根据具体情况，B公司将各个网点通过ERP协同管理系统连接起来，实现了信息共享与资源的合理调配。通过自身的物流系统，将产品进行调换，采取在一年中，一个销售公司内部几次换货的做法，实际上库存就在网点之间周转，这样便大大节省了时间、空间和成本，同时减少了库存增加的风险。

(4) B公司频繁的订货方式，与其他服装企业一年只有春夏、秋冬两次订货会不同。虽然B公司生产的是季节性服装——羽绒服，但公司一个季度(冬季)有10～12次订货会，相当于不到十天就有一场订货会。这样可以及时了解当季最好销的款式、颜色、尺码，作为下次订货的指导，从而尽可能地把市场风险降到最低。因为销售的信息反馈很快，可以保证每个月的订单更为准确，更能贴近消费者的真正需求，从而达到适销对路。同时，货品从工厂到销售终端，补货的频率也随之增加，由原来的一天补一次，变成一天补三次，避免因为缺货而使销售受影响。在实际订货的时候，经销商只需支付30%的定款，等销售之后，再支付余款。这样可以避免销售商为了清理库存，自行降价从而导致品牌形象受损的情况发生。

(5) 借助灵活的营销策略，利用多种促销手段来解决库存问题，达到迅速消化库存的效果。对不好卖的款式，各个销售分公司的主管马上会和相关业务员进行分析，立即安排促销，价格高的产品就发到商场，做节假日的降价销售；价格低的产品就发到超市里做促销活动。另外B公司通过主题式营销策略来加大羽绒服产品的销售，减少产生库存的风险。

(6) 仓库货物管理有一套行之有效的经验与方法。货品必须分单色单码来码放，这样配货起来就很快，一看仓库就清楚哪款好卖，哪款不好卖，尤其是对主打款的销售，特别有利。老款、新款也要分开来放，一旦新款的时节过去，新款变成老款，仓库就会随时更新。B公司仓库因为采用了单色单码码放，做到了对货品及时、动态的了解。

(7) B公司大力投入产品设计与功能性创新，保证产品品质与设计性。从1996年开始B公司就坚持每年将销售额的3%～7%投入到设计和研发中，这个比例几乎可以比肩高科技行业的研发投入，而中国服装行业平均水准只有0.16%，整个纺织行业仅达0.3%。在产品设计与创新的大力投入下，B公司的收获是显而易见的。面料创新已经成为B公司产品的市场吸引力之一。日益挑剔的消费者对羽绒服的要求，除了传统的保暖、透气和防钻绒，还期望能够耐脏、易保养。B公司通过与其他机构合作，应用纳米技术，推出具有防水、拒油、拒污和自洁功能的羽绒服，设计成为B公司创造市场增长的支撑点。由于注重在设计人才和经验上的积累，现在B公司的设计师已经能够熟练地驾驭羽绒这种特殊材质，设计出美感与实用性并重的产品，B公司每年能够推出高达400种新款羽绒服。强大的设计能力保证了B公司羽绒服的适销对路，自然产品的库存风险也会随之降低，良好的产品形象和口碑也会让B公司品牌的经销商通过促销手段、主题式营销等活动将B公司羽绒服库存消灭得彻彻底底。

(8) 通过渠道的多元化战略来积极消化库存。B公司从多方面提高产品附加值，并将把网络销售作为市场重点。2007—2009年国内服装服饰网上零售市场复合增长率高达174.88%，远高于网上零售市场整体106.32%的年均增速，到2014年服装服饰网上零售市场规模已达到28637.2亿元，未来国内服装服饰产品的网上零售业务有望保持高速增长。B集团显然看到了这个渠道未来的发展潜力，现已成立了独立的网络平台销售公司。

11.6.2 S开关厂生产计划管理的改善

1. 案例背景

S开关厂是生产开关键的中型厂，职工1200人，年利润650万元。产品分13大类，共2000多个规格，为2000多用户服务，每年的订货合同在4000份以上，每月要生产2000万件左右的零件，临时任务占总任务的20%左右。这种多品种、多规格的生产类型，在生产组织上有它的复杂性。S开关厂如果不建立起一套科学的计划管理系统，就难以形成完好稳定的生产秩序。

S开关厂目前面临的问题是，产品零件齐套难、急件多。当月组装、当月不齐套的产品就有100多个规格。生产资金占用大，全厂定额流动资金300万，实际占用就有460万～470万，生产资金270万元，占流动资金的58.7%。因此，开关厂的领导要求就生产计划进行咨询，通过生产计划管理的改善来改变生产的被动局面。

2. 调研分析

(1) 经调研发现该厂的生产计划编制过程，从订货到车间收到生产计划需要25～55天。由此造成生产准备工作的紧张和生产安排的忙乱。

(2) 该厂只编制厂级生产作业计划，不编制车间生产作业计划，这对于多品种、多规格生产类型的企业来说是难以敷用的。

(3) 生产部每月不核算和平衡生产力，经常向车间下达紧缺件计划。

(4) 车间的生产进度由每天早晨的碰头会来决定。

(5) 生产能力不足，同时又有大量的零件积压，紧缺件越积越多，整个生产线长期处于应付紧缺件的局面，占用了大量的生产力和资金(当年月平均零件消耗额为45.6万元，可实际半成品库存的月平均占用额为117.8万元)。

为了弄清工厂生产计划管理的基础工作，咨询组对该厂产品进行ABC分类和P-Q分析。经分析发现：该厂是一种包含大批量生产、成批生产和小批量生产的生产类型。因此，产品及零件的作业计划应按照它们各自的生产类型制定不同的期量标准，并采用不同的作业编制方法。因此，提出以下建议：

(1) 重新设计工厂的生产计划流程体系。

(2) 工厂生产的是多品种、多规格且不同类型的产品，因此要针对不同产品或零件的生产特点编制计划。

(3) 订货以及编制生产计划时均要平衡生产能力。

3. 改善方案设计

(1) 设计生产计划编制流程。

(2) 设计生产作业计划编制方案。

(3) 生产部每月就生产计划完成状况进行盘查。

(4) 建立全厂模、治具保管使用制度。

(5) 建立设备的维护、维修使用制度。

(6) 适度推行ERP管理系统。

4. 实施效果

经过一年半的努力，S工厂基本改变了每月赶紧缺件的现象，初步建立了稳定的生产秩序，生产资金在扣除原材料涨价的因素后，下降了20%。

习题与思考题

1. 试分析综合生产计划与主生产计划的关系。

2. 某汽车生产商生产的野马型汽车近期销量见表 11-18。

表 11-18 野马型汽车前 7 个月的销售量

月份	1	2	3	4	5	6	7
销量/辆	300	325	275	290	320	315	350

试用移动平均法、指数平滑法预测 8 月份的销售量，取 $n=3$，$\alpha=0.5$。

3. 已知某产品 1—8 周的需求预测和已有订货量如表 11-19 所示，期初库存为 100 件，每批安排生产批量为 120 件，试安排主生产进度。

表 11-19 产品各周需求量

周次	1	2	3	4	5	6	7	8
需求预测/件	60	60	60	60	80	80	80	80
已订货量/件	40	40	30	20	10	5	0	0

4. MRP 的关键因素有哪些？
5. 生产控制的作用是什么？
6. 什么是经济订货批量？
7. 两种独立需求的库存控制系统是哪两种类型？

参考文献

[1] 王丽莉，张凤荣．生产计划与控制[M]. 2 版．北京：机械工业出版社，2011.
[2] 叶春明．生产计划与控制[M]. 北京：高等教育出版社，2005.

第12章 质量管理

质量管理是工程与管理相交叉的技术领域，是工业工程学科研究的主要方向之一，其核心是利用科学的方法控制、保证和改进产品与服务的质量。随着全球经济的不断发展，质量已成为影响国家和企业生存与发展的核心要素之一，是国民经济发展的战略因素。本章全面介绍了质量管理的基本理念和背景知识，概括了全面质量管理的基础理念与架构，阐述了不同组织中的全面质量管理体系所涉及的若干方面，并讨论了如何建立并保持全面质量管理的组织。

12.1 质量概论

▶ 1. 质量基本概念

所谓质量，是指产品或服务持续符合甚至超过顾客期望的能力。在20世纪80年代以前，大多数的企业将生产的重心集中在价格与产量方面，直到日本的公司实行质量策略而获得竞争优势后，越来越多企业认识到质量的重要，并了解质量是产品或服务相当重要的一部分。

国际标准化组织所制定的ISO8402—1994《质量术语》标准中，对质量作了如下的定义："质量是反映实体满足明确或隐含需求能力的特征和特性的总和。"

定义中的"实体"可以是某项活动或过程，某个产品，某个组织、体系或个人，也可以是它们的任意组合。其中的产品，可以是有形产品，如机器设备、零部件、日用商品或流程性材料；也可以是无形产品，如计算机程序等软件或服务产品。

定义中的"需要"一般是指顾客的需要，但从经济法规以及环境保护、防止公害等法规的角度看，也包含社会需要。若在合同环境下提出的需要，它们是受约束的、被规定的需要，属于规定的需要；而在非合同环境下，"需要"则是隐含的，是潜在需要。

为使"需要"能被描述从而得以实现和检查，应将它们转化为质量要求。所谓质量要求就是通过一组定量的或定性的要求，表述为某一实体的特性。实体的质量特性通常可以概括为：性能、寿命(即耐用性)、可靠性、安全性、经济性以及美学方面的质量特性等。

▶ 2. 质量管理的发展历程

质量管理作为管理科学的重要组成内容，有着丰富的历史概念。从一些工业比较发达的国家来看，质量管理的发展大致经历了三个阶段，如图 12-1 所示。

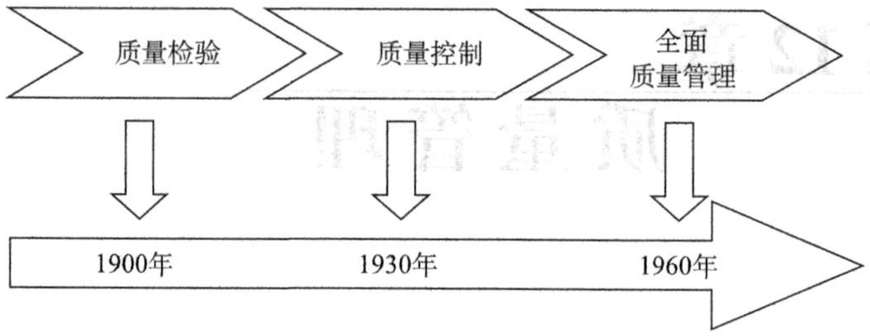

图 12-1　质量管理发展过程

1）产品质量检验阶段(20 世纪 20—30 年代)

20 世纪初，美国工程师泰勒总结了工业革命以来的经验，根据大工业管理实践，提出一套工业管理的理论，其中有一条就是主张：在企业中，要想提高效率，就必须把计划职能和执行职能分开，一部分人专门负责设计、计划，而另一部分人去执行(实施)。为保证各环节协调及检查计划执行情况，其间必须有一个检查环节，使产品的检验从制造过程中分离出来，成为一个独立的工序。这是对手工业生产方式的一项重大改革。自此，在企业管理中产生了一支专职检验队伍，并由检验人员集中组成了专职检验部门。从 20 世纪初到 40 年代前，美国的工业企业普遍设置了集中管理的技术检验机构。

2）统计质量管理阶段(20 世纪 40—50 年代)

由于第二次世界大战对大量生产(特别是军需品)的需要，质量检验工作立刻显示出其弱点，检验部门成了生产中最薄弱的环节。由于事先无法控制质量，以及检验工作量大，军火生产商常常延误交货期，影响前线军需供应。这时，几乎被人们遗忘的、未被普遍接受的休哈特防患于未然的控制产品质量的方法及道奇、罗米格的抽样检查方法被重新重视起来。因此，美国政府和国防部就组织数理统计学家去解决实际问题，制定战时国防标准，即 Z1.1《质量控制指南》、Z1.2《数据分析用的控制图法》、Z1.3《生产中质量管理用的控制图》，这三个标准是质量管理中最早的标准。

这一阶段的手段是利用数理统计原理，预防产生废品并检验产品的质量。在方式上是由专职检验人员转过来的专业质量控制工程师和技术人员承担检验工作。这标志着将事后检验的观念转变为预防质量事故的发生并事先加以预防的观念，使质量管理工作前进了一大步。

3）全面质量管理阶段(20 世纪 60 年代至今)

从 60 年代开始，进入全面质量管理阶段。首先，50 年代以来，由于科学技术的迅速发展，工业生产技术手段越来越现代化，工业产品更新换代也越来越频繁，特别是出现了许多大型产品和复杂的系统工程，对质量要求大大提高，特别是对安全性、可靠性的要求越来越高。此时，单纯靠统计质量控制，已无法满足要求。这就要求从系统的观点出发，全面控制产品质量形成的各个环节、各个阶段。

其次，行为科学在质量管理中开始应用。其中主要一点就是重视人的作用，认为人受心理因素、生理因素和社会环境等方面的影响，因而必须从社会学、心理学的角度去研究社会环境与人的相互关系以及个人利益对提高工效和产品质量的影响，发挥人的能动作用，调动人的积极性，去加强企业管理。

此外，由于“保护消费者利益”运动的发生和发展，迫使政府制定法律，禁止企业生产和销售质量低劣、影响安全、危害健康的劣质品，要求企业对产品的质量承担法律责任和经济责任。这就要求企业建立全过程的质量保证系统，对企业产品质量实行全面的管理。

基于上述理由，美国通用电器公司的费根堡姆(A. V. Feigenbaum)和质量管理专家朱兰博士等先后提出了全面质量管理的思想，主张用全面质量管理代替统计质量管理，提倡讲究质量成本、加强企业经营的全面质量管理。

12.2 质量管理概述

12.2.1 质量管理的定义与任务

▶ 1. 质量管理的定义

质量管理是企业为了保证和提高产品与服务质量而开展的各项管理活动的总称。国际标准化组织质量管理和质量保证技术委员会在总结各国质量管理实践经验的基础上，对质量管理提出了如下定义：质量管理是指“确定质量方针、目标和职责，并通过质量体系中的质量策划、质量控制、质量保证和质量改进来使其实现的所有管理职能的全部活动”。

▶ 2. 质量管理的任务

对于一个企业来说，质量管理具有以下六项基本任务。

(1) 制定质量方针。质量方针指由组织的最高管理者正式发布的该组织中的质量宗旨和方向。质量方针是组织关于质量的统一的、综合的、一体化的活动准则，为质量目标的制定提供了框架和方向。

(2) 质量目标。质量目标即组织在质量方面所追求的目的。通常组织的质量目标依据组织的质量方针而制定，是质量方针的展开，体现了组织在执行其使命时所期望达到的成果。

(3) 质量策划。质量策划是质量管理的一部分，致力于制定质量目标并规定必要的运行过程和相关资源以实现质量目标。质量策划是为了实现组织质量目标而展开的一系列活动。

(4) 实施质量保证。质量保证是为使人们确信企业能满足质量要求而开展的并按需要进行证实的有计划和有系统的活动。它一方面是向用户证实企业有能力保证质量，并对其产品及服务质量负责到底的一系列活动；另一方面，它是对企业内部各部门的工作加强管理，使各项工作经常处于受控状态，从而确保企业产品满足质量要求的一系列活动。

(5) 实施质量控制。质量控制是对质量形成的过程进行监视、检测，并排除过程中影响质量的各种原因，以达到质量要求所采取的作业技术活动。具体工作包括：①确定控制计划与标准；②实施控制计划与标准；③发现质量问题并分析造成质量问题的原因；④采取纠正措施，使过程处于正常状态。

(6) 质量改进。质量改进是质量管理的一部分，致力于增强企业在满足质量要求方面的能力。这里的要求是多方面的，如有效性、效率和可追溯性。质量改进活动是为了显著地改进企业的质量问题而进行的循环活动。

12.2.2 质量管理过程和产品

▶ 1. 过程

过程是指一组将输入转化为输出的相互关联或相互作用的活动。企业的任何一项活动都可以作为过程来管理，过程是质量活动的基本单元，过程由三个基本要素组成，即输入、输出和活动组。

▶ 2. 产品

产品是指过程的结果。四种通用的产品类别分别是服务、软件、硬件、流程性材料。许多产品由不同类别的产品构成，服务、软件、硬件或流程性材料的区分取决于其主导成分。

服务通常是无形的，并且是在供方和顾客接触面上至少需要完成一项活动的结果。服务的提供涉及以下四方面。

(1) 在顾客提供的有形产品(如维修发动机)上完成的活动。

(2) 在顾客提供的无形产品(如申报纳税所需的个人收入表)上完成的活动。

(3) 无形产品的交付(如知识传授方面的信息提供)。

(4) 为顾客创造氛围(如在宾馆和饭店)。

12.2.3 统计制造过程管理

将统计概念运用到质量管理中可追溯到70多年前，当时的贝尔实验室将统计抽样运用到试验中，有力推动了控制图的发展。

▶ 1. 质量波动

1) 质量波动的概念

在质量控制中，产品实际达到的质量特性值与规定的质量特性值之间发生的偏离称为质量波动。

2) 质量波动的原因

(1) 影响质量的6个基本因素

人(manpower)：操作者的质量意识、技术水平、熟练程度、正确作业和身体素质的差别等。

机器(machinery)：机器设备、工夹具的精度和维护保养状况等。

材料(material)：材料的化学成分、物理性能及外观质量的差别等。

方法(method)：生产工艺、操作规程及工艺装备选择的差别等。

测量(measurement)：测量方法的差别。

环境(mother-natured)：工作地的温度、湿度、照明、噪声及清洁条件的差别等。

(2) 质量波动类型

正常波动又称随机波动，波动的出现是随机的、无规律的，是由偶然因素引起的，这些因素在过程中始终存在，其原因不易识别，测量十分困难，因而是不可消除的波动。

异常波动又称系统波动，波动的出现是有规律的，可以追溯波动的原因，它是由特殊原因引起的，这些因素数目不多，对产品质量不经常起作用，但一旦出现了这类因素，就会使质量特性发生显著变化，这类因素是质量控制的主要对象。

3）质量管理中的数据

质量管理强调一切用数据说话，数据是质量管理活动的基础。

(1）质量控制测量指标有两大类：计量值和计数值。其中，计数值数据观测的是产品和服务的绩效特性，用于说明具体质量特性是否符合规范。计数值可进一步区分为计件值和计点值。计量值体现的是符合规范的程度。

(2）产品质量数据的波动一般表现为分散性和集中性两种基本特性。

(3）质量数据有两类常用的统计特征：一类是表示数据集中性的特征数，如平均值、中位数等；另一类是表示数据分散程度的特征数，如极差、方差、标准差等。

▶ 2. 制造过程管理的统计工具

常用来管理制造过程的统计工具为控制图(control chart)，用来区别随机波动与非随机波动。控制图有两条界限，数值较大者为控制上限(upper control limit，UCL)，而较小者为控制下限(lower control limit，LCL)。若样本统计值落在二者之间，则说明其为随机波动；否则为非随机波动。

常用的控制图有下列四种：

(1）平均值控制图：通常称为 $\bar{x}$ 控制图，用来追踪制造过程的集中趋势(central tendency)。

(2）全距控制图(R-chart)：用来追踪制造过程的分散程度，它对制造过程分散程度的变动很敏感。

(3）P 控制图(P-chart)：用来追踪制造过程产生不良项目的比率，其理论基础是二项分配。

(4）C 控制图(C-chart)：适用于目标是控制每单位的缺点数时，其抽样分布是泊松分布。实务上用正态分布估计值取代泊松分布。

12.2.4 制造过程能力分析

所谓制造过程能力分析，是确定制造过程产出的变量是否落于设计规格容许的验收变量范围内。若在规格内，则我们说制造过程“有能力”；否则必须修正。

▶ 1. 工序能力

工序能力是指工序在一定时间内，处于控制状态(稳定状态)下的实际加工能力。它是工序固有的能力，或者说它是工序保证质量的能力。这里所说的工序，是指操作者、机器、原材料、工艺方法和环境五个基本质量因素综合作用的过程，也就是产品质量的生产过程。工序能力是工序控制的基础和重要标志。

通常用产品质量指标的实际波动幅度来描述工序能力的大小，一般用 $B=6\sigma$ 来描述，如图 12-2 所示。

图中，B 表示工序能力大小；σ 为标准偏差。显然 B 的数值越小，工序能力越强。之所以用 6σ 表示工序能力的大小，是因为当生产过程处于控制状态时，在 $\mu\pm3\sigma$ 范围内的产品占整个产品的 99.73%，即几乎包括了所有的产品。如果范围扩大一些，如取 $\mu\pm4\sigma$

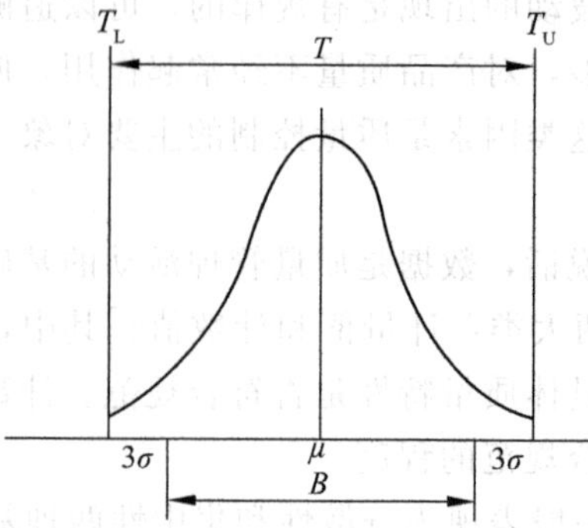

图 12-2 工序能力的概念

或$\mu\pm5\sigma$，在此范围内可分别包括整个产品的 99.994%和 99.99996%，这样会更全面一些，但从$\mu\pm3\sigma$(即6σ)到$\pm4\sigma$(即8σ)或$\pm5\sigma$(即10σ)，其波动范围增加了2σ或4σ，而包括的产品比例增大得并不多，这从经济上看效果是不好的。因此，工序能力取6σ表示较为合适。这样确定的工序能力，可以兼顾全面性和经济性两个方面。

由上可知，工序能力$B=6\sigma$是有前提条件的，首先质量特性值必须服从正态分布；其次控制的结果，产品的合格率可以达到 99.73%。因此，上述工序能力的概念只能应用于一般质量控制中。对于粗加工或精密加工等特殊工序，不看前提条件，机械地套用$B=6\sigma$来衡量工序能力，将会有较大的误差。

▶ 2. 工序能力指数

工序能力只表示一种工序固有的实际加工能力，即工序能达到的质量水平，而与产品的技术要求无关。产品的技术要求是指产品质量指标的允许波动范围或公差范围，它是制定产品质量的标准和依据。为了反映和衡量工序能力满足技术要求的程度，引入了工序能力指数的概念。

工序能力指数是表示工序能力满足工序质量标准要求程度的量值，它用工序质量要求的范围(公差)和工序能力的比值来表示，即

$$C_P=\frac{T}{6\sigma}$$

式中，C_P—— 工序能力指数；

T —— 公差(技术要求或质量标准)；

6σ—— 工序能力。

由上式可知，工序能力指数C_P与工序能力6σ是不同的。工序能力在一定工序条件下是一个相对稳定的数值，而工序能力指数则是一个相对的概念。工序能力相同的两个工序，若工序质量要求范围不同，则会有不同的工序能力指数。工序能力指数的计算，对于不同情况具有不同的形式，主要有以下几种。

1) 工序分布中心与标准(公差)中心重合的情况

如图 12-3 所示，这种情况时的工序能力指数为

$$C_P=\frac{T}{6\sigma}=\frac{T_U-T_L}{6\sigma}\approx\frac{T_U-T_L}{6s} \tag{12-1}$$

式中，T—— 标准的范围(公差范围)；

σ—— 总体标准偏差；

s —— 样本标准偏差；

T_U—— 质量标准的上限值；

T_L—— 质量标准的下限值。

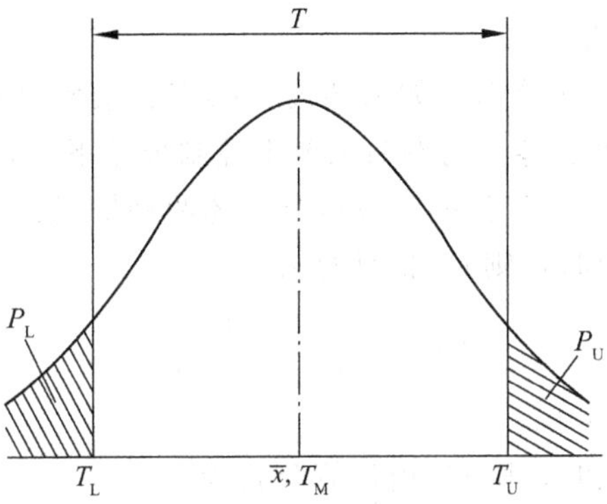

图 12-3 工序分布中心与标准中心重合的情况

从式(12-1)中可以看出，C_P 值与质量标准(或公差)范围的大小成正比，与标准偏差成反比。总体的标准偏差，包括已经生产出来的产品的标准偏差和未生产出来的产品的标准偏差。未生产出来的产品标准偏差无法计算出来。s 表示从已生产出来的产品中抽取一部分样品而计算出来的标准偏差。如果在生产过程中工序处于稳定状态，一般可以用 s 来估计 σ。

2）工序分布中心与标准中心不重合的情况

在实际生产过程中，质量特性值的实际分布中心往往与质量标准的中心不重合，而产生一定的偏离，如图 12-4 所示。在这种情况下要计算工序能力指数，首先需要设法将实际分布中心($\bar{x}$)与质量标准范围中心值(T_M)重合，再计算工序能力指数。如调整有困难或无必要时，则应对 C_P 值加以修正。这时的工序能力指数用 C_{Pk}表示，其计算公式为

$$C_{Pk}=(1-k)C_P=\frac{T-2\varepsilon}{6s} \tag{12-2}$$

式中，ε—— 绝对偏移量，$\varepsilon=|T_U-\bar{x}|$；

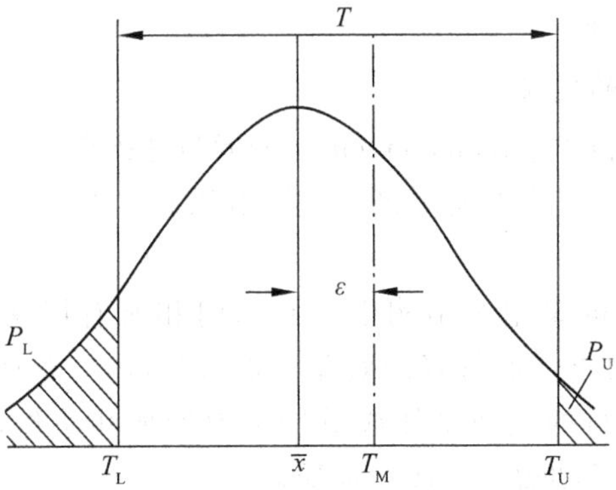

图 12-4 工序分布中心与公差中心不重合的情况

T_M—— 公差中心，$T_M=\frac{T_U+T_L}{2}$；

$\bar{x}$ —— 工序实际分布中心；

k —— 相对偏移量，$k=\frac{\varepsilon}{T/2}$。

3）只有单侧标准的情况

某些工序只要求控制单向公差，如清洁度、噪声、杂质含量等，仅需控制公差上限，其下限为零。而材料的强度、零件的寿命则要求控制公差下限，上限可认为是无限大。当质量特性值仅有单向标准时，C_P 值的计算可分下述两种情况：

（1）当只要求公差上限时，则 C_P 值计算公式为

$$C_P=\frac{T_U-\mu}{3\sigma}=\frac{T_U-\bar{x}}{3s} \tag{12-3}$$

当 $\bar{x}\geqslant T_L$ 时，规定 $C_P=0$。

（2）当只要求公差下限时，则 C_P 值计算公式为

$$C_P=\frac{\mu-T_L}{3\sigma}\approx\frac{\bar{x}-T_L}{3s} \tag{12-4}$$

当 $\bar{x}\leqslant T_L$ 时，规定 $C_P=0$。

12.3 质量改善

质量改善活动是为了显著地改善企业的质量问题而进行的循环活动。其特点是强调过程管理，将持续改善的理念渗透到工作周期的每个环节，同时将领导者的集中管理转化为各个层面的自觉管理，动员全员参与，在过程管理中不断改进，以期达到更高的工作质量。企业改善并维持产品质量，可从全面质量管理和制造过程改善两方面着手解决。

12.3.1 全面质量管理

全面质量管理作为质量管理学科发展到现阶段的核心内容，既继承了统计质量管理的基本原理，又具有其创新性。

▶ 1. 全面质量管理的定义

全面质量管理(total quality management，TQM)是指企业开展的以质量为中心、全员参与为基础的一种管理途径，其目标是通过使顾客满意，本单位成员和社会受益，而达到长期成功。

定义中的“全员”，指的是组织结构中所有部门和所有层次的人员。定义中“社会受益”，意味着满足社会的要求，取得好的效益。也就是说，“全面质量管理”是指经营管理某一组织的一种方式，其目的是使全体成员持续地参加和协作，在符合社会需要的条件下，使用户满意，本组织长期盈利，成员也受益。

▶ 2. 全面质量管理的特点

全面质量管理是一种组织内的每个成员都持续努力改善质量与达成顾客满意的哲学。

概括起来，全面质量管理具有以下特点。

1）强化“质量第一”的管理理念

要让组织中的所有成员都意识到质量是企业生存与发展的基石，质量管理是企业的核心管理活动。

2）“三全一多样”

（1）全面质量的管理。质量管理的对象不限于狭义的产品质量，而是扩大到工作质量、一切质量，即广义的质量。即不仅要保证产品质量，还要保证低消耗、低成本、按期交货、服务质量等，以及对质量管理的各项工作质量实行全面的综合管理。

（2）全过程的管理。全过程包括从市场调查、设计、生产、销售，直至售后服务等过程。产品质量有一个产生、形成和实现的过程，要保证产品质量，不仅要搞好生产制造过程的质量管理，还要搞好设计过程和使用过程的质量管理。对产品质量形成的全过程各个环节加以管理，形成一个综合性的质量管理工作体系。

（3）全员参加的管理。质量管理的全员性、群众性，是科学质量管理的客观要求。工业产品质量的好坏，是许多生产环节和各项管理工作的综合反映。企业任何一个环节、任何一个人的工作质量，都会不同程度地直接或间接地影响产品质量。因此可以说，质量第一，人人有责。企业要通过质量责任制将质量方针落实到全体职工，从厂长、技术人员、经营管理人员一直到每个工人，以及所有部门，人人都要为保证和提高产品质量而努力。

（4）质量管理方法多样化。全面、综合地运用多种多样的方法进行质量管理，是科学质量管理的客观要求。随着现代化大生产和科学技术的发展，以及生产规模的扩大和生产效率的提高，对产品质量也提出了越来越高的要求。影响产品质量的因素也越来越复杂，既有物质因素，又有人的因素；既有生产技术因素，又有管理的因素；既有企业内部的因素，又有企业外部的因素。要把如此众多的影响因素系统地控制起来，统筹管理，单靠数理统计一两种方法是不可能实现的，必须根据不同情况，区别不同的影响因素，灵活运用各种现代化管理方法和措施，加以综合治理。

3）强调充分发挥人的积极因素

人的因素是企业各项活动中最重要、最积极的因素。全面质量管理理念格外强调调动人的积极因素的重要性。实现全面质量管理必须调动人的积极因素，发挥人的主观能动性。

4）综合运用各种科学的系统的方法和工具

全面质量管理体系建立在科学的基础上，强调用数据说话，广泛地应用了各种统计方法和工具，如“质量管理 7 种工具”，即因果图、排列图、直方图、散布图、控制图、分层法和核查表等。

5）以预防性的事先控制为主要控制手段

全面质量管理阶段与之前的管理阶段相比，更注重设计和制造阶段的质量控制，强调防患于未然，在设计环节消除隐患，为企业节省更多的资源和成本，充分体现经济性和合理性原则。

6）致力于在卓越领导下建立高绩效组织，获得长期的成功

全面质量管理强调企业放眼未来，以长期的、不断进取的企业精神，不断地完善质量体系，永无止境地持续改进，而不是着眼于短期的效益或哗众取宠的市场效应。

▶ 3. 全面质量管理的原则

1）以顾客为中心

企业必须依赖于顾客才能得以生存和发展，顾客的需求是企业存在的源头和动力。全面质量管理强调以顾客为关注焦点，以顾客满意为宗旨，根据顾客的需要来确定质量标准，在最经济的水平上最大限度地向顾客提供满意的产品和服务。

2）领导的作用

全面质量管理实施的重要前提是企业的决策层必须对质量管理给予足够的重视。企业最高管理层所作的决策关系到企业的生死存亡，决策层所做的努力对于建立和完善质量体系至关重要。他们要为企业树立一个长期的质量目标，确定质量战略和质量保证模式，为员工树立一个核心质量观，制定有助于质量管理能力开发和增强的方针政策，有效地协调各部门的工作，努力推动持续改进。

3）全员参与

人力资本是企业资源与能力的共生体，他们拥有的知识和技能是进行企业管理活动的重要财富。全面质量管理强调全员参与，要求充分授权给员工，在组织内部发扬团队精神，共同承担起质量责任。

4）过程方法

全面质量管理将所有相关资源和活动都作为一个过程来进行管理。PDCA 循环实际上就体现了一个完整的质量管理过程。这里，P 指计划(plan)，D 指执行计划(do)，C 指检查计划(check)，A 指采取措施(action)。

5）系统管理

全面质量管理认为质量管理是一个系统工程，它贯穿于产品价值创造、管理、支持等过程，每一个环节对于质量的产生、形成和实现都是不可或缺的。企业应通过建立体系，运用有效的过程方法对全方位、全过程进行管理和监控，并且能够确保具体操作的可行性。

6）持续改进

为了追求卓越，建立"基业长青"的企业，许多企业把"持续改进"作为自己的信条。只有坚持持续改进，才能满足不断变化的顾客需求，确保企业核心竞争力的领先地位。

7）以事实为基础

有效的决策必须建立在对数据和信息进行合乎逻辑和直观分析的基础上，因此，为了实行全面质量管理，也必须以事实为依据，如果背离了事实依据，单纯依靠主观判断，那么管理就失去了意义。

8）互利的供方关系

全面质量管理向前延伸到供应商，确保其生产过程中能够用到符合企业要求的零部件或原材料。通过企业和供方之间良好的互利关系，增进了两个组织创造价值的能力，从而为双方的进一步合作提供基础，谋取更大的共同利益。

▶ 4. 全面质量管理的实施方法和关键要素

1）实施 TQM 的方法

一般认为实施 TQM 的方法包括以下四个方面。

（1）找出顾客所希望要的。

（2）设计符合顾客需要的产品或服务。

(3) 预防容易发生错误之处，这可称为“防呆”。

(4) 持续追踪结果。

2) 实施 TQM 的关键要素

全面质量管理涉及众多要素，较为关键的要素包括以下八个方面。

(1) 持续改善：设法持续改善所有与生产过程有关的因素，包括设备、方法、物料与人员等方面。

(2) 建立标杆：找出其他在某方面表现最好的组织，研究和学习其方法，以改善自己的作业。

(3) 授权：充分赋予员工改善的责任及进行改变的权利。

(4) 团队：让员工参与和合作，采用团队来解决问题。

(5) 在搜集和分析数据的基础上进行决策。

(6) 供应商质量：将供应商纳入质量保证与质量改善之中。

(7) 源头质量：使每位员工负责自己的工作质量，即每位员工是自己工作的质量检验者。

(8) 和供应商维持一种长期的伙伴关系：也期望供应商提供源头质量，以减少或去除供应商的交货检验。

12.3.2 制造过程改善

12.3.2.1 制造过程改善概述

所谓制造过程改善，是指以系统化方法来改善制造过程，包括对改善制造过程运作的规范化、衡量与分析等。

▶ 1. 制造过程改善的目标

企业经营者进行制造过程改善，常有下列目标：

(1) 增加顾客满意度。

(2) 获得更高的质量。

(3) 减少浪费。

(4) 降低成本。

(5) 增加生产率。

(6) 增加制造过程速率。

▶ 2. 制造过程改善的步骤

为达成制造过程改善的目标，常采取下列四个步骤进行改善活动：

(1) 搜集制造过程信息，确认每个制造过程步骤。接着，决定各步骤的投入与产出、涉及人员、所有决策、文件(例如时间、成本、空间、浪费、员工士气、员工离职率、意外事件、工作环境、质量及顾客满意度等)。

(2) 制作流程图，以准确描述企业流程中，信息流所传递的信息项目、处理信息的人员与方法、信息传递的方式等。

(3) 运用下列问题分析制造过程，并找出可以进行改善的地方：

① 分析以下有关制造过程的问题：流程是否合理？是否有遗漏步骤或活动？是否有重复？

② 分析以下关于各步骤的问题：此步骤是否有必要？可以删除吗？是否有两个(或两个以上)步骤可以合并？此步骤的时间能否缩短？此步骤是否能增加附加价值？此步骤是

否会导致浪费？此步骤的实施成本是否可降低？

(4) 重新设计制造过程：用以上分析结果来重新设计制造过程。将改善活动规范化，其衡量尺度可能包括：

① 可减少的：时间、成本、空间、浪费及员工离职率等。

② 可改善的：工作环境、员工士气、质量与顾客满意度等。

12.3.2.2 制造过程质量改善工具

▶ 1. 分层法(stratification)

分层法又叫分类法或分组法，就是按照一定的标准，把搜集到的数据加以分类整理的一种方法。

在实际工作中经常可发现产品质量因人、机、料、法、环、检测等的不同，而有差异存在。当不合格品产生时，很可能是其中的一种因素有问题。如数据未能适当分层，往往在调查上浪费了大量的人力、物力、时间，最终还是无法寻找到真正的原因。同样，在质量较优时，也可从分层的数据中寻找规律积累经验。

1) 分层的目的

分层的目的在于把杂乱无章的数据加以整理，使之能确切地反映出数据所代表的客观事实。分层的原则是使同一层次内的数据波动幅度尽可能小，而层与层之间的差别尽可能大。

2) 分层方法

(1) 部门层别、单位层别：生产部门、测试部门、采购部门等；

(2) 过程区域层别：下料区、裁剪区、折弯区、加工区等；

(3) 操作员层别：班别、线别、组别、性别、年龄别、教育程度别等；

(4) 机械、设备层别：机台、场所、机型、工具等；

(5) 作业条件层别：温湿度、压力等；

(6) 时间层别：日期、日夜等；

(7) 原材料层别：供方、材质、成分、储存时间等；

(8) 测量层别：人员、方法、设备、环境等；

(9) 环境、气候层别：气温、晴雨、照明等；

(10) 地区层别：海岸内陆、国内外等；

(11) 其他：合格与不合格、包装等。

【例 12-1】某一型号气缸体毛坯完成金属切削后发现的不合格项按其不同供应商进行分层，分层情况如表 12-1 所示。

表 12-1 某型号气缸体金切后不合格品按供应商分类情况

供应商	产品缺陷数/个	产品缺陷率/%
哈尔滨××铸造厂	6	6
成都××铸造厂	2	2
四平××铸造厂	12	12
昆山××铸造厂	9	9

例 12-1 中，只针对供应商一类指标进行了分层分析，从表 12-1 中不仅可以看出不合

格问题与供应商有关，而且还能看出哪一个供应商的影响程度最大。

▶ 2. 核查表(check sheets)

核查表常用于确认问题，它提供了一种简单的核查符号，以方便搜集与分析的方式，让使用者记录与整理数据。使用者只需填入规定的核查表记号，再加以统计汇总，即可提供量化分析或比对核查。核查表也称为点检表或检查表。

1）核查表的分类

(1) 点检用核查表：在设计时就已定义，使用时只做是非或选择的标记，其主要功能在于确认作业的执行。

(2) 记录用核查表：用于收集数据资料，对不合格原因或项目进行统计，由于常用于作业缺点、质量差异等记录，也称为改善用核查表。

【例 12-2】以白领工作者每天上班出门前的准备工作为例，制作核查表，如表 12-2 所示。

表 12-2 出门上班前的核查表

内容		周一	周二	周三	周四	周五
服饰	头发	√	√			
	衬衣	√	√			
	领带	√	√			
	皮鞋	√	√			
携带	钱包	√	√			
	手机	√	√			
	手表	√	√			
	笔记本	√	√			
	公文包	√	√			
	头天晚上看的资料	√	√			

【例 12-3】在磨床上加工某零件外圆，由甲、乙两工人操作各磨 100 件零件，产生废品 45 件，如表 12-3 所示，试分析废品产生的原因。

表 12-3 原因分析核查表 件

原因分类	甲(100)	乙(100)	合计(200)
表面粗糙度度不合格	2	1	3
圆柱度超出规范	1	2	3
锥度不合格	3	18	21
碰伤	17	1	18
小计	23	22	45

解：若只对工人、不对不合格原因进行分层，则两工人的废品率相差无几，找不出重点。若只对不合格原因，不对工人进行分层，则会得到主要因素为锥度不合格、碰伤两原因。对工人及不合格原因分层后，得出甲工人主要因素为碰伤；乙工人主要因素为锥度不合格。

▶ 3. 直方图(histogram)

所谓直方图，是将所收集数据、特性质或结果值，在一定的范围内将坐标横轴等值分为几个区间，将各区间内测定值所出现的次数累积起来的面积，用柱形图表示出来，用以了解产品在规格标准下的分布形态、工序中心值及差异的大小等情形。

1）直方图的用途

（1）了解分布的形态；

（2）研究过程能力；

（3）过程分析与控制；

（4）观察数据的真伪；

（5）计算产品的不合格率；

（6）求分布的平均值与标准差；

（7）用以制定规格界限；

（8）与规格或标准值比较；

（9）调查是否混入两个以上的不同群体；

（10）了解设计控制是否合乎过程控制。

2）常见直方图形态

（1）正常形：中间高、两边低，有集中趋势，如图 12-5 所示。

结论：左右对称分布，呈正态分布，显示过程正常。

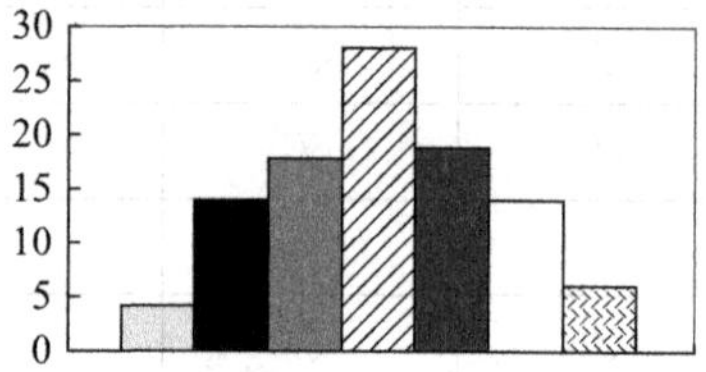

图 12-5　正常形直方图示例

（2）缺齿形：高低不一，有缺齿情形。

结论：测量值有误，换算方法有偏差，次数分配不当，测量员对数据有偏好现象或假数据，测量仪器不精密，组数的宽度不是倍数。

（3）切边形：有一端被切断。

结论：数据经过全检。

（4）离岛形：在右端或左端形成小岛。

结论：测量有错误，不同原料，一定有异常原因存在。

（5）高原形：形状似高原状。

结论：不同平均值的分布混在一起，应分层后再作直方图。

（6）双峰形：有两个高峰出现。

结论：有两种分布相混，如两台机器、两家供方。应先分层。

(7) 偏态形：高处偏向一边，另一边低，拖长尾巴。可分为右偏形和左偏形，如图 12-6所示。

结论：工具磨损或松动。应检查在技术上能否接受。

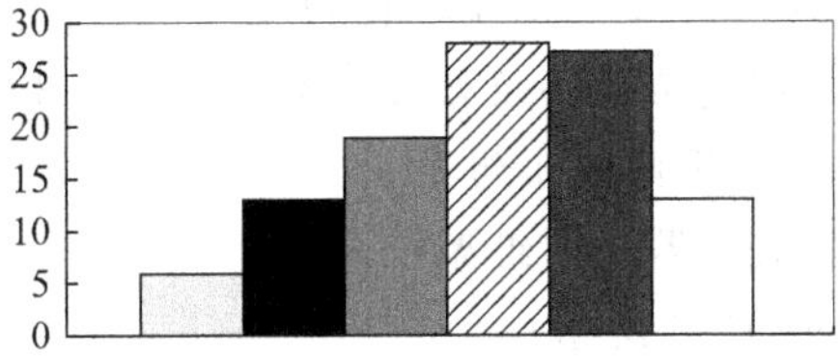

图 12-6 偏态形直方图示例

3) 直方图的绘制步骤

(1) 收集数据，一般要求数据至少要 50 个以上，并记录数据总数(N)。

(2) 将数据分组，定出组数($K=1+3.32\lg N$)，可采用表 12-4 中的经验数据。

表 12-4 数据分组组数确定经验数据值

数据总数 N	组数
0～50	5～7
51～100	6～10
101～250	7～12
>250	10～20

(3) 找出最大值(L)和最小值(S)，计算出全距(R)。

(4) 定出组距(H)：全距/组数(通常为 2.5 或 10 的倍数)。

(5) 定出组界：

① 最小一组的下组界值＝S－测量值的最小位数/2；

② 最小一组的上组界值＝最小一组的下组界值＋组距；

③ 第二组的下组界值＝最小组的上组界值。

(6) 决定组的中心点：(上组界＋下组界)/2。

(7) 作次数分配表：依照数值的大小记入各组界内，然后计算各组出现的次数。

(8) 绘直方图：横轴表示数值的变化，纵轴表示出现的次数。

(9) 对绘制出的直方图进行分析。

【例 12-4】某钢管厂生产钢管，钢管尺寸规格为 310±5mm，今抽验 50 根，数据如表 11-5所示，试作其直方图。

表 12-5 例 12-4 数据

308	317	306	314	308	315	306	302	311	307
305	310	309	305	304	310	316	307	303	318
309	312	307	305	317	312	315	305	316	309
313	307	317	315	320	311	308	310	311	314
304	311	309	309	310	309	312	316	312	318

解：(1) 确定基本内容：$N=50$；

(2) 组数：$K=7$(参考经验数值)；

(3) 最大值 $L=320$，最小值 $S=302$，全距 $R=320-302=18$；

(4) 计算组距：$H=R/K=18/7=2.57$，取 H 为 3(为测定值最小单位的整数倍)；

(5) 第一组下限值$=S-$测定值最小位数$/2=302-0.5=301.5$；

(6) 第一组上限值＝第一组下限值＋组距；

(7) 计算各组中心值＝(上组界＋下组界)/2；

(8) 作次数分配表，如表 12-6 所示；

表 12-6 例 12-5 数据分配表

组号	组界	中心值	F/次数
1	301.5—304.5	303	4
2	304.5—307.5	306	10
3	307.5—310.5	309	13
4	310.5—313.5	312	9
5	313.5—316.5	315	8
6	316.5—319.5	318	5
7	319.5—322.5	321	1

(9) 作直方图，如图 12-7 所示。

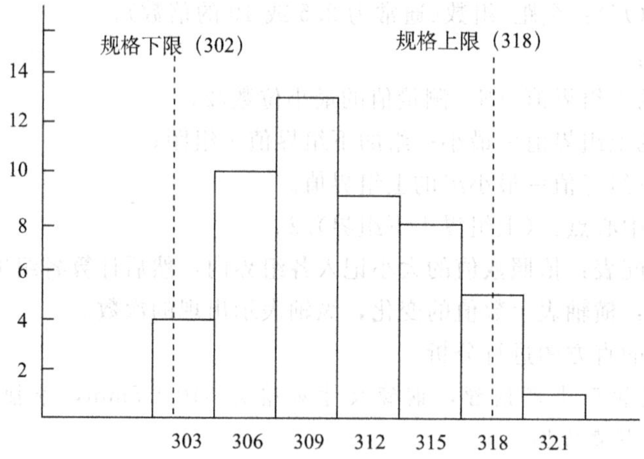

图 12-7 例 12-4 结果

▶ 4. 排列图分析(pareto analysis)

1) 排列图定义

根据归集的数据，以不良原因、不良状况发生的现象，有系统地加以项目别(层别)分类，计算出各项目别所产生数据(如不良率、损失金额)及所占的比例，再依照大小依次顺序排列并进行累加计值而形成的图形。又称帕累托图或主次因素分析图。

2）排列图的作用

产品质量的影响因素的主次位置，可以从排列图上一目了然，从而明确改进方向和改进措施。采取措施后的效果，还可用排列图进行对比确认。

3）排列图的绘制方法

(1) 确定数据的分类项目并进行层别分类：

① 按结果分类：不良项目别、场所别、工序别；

② 按原因分类：人、机、料、法、工序等；

(2) 收集数据并计算数据汇表(可考虑与其他方法配合使用)；

(3) 坐标轴：横轴表示层别项目，左纵轴表示数量，右纵轴表示对应的百分比；

(4) 计算各项目的比率，并由大至小排列在横轴上；

(5) 绘制柱状图，如图 12-8 所示；

(6) 连接累计的曲线。

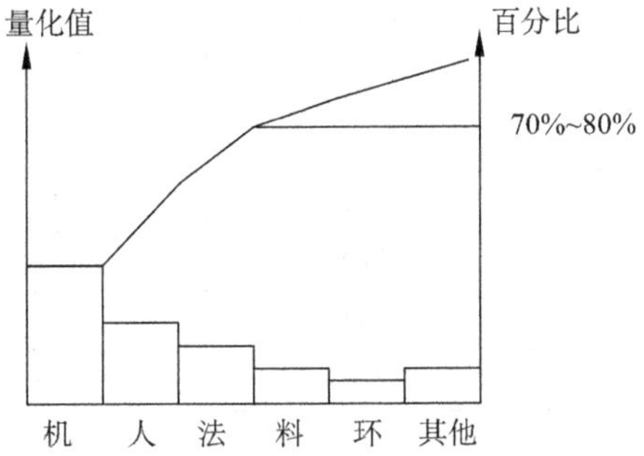

图 12-8 排列图示例

【例 12-5】半年内，某食品公司质量部统计消费者的投诉如表 12-7 所示。请绘出排列图，并分析造成投诉的主要原因。

表 12-7 某食品公司质量部统计消费者的投诉情况 次

项目 \ 日期	一	二	三	四	五	六	七
料包破口	2	2	1	4	3	1	1
包装不良	4	9	7	8	10	6	6
少餐具	2	2	2	1	1	6	4
口感不好	10	13	7	10	12	13	15
重量轻	3	4	2	2	1	6	4
其他	2	3	0	2	2	4	3

解：步骤 1：按发生次数的顺序由大至小将项目及次数记入不良分析表中，如表 12-8 所示。其他项无论是否为最小，一律置放于最后。

表 12-8 不良分析表

项目	不良数
口感不好	80
包装不良	50
重量轻	22
少餐具	18
料包破口	14
其他	16
合计	200

步骤 2：计算累计不良数(累计次数、累计损失额)、百分比及累计百分率。

表 12-9 不良累计分析表

项目	不良数	累计不良数	百分比/%	累计百分比/%
口感不好	80	80	40	40
包装不良	50	130	25	65
重量轻	22	152	11	76
少餐具	18	170	9	85
料包破口	14	184	7	92
其他	16	200	8	100
合计	200		100	

步骤 3：建立坐标轴，以左纵轴表示不良数，右纵轴表示百分比，横坐标轴表示不良项目，根据不良数绘制成柱状图，将累计的不良数或百分率以直线连接。绘制成排列图，如图 12-9 所示。

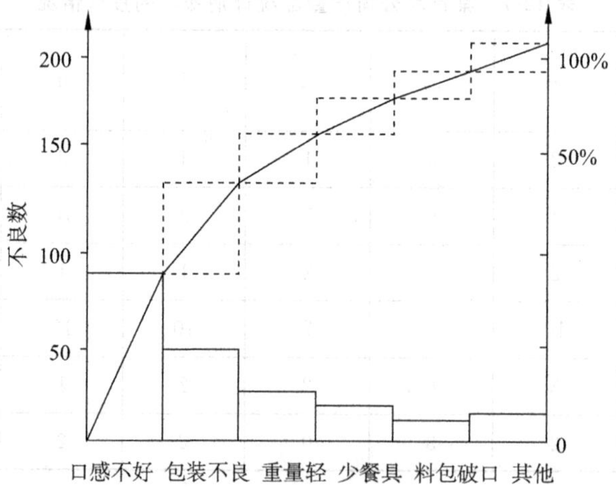

图 12-9 例 12-5 排列图

▶ 5. 散布图(scatter diagrams)

散布图可用来决定两变量之间是否具有相关性，一般以横轴表示原因或因素，纵轴表示结果或特性值。

1）散布图的作用

（1）能大概掌握原因与结果之间是否有关联及关联的程度如何。

（2）原因与结果关联性高时，二者可互为替代函数。对于过程和产品特性的监测，可从原因或结果中选择一较经济的参数予以监测，并可通过监测这一参数知道另一参数的变化。

2）散布图的制作方法

（1）收集成对的数据(X_1, Y_1)、(X_2, Y_2)，…，整理成数据表。

（2）找出 X，Y 的最大值与最小值。

（3）以 X，Y 的最大值及最小值建立 $X-Y$ 坐标，并决定适当的刻度便于绘点。

（4）将数据依次点于 $X-Y$ 坐标中，两组数据重复时用⊙表示，三组数据重复时用×表示。必要时，可将相关资料记在散布图上。

3）绘制散布图的注意事项：

（1）注意是否有异常点，有异常点时不可任意删除，除非异常原因已确实掌握。

（2）数据的获得常因操作者、方法、材料、设备或时间等的不同，使数据的关联性受到扭曲，应注意数据的分层。

（3）散布图若与原有技术、经验不相符时，应追查原因与结果是否受到其他因素干涉。

4）散布图的判断

（1）完全正（负）关联：点散布在一条直线上。

（2）高度正（负）关联：原因 X 与结果 Y 的变化近于等比例。

（3）中度正（负）关联。

（4）低度正（负）关联。

（5）无关联。

（6）曲线关联。

5）常见散布图分析

常见散布图如图 12-10 所示。

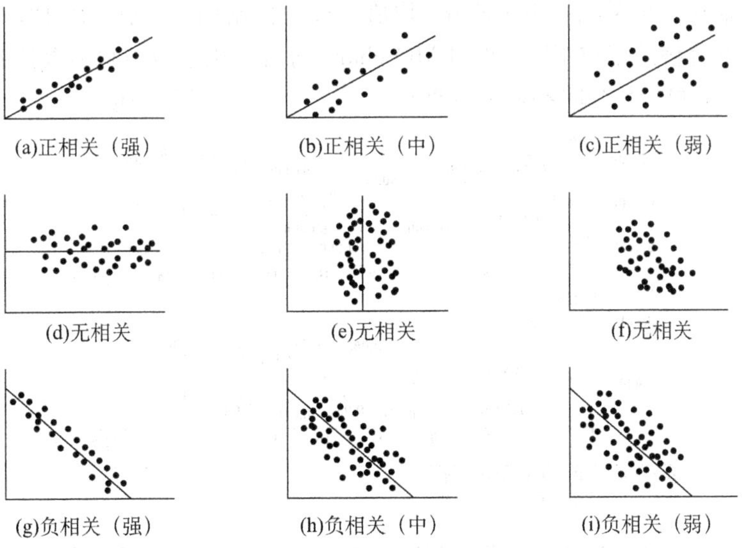

图 12-10 常见散布图分析

【例 12-6】在真空电镀作业中，电子束强度 X 影响电镀产品的镀膜厚度 Y，收集的数据如表 12-10 所示，请找出二者间的相互关系。

表 12-10 例 12-6 数据

	1	2	3	4	5	6	7	8	9	10
X	50	70	100	80	60	50	90	90	70	70
Y	3.2	4.7	5.4	4.9	3.8	3.4	5.1	5.0	4.5	4.3

解：作出以上数据点的散布图，如图 12-11 所示。

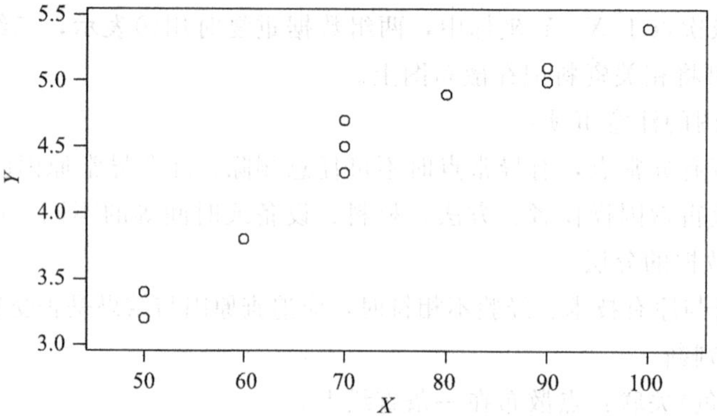

图 12-11 例 12-6 对应散布图

从图 12-11 中可以看出：电子束强度 X 与电镀产品的镀膜厚度 Y 成正相关。

▶ 6. 控制图(control charts)

控制图又叫管制图，它是用于分析和判断工序是否处于控制状态所使用的带有控制界限线的图。控制图通常采用 3σ 原则进行监控，计量值包括长度、时间、温度等，计数值包括不良品件数、合格品件数、疵点数等。

计量值控制图一般采用 X bar chart(均值一极差控制图)，见图 12-12；计数值控制图采用 P-chart(不合格品率控制图)和 DPMO-chart(每百万机会数中缺陷数控制图)。

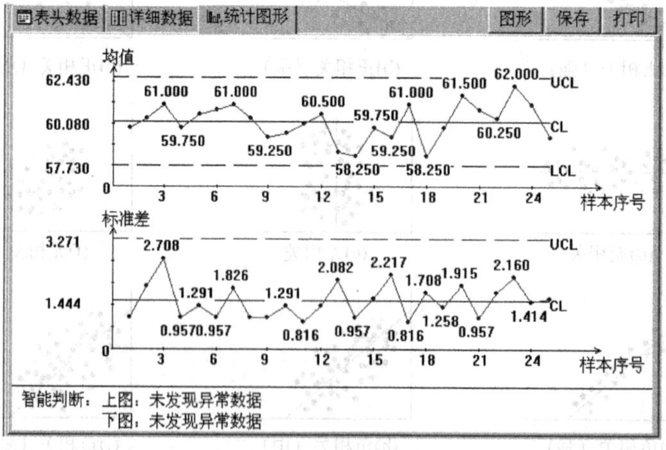

图 12-12 某控制图监控端对生产过程进行监控的控制图示例

▶ 7. 因果图(cause and effect diagrams)

通常，当一个问题的特性(结果)受到一些要因(原因)的影响时，需将这些要因加以整理，成为相互有关系而有条理的图形，这种图形称为因果图，由于该图型形状如同鱼骨，又叫鱼骨图。这种工具通常在“头脑风暴”会议后才会用，以整理产生的构想。

1) 因果图使用方法

(1) 明确决定问题点和期望效果的特性。

(2) 组成小组，针对问题点进行分析，记录分析意见，并准备绘图工具。

(3) 绘制鱼骨图的骨架(大骨)，在纸的中央自左到右绘制一条箭头图，在箭头处表明特性。

(4) 将大的原因画于中骨上，并以方框圈起，一般可将大原因列为5M1E，分别为：人(men)、机(machine)、料(material)、法(method)，环境(enviroment)和测量(measurement)。绘制中骨时，一般与大骨成60°。

中骨大致分为两类：一类为原因追求型：列出可能会影响过程(或流程)的相关因素，以便进一步由其中找出主要原因，并以此图形表示结果与原因之间的关系，如图12-13所示；另一类为对策追求型：将鱼骨图反转成鱼头向左的图形，目的在于追求问题点应该如何防止、目标结果应如何达成的对策，如图12-14所示。

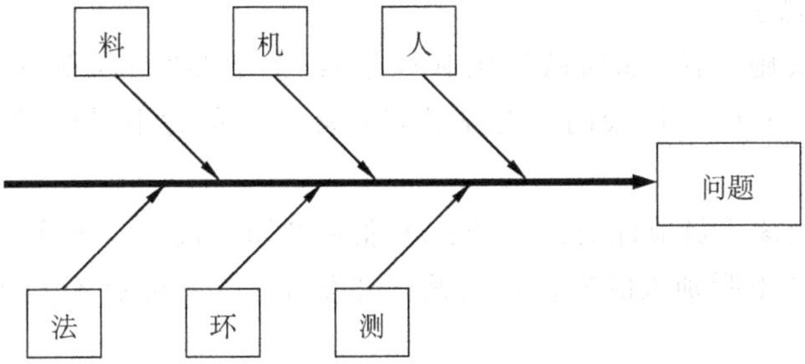

图12-13 原因追求型鱼骨图中骨绘制示例

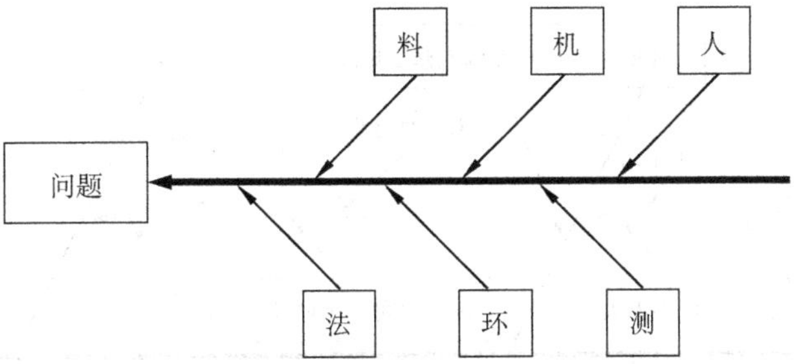

图12-14 对策追求型鱼骨图中骨绘制示例

(5) 运用脑力激荡法，寻找中小要因，如图12-15所示。

(6) 要因的讨论：将所收集的要因，由参加讨论人员确定，何者影响最大，并对最大的各个要因作出标记，画单圈。

(7) 对上述讨论确定的要因再进行依次讨论，以确定出最重要的最大要因，同时再作出标记，画双圈。

(8) 再作出一张特性要因图，将不重要的要因去除，画圈数越多的越优先处理。

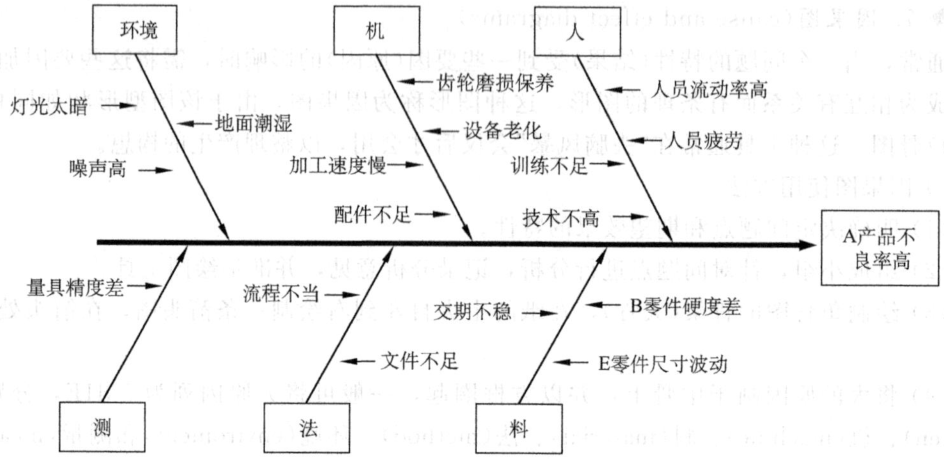

图 12-15　鱼骨图示例

2）脑力激荡法(头脑风暴)

(1) 实施脑力激荡的目的：运用集体的智慧，发挥集体的力量。

(2) 实施脑力激荡的四原则：①禁止批评他人；②容许异想天开；③意见越多越好；④摈弃尊卑贵贱的观念。

(3) 脑力激荡实施方法(如何做好头脑风暴)：①不要"一言堂"；②不要延迟会议时间；③指定专人记录；④不比较两人意见孰好孰坏；⑤留意不讲话的人，让其发表意见；⑥随时烘托气氛。

(4) 参与脑力激荡人员应注意的事项：①准时参加会议；②不作人身攻击；③不提出抽象的理论；④不能不听别人的发言，只顾自己发言；⑤不能有不实在的说辞；⑥意见不能违背整体目标。

【例 12-7】以活塞销孔孔径尺寸超差为例，绘制原因追求型鱼骨图。绘制结果如图 12-16 所示。

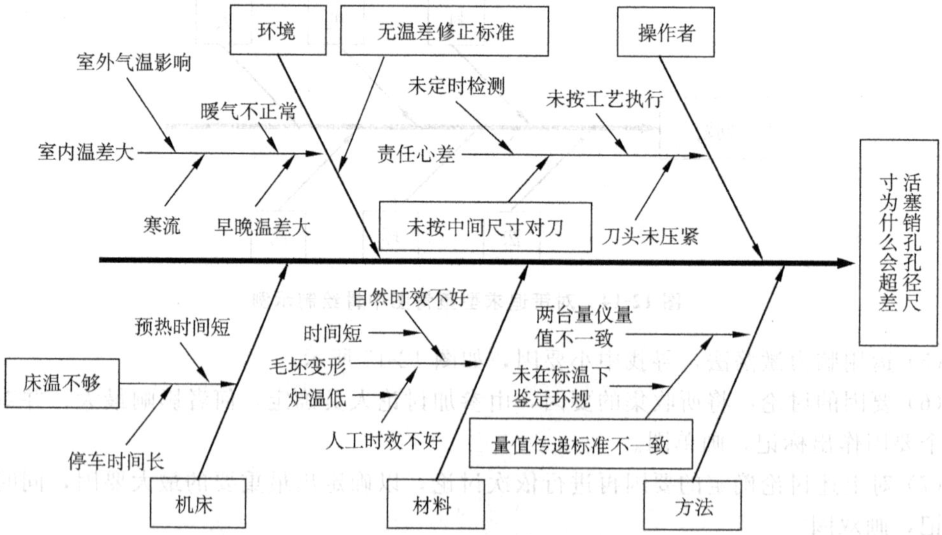

图 12-16　活塞销孔孔径尺寸超差原因追求型鱼骨图

12.4 产品质量形成规律及全过程管理

12.4.1 质量螺旋

为了表述产品质量形成的规律性，美国质量管理专家朱兰(J. M. Juran)提出一个质量螺旋模型。朱兰认为，为获得产品的最近使用效果，需要进行一系列相关的质量管理活动。这些活动主要包括市场调查、开发设计、计划采购、生产控制、检验、销售、反馈等各个环节；同时，这些环节在整个过程周而复始的循环中螺旋式上升。因此，它也可被称为"质量进展螺旋"。

朱兰的"螺旋曲线"反映了产品质量产生、形成和发展的客观规律，也反映出质量管理是一项社会系统工程，如图 12-17 所示。

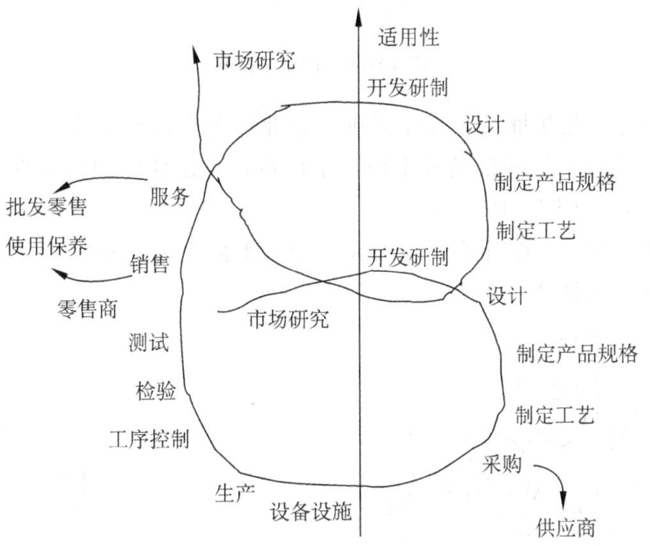

图 12-17 朱兰的"螺旋曲线"

12.4.2 PDCA 循环

所谓 PDCA 循环，即计划(plan)→实施(do)→检查(check)→行动(action)连续循环，是全面质量管理的工作程序。

▶ 1. PDCA 循环模式

PDCA 循环体现了企业质量管理工作的一般规律，其模式被称为"4 个阶段""8 个步骤"和"制造过程质量改善 7 种工具"。其中，"四个阶段"即 P、D、C、A；"8 个步骤"如下：

(1) 通过分析现状，找出需要改进的问题。

(2) 寻找问题产生的原因或影响因素。

(3) 找出其中的主要原因。

(4) 针对主要原因，制定解决问题的措施计划。改进措施应明确如下内容：达到什么目标，在哪里执行，由谁来执行，什么时间完成，如何实施。

(5) 切实执行制定的措施计划。

(6) 检查措施执行的效果。

(7) 把成功的经验总结出来，制定相应的标准。

(8) 把遗留问题转到下一个循环解决。

▶ 2. PDCA 循环的特点

(1) 不断循环，周而复始。PDCA 循环的 4 个阶段紧密连在一起，顺序形成一个大环，不断地转动，而且每转动一次就提高一步，如图 12-18 所示。

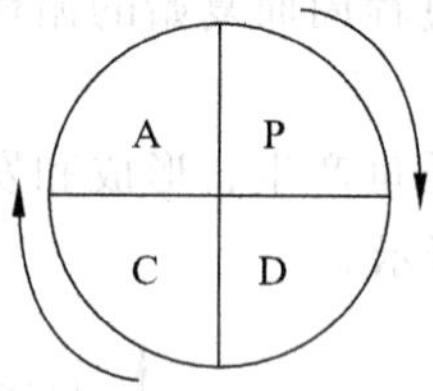

图 12-18　PDCA 循环

(2) 大环套小环，互相推动，互相促进。企业的各个部门均参与到质量管理中来，好比大环里的小环，大环指导和推动着小环，小环在自身循环的同时又促进着大环，有机地构成一个运转体系，如图 12-19 所示。

(3) 循环上升。PDCA 循环不是停留在一个水平面上的循环，而是在旋转中不断上升的环，好比爬楼梯，如图 12-20 所示。

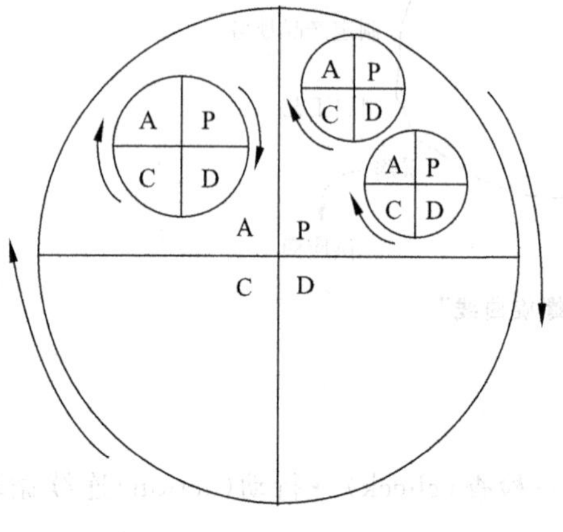

图 12-19　PDCA 循环的结构

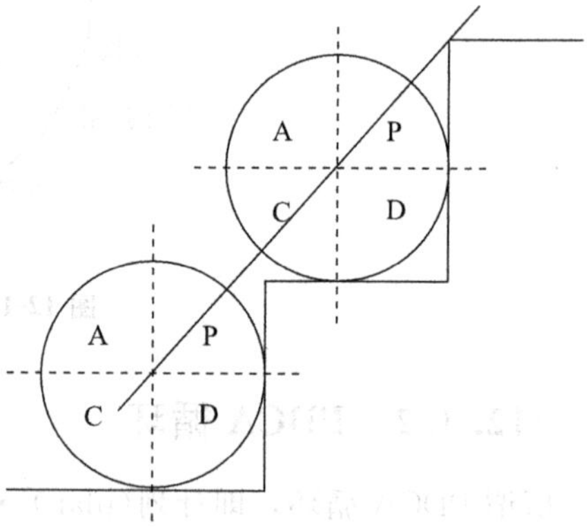

图 12-20　PDCA 循环的上升

12.4.3　朱兰质量三部曲

朱兰认为，质量是从目标和企业愿景出发，通过管理过程而得到的。由此，他提出了著名的质量管理三部曲：质量计划、质量控制与质量改进。朱兰质量三部曲为全面质量管理理论的框架发展奠定了基础，构成了质量体系中最基本的概念，见表 12-11。

表 12-11 朱兰质量三部曲

阶段	Ⅰ质量计划	Ⅱ质量控制	Ⅲ质量改进
主要内容	设定目标	评价绩效	建立基础设施
	识别客户及需求	比较目标与行动	设立项目与团队
	开发产品与流程		提供资源与培训
			建立控制

12.5 案例分析

从"扁鹊论医"看质量管理

魏文王问名医扁鹊说："你们家兄弟三人，都精于医术，到底哪一位医术最好呢？"扁鹊答说："长兄最好，中兄次之，我最差。"文王吃惊地问："你的名气最大，为何反长兄医术最高呢？"扁鹊惭愧地说："我扁鹊治病，是治病于病情严重之时。一般人都看到我在经脉上穿针管来放血、在皮肤上敷药等大手术，所以以为我的医术高明，名气因此响遍全国。我中兄治病，是治病于病情初起之时。一般人以为他只能治轻微的小病，所以他的名气只及于本乡里。而我长兄治病，是治病于病情发作之前。由于一般人不知道他事先能铲除病因，所以觉得他水平一般，但在医学专家看来他水平最高。"

质量管理如同医生看病，治标不能忘固本。许多企业悬挂着"质量是企业的生命"的标语，而现实中存在"头疼医头、脚疼医脚"的质量管理误区。造成"重结果轻过程"的原因是：结果控制者因为改正了管理错误，得到员工和领导的认可；而默默无闻的过程控制者不容易引起员工和领导的重视。最终导致管理者对表面文章乐此不疲，而对预防式的事前控制和事中控制敬而远之。

单纯事后控制存在严重的危害。首先，因为缺乏过程控制，生产下游环节无法及时向上游环节反馈整改意见，造成大量资源浪费；其次，因为上游环节间缺乏详细的标准，造成公司各部门间互相扯皮，影响公司凝聚力，大大降低了生产效率；再次，员工的质量意识会下降，警惕性下降造成质量事故频发；第四，严重的质量事故会影响公司的信誉，甚至造成失去订单或者带来巨额索赔，给公司造成严重经济损失。

既然事前控制和事中控制如此重要，那如何提高事前控制和事中控制的执行力呢？

首先，从上到下应当有很强的全程质量管理意识。一般管理者都明白全程质量管理的重要性，但为什么在实际操作中容易疏忽过程控制呢？原因基本是因为追求一时的经济效益，放弃了对质量的控制。决策者一句"不出大问题就行，要力保本月产量"，就会立刻把员工多年辛辛苦苦培养起来的质量观念击垮。殊不知，决策者的错误决定会导致"失之毫厘，谬以千里"。这种决定是中层管理者和员工无论如何努力都无法改变的。可见决策者观念在质量管理中的作用有多重要。决策者有了全程质量管理意识，还要让中层和员工形成良好的全程质量管理意识。每个下游环节员工就是上游环节的质量监督员，出现质量问题要及时反馈给上游，杜绝不合格产品从自己手中流入下个生产环节。

其次，每个环节都要制定详细的质量管理标准。从产品开发、工艺流程设计到原料采购，从第一道工序到产品下线，从装箱到运输，每个环节必须制定详细的、可控制的管理标准。事前控制的重点放在产品开发和标准制定上。技术和标准一旦出现失误会给质量管理带来很大麻烦，因此应当从根本上尽量减少质量事故、降低质量管理难度。事中控制主要指从原料进厂到产品下线期间，按照工艺标准进行质量监督的过程，也是质量管理的核心工作。事中控制要求严格检查、及时反馈、及时整改。事后控制的重点是确保每个产品合格并把不合格产品及时反馈给制造部门进行返工。

再次，用业绩考核改变公司不利局面。之所以出现“重结果轻过程”现象的根本原因是质量工作没有真正与个人收入挂钩。业绩考核应当与每人的个人收入挂钩，考核是质量管理的杠杆。不能只对质量控制人员的进行考核，而放弃对制造部门员工质量的考核。管理者应当根据公司的实际状况制定制造人员的产量和质量权重系数，进行双重考核。如果缺乏中间制造环节的质量考核，势必把质量问题都丢给最后一个环节：品质部门。这不但会造成资源浪费，而且会造成部门间相互扯皮。

最后，客户和员工是最好的质量改善者。客户是产品质量的裁判。应当及时对客户反馈的意见进行调查和整改。客户的不满是企业改进的方向，提高客户的满意度和忠诚度是企业长兴不衰的法宝。员工是产品质量的一线情报员，他们熟悉制造环节的每一个细节，调动他们的积极性和主动性是改善质量的最好措施。建议企业设立“质量之星”评选制度，对重视产品质量的员工进行奖励，这样会激励更多员工加强质量管理。此外，建议设立专项奖金奖励努力改善产品质量和工艺流程的员工。

习题与思考题

1. 阐述质量及质量管理的含义。
2. 简述质量管理发展各个阶段的特点。
3. 简述全面质量管理理论的特点及原则。
4. 阐述制造系统中各个环节对质量的关注。
5. 讨论如何建立并保持全面质量管理的组织。

参考文献

[1] 张凤荣．质量管理与控制[M]. 北京：机械工业出版社，2011.
[2] 刘广第．质量管理学[M]. 2 版．北京：清华大学出版社，2003.
[3] 马风才．质量管理[M]. 北京：机械工业出版社，2009.
[4] 高光锐，任俊义．生产与质量管理[M]. 北京：电子工业出版社，2011.

第13章 供应链管理

作为21世纪增强企业竞争力最主要的管理思想和方法之一，供应链管理目前已经受到了国内外学术界与企业界的普遍重视。随着市场全球化和竞争的加剧，企业之间的竞争已变成了供应链之间的竞争，如何提高整条供应链的增值能力、消除牛鞭效应、增强供应链的竞争力已经成为各节点企业共同的目标，因此设计出结构合理的供应链至关重要。经济全球化、信息技术网络化以及电子商务技术的蓬勃发展促进了供应链的全球化运营，使生产的组织和实现超越了空间和时间的概念和限制，以网络信息为依托，在更广阔的范围内选择合作伙伴，采用灵活有效的管理组合模式，更加方便、有效地实现多种企业的资源优势互补。

13.1 从企业内部的运筹到供应链管理

运筹学(operations research)也称作业研究，是运用系统化的方法，经由建立数学模型及其测试，协助达成最佳决策的一门科学。它主要研究经济活动和军事活动中能用数量来表达的有关运用、筹划与管理等方面的问题，根据问题的要求，通过数学的分析与运算，作出综合的合理安排，以便能够较经济、有效地使用人力、物力、财力等资源。

运筹学研究的内容十分广泛，主要分支有线性规划、非线性规划、整数规划、几何规划、大型规划、动态规划、图论、网络理论、博弈论、决策论、排队论、存储论、搜索论等。

20世纪50年代后期，运筹学在中国的应用集中在运输问题上，其中一个广为流传的例子就是“打麦场的选址问题”，目的在于解决当时手工收割为主的情况下如何节省人力和时间。国际上的“中国邮路问题”模型也是在那个时期由管梅谷教授提出的。

在企业内部，从运筹学的视角上主要解决这样几个问题：一是质量管理问题；另一个是产品和服务设计的问题，工艺能力设计问题，即我们需要什么样的工艺，需要多大的厂才能满足需求，工厂放在什么地方，配送的供应链放在什么地方，工厂内布局应该如何，设备怎样摆放，人力资源和工作设计，如何建立一个合理的工作环境，哪些需要购买，哪些可以自己做，如何同供应商建立好关系，库存管理和设备维护等。

这样就从企业内部的运筹发展到供应链的管理。首先，由于需求环境的变化，原来被排斥在供应链之外的最终用户及消费者的地位得到了前所未有的重视，从而被纳入了供应链的范围。这样，供应链就不再只是一条生产链了，而是一条涵盖了整个产品运动过程的增值链。

供应链管理的基本模型是：从供应商开始到制造商到批发商到顾客，通过这样一个网络，把顾客需要的产品以最低的成本在合适的时间送到顾客手上。这个模型看起来简单，但实施起来十分复杂。供应链管理分为三部分：第一部分是网络规划，对于一个制造企业来讲，制造厂设在哪里，物流中心设在哪里，零售商设在哪个地点，这是需要设计的；第二部分称为仓库规划，仓库建成什么形式，库存怎样管理，最低库存和最高库存应该是多少；第三部分称为运输规划，如在运输中是大车大批量运还是小车小批量运，是从一个点出发再返回，还是走一个环形的路线运输，送货和取货应该在两个网络中还是在一个网络中等。

13.2 供应链及其牛鞭效应

供应链是由供应商、制造商、仓库、配送中心和渠道商等构成的物流网络。同一企业可能构成这个网络的不同组成节点，但更多的情况下是由不同的企业构成这个网络中的不同节点。整个供应链包括物流、信息流和商流，是企业与企业之间的合作，而不再是部门之间的合作，未来的竞争也不再是企业与企业的竞争，而是供应链与供应链的竞争。但是牛鞭效应的存在削弱了供应链的增值能力和竞争能力。所以企业之间必须协同合作，共同消除牛鞭效应，达到群体共存。

13.2.1 供应链概述

供应链的概念是从扩大的生产(extended production)概念发展来的，它将企业的生产活动进行了前伸和后延。例如，日本丰田公司的精益协作方式中，将供应商的活动视为生产活动的有机组成部分而加以控制和协调，这就是向前延伸。后延是指将生产活动延伸至产品的销售和服务阶段。因此，供应链就是通过计划(plan)、获得(obtain)、存储(store)、分销(distribute)、服务(serve)等一系列活动而在顾客和供应商之间形成的一种衔接(interface)，从而使企业能满足内外部顾客的需求。

供应链包括产品到达顾客手中之前所有参与供应、生产、分配和销售的公司和企业，因此其定义涵盖了销售渠道的概念。供应链对上游的供应者(供应活动)、中间的生产者(制造活动)和运输商(储存运输活动)及下游的消费者(分销活动)同样重视。

▶ 1. 供应链的概念

供应链是围绕核心企业，通过对信息流、物流、资金流的控制，从采购原材料开始，制成中间产品及最终产品，最后由销售网络把产品送到消费者手中，从而将供应商、制造商、分销商、零售商，直到最终用户连成一个整体的功能网链结构。它不仅是一条连接供应商到用户的物流链、信息链、资金链，而且是一条增值链，物料在供应链上因加工、包装、运输等过程而增加其价值，给相关企业带来收益。

供应链的上游和下游如表13-1所示。

表13-1 供应链的上游和下游

供应链	含义	举例
供应链上游	指那些先于最终制造的部分，包括为最终制造提供产品和服务的供应链	在服装制造的供应链中，最初的原料供应商，如棉花种植者，以及纺纱、织布厂
供应链下游	涉及供应链最终产品部分，包括将产品提交给最终客户	在服装制造的供应链中，配送中心和销售商

一个供应链的最终目的是满足客户需求，同时实现自己的利润。它包括所有与满足客户需求相关的环节，不仅仅是生产商和供应商，还有运输、仓储、零售和顾客本身。顾客需求是供应链的驱动因素，一条供应链正是从客户需求开始，逐步向上延伸的。例如，当一个顾客走进超市去买洗发水，供应链就开始于这个顾客对洗发水的需求，这个供应链的下一阶段是超市、运输商、分销商、洗发水生产工厂。

供应链是动态的，并且包括在不同阶段之间流动的产品流、信息流和资金流。每一个阶段执行不同的过程并且与其他阶段互相作用。例如，超市提供产品、价格信息给顾客，顾客付款获得产品，超市再把卖点信息和补货信息给配送中心，配送中心补货给超市，分销商也提供价格信息和补货到达日期给超市。同样的信息流、物料流、资金流在整个供应链过程中发生。

▶ 2. 供应链中的"三流"

1）物流

物流即物料或产品从供应方开始，沿着各个环节向需求方流动。供应链中的物流从原材料至产品到最终用户的运动仅仅是一个方向。有关供应链中物流的比较典型的观点认为：供应链中物料的流动由最初的资源通过一系列的转换过程流向配送系统，直至最终客户。

物流管理是供应链"三流"管理体系中最重要的组成部分，一般认为，供应链是物流、信息流、资金流的统一体，而物流贯穿于整个供应链的始终，它连接着供应链中的各个企业，是企业之间互相合作的纽带。

2）信息流

信息流即订单、设计、需求、供应等信息在供应链中的双向流动。供应链中的信息流需要在供应商和客户之间双向流动，包括从客户到供应商的需求信息流和从供应商到客户的供应信息流。供应链管理的实现，不仅需要高效快速的物流、资金流，更需要快速、准确的信息流。

3）资金流

资金流是供应链中货币形态的单向流通。物料是有价值的，物料流动会引发资金的流动。资金流是从下游向上游流动的。财务是业务运作的生命，没有资金流，企业将无法运营。购买原材料、支付员工薪金、产品广告宣传、各种设备设施的维护，以及维持服务等都不能没有资金流。

综上所述，物流是从最初供应商流向最终客户，资金按照相反方向流动，而信息则双向流动。

13.2.2 供应链中的牛鞭效应

▶1. 牛鞭效应的概念

牛鞭效应是指供应链上产品需求的订货量随着供应链向上游不断波动且放大，结果远远超出最初预测的消费者需求。也就是说，到达供应链最上游的产品需求量远远大于市场实际需求量。牛鞭效应的具体表现是以订单为载体的需求信息沿着供应链从顾客向零售商、批发商、分销商、制造商、原材料供应商传递的过程中，需求信息的变异会被逐级放大。这种信息扭曲的放大作用在图形显示上很像是一根甩起的赶牛鞭，因此被形象地称为牛鞭效应。

最下游的客户端相当于鞭子的根部，而最上游的供应商端相当于鞭子的梢部，在根部的一端只要有一个轻微的抖动，传递到末梢端就会出现很大的波动。在供应链上，这种效应越往上游，变化就越大，距终端客户需求就越远，影响就越大。达到最源头的供应商时，其获得的需求信息和实际消费市场中的顾客需求信息存在很大的偏差，需求变异系数比分销商和零售商的需求变异系数大得多。由于这种放大效应的影响，上游供应商往往维持比下游供应商更高的库存水平。这种信息扭曲如果和企业制造过程中不确定因素叠加在一起，将会导致巨大的经济损失。牛鞭效应反映出供应链上需求的不同步现象。

▶2. 牛鞭效应的形成

零售商根据以往销量，或凭经验，或凭一定算法对将来的客户需求进行预测，应该说这时的预测是最接近市场上真实的客户需求的，接着按照自己对顾客需求的预测向批发商发送订单，进行订货补充库存。由于存在订货提前期，零售商在平均需求的基础上，考虑到需求的波动，进而增加安全库存，此时的零售商订单的变动性已经超出了顾客需求初步预测，这是牛鞭效应中产品需求的第一次波动，需求的失真将从这里开始向上游传递。

批发商不能获知顾客的实际数据，它只能利用零售商已发出的订单进行预测，这样批发商在零售商平均订货量的基础上，又增加了一个风险库存。这是牛鞭效应中产品需求第二次波动。

由此，零售商、分销商、制造商、供应商的订货量波动越来越大，远远超出市场实际需求，结果是供应链各成员的库存过大，增加了供应链的库存成本，使供应与需求很难匹配，没有实现供应链管理降低库存的目标。

传统供应链中，各企业和各职能部门通常只追求本部门的利益，而企业间和企业内部部门之间，缺乏系统性思考和集成化管理。

例如，宝洁公司在研究尿不湿产品的市场需求时发现，该产品的销售数量相对稳定，波动性并不大。但在考察分销中心的订货情况时，却发现其订单的变动比销售数量的变动要大得多，而分销中心是根据批发商的订货需求量的汇总进行订货的。通过进一步研究发现，零售商为了能够应付客户需求增加的变化，往往在历史和现实销售情况的预测订货量基础上，进行一定的放大后再向批发商订货，而批发商也出于同样的考虑进行加量订货。

这样，虽然客户需求波动不大，但层层加量订货就将实际需求逐级放大了。

▶ 3. 牛鞭效应的危害

如果供应链的每一个阶段只是追求各自目标的最优化，而未考虑对整个供应链的影响，就会导致失调，从而使供应链总利润低于协调时可以达到的水平。供应链的每一个阶段在追求自身目标最优化的过程中所采取的行动，最终损害了整条供应链的运营业绩。具体来说，供应链中牛鞭效应的危害主要有以下几方面。

（1）过度频繁的需求变化，使企业生产计划变化加剧，导致额外成本支出增加，过度的生产预测大大增加了计划的不确定性，各节点企业不得不频繁地修改生产计划，使制造商投入的生产能力大于实际的需求。牛鞭效应歪曲了需求信息，使需求的波动程度加大，从而使制造商盲目扩大生产能力，结果是生产能力利用率不高。

（2）客户需求不能及时满足，降低服务水平。现今的市场是客户驱动的市场，然而信息的扭曲失真使各节点企业很难对市场需求作出准确的预测和正确的决策。一些产品的需求被过分放大，而另一些市场真正需要的产品却得不到重视，造成制造商生产能力闲置或过度使用，从而产生短缺与过剩交替，无法充分满足客户需求。

（3）牛鞭效应增加企业管理难度。这些难度主要表现在需求扩大而引起的企业有限资源的分配问题，如产品原材料的采购、生产能力的安排、生产计划的制订、库存战略的制定和库存的控制等。这些问题直接影响着企业在市场条件下的生存和发展。

综上所述，牛鞭效应及其引发的供应链失调对供应链的运营有较大的负面影响。牛鞭效应的存在会使库存成本、生产成本、运输成本增加，降低了反应能力，从而导致供应链绩效降低。

▶ 4. 应对牛鞭效应的方法

供应链中的不确定性主要来源于供应商不确定性、生产者不确定性和顾客不确定性。而供应链上的不确定性主要表现为衔接不确定性和运作不确定性。由于牛鞭效应是以下游客户逐级向上游转嫁风险的结果，因而它会危害整个供应链的运作，导致总库存增加、生产无序和失衡，业务流程阻塞，资源浪费、市场混乱和风险增大。企业可以从已经找到的牛鞭效应产生的原因中，来寻找解决牛鞭效应的方法。

1）采用 VMI 模式

供应商库存管理(vendor managed inventory，VMI)是一种在客户和供应商之间的合作性策略，在一个双方协定的目标框架下，由供应商来管理库存。VMI 体现了供应链集成化管理思想，有助于打破传统企业各自为政的库存管理模式，使整个供应链的库存管理最优化目标得以实现。

直接由供应商管理库存，减少订单在传递过程中需求信息波动放大造成的需求信息失真，供应商直接预测消费需求，制定生产、配送等决策，或直接向上游发出订单，减少了供应环节，大大降低了牛鞭效应。

2）采取 JIT 物流模式

及时生产(just in time，JIT)是由日本丰田汽车公司在 20 世纪 60 年代实行的一种生产方式，是以市场需求为核心的“拉动式”管理体系，这一管理体系的确立可以促使企业按市场办事，严格按客户需求组织采购、运输、加工、配送等活动，即将所需要的零件，以所需要的数量，在正好需要的时间送到生产线。

采取实时预测、实时配送、实时生产，尽可能地减少安全库存量，更能直接降低牛鞭效应。供货周期的缩短意味着市场需求更小的波动，因为短时间内可以假定消费者的偏好不变，在没有意外的情况下，需求的预测完全可以根据以往的经验和近期的销售数据来得出更为接近市场实际需求的信息，从而制定订单。

3）采用电子信息技术，缩短订货提前期

下游企业在采购时，由于考虑到缺货风险，对于定购提前期一般都慎重决定，因为提前期的不确定性，导致下游企业的预测存在误差，从而导致库存周期波动，最终导致牛鞭效应的产生。沃尔玛的实践表明，采用信息技术(商品条形码技术、物流条形码技术、电子订货系统、POS数据读取技术、预先发货清单技术、电子支付系统、连续补充库存方式)支持的快速响应系统，可以使预测误差大幅减少，从而减小牛鞭效应的负面影响。

综上所述，对于大多数企业来说，仅仅依靠自己的实力在激烈的市场竞争中求得生存和发展，是相当困难的，企业之间通过供应链彼此连接在一起，因此应以一个有机的整体参与竞争，共同合作，优劣互补，实现协同效应，从而提高供应链的竞争力，达到群体共存的效果。供应链这个结构不仅涉及“蛋糕”的分配，还要把“蛋糕”做大及发现其他新的“蛋糕”，这都需要上下游企业间建立紧密的伙伴关系，只有在供需双方互相信任、利益共享和风险共担的基础上，才能公开各自的业务数据，共享信息和业务流程。只有在这样的前提下，利用先进的信息技术以及管理技术，实现资讯的共享，使各节点企业能从整体最优的角度作出决策，实现供应链的不断增值，才能有效地减小各种因素的影响，真正消除牛鞭效应。

13.3 供应链的管理与设计

供应链管理是一种集成管理的思想与方法，它执行供应链中从供应商到最终用户的物流计划和控制等职能，表现了企业在战略和战术上对企业整个作业流程的优化，整合并优化了供应商、制造商、零售商的业务效率。要达到上述目标，必须设计一个结构合理的供应链，这样才能减少库存、降低成本、缩短提前期、实施JIT生产与供销、提高供应链的整体运作效率。

13.3.1 供应链管理概述

▶ 1. 供应链管理的概念

供应链管理(supply chain management，SCM)是一种从供应商开始，经由制造商、分销商、零售商，直到最终用户的全要素、全过程的集成管理模式。其目标是从整体的观点出发，寻求建立供、产、销企业以及客户间的战略合作伙伴关系，最大限度地减少内耗与浪费，实现供应链整体效率的最优化。

▶ 2. 供应链管理涉及的内容

供应链管理涉及以下四个主要领域：供应(supply)、生产作业(schedule plan)、物流(logistics)、需求(demand)，如图13-1所示。供应链管理是以同步化、集成化生产计划为指导，以各种技术为支持，尤其以 Internet/Intranet 为依托，围绕供应、生产作业、物流(主要指制造过程)、需求来实施的。供应链管理的目标在于提高客户服务水平和降低总的交易成本，并且寻求两个目标之间的平衡。

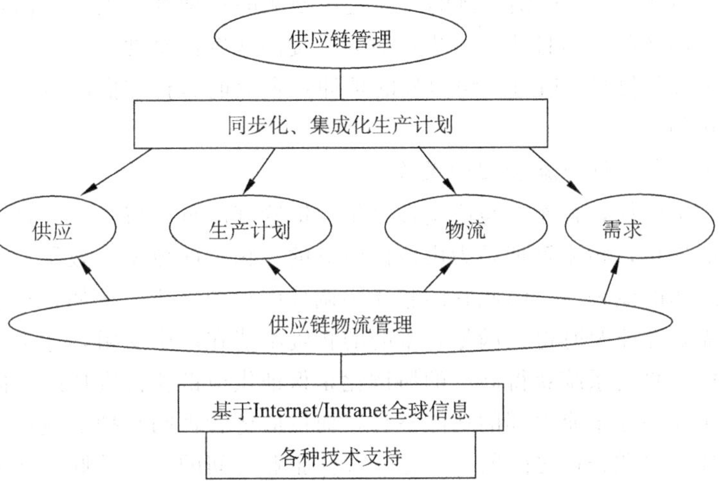

图 13-1 供应链管理涉及的领域

▶ 3. 供应链管理的目标

供应链管理的目标是在满足客户需要的前提下，对整个供应链(从供货商、制造商、分销商到消费者)的各个环节进行综合管理，例如从采购、物料管理、生产、配送、营销到消费者的整个供应链的物流、信息流和资金流管理，把物流与库存成本降到最小。

▶ 4. 供应链管理的要点

(1) 供应链是一个单向过程，链中各环节不是彼此分割的，而是通过链的联系成为一个整体。

(2) 供应链是全过程的战略管理，从总体来考虑，如果只依赖于部分环节信息，由于信息的局限或失真，可能导致计划失真。

(3) 不同链节上的库存观不同，在物流的供应链管理中，不应把库存当作维持生产和销售的措施，而应将其看成是供应链的平衡机制。

▶ 5. 供应链管理的意义

供应链管理的最终目的是满足客户需求，降低成本，实现利润。具体表现为：

(1) 提高顾客满意度。这是供应链管理与优化的最终目标，供应链管理和优化的一切方式方法，都是朝这个目标努力的，这个目标同时也是企业赖以生存的根本。

(2) 提高企业管理水平。供应链管理与优化的重要内容就是流程上的再造与设计，这对提高企业管理水平和优化管理流程，具有不可或缺的作用。同时，随着企业供应链流程的推进和实施、应用，企业管理的系统化和标准化将会有极大的改进，这些都有助于企业管理水平的提高。

(3) 节约交易成本。结合电子商务整合供应链将大大降低供应链内各环节的交易成本，缩短交易时间。

(4) 降低库存水平。通过扩展组织的边界，供应商能够随时掌握库存信息，组织生产，及时补充，避免供应链各企业维持较高的库存水平。

(5) 降低采购成本，促进供应商管理。由于供应商能够方便地取得存货和采购信息，采购管理人员等可以从这种低价值的劳动中解脱出来，从事具有更高价值的工作。

(6) 缩短循环周期。通过供应链的自动化，预测的精确度将大幅提高，这将使企业不仅能生产出需要的产品，而且能缩短生产时间，提高顾客满意度。

(7) 增加收入和利润。通过组织边界的延伸，企业能履行它们的合同，增加收入并维持和增加市场份额。

▶ 6. 供应链管理与物流管理的关系

供应链是一个整体，合作性与协调性是供应链管理的重要特点。在这一环境中的物流系统也需要无缝连接，物流管理是为供应链服务的，物流的效率、效果、质量和速度直接影响着供应链运作的流畅性。因此它的整体协调性应得到强化，例如，运输的货物要准时到达，顾客的需要才能及时得到满足；采购的物资不能在途中受阻，才会增强供应链的合作性。因此供应链物流系统获得高度的协调化是保证供应链获得成功的前提条件。

物流管理主要关注企业内部的功能整合，而供应链管理则是把供应链中的所有节点企业看作一个整体，强调企业之间的一体化，关注企业之间的相互关联。物流管理是计划机制，而供应链管理是协商机制，是一个开放的系统，通过协调分享需求与存货信息，以减少或消除供应链成员之间的缓冲库存。供应链管理的概念不仅仅是物流的简单延伸。物流管理主要关注于组织内部对“流”的优化，而对供应链管理仅仅认识到进行内部整合的重要性是不够的。所以，供应链应用于物流不但优化了传统的物流系统，更使物流系统向更高一级发展，使物流的支链变大变广，使供应链管理发挥最佳效果。

13.3.2 供应链的设计

▶ 1. 供应链设计的内容

1) 供应链成员及合作伙伴选择

一个供应链是由各个供应链成员组成的。供应链成员包括了为满足客户需求，从原产地到消费地，供应商或客户直接或间接地相互作用的所有公司和组织。因为一级级叠加起来的成员总数可能会很大，所以这样的供应链是非常复杂的。因此，关于供应链成员及合作伙伴的选择是供应链管理的研究重点。

2) 网络结构设计

供应链网络结构主要由供应链成员、网络结构变量和供应链间工序连接方式三方面组成。为了使非常复杂的网络更易于设计和合理分配资源，有必要从整体出发进行网络结构的设计。

3) 供应链运行基本规则

供应链上节点企业之间的合作是以信任为基础的。信任关系的建立和维系除了各个节点企业的真诚和行为之外，必须有一个共同的平台，即供应链运行的基本规则，其主要内容包括：协调机制、信息开放与交互方式、生产物流的计划与控制体系、库存的总体布局、资金结算方式、争议解决机制等。

▶ 2. 供应链设计的步骤

(1) 分析市场竞争环境，要“知彼”。目的在于找到针对哪些产品市场开发供应链才有效，为此，必须知道现在的产品需求是什么，产品的类型和特征是什么。分析市场特征的过程要向卖方、用户和竞争者进行调查，提出诸如“用户想要什么”“他们在市场中的分量有多大”之类的问题，以确认用户的需求和因卖方、用户、竞争者产生的压力。这一步骤的输出是每一产品的按重要性排列的市场特征。同时对于市场的不确定性要有分析和评价。

（2）总结、分析企业现状，要“知己”。主要分析企业供需管理的现状，这一步骤的目的不在于评价供应链设计策略的重要性和合适性，而是着重于研究供应链开发的方向，分析、寻找、总结企业存在的问题及影响供应链设计的阻力等因素。

（3）针对存在的问题提出供应链设计项目，分析其必要性。要了解产品，围绕供应链“可靠性”和“经济性”两大核心要求，提出供应链设计的目标。这些目标包括提高服务水平和降低库存投资的目标之间的平衡，以及降低成本、保障质量、提高效率、提高顾客满意度等。

（4）基于产品的供应链设计策略提出供应链设计目标。主要目标在于获得高客户服务水平和低库存投资、低单位成本两个目标之间的平衡。

（5）分析供应链的组成，提出组成供应链的基本框架。供应链中的成员组成分析主要包括制造工厂、设备、工艺和供应商、制造商、分销商、零售商及用户的选择及其定位，以及确定选择与评价的标准，包括质量、价格、准时交货、柔性、提前期、批量、服务、管理水平等指标。

（6）分析和评价供应链设计的技术可行性。这不仅是某种策略或改善技术的推荐清单，而且是开发和实现供应链管理的第一步，它在可行性分析的基础上，结合本企业的实际情况，为开发供应链提出技术选择建议和支持。这也是一个决策的过程，如果认为方案可行，就可进行下面的设计；如果不可行，就要重新进行设计，调整节点企业或建议客户更新产品设计。

（7）设计供应链，主要解决以下问题：

① 生产设计(需求预测、生产什么产品、生产能力、供应给哪些分销中心、价格、生产计划、生产作业计划和跟踪控制、库存管理等问题)；

② 分销任务与能力设计(产品服务于哪些市场、运输、价格等问题)；

③ 信息管理系统设计；

④ 物流管理系统设计等。

（8）检验供应链。供应链设计完成以后，应通过一定的方法、技术进行测试检验或试运行。如果不行，返回第(4)步重新进行设计；如果没有什么问题，就可实施供应链管理了。

（9）实施供应链。供应链实施过程中需要核心企业的协调，控制和信息系统的支持，使整个供应链成为一个整体。供应链设计的步骤如图13-2所示。

综上所述，供应链设计是企业模型的设计，它从更广泛的思维空间——企业整体角度去勾画企业蓝图，是扩展的企业模型。它既包括物流系统，又包括信息和组织，以及资金流和相应的服务体系建设。在供应链的设计中，要把供应链的整体思维观融入供应链的构思和建设中，企业之间要有并行的设计才能实现并行的运作模式。

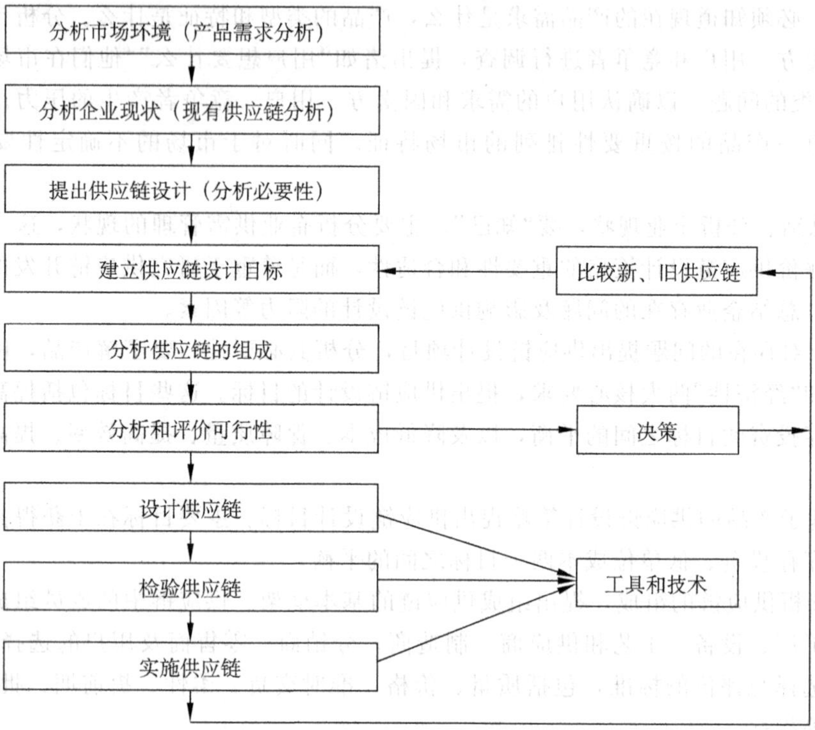

图 13-2　供应链设计的步骤

13.4　快速响应供应链体系

为了快速响应顾客的需求，保证精益生产方式的实施，供应商、制造商和销售商应紧密合作，通过共享信息来共同预测未来的需求并且持续观察需求的变化，以获得新的机会。这就是快速响应战略。随着竞争重点由成本向时间转移，快速响应供应链管理体系越来越受到人们的重视。

▶ 1. 快速响应的起源

快速响应(quick response，QR)系统最早由连锁零售商沃尔玛、凯马特公司等开始推动，并逐步推广到纺织服装行业。美国的纺织服装行业在应用 QR 系统后，产业结构趋于合理，产品的产销周期由原来的 125 天锐减至 30 天，大大缩短了产品在制造、分销、零售等供应链各环节上的运转周期，大大降低了整体供应链的运营成本，大大提高了企业的竞争力。1986 年以后，美国百货公司和连锁业也开始导入 QR 系统。随着 QR 系统在零售领域的应用日益广泛和深入，其功能结构也得到不断完善和补充。

“零售巨人”沃尔玛是 QR 系统的重要推动者之一。回顾沃尔玛的 QR 实施过程，可将其分为三个发展阶段。

1) QR 系统的初期阶段

沃尔玛公司 1983 年开始采用销售时点数据(point of sale，POS)系统，1985 年开始建立电子数据交换(electronic data interchange，EDI)系统，这两大信息系统的建设为沃尔玛实施QR奠定了技术条件。1986年它与Seminole公司和Milliken公司在服装商品方面开展合作，开始建立垂直型的QR系统。当时双方合作的领域仅限于订货业务和付款通知业务。通过EDI系统发出订货明细清单和受理付款通知，来提高订货速度和准确性，并节约相关事务的作业成本。

2) QR系统的发展阶段

为了促进零售业内电子商务的发展，沃尔玛与其他商家一起成立了VICS委员会，协商确定零售业内统一的EDI标准和商品识别标准。沃尔玛基于行业统一标准设计出POS数据的输送格式，通过EDI系统向供应商传送POS数据。供应商基于沃尔玛传送过来的POS信息，可及时了解沃尔玛的商品销售情况，把握商品的需求动向，并及时调整生产计划和材料采购计划。

供应商利用EDI系统在发货之前向沃尔玛传送预先发货清单(advanced shipping notice，ASN)。这样，沃尔玛事前可以做好进货准备工作，同时可以省去货物数据的输入作业，使商品检验作业高效化。沃尔玛在接收货物时，用扫描器读取包装箱上的物流条码，把扫描读取的信息与预先储存在计算机内的进货清单进行核对，判断到货和发货清单是否一致，从而简化了检验作业。在此基础上，利用电子支付系统向供应商支付货款。同时只要把ASN数据和POS数据比较，就能迅速知道商品的库存信息。这不仅节约了大量事务性作业成本，而且还能压缩库存，提高商品周转率。在此阶段，沃尔玛公司开始把QR的应用范围扩大至其他商品和供应商。

3) QR系统的成熟阶段

上述措施为沃尔玛实施“天天平价”的价格竞争战略提供了有利条件。从沃尔玛的实践来看，QR是零售商和供应商建立战略伙伴关系，利用EDI等信息技术，进行销售时点的信息交换以及订货补充等其他经营信息的交换，用高频率小数量配送方式连续补充商品，实现缩短交货周期、减少库存、提高顾客服务水平和企业竞争力为目的的供应链管理。

▶ 2. 快速响应的概念

快速响应是指通过零售商和生产厂家建立良好的伙伴关系，利用EDI等信息技术，进行销售时点以及订货补充等经营信息的交换，用多频度、小数量配送方式连续补充商品，以此来实现销售额增长、客户服务的最佳化以及库存量、商品缺货、商品风险最小化等目标的一种物流管理系统模式。

▶ 3. 快速响应的特点

(1) QR是连接供需之间的链条，快速响应的基本原则是按照需求对组织活动进行部署，企业中所有活动都要与顾客的需求行为步调一致。

(2) QR有能力在尽可能靠后的时间内按照信息决策，以便及时地保证可供物的多样性的最大化，以及交货期、费用、成本和库存最小化。

(3) QR将重点放在灵活性和生产速度上，以便满足高竞争性、多变和动态的市场不断变化的需要。

(4) QR包含了展览、结构、文化和一套通过快速信息传输和有利的信息交换活动，实现互联网络中企业整合的操作过程。

▶4. 实施快速响应系统的关键要素

(1) 改变传统的经营方式，革新企业的经营意识和组织结构。企业不能局限于依靠本企业独自的力量来提高经营效率的传统经营意识，要树立通过与供应链各方建立合作伙伴关系，努力利用各节点企业的资源来提高供应链整体经营效率的现代经营意识。

零售商在垂直型 QR 系统中起主导作用，零售店铺是垂直型 QR 系统的起始点。在垂直型 QR 系统内部，通过 POS 数据等销售信息和成本信息的相互公开和交换，来提高供应链上各环节企业的经营效率。

(2) 开发和应用现代信息处理技术。开发和应用现代信息处理技术是成功进行 QR 活动的前提条件。这些信息技术包括商品条码技术、物流条码技术、电子订货系统(EOS)、POS 数据读取系统、电子数据交换系统(EDI)、预先发货清单技术、电子支付系统(EFT)、供应商管理库存方式(VMI)、连续补货方式(CRP)等。

(3) 必须与供应链上各节点企业建立战略伙伴关系。

▶5. 构建与实施快速反应供应链

1) 快速反应供应链系统的构建

在新经济环境下，制造业面临着信息网络化、经济全球化、需求多样化和个性化、订货批量越来越小、产品的生命周期越来越短的市场竞争环境。而且，这种市场环境是动态的、突变的、非平稳的，是一个竞争更为激烈的生存环境。产品多样性增加、批量减小，顾客对产品的交货周期、价格和质量的要求也越来越高。在这种背景下，必须有完善的快速反应的物流系统，这就对传统供应链提出了多种挑战。

创建快速反应供应链，以核心企业为中心，通过对资金流、物流、信息流的控制，将供应商、制造商、分销商、零售商及最终消费者整合到一个统一的、无缝化程度较高的功能网络链中，形成一个极具竞争力的战略联盟。从内容上看，这种供应链系统应包括信息流、物流、资金流、价值流及业务流五个相互联系的子系统。

2) 快速响应供应链系统的实施策略

(1) 滚动预测策略。公司市场部门每个月根据市场状况、公司的实际销售状况及历史记录，对将来一段时间的销售情况进行预测。这种预测是每月更新的，可以是未来三个月或者六个月的，公司根据预测安排生产计划。

(2) 供应商管理库存策略。即供货方代替用户(需求方)管理库存。库存的管理职能转由供应商负责，以掌握零售商销售资料和库存量进行市场需求预测和库存补货。经由销售资料得到消费需求信息，供应商可以更有效地计划生产、减少反馈环节、更快速地反映市场变化和消费者需求，行使对库存的控制权。供应商管理库存策略可以提供更好的客户服务、增加公司的竞争力、提供更精确的预测、降低营运成本、降低库存量与库存维持成本等。

(3) 安全库存策略。在供应链上设置必要的安全库存。这样的安全库存能够有效地弥补信息集成发展的阶段性，消除供应链上的不确定性。在供应链系统上设置必要安全库存有两个优势，一是可以缩短货物交付期。交付期越短，交付期期间市场需求量的标准差就越小，在这一期间进行的供应链市场需求预测就越准确，供应链上的供给不确定性也就越小，从而在整个供应链上需要的必备的安全库存也就越少。因此，为了有效地消除供应链上的不确定性，就应该努力缩短供应链上的交付期。二是最大限度地减小需求不确定性。

应大力加强供应链上的信息共享，以供应链系统集成的思想加强供应链上各节点企业的战略联盟关系。这是消除供应链上不确定性的有效方法。

13.5 供应链全球化的趋势

经济全球化、信息技术网络化以及电子商务技术的蓬勃发展促进了供应链的全球化运营，它们为供应链全球化提供了信息和业务集成的基础支持。供应链全球化使生产的组织和实现超越了空间和时间的概念和限制，可以以网络信息为依托，在更广阔的范围内选择合作伙伴，采用灵活有效的管理组合模式，更加方便有效地实现多种企业的资源优势互补。

▶ 1. 全球供应链管理的概念

全球供应链管理(global supply chain management)是指在全球范围内组合供应链，它要求以全球化的视野，将供应链系统延伸至整个世界范围，根据企业的需要在世界各地选取最有竞争力的合作伙伴。全球供应链管理强调在全面、迅速地了解世界各地消费者需求的同时，对其进行计划、协调、操作、控制和优化，在供应链中的核心企业与其供应商以及供应商的供应商、核心企业与其销售商乃至最终消费者之间，依靠现代网络信息技术支撑，实现供应链的一体化和快速反应，达到物流、资金流和信息流的协调通畅，以满足全球消费者需求。

全球供应链管理是实现一系列分散在全球各地的相互关联的商业活动，包括采购原料和零件、处理并得到最终产品、产品增值、对零售商和消费者的配送、在各个商业主体之间交换信息等，其主要目的是降低成本、扩大收益。

▶ 2. 全球供应链的类型

全球供应链涉及运输和仓储等主要物流环节和基本业务的全球化，采购、外包、供应链流程的全球化。通过有效的全球供应链管理，跨国公司可以节省成本和时间，并提高物料管理与实体运配上的可靠性。全球供应链的四种类型如表 13-2 所示。

表 13-2 全球供应链的类型

全球供应链的类型	含义
国际配送系统	生产以国内为主，但配送系统与市场有一些在海外
国际供应商	原材料与零部件由海外供应商提供，但最终的产品装配在国内。一些情况下，产品装配完成后会再运到海外市场销售
离岸加工	产品生产的整个过程一般都在海外某一地区，成品最终运回到国内仓库进行销售的配送
全球性供应链	产品的进货、生产、销售的整个过程都发生在全球的不同工厂

▶ 3. 全球供应链的趋势和影响

自 2005 年以来，全球化在物流和供应链领域的影响日趋明显。供应链全球化的影响，从主要发达国家到南美、非洲、中东、亚洲等新兴物流市场，还涉及全球供应链安全的挑战、全球供应链的速度、敏捷性与成本效益优化等领域。供应链全球化影响已经深入到企业商业活动的方方面面。

供应链全球化的趋势正在影响中国物流界，表现在以下两个方面：

1）物流外包已经发展到供应链管理流程的全球化外包

供应链管理是企业内部和企业之间所有物流活动和商业活动的集成。运输时效、信息技术的开展，运输、仓储等主要物流活动的全球化已经开始了很长时间，全球采购、全球配送等物流环节近年来的全球化趋势明显，而供应链商业过程，如制造、研发、客户服务近年来外包发展迅速，供应链商业流程外包增加了企业的价值增值能力。

领先的全球化物流服务供应商，已经从提供全球物流服务向提供全球供应链服务转化。仅仅具备资产和物流服务能力已经不能满足跨国企业的要求。物流企业要具备供应链管理技术，从提供物流服务上升到提供知识管理服务的层面，其中涉及供应链战略、供应链网络设计、供应链流程再造和优化，为生产企业提供完整的供应链管理服务。锐得公司和戴姆勒-克莱斯勒的全球供应链合作就是典型的案例。

供应链全球化的趋势表明，物流企业的能力必须从提供以资产为基础的物流服务，向提供以管理能力为核心的完整的供应链服务转型，才能在竞争中处于优势地位。

2）跨国公司的全球供应链战略在不同的国家侧重点不同

跨国公司在实施供应链全球化战略的过程中，在不同的国家所考虑的因素和重点不同，为中国如何更好地承接全球供应链外包提供了借鉴。

中国和印度是供应链流程全球外包的两个主要承接地，但两国的优势和承接外包的主要商业流程不同，跨国公司所考虑的侧重点也明显不同。中国在承接制造业外包方面有明显优势，印度在承接完整的供应链外包、IT外包和离岸业务外包方面有明显优势。而当跨国公司考虑供应链流程外包的时候，认为外包到中国要考虑到过热的经济发展所带来的风险、知识产权保护问题、政府政策和规则的影响等方面的因素。在物流和供应链方面，跨国公司担心的是中国产业向内地转移的过程中，沿海地区的港口和物流枢纽与内地的连接度不足而增加物流成本和时间成本。

13.6 案例分析

某公司应用供应商关系管理系统提升管理水平

1. 公司现状

某公司立足农牧产业，注重稳健发展，业务涉及饲料、养殖、肉制品及金融投资等领域，其供应链管理方面的困扰有如下几个方面。

(1) 管理制度落地流于形式：虽然有各种管理制度，但因没有载体，难以做到实实在在地执行，制度落地时流于形式。

(2) 未能搭建一个供应商全生命周期管理的平台，不利于供应商团队的健康成长：目前的采购日常管理集中在执行采购部分，而战略采购方面着力不够，希望搭建一个供应商全生命周期管理体系，并将精力集中于战略采购的部分，向管理要利润。

(3) 政策性风险：三聚氰胺等事件近年来层出不穷，农业部也在反思，之前的科研机构和企业提交新品种的配方，由农业部审批的这种方式。因化合物层出不穷，农业部没有能力做到绝对安全的审批。近年来农业部转变思想并界定行业可以使用的清单，超出清单外的均不得检出，一旦检出则对企业进行严肃处理。该政策的落地，对企业的采购管理制度和供货体系提出了更高的要求。

2. 提出解决方案

该公司经调研和反复研究后，提出了如下解决方案。

1) 供应商寻源(事前)

供应商注册及初评：供应商接到邀请后进行注册，集团采购中心会对注册的供应商进行初评检查，初评通过后该供应商即可进入潜在供应商池，供全集团共享。

供应商物料认证：集团、各事业部及各工厂按照物资的管控层级，对潜在供应商展开认证工作。认证完毕后，对于符合要求的供应商，在系统中填写《供应商及货源准入申请》，经过多级领导审批后，该供应商和货源关系生效。

2) 供应商绩效评估

考核模板制定：按照不同的物资分类定义考核模板，考核模板内容包含四个维度，即质量、交期、成本和服务。

考核执行：按照上述考核模板执行考核，最后出具考核结果。

考核策略应用：依据供应商考核结果，对优质供应商提高下一期的配额，减少承兑汇票的比例、缩短承兑汇票的周期等；对于劣质供应商，则降低配额、增加承兑汇票的比例，甚至淘汰出供应商团队。

3. 应用供应商关系管理后的管理提升

1) 采购管理制度的落地

供应商关系管理系统上线前：虽然有各种管理制度，但因没有载体，难以做到实实在在地执行，制度落地时流于形式。

供应商关系管理系统上线后：供应商关系管理系统作为流程性软件，可以管控采购业务必须在该平台上处理，将供应商关系管理与管理制度进行深度融合。通过供应商关系管理系统的实施，将管理制度和经营要求做到实实在在的落地，优化采购管理流程，规避经营风险，提高运营效率。

2) 供应商全生命周期管理

供应商关系管理系统上线前：业务停留在执行采购的部分，且仅仅为了做账处理，在战略采购层面未能涉及，难以搭建有效的供应商团队，难以提升供应商团队的供货品质与供货能力。

供应商绩效评估体系建立后：健全并优化了企业的供应商团队的供货能力和质量保障能力。

3) 供应商引入和货源控制

供应商关系管理系统上线前：新供应商和货源关系由各区域及分工厂自行引入，管理层未能控制供应商可供的货源关系。

供应商关系管理系统上线后：引入的新供应商及现有供应商需要供应新物料时，需要在供应商关系管理系统中送签《供应商及货源准入申请》，审批通过后方可执行采购；管理层通过把控新供应商及可靠货源的准入，来保证供应商团队的供货品质和供货能力，为日常生产提供质量和交期方面的保障。

4）农业部行政风险

供应商关系管理系统上线前：各区域和工厂独立制定质量指标，导致集团内原料标准不统一，未能与农业部管理思想变革后的质量体系统一，进而给企业经营带来巨大的风险。

供应商关系管理系统上线后：为规避经营性风险，塑造品牌形象，由集团出面统一在农业部最新的质量体系基础上，统一各事业部、各工厂的质量标准，形成公司层面统一的质量体系，并固化在供应商关系管理平台中，后续供应商寻源及合同签订时，必须符合该质量体系要求方可引入供应商，合同方可生效，从而规避经营过程中的风险。

习题与思考题

1. 简述供应链中的“三流”。
2. 简述供应链中牛鞭效应的定义。
3. 简述全球供应链的定义及类型。
4. 对你熟悉的一家企业进行供应链设计。

参考文献

[1] 王忠伟，庞燕．供应链管理[M]．北京：中国财富出版社，2009.

[2] 刘树华，鲁建厦，王家尧．精益生产[M]．北京：机械工业出版社，2010.

第14章 精益生产

14.1 概述

▶ 1. 精益生产的产生

1）大量生产

制造业最初的生产运作方式是手工生产运作方式。主要靠具有高超、熟练的手工技艺和技巧的工人逐件制造完成，这种方式的缺点是效率低、产量少、成本高，且缺乏一贯性和可靠性，易出故障。

20世纪初，亨利·福特推出了T型车，标志着大量生产运作方式的兴起。大量生产运作的结果是生产率大幅提高，成本大幅下降。例如，汽车的生产节拍从1908年的514min下降到1913年的2.3min，1914年又进一步下降到1.19min，型车的售价也随之由1908年的850美元下降到926年的290美元。

福特的大量生产运作方式使美国的劳动生产率大大提高，美国因此成为世界上经济最发达的国家，同时也开创了世界生产运作方式的一个新纪元。然而，大量生产运作方式缺乏柔性，即缺乏适应品种变化的能力。尤其在市场需求日趋多样化的今天，大量生产运作方式的这一缺陷日益突出。

大量生产运作，由于操作简便，所以降低了对工人培训和技能素质的要求，但也使得工人的工作变得枯燥乏味，从而扼杀了人的主观能动性。此外，过量的库存、过多的供应厂商、过多的后备工人等，使得企业也要支付大量费用。

20世纪70年代发生的石油危机表明以高投入为特征的大量生产方式危及了世界经济的健康发展。由于生产要素价格的上涨，高投入不再能相应地促进生产率的提高。20世纪60年代石油涨价，能源成本上升，石油价格在一夜之间上涨了4倍；80年代之后，国际金融市场利率上升。所有这些，都使以总量增长速度为主要目标、以增加投入为主要发展手段的旧的大量生产方式难以继续下去。

2）准时生产的产生

准时生产方式起源于日本丰田汽车公司。丰田公司是19世纪末在制造织机的基础上发展起来的。第二次世界大战后，日本处于战后萧条时期，当丰田公司决定要全面生产轿车和商用载货汽车时，曾经面临着很大的困难。第一，国内市场很小，需要的汽车种类很复杂。采用单一品种的大量生产方式，国内找不到这样大的市场，要打进国际市场也相当困难。第二，日本人的就业观念与西方不同。第三，经过战争的摧残，日本经济缺乏资金和外汇，不可能大量购买西方的新技术。

为了寻找日本汽车工业发展的道路，1950 年春，丰田公司新一代领导人曾经对世界上最大且效率最高的汽车制造厂——福特公司的鲁奇工厂进行了为期 3 个月的考察。回国后，与当时主管生产的大野耐一先生一起商量，很快得出结论：大量生产方式不适合日本，应该结合日本国情走出一条自己的新路。美国汽车工业的生产方式虽然已很先进，但仍有很大的改善余地。需要采取一种更能灵活适应市场需求、尽快提高产品竞争力的生产方式。

20 世纪后半期，不仅美国，不只汽车市场，整个市场都进入了一个需求多样化的新时代，而且对质量的要求也越来越提高，随之给制造业提出的新课题是如何有效地组织多品种小批量生产以满足顾客快速变化的多样性需求。丰田公司决定要走一条适合日本实际情况的新路，并最终取得了成功，这就是准时生产方式。

汽车生产有大量的钣金件要加工，对钣金件生产的改进和认识产生了准时生产制的萌芽。在大量生产运作方式下，钣金件的加工是先用冲床下料，再用笨重的压模挤压成型。这种冲压设备非常昂贵，对模具制造、安装和调整精度都有很高要求，所以美国企业都是配备较多的专用冲压设备，同时由专家花费约一天的时间来更换模具，一旦换好后就长时间大量生产运作某一种钣金件，数月甚至数年才更换一次模具。这势必造成很高的在制品库存，而且一旦失控会产生大量不合格品。据统计，很多大量生产运作的工厂约有 20%的生产运作面积和 25%的工作时间是用来返修产品的。为解决这一问题，大野耐一的思路是开发简单的快速换模技术。他利用滚道送进送出模具，不仅使换模时间下降到只需 3min，而且可由一般的操作工人完成。更令人惊奇的是，这样做的结果使零件的制造成本反而比大量生产运作还低。分析发现有几方面的原因：一是大大降低了在制品库存；二是准时发现加工过程中的质量问题，避免了大量生产不合格品和大量返修；三是冲压设备的一机多用，降低了固定成本；四是模具更换改由一般工人操作，节约了人工成本。这种事实突破了“批量小，效率低，成本高”的固有逻辑，证明了新路子可以使成本更低，质量更高，能生产运作的品种更多，较之大量生产运作方式更加优越。

丰田汽车公司继续不断探索，创造了具有独特风格的看板管理。大野耐一受超级市场管理结构和工作程序的启发，认为可以把超级市场看成作业线的前一道工序，把顾客看成这个作业线上的后一道工序。当顾客(后工序)到超级市场(前工序)购买所需数量的商品(零部件)时，超级市场可以通过一定的信息媒介准时掌握顾客的购买品种和购买量，准时发现货架上商品数量的变化，并通过准时补充商品确保“非常准时”地满足顾客对商品的需要。通过看板来实现在“正确的时间，生产正确数量的正确产品”，这就是看板管理的基本思路。

准时生产方式产生的另一背景是，在 20 世纪 50 年代初，有人曾估计当时日本的生产率只有美国的 1/9。就此，丰田汽车公司的经营管理者们认为，这不是因为日本人只用了 1/9 的力气，而是无效地使用了力气。因此，为了提高生产率，不是应该再多用力气，而是应该通过排除各种浪费来提高生产率。这一思想就成了准时生产方式的出发点，准时生产方式中的诸多具体手段都是围绕“通过彻底消除浪费来降低成本”而展开的。

▶ 2. 从准时生产到精益生产

20 世纪 80 年代之后，迅速发展的信息技术为企业改变原有的经营方式、管理方式和工作方式提供了极好的机遇和条件。精益生产方式的理论就是在这种背景下产生的。该理论的研究从 1985 年开始，在美国麻省理工学院教授丹尼尔·鲁斯的领导下，用了五年的时间，耗费 500 万美元的巨资，组织 50 多位专家，调查了 7 个国家的 90 多个汽车制造厂，对大量生产方式和精益生产作了详尽的实证性比较，最后得出结论：精益生产是一种“人类制造产品的非常优越的方式”，它能够适用于世界各个国家的各类制造企业，并预言这种生产方式将成为未来 21 世纪制造业的标准生产方式。该理论所称的精益生产是对准时生产方式的进一步提炼和理论总结，其内容范围不再只是生产系统的运营、管理方法，而是包括从市场预测、产品开发、生产制造(其中包括生产计划与控制、生产组织、质量管理、设备保全、库存管理、成本控制等多项内容)、零部件供应系统直至营销与售后服务等一系列活动。这种扩大了的生产管理、生产方式的概念和理论，是在当今由于信息技术的飞速发展和普及而导致的世界生产与经营一体化、制造与管理一体化的趋势越来越强的背景下应运而生的，其目的是为制造业企业在当今的环境下能够自适应、自发展，取得新的更加强有力的竞争武器。

14.2 看板管理

精益生产中的生产进度控制是由看板系统来实现的。看板作为管理工具，在保证精益生产中起着至关重要的连接作用。看板是传递信号、控制生产的工具，它可以是某种“板”、一种揭示牌、一张卡片，也可以是一种信号。

生产过程中的所有看板组成看板系统，看板系统是协调管理全公司生产，将必需的产品、在必需的时候、仅按必需的数量制造出来的一个信息系统。

14.2.1 看板的种类

看板按照其用途可以分为领取看板、生产看板与特殊功能看板，如图 14-1 所示。

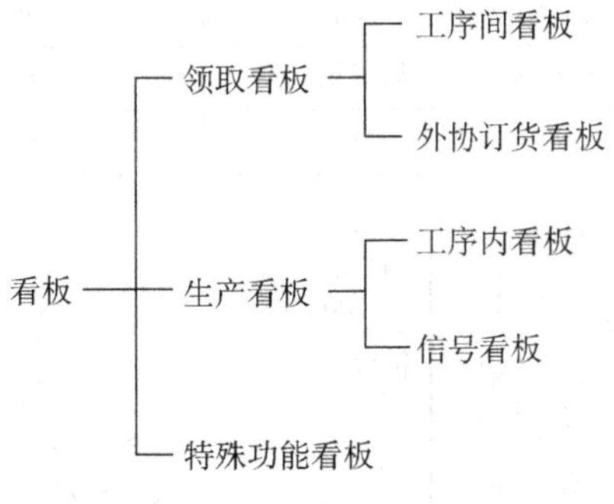

图 14-1 看板的种类

▶ 1. 领取看板

领取看板用于指挥零部件在前后工序之间的移动，分为工序间看板和外协订货看板。

1）工序间看板

工序间看板是工厂内部后工序到前工序领取所需的零部件时使用的看板，如图 14-2 所示。

<table>
<tr><td>前工序
部件 1# 线</td><td rowspan="2">零部件号：A232-6085C(上盖板)
箱型：3 型(绿色)
标准箱内数：12 个/箱
看板编号：2#/5 张</td><td>使用工序
总装 2#</td></tr>
<tr><td>出口位置号
(POSTNO. 12-2)</td><td>入号位置号
(POSTNO. 4-1)</td></tr>
</table>

图 14-2　工序间看板

2）外协订货看板

这种看板与工序间看板类似，只是"前工序"不是内部的工序而是供应商，是针对外部的协作厂家所使用的看板。外协订货看板上须记载进货单位的名称和进货时间、每次进货的数量等信息。

▶ 2. 生产看板

生产看板用于指挥各工序的生产，分为工序内看板和信号看板。

1）工序内看板

工序内看板是指各工序进行加工时所用的看板。这种看板规定了所生产的零部件及其数量，它只在工作地和它的出口存放处，如图 14-3 所示。

<table>
<tr><td colspan="2" rowspan="3">(零部件示意图)</td><td rowspan="2">工序</td><td colspan="3">前工序 → 本工序</td></tr>
<tr><td colspan="2">热处理</td><td>机加 1#</td></tr>
<tr><td>名称</td><td colspan="3">A233-3670B(连接机芯辅助夹)</td></tr>
<tr><td>管理号</td><td>M-3</td><td>箱内数</td><td>20</td><td>发行张数</td><td>2/5</td></tr>
</table>

图 14-3　工序内看板

2）信号看板

信号看板是批量生产用看板，由三角看板和材料请求看板组成，如图 14-4 所示。

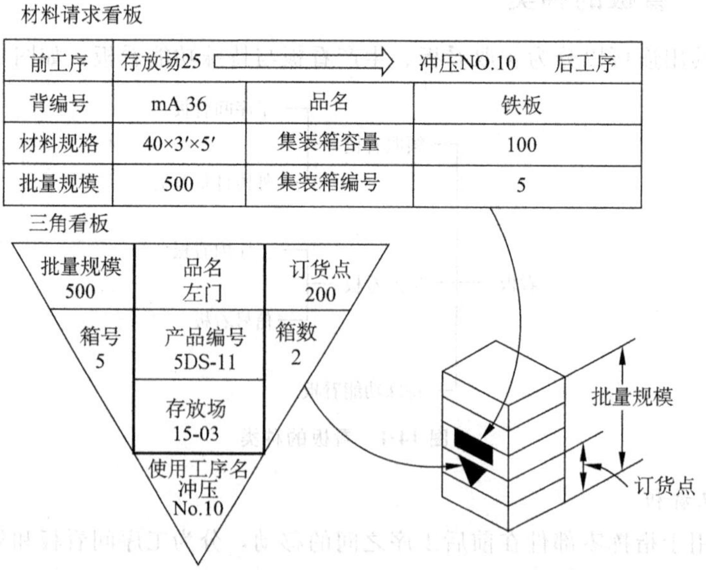

图 14-4　信号看板

(1) 三角看板：批量生产中指示生产开始和生产数量的看板。

(2) 材料请求看板：批量生产中指示开始领取材料的看板。

图中，汽车门冲压工序的信号看板挂在成批制作出的铁门放置箱上。当后工序领取了第四箱时，该冲压工序就立即开始冲压一批500个车门。在此之前，当后工序领取了第三箱时，就立即按照材料请求看板的要求领取500张铁板。

▶ 3. 特殊功能看板

特殊功能看板有特急看板、临时看板、特殊订货生产看板、连续看板和共用看板。

1) 特急看板

在零部件发生不足时发行的用于快速弥补短缺的看板，使用后必须马上收回。

2) 临时看板

在处理不合格品、设备故障、周末增产、库存时发行的临时生产用看板，使用后必须马上收回。

3) 特殊订货生产看板

相对于生产指示的看板，此看板只在接受某些特殊订货时使用。

4) 连续看板

如果两道或两道以上的工序紧密相连，事实上可以看成一道工序的话，在这些相邻的工序之间就没有必要交换看板了，它们共用一枚通用的看板，这样的看板被称为"连续看板"或"隧道看板"。

5) 共用看板

两道工序之间的距离非常近，在1名监督人员监督两道工序的情况下，领取看板也作为生产看板使用。

14.2.2 看板的功能

看板作为一种生产、搬送指令的管理工具，经过几十年的发展和完善，在生产与运作管理方面发挥着重要的作用。其主要功能可概括如下。

▶ 1. 生产以及搬送的作业指令

这是看板最基本的功能。如前所述，生产计划部根据市场预测以及订货而制定的生产指令只下达到总组装线，各个前工序的生产均根据看板来进行。看板中记载着生产量、生产时间、方法、顺序以及搬送量、搬送时间、搬送目的地、放置场所、搬送工具等信息，从总组装工序逐次向前工序拉动。在总组装线将所使用的零部件上所带的看板取下，据此去前工序领取；前工序则只生产被这些看板所领走的量。向"前工序领取"以及"适时适量生产"就是这样通过看板来实现的。

▶ 2. 防止过量生产和过量搬送

看板的操作必须遵守既定的使用规则，其中一条是"没有看板不能生产，也不能搬送"。根据这一规则，各工序如果没有拿到看板，既不能进行生产，也不能进行搬送；看板数量减少，则生产量也相应减少。由于看板所表示的只是必要的量，因此通过看板的运用能够做到自动防止过量生产以及过量搬运。

▶ 3. 进行"目视管理"的工具

看板的使用规则中有"看板必须与实物在一起""前工序按收到看板的顺序进行生产"。

根据这一规则，作业现场的管理人员对生产的优先顺序能够一目了然，很易于管理。并且只要看到看板所表示的信息，就可知道后工序的作业进展情况。

▶ 4. 改善的工具

除了上述看板的生产管理功能外，看板的另一个重要功能是改善功能。看板的改善功能主要是通过减少看板的枚数来实现的。看板枚数的减少意味着工序间在制品数量的减少。在运用看板的情况下，如果某一工序设备出现故障，生产出不良品，根据看板的运用规则之一“不能把不良品交给后工序”，后工序所需得不到满足，就会造成全线停工，由此可使问题立即暴露，从而必须立即采取改善措施来解决问题。

14.2.3 用看板组织生产的过程

用看板组织生产的过程如图14-5表示。假设只有3个作业点，其中3#作业点为组装。通常对于组装工位有很多前工序向它提供多种零部件，故可能有较多的容器在它的入口存放处，其中存放着各种零部件。

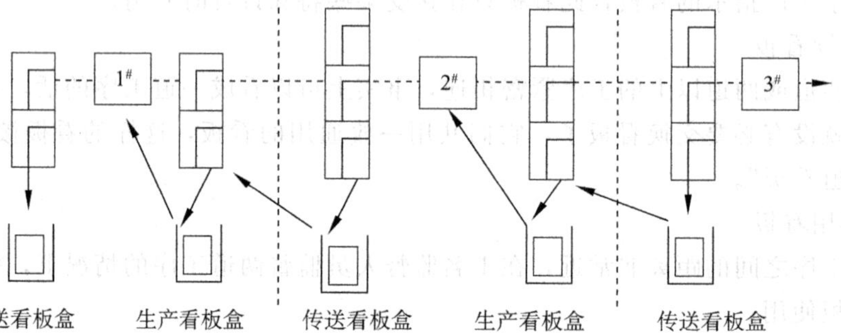

图 14-5 看板组织生产的过程

产品组装是按生产计划进行的。当需要组装某台产品时，从3#作业点就发出传送看板，在传送看板规定的前工序(本例中为2#作业点)，按传送看板上标明的出口存放处号码，找到存放所需零件的容器。取下附在容器上的生产看板，放到2#作业点的生产看板专用盒中，并将传送看板附在该容器上，将容器运到3#作业点的入口存放处相应的位置，供组装使用。2#作业点的工人从生产看板专用盒中按顺序取出一个生产看板，按生产看板上标明的入口存放处号码，到2#作业点的入口存放处找到放置所需零件的容器，从中取出零件进行加工。同时将该容器上的传送看板放入2#作业点的传送看板专用盒中。传送看板专用盒中的传送看板所表示的意思是：“该零部件已被使用，请补充。”现场管理人员定时来回收看板，集中起来后再分送到各个相应的前工序，以便领取补充的零部件。当2#作业点的生产数量达到标准容器的要求，则将生产看板附在该容器上，按生产看板上标明的出口存放处号码，将容器放于2#作业点的出口存放处相应的位置。同样，将2#作业点的传送看板送到1#作业点的出口存放处，取走相应的零件。按同样的方式，逐步向前推进，直到原材料或其他外购件的供应地点。

生产看板控制工序内的物流与信息流，指挥工序的生产，生产看板规定了所生产的零件及其数量。它只在作业点与其出口存放处之间往返。当后工序传来的领取看板与该作业点出口存放处容器上的生产看板相关内容一致时，取下生产看板放入生产看板专用盒内。

该容器连同领取看板一起被送到后工序的入口存放处。该作业点作业人员按顺序从生产看板专用盒内取走生产看板，并按生产看板的具体内容，从作业点的入口存放处取出要加工的零部件，加工完规定的数量之后，将生产看板附于容器上，放置于该作业点出口存放处。如果生产看板专用盒中的看板数量变为零，则停止生产。在一条生产线上，无论是生产单一品种还是多品种，均按这种方法所规定的顺序和数量进行生产，既不会延误也不会产生过量的中间库存。

14.3 均衡化生产

所谓均衡化，就是要求物流的运动完全与市场需求同步，即从采购、生产到发货各个阶段的任何一个环节都要与市场合拍。只有实现均衡化生产，才能大大减少以至消除原材料、外购件、在制品与成品的库存。显然，要做到各个阶段供给与需求完全同步，是十分困难的。均衡化是一种理想状态，要接近此种状态，必须实施或建立混流生产、缩短切换时间、"一个流""一人流"、准时采购、品质保证等管理手段、方式和体系。生产均衡化的目的是尽量让生产与市场需求一致。

14.3.1 生产均衡化之混合生产

传统的生产安排：假如有 X、Y、Z 三种产品，某月的生产要求分别为 X：1000 个，Y：600 个，Z：400 个，那么按照传统的生产安排方式，生产计划会按图 14-6 所示进行安排。即先将品种 X 生产完毕，再生产品种 Y，最后生产品种 Z，以月为单位进行排程。这种生产安排也称分段生产。在品种较少的情况下，此种生产计划或许可行。但在当今市场需求多样化的时代，仍然长期坚持此种生产安排将使企业经营陷入困境。这种传统的大批量生产的方法，可以节省作业切换时间。但是，与市场需求会出现很大的差异。因为一个企业的产品一般都有多个用户，每个用户对产品的品种、规格、型号、式样以至颜色的要求不同，要求交货的具体时间也不相同。按照需求的这种特征，企业应该在尽可能短的时间内(比如一天)提供尽可能多的品种。大批量的生产方法势必造成一部分产品一时供大于求，销售不出去，造成积压。同时，另一部分产品一时生产不出来，供不应求，发生缺货。这两种情况都造成损失和浪费，使企业丧失销售时机，失去市场。另外，从企业内部组织生产来看，批量大固然给组织生产带来一定方便，但会造成资源浪费。由于面临多品种生产，企业必然配备多种设备与多种技能的工人，准备多种原材料。如果一段时间只生产一种产品，会造成忙闲不均。在生产某一种产品时，可能一部分车间和设备超负荷运行，部分工人加班加点，某些原材料和外购件一时供应不上。相反，另一部分车间和设备负荷不足，甚至空闲，工人无事可干，某些原材料和外购件出现积压，造成浪费。过了一段时间，生产另一种产品时，闲的可能变忙的，忙的可能变闲的，同样会造成浪费。X 产品通常会导致较长时间的库存(不仅仅指工厂的成品仓库)，Z 产品大半个月无货供应市场。

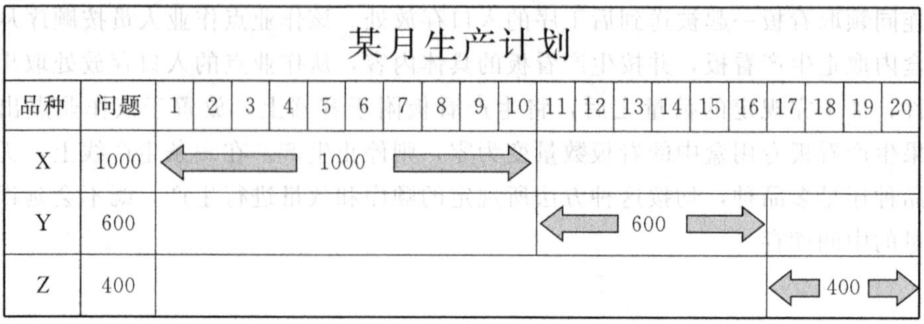

图 14-6　传统的生产排程

为了解决上述生产安排所出现的问题，对其进行改进，改进型生产安排如图 14-7 所示。假定每月工作日 20 天，如果减少批量，每天生产 X 产品 50 个，Y 产品 30 个，Z 产品 20 个。一个月 20 天重复 20 次，情况就会好得多。对于顾客来讲，无论需要哪种产品，每天都可以得到，产品积压与短缺的情况将大大减少，企业内部资源利用情况也将好得多。但是，月生产频率为 20，作业切换时间为原生产安排(月生产频率为 1)的 20 倍。要避免这种损失，就要设法减少每次作业切换时间。如果每次作业切换时间降为原来的 1/20，则可以补偿这种损失。

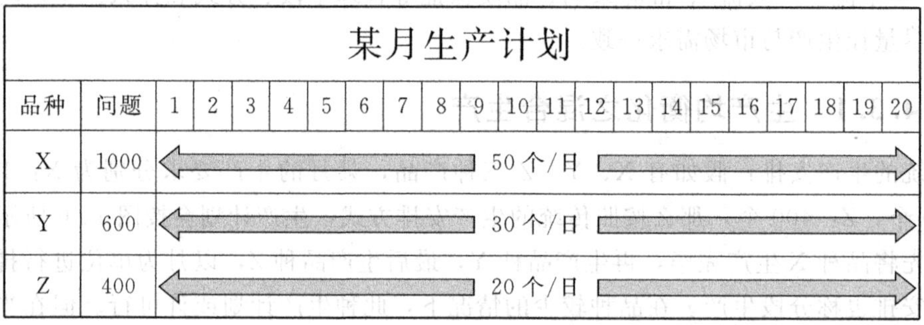

图 14-7　改进型生产安排

这种生产安排以天为单位，与传统的以月为单位的生产安排相比，其库存与满足市场需求方面都有较大改善。但是，从图 14-8 可以看出，在每日的生产安排中，仍然是分段生产，先生产 X 产品 50 个，再生产 Y 产品 30 个，最后生产 Z 产品 20 个。

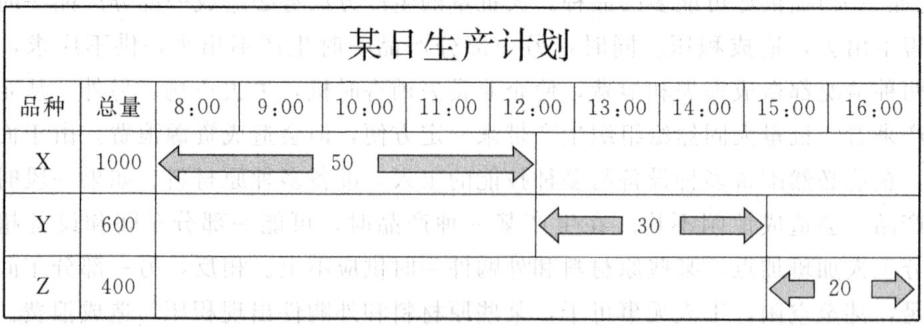

图 14-8　精益生产的生产安排

如果进一步扩大生产频率，可以做到按“XXXXX－YYY－ZZ”这样的顺序轮番生产，1/10 个工作日重复一次，一个月重复 200 次。这样，对顾客的服务与对企业资源的利用情况就会更好。当然，总的作业切换时间将会更多。

这样改进下去，可以达到一个极限，即按“X—Y—X—Z—X—Y—X—Z—X—Y”这样的顺序重复生产，这就满足了精益生产者倡导的以小时、分钟为单位进行安排的要求，达到了精益生产者提出的适时、适量、适物的要求，实现了混合生产。如此，就可以根据市场需求，每日以任意比例进行生产，达到混合生产的最高境界。虽然仍然是 1/10 个工作日重复一次这个循环，但生产频率更大了。X 品种每月重复生产 1000 次，Y 品种重复生产 600 次，Z 品种重复生产 400 次。它可以保证每隔 9.6min 向顾客提供一个 X 产品，每隔 16min 提供一个 Y 产品，每隔 24min 提供一个 Z 产品。

像这样减少批量，扩大生产频率，不仅提高了对顾客的服务水平，改进了制造资源的利用，而且还有以下好处。

(1) 使工人操作更加熟练。按大批量的做法，工人生产完 1000 个 X 产品之后，再生产 600 个 Y 产品，最后生产 400 个 Z 产品，每个月只重复一次。由于相隔时间长，可能在生产 Z 产品时，对 X 产品的作业方法已不太熟悉，会导致每次生产另一个品种的初期出现效率低、产品品质问题多发的现象。相反，按扩大频率、减少批量的方法，工人每天都在重复生产不同的产品，会对几种产品生产的操作越来越熟练。熟练有助于提高效率。

(2) 提高了对市场的反应速度。当生产频率为 1 时，可能某顾客恰恰在 1000 件 X 产品生产完之后来订 X 产品，若没有存货，则该顾客要等到下个月再生产 X 产品时才能得到满足。相反，生产频率为 100 时，物流大大改善，顾客几乎随时都可以得到不同的产品。

(3) 降低了库存。在制品库存量与生产批量成正比，生产批量每减少 1/2，在制品库存量就降低一半，成品库存也将大量减少。对于随时可得成品的高频率生产，没有必要专门设置一定的成品库存。

(4) 缩短了每件产品的制造周期。批量生产加长了毛坯准备周期、零件加工周期和产品组装周期。批量越小，则每件产品的制造周期越短。

14.3.2 均衡化生产实施

为了实现生产计划，对管理者及作业者来说，知道“做一个产品要花多少时间”尤为重要。在批量生产的场合，其答案通常都是由设备的产能或人的作业能力所决定的，这种方式就是所谓的尽机器设备的能力而生产的方式，它会提前生产或过多生产，造成库存的浪费。

在精益生产中，做一个产品要花多少时间，不是由机器设备或作业者作业速度决定的，而是由市场的订单数量来决定的。所以，在精益生产方式中不存在“做一个产品要花多少时间”，而是“多长时间做出一个产品才好”，这就是前面提到过的“生产节拍”的概念。假如一天市场需要量是 100 个，工作时间是 480min，那么就应该使生产线每隔 4.8min 做出一个产品，而不是连续做得越多越快越好。如果市场需要量增加为一天 200 个，那么就应该每隔 2.4min 生产出一个产品。反之，若需要量减少为一天 50 个，就应该每隔 9.6min 生产一个产品。这就是准时生产。

一天要生产多种产品，那么如何根据生产节拍来实施均衡化生产呢?

首先，要求出生产周期与生产节拍。

我们仍以上述的 X、Y、Z 之生产安排为例。

1 个产品生产周期＝(负荷时间/当日要求生产数)

X生产周期＝480min/50个＝9.6min/个

Y生产周期＝480min/30个＝16.0min/个

Z生产周期＝480min/20个＝24.0min/个

生产节拍＝480min/(50＋30＋20)个＝4.8min/个

接下来，设计轮排图与自由位。

所谓轮排图是生产中品种及生产数的排列图，形象地描述了各品种的生产排列。如图14-9所示。

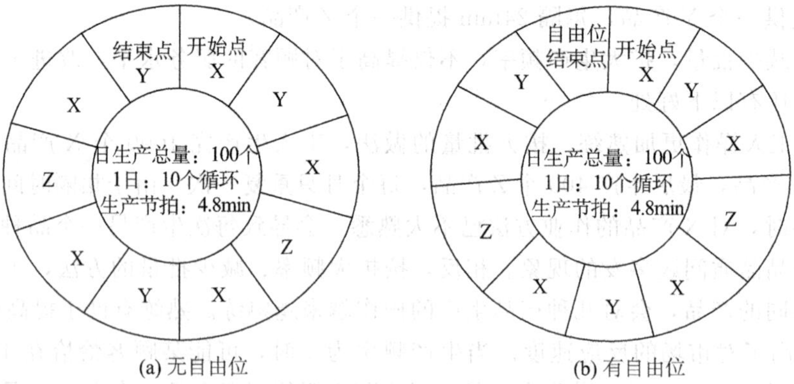

图14-9　轮排图

在品种X∶Y∶Z以50%∶30%∶20%的比例进行生产时，在同一条流水线上可以使用图14-9(a)所示的轮排图进行生产安排。这样的安排在理论上是可行的，但在实际生产时，可能会发生延迟的情况，所以很呆板地按照这样的方式进行生产的话，一天未必能生产出100个。为了增加生产安排的灵活性，可以考虑设置"自由位"。

所谓自由位，就是没有指定具体生产产品。例如，在轮排表上增加1～2格，视情况安排1～2个调整位(图14-9(b))。用自由位的时间来应对实际生产过程中的变动，当一个循环的时间不能按期完成作业时，就利用自由位的时间来补救完成每一个循环所需要的产品数量。此外，自由位所占用的时间可以与正常的生产节拍不一致。应该注意的一点是，因为每一个循环都必须分配给自由位时间，整体有效时间也相应减少，生产节拍就会变短。

14.4　流程化生产

精益生产方式的核心思想之一，就是要尽量使工序间在制品数量接近于零。也就是说，前工序的加工一结束，应该立即转到下一工序去。此种生产同步化(顺畅化)是实现精益生产的一个基本原则。

▶ 1."一个流"生产的含义

所谓"一个流"生产，是指将作业场地、人员、设备(作业台)合理配置，使产品在生产时，每个工序最多只有一个在制品或成品，从生产开始到完成之前，没有在制品放置场地及入箱包装的作业。

为了实现“一个流”生产，必须将设备的布置进行调整，不是按类型，而是根据加工工件的工序进行布置(称为垂直布置)，形成相互衔接的生产线，如图 14-10、图 14-11 所示。

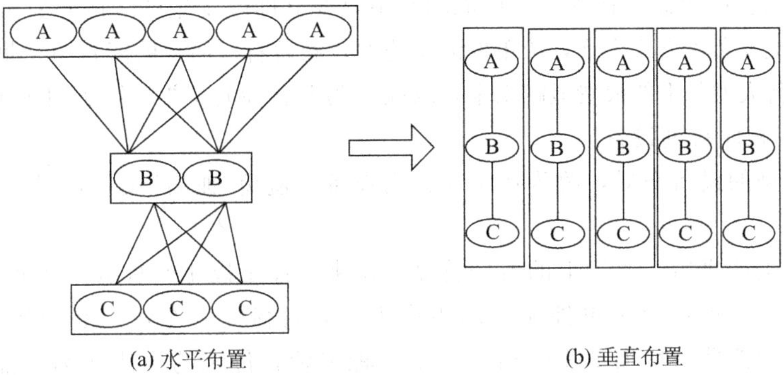

图 14-10　设备水平布置与垂直布置

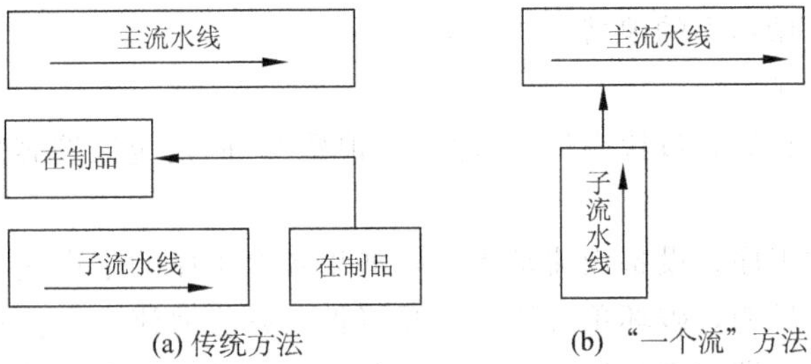

图 14-11　“一个流”生产的作业区布置

作业区中设备的布置一般采用 U 形，目的是使作业区的入口与出口较近，消除作业人员完成一件产品后从出口(最后一个工序)返回入口(第一个工序)的步行浪费。

“一个流”生产有两个明显的特征：

(1) 零件一个一个地经过各种机床设备进行加工、移动，而不是一批一批地加工、移动；

(2) 作业人员随着在制品走，从作业区的第一个工序到最后一个工序都由该作业人员操作。

此种方式，因为各工序衔接在一起，前工序做完一个在制品，就可立即“流”到下一工序继续加工，所以工序间几乎没有搬运距离，也没有在制品，因此在制品数量可以大幅降低，生产空间也跟着减少了。不良品一旦发生，就可立即发现，而且很容易确认出是由哪一台机器、哪一个作业者做出来的。这有助于消除不良品。更重要的是生产周期大幅缩短，更能满足市场多变的需求。

每个 U 形作业区可同时供多个工人进行多道工序加工，一个作业区只需设置一个入口存放处和一个出口存放处，不必为每台设备单独设置入口存放处和出口存放处，场地也节省了许多。

▶ 2.“一个流”生产的 8 大要点

1) 单件流动

避免以批量为单位进行加工，逐个完成零部件在相关工序上的加工。

“一个流”生产的条件，首先是由单件流动开始的。单件流动就是做一个、传送一个、检查一个，将原材料经过一个个的加工工序而做成成品。这种工作看起来很简单，其实并不简单，也没有一定的模式可循。而精益生产技术，基于一种杜绝浪费的思想，就必须要挖掘出现场工作中所隐藏的问题。而这要经由单件流动的方法来做到，也就是说，单件流动是一种将浪费“显露化”的思想与技术。部件流动并不是要立即改变生产线的布置方式，而是先在原有的机械调配及布置方式之下，依单件流动的方式做做看。那么就能将由于批量生产而隐藏在搬运上、设备大型化上的浪费显露出来，以此作为改善及建立“一个流”生产的起点。

2）按加工顺序排列设备

放弃按类型的设备布局，改为按工序排列设备；避免“孤岛”设备，尽可能使设备的布置流水线化。

单件流动生产之后，搬运上的浪费就显露出来。原来以100件为一个批量在各个工序之间搬运的工作，现在由于单件流动的生产方式，每做完一个，就必须搬运到下一个工序，所以搬运的浪费就增加了100倍。对于这种浪费，传统的想法认为不能做单件流动，然而精益生产的思想，却揭示出这是设备布置方式不当所造成的。解决之道，就是要将这些机器设备归集起来，依照产品分别加工制造所需使用到的机器设备及其加工顺序排列布置，这样就可以消除搬运上的浪费。

3）按节拍进行生产

生产并不是越快越好，过快会导致“库存的浪费”，而是应该按客户的需求，适时、适量、适物生产。

产品经过不同的工序、设备而流动下去，如果各个工序的生产速度不一致，就会在各个工序形成在制品的堆积，破坏单件流动的顺畅性。好像河流，在流速不一样的交汇点会产生积水混浊的现象，即称之为浊流的生产现象。我们应该建立产品流动的顺畅性，消除浊流的现象，因此必须将各个制程的生产速度都保持在相同的“节拍”上，此即所谓“同步化”，也就是要追求“全体效率”，而不是“个别效率”。

4）站立式走动作业

实施站立式作业是实现“一个流”的基础。

一般的机械加工工厂，作业员平常就是站着操作机器设备，所以站立式作业是理所当然的作业方式，也没有所谓站立作业的问题。但是，如果平常是坐着工作的作业场合，例如输送带方式的组装作业，改变作业姿态就成了重要的课题。在最终实施“一个流”生产时，更要求一面走动，一面进行加工动作的所谓“走动作业”方式，而非仅是站在原地不动的站立式作业方式。所以，管理者必须对此点有充分的认识，并且能够与作业人员进行沟通，使其了解走动作业的目的，而且公司领导要有贯彻到底的决心。有一家电器生产企业，以前来料检查部门都是坐着工作，经过一个多月的努力，全部改为站立式检查，工作效率提高了17%。

5）培养多能工

将设备连起来，但一人只操作一台设备的方式也是“一个流”生产。不过这样无法“少人化”，因为每台设备总要有人操作。

培养多能工，即一人能操作多台设备(或多个工序)，才能按生产量的变化随时进行人员增减。

单件流动生产，不需要多工序操作的作业方式也可以做得到。例如，在各个工序都安排一名作业员来担任操作的工作，配合同步化的工作速度，将在制品逐个经由作业员的手，传送到下一工序生产。但是这种方式由于将流程分解得过细，因此当市场需求发生变化要增删作业人员时，在作业分配及作业人员的配置上会产生困难，很难配合市场需求的降低而实行少人化。精益生产中，机器设备采用依据产品类型而设计的垂直式布置，作业的方式是尽可能朝操作多工序的作业方式来安排，这与操作同一功能的机器设备的多台作业方式不同。能进行多工序的作业人员，称为多能工。这与只能操作单一工序的单能工也是不同的。在“一个流”生产上，作业人员的“多能工化”是极为重要的，作业员必须多能工化，才能达到少人化。

6）使用小型、便宜的设备

大型设备和高速的通用设备对流水线化是不适合的。在不影响生产的前提下，设备越便宜越好。

当要生产大量的产品时，大型设备或许仍是适当的。不过在什么都能做的通用型大型设备旁边，常会看见积压了一大堆的在制品，使生产的流动不顺畅。市场的趋势已经走向多种少量，生产线也必须走向细流而快的复数生产线化(多条短小的生产线)才能更有弹性应对市场的需求。所以，机器设备的需求，也应改变成小型化，速度不快，但品质很稳定，故障率也低，才是较好的机器设备。不要再迷恋速度越快，才是越好的设备这种传统的想法。

7）U 形布置

按加工顺序排列设备，加工完成返回起点时存在“步行的浪费”，因此直线布置不适合，应按 U 形或 O 形排列。

在“一个流”生产中，是将原材料经由一次一次的加工而制成成品，作业人员必须顺着加工顺序而走动下去。如果设备的布置排成直线式，由一端投入生产，再由另一端生产出来，那么作业人员就会有空手走向投入点的动作浪费。为了减少这种浪费，就必须将生产的投入点(input)，即材料的放置点与完成品的取出点(output)的位置尽可能靠近才好。这叫做“IO 一致”的原则。为了达到“IO 一致”的原则，生产线的布置就要排成像英文字母的 U 字形，所以称之为 U 形生产线。

“IO 一致”的原则，除了用在生产线上的布置之外，也可以应用在机器设备的设计上，像有些设备，如连续式的烤干设备，通常是设计成直线形的。产品由这一端投入进去，而由另一端取出来，这样的设备就形成两端都必须配置人员来工作，在人力的配置应用以及物流方面形成浪费。精益生产者对机器设备的设计要求也是要以“IO 一致”的观念来设计，亦即投入点与取出点都必须在同一个工作点，如此才能节省人力，使物流线路顺畅，消除浪费。

8）作业标准化

要能做到多能工化，就必须先力求将机械标准化，以便任何一位作业员都有能力操作机械。作业方法也需彻底地标准化，消除特殊作业及例外作业，将多能工化作为工厂的首要目标，一致推行。

14.5 5S 管理

1. 5S 的来源及发展

5S 起源于日本，是指在生产现场中对人员、设备、材料、方法等生产要素进行有效的管理。它针对企业中每位员工的日常行为提出要求，倡导从小事做起，力求使每位员工都养成事事"讲究"的习惯，从而达到提高整体工作质量的目的。5S是日式企业独特的一种管理方法。1905年，日本劳动安全协会提出"安全始于整理整顿，而终于整理整顿"的宣传口号，当时只推行了5S中的整理、整顿，目的在于确保生产安全和作业空间。后来因生产管理的需求及水准的提升，才继续增加了其余3个S，即"清扫、清洁、素养"，从而形成目前广泛推行的5S架构，也使其重点由环境品质扩及至人的行为品质，在安全、卫生、效率、品质及成本方面得到较大改善。

日本企业将5S活动作为工厂管理的基础，推行各种质量管理手法，使"二战"后的产品质量得以迅速提高，从而奠定了经济大国的地位。5S管理手法也随着日本企业的成功得到了全世界的关注和研究，并当作日本企业的成功经验为世界各国所大力推广。

根据企业进一步发展的需要，有的企业在推行5S的基础上增加了安全(safety)一项，形成6S。也有的企业加上节约(save)、习惯化(shiukanka)、服务(service)及坚持(shikoku)，形成10S，其内容隐含了ISO9001、ISO14001和OSAHS18001的范畴。国内不少企业在推行质量、环境、职业健康安全管理体系时导入5S管理，取得了事半功倍的效果。

▶ 2. 5S的含义

5S的日语原文是：整理(せいり，seiri)、整顿(せいとん，seiton)、清扫(せいそう，seiso)、清洁(せいけつ，seiketsu)、素养(しつけ，situke)。因为这5个词日语中罗马拼音的第一个字母都是S，所以简称为5S，开展以整理、整顿、清扫、清洁和修身为内容的活动，称为5S活动。

1) 整理

整理就是把工作现场的所有物品分为"要的"和"不要的"，要的东西摆在指定位置挂牌明示，实行目标管理；不要的东西则坚决处理掉；"可能会用的"则暂时放置于货仓或储存室。区分"要"与"不要"的标准是"现使用价值"而不是"原购买价值"，这是改善工作现场的第一步。整理的目的是改善和增加作业面积，减少磕碰的机会，保障安全，提高质量，消除管理上的混放、混料等差错事故，有利于最大限度地减少库存，节约资金，改变工作作风，提高工作情绪。

2) 整顿

整顿就是人和物放置方法的标准化，把所有物品在恰当的时间放在恰当的地方，使工作场所一目了然，消除寻找物品的时间。整顿，是提高工作效率的基础。整顿的关键是做到定位、定品、定量、定责，除必需物品放在能够立即取到的位置外，一切乱堆乱放、暂时不需放置而又无特别说明的东西，均应受到现场管理的责任追究。为使工作现场看上去井井有条，有必要在地板上标出通道线和分界线。为提高空间利用率，应在5W1H的基础上，对每项物品提出这些问题，并定期采取时间研究方法。

3) 清扫

清扫就是将工作场所、环境、仪器设备、材料、工模夹量具等的灰尘、污垢、碎屑、泥沙等脏东西清扫抹拭干净，设备异常时马上维修，使之恢复正常。创造一个一尘不染的环境，所有人员都应一起来执行这个工作。清扫的目的是稳定产品品质，减少工业伤害，确保安全生产。清扫活动的重点是必须确定清扫对象、清扫人员、清扫方法，准备清扫器具，实施清扫的步骤，并且定期实施。5S管理就是要寻求达到无尘埃和污垢，消除在关键监察点的微小瑕疵和斑点。

4）清洁

清洁就是要不断地、长期地保持整洁和干净，形成制度和习惯，以巩固整理、整顿、清扫的成果。其目的是维持清扫之后的场区整洁美观，营造员工舒适的工作环境，培养员工的清洁意识与行为习惯，增强员工做好工作的信心。

5）素养

素养就是通过上述 4S 活动使每位员工养成严格执行各项规章制度、工作程序和作业标准的良好习惯和作风，培养员工积极工作、主动负责和爱岗敬业的品质，这是 5S 活动的核心。素养的目的是培养好习惯，打造好团队。5S 管理始于素质，也终于素质。

▶ 3. 5S 之间的关系

5S 不是各自独立、互不相关的，它们之间是相辅相成、缺一不可的关系。整理是整顿的基础，整顿是整理的巩固，清扫显现整理、整顿的效果，而通过清洁和素养在企业形成整体的改善氛围。而且 5S 活动在推进过程中是逐一推进的。以整理为基础然后推进整顿，在做好整顿后再进行清扫，清洁就建立在完成好清扫的基础上，最后在前四个 S 完成后自然就推进到了第五个 S，也就是 5S 的最高境界及最终目标，如图 14-12 所示。

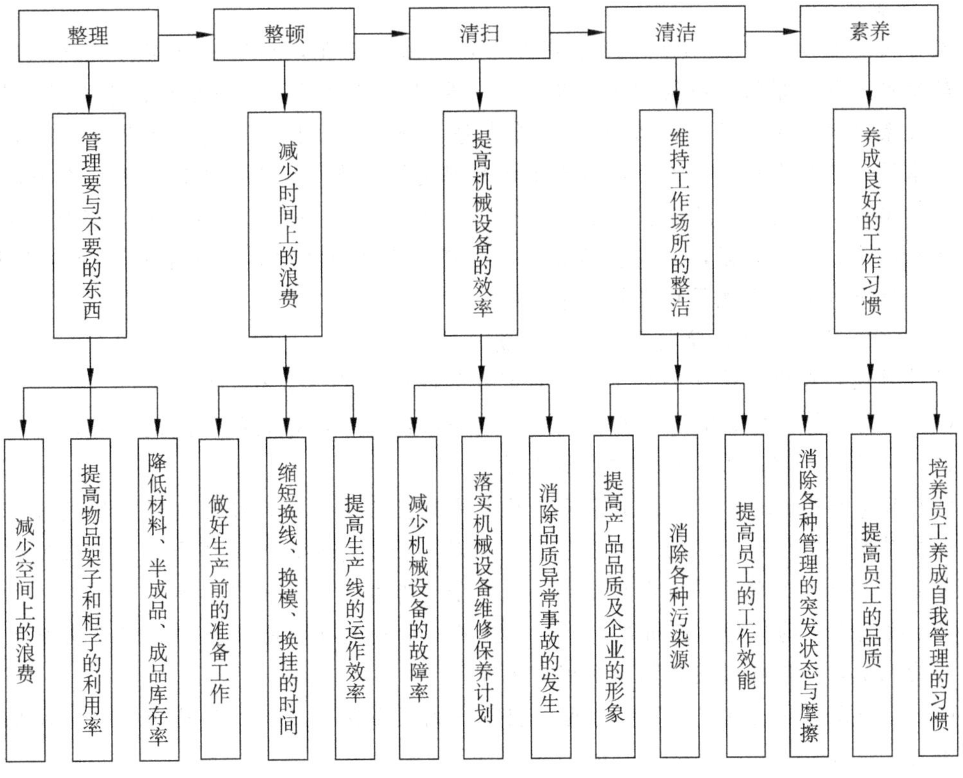

图 14-12　5S 之间的关系

▶ 4. 推行 5S 的目的

5S 倡导优雅的工作环境，良好的工作次序，严明的工作纪律，它是提高工作效率、生产高质量产品、减少浪费、节约成本以及确保安全生产的基本要求，推行 5S 管理主要有以下目的。

(1) 改善和提高企业形象；

(2) 促成效率的提高；

(3) 改善零件在库周转率；

(4) 减少直至消除故障，保障品质；

(5) 保障企业安全生产；

(6) 降低生产成本；

(7) 改善员工精神面貌，使组织活力化；

(8) 缩短作业周期，确保交货期。

14.6 案例分析

某企业的精益生产改造

1. 企业现状分析

某公司主要以客户订单作为其生产驱动，产品系列化，如刷杆支架、顶杆支架、摇轴、转轴等。同类型的产品结构比较相似，其生产组织过程具有多品种、小批量的特点。以刷杆支架为例，年订货量为2800件，要求每月交付150件。但是，按照公司现有生产能力根本无法满足需求。一方面，由于生产管理比较粗放，生产组织流程不尽合理，致使其生产效率低、周期长、不能按期交货等缺点十分突出，企业每月有30%～50%的订单不能按时出货；另一方面，工人长期加班，生产能力严重不足，使企业在快速响应市场、满足客户需求方面，表现得越来越力不从心。

2. 企业中存在的问题及其主要原因分析

通过对该企业生产情况进行考察，对问题的原因有了一个大致的结论：

(1) 每月批量投放制定不合理。无法按顺序组织生产，在制品占用时间长，生产周期长，缺乏灵活的处理能力，市场响应能力差。

(2) 工序作业缺乏标准化。工序设备及人员配置不尽合理，经常出现多处设备闲置及人员等待时间，且同道工序的作业方法、作业时间相差悬殊，产品质量、生产进度控制困难。并且不能建立有效的工时考核标准，生产能力存在较大的不确定性。

(3) 缺乏基本的市场预测机制，按订单生产。临时订单的插单生产，经常引起整体生产过程的混乱，不能按时交货的情况经常发生。

(4) 工序设备及人员配置不尽合理。出现多处设备闲置及人员等待时间，造成生产能力的浪费。

(5) 生产现场布局混乱。没有安全可靠的工位器具来存放、保护零件和运输零件，造成零件的碰伤和划痕，导致零件返修甚至报废。

3. 根据精益生产方式制定优化方案

根据上述分析，企业目前生产流程中存在的问题主要分为机械加工的工艺技术问题和企业整体生产现场布局问题。结合精益生产方式和企业未来发展趋势，提出建立一套较完整的现代加工技术及工艺管理体系，对企业原有传统生产组织及管理流程进行改造，对产品加工工序内容、设备和人员重新调整布置。通过增加必要的先进设备，并组成比较灵活的小单元相连接方式生产线，实现了消除浪费、提高效率、降低成本的精益生产目标，并在生产现场之间建立"连续流程"，实现整个价值流的优化，并采用拉动式生产控制方式提高生产效率。制定出的改进措施有如下几个方面：

(1) 调整月批次投入量。精益生产着眼于整个生产流程，追求工序间在制品、半成品的零库存。而原来每批次投入量 80 件，单批次数量过多，造成单批次流转周期过长，经常出现设备、人员停工待料的情况。经过分析测算，将单批次投入量调整为 30 件，每月投入 5～6 批次，以适应各加工环节的频次，较好地控制了生产现场在制品的合理流转，保证了生产流程的连续性。

(2) 建立完整的生产线。精益生产强调价值流的流动，运用这一流动，把设备根据流动方向按加工工序的顺序进行布置，从而大大缩短工序间的距离，减少了搬运。根据精益生产的要求及各加工设备工序能力的不同，调整设备，增加一台立式加工中心，并将两台铣床和一台钻床调整他用。按所加工零件"刷杆支架"的工艺流程，组成较灵活的小单元相连接的生产线，完成全部机械加工的工序内容，生产出合格的产品。

配置必需的加工设备和工人，并根据生产周期需要及设备加工能力合理安排人员班次。经过以上调整后，设备加工能力得到显著提升，各生产单元更为紧凑，大大减少了零件的中途流转时间和设备空置时间。

(3) 对加工工艺改进优化。精益生产要求人员按标准工艺工作，按节拍进行生产。根据精益生产方式、现代加工技术及工艺管理模式对零件"刷杆支架"的加工工艺进行合并调整，不但节省了加工费用，更缩短加工时间，保证了质量，提高了产品的合格率。

(4) 采用"看板管理"方式。对生产计划、生产进度、在制品流转过程、质量控制和管理等各环节采用精益生产的"看板管理"，可以更好地传送生产以及运送的工作指令，防止过量生产和过量运送，进行"目视管理"并准时改善存在的问题。加强产品的质量控制，在零件加工过程中增加必要的检测和抽检，避免零件的批量返修和报废。增加必要的工位器具保护零件，避免零件的碰伤和划痕，减少零件的返修和报废。选用性价比较好的刀具、夹具、量具，降低生产费用和生产成本。

习题与思考题

1. 什么是看板和看板系统？
2. 看板的功能是什么？
3. 生产均衡化的好处是什么？
4. "一个流"生产的含义是什么？
5. 5S 是什么？实施 5S 的目的是什么？

参考文献

[1] 刘树华，鲁建厦，王家尧. 精益生产[M]. 北京：机械工业出版社，2009.